Gustav Diercks

Kulturbilder aus den Vereinigten Staaten

EHV
HISTORY

Gustav Diercks

Kulturbilder aus den Vereinigten Staaten

ISBN/EAN: 9783955644147

Auflage: 1

Erscheinungsjahr: 2013

Erscheinungsort: Bremen, Deutschland

EHV
HISTORY

Kulturbilder

aus den

Vereinigten Staaten.

Von

G. Diercks.

Zweite Auflage.

Berlin.

Allgemeiner Verein für Deutsche Litteratur.

1893.

Inhalt.

—

———

Kapitel I.

Land und Leute.

Die Vorstellungen, welche wir Europäer uns von den Größenverhältnissen andrer Erdteile und ihrer Staaten machen, sind oft genug wenig zutreffend, da letztere in unsern für den allgemeinen Gebrauch bestimmten Atlanten gewöhnlich in sehr viel kleinerem Maßstabe dargestellt sind als die Länder unseres Kontinents. Es gilt dies namentlich auch von den Vereinigten Staaten, deren thatsächliche Ausdehnung wir aus unsern Kartenwerken um so schwerer erkennen können, als ihre Gliederung völlig abweichend von der Europas ist, dem sie an Flächeninhalt beinahe gleich kommen. Das Deutsche Reich würde mit seinen 544 896 Quadratkilometern ungefähr siebzehn Mal in den 9 212 270 qkm messenden nordamerikanischen Bundesstaat hineingehen und immer noch um 140 000 qkm kleiner sein als der eine Staat Texas, der an Flächenraum Österreich-Ungarn ungefähr gleich ist. Das Königreich Preußen hätte mit großer Bequemlichkeit in dem State Montana Platz. Kalifornien übertrifft Großbritannien an Größe um nahezu 100 000 qkm. Der kleine Staat Massachusetts ist noch um ein Beträchtliches größer als das Königreich Württemberg. Das winzige Connecticut bleibt an Flächenraum nur wenig hinter dem Königreich Sachsen zurück.

Diesen riesigen Größenverhältnissen entsprechen auch die Entfernungen innerhalb des Bundesstaates. Reisen von mehrtägiger Dauer werden daher von den leicht beweglichen Amerikanern als etwas ganz Gewöhnliches betrachtet und es wird weniger Aufhebens davon gemacht, wie hier zu Lande von Bahnfahrten von mehreren Stunden.

Obgleich das große Ländergebiet in seiner ganzen Ausdehnung von Norden nach Süden nicht über die gemäßigte Zone hinausgeht, sind die klimatischen Verhältnisse doch wesentlich von denen unterschieden, welche unter den gleichen Breitengraden in Europa bestehen und Kälte wie Hitze treten mit einer Intensität auf, die oft der der kalten und der heißen Zone entsprechen. Diese und viele andre den Vereinigten Staaten eigentümlichen Erscheinungen sind der Bodenbeschaffenheit zuzuschreiben. Das Land ist fast über seine volle Breite hinweg nach Norden hin offen, durch keine schützenden Gebirgsmassen abgeschlossen, hat hier vielmehr Seengebiete von beträchtlicher Ausdehnung, die Überreste des großen Binnenmeeres, das in früheren geologischen Perioden wohl den größten Teil der mittleren Staaten und des heutigen Stromgebietes des Mississippi bedeckte. Die Vereinigten Staaten sind somit den rauhen kalten Nordwinden vollständig preisgegeben und die ungeheuren Wassermassen des arktischen wie des englischen Nordamerika und der dem System des Lorenzstromes angehörenden Seenkette tragen nicht dazu bei, die Macht der Nordstürme und der Kälteströmungen zu mildern oder abzuschwächen.

Im Osten zieht eine vielgegliederte Gebirgskette von den Mündungsgebieten des Lorenzstromes in südwestlicher Richtung nach denen des Mississippi hinab, ohne diese jedoch zu erreichen. Es ist das Alleghany- oder Appalachengebirge, das die süd östlich gelegenen Atlantischen Staaten gegen den Norden hin schützt.

Im Westen ist die Kordillerenkette, welche das Rückgrat des ganzen amerikanischen Kontinents bildet, in zwei von einander getrennte Gebirgssysteme gespalten, von denen das östlichere, das Felsengebirge, in südöstlicher Richtung nach der Nordwestecke des Golfs von Mexiko streicht, während die west= lichere unter den Namen des Kaskadengebirges und der Sierra Nevada zuerst in überwiegend südlicher, dann auch in süd= östlicher Richtung an der Küste des Stillen Oceans hinzieht und die Macht der westlichen Winde bricht.

Das Mittelglied zwischen dem östlichen und dem westlichen Teil bildet das Stromgebiet des Mississippi, welcher mit seinen vielen Nebenflüssen eine Ländermasse von über drei Millionen Quadratkilometer umfaßt und sich im Norden mit dem des nicht minder bedeutenden St. Lorenzstromes in dem Seengebiet vereinigt.

Diese drei Teile, in welche der Boden der Vereinigten Staaten naturgemäß zerfällt, weisen ganz verschiedene geolo= gische Charaktere auf und dieser Umstand ist für die Be= siedelung und für die gesamte Kultur jenes Ländergebiets von größter Bedeutung geworden. Das Alleghanygebirge und die Osthälfte der Vereinigten Staaten gehören einer viel älteren geologischen Periode an als die westlichen Gebirge, zeigen in breiter gleichmäßiger Schichtung alle Arten von Urgesteinformen und bergen in ihren Urgneislagern unter anderm die größten Schätze an Eisenerzen. In vielfachen breiten Schichten über= einander finden sich dort Kohlenflöße, welche einen Flächen= raum von der Größe des Deutschen Reiches einnehmen. Michi= gan und die westlich gelegenen Striche sind außerdem reich an Kupfer, das dort in gediegenem Zustande in größerer Fülle als an irgend einem andern Teile der Erde gefunden wird und nachweislich schon in vorhistorischer Zeit von den damaligen Bewohnern des Mississippithales abgebaut worden ist. Der südliche Teil des Ostens weist alle Formen der Tertiärperiode auf.

Der ungleich jüngere Westen verdankt seine Entstehung großen vulkanischen Umwälzungen, die ein chaotisches Durcheinander geschaffen haben, das sich auch äußerlich in der zerklüfteten Alpenwelt jener Gegenden bekundet. Arm an den Metallen, welche im Osten so massenhaft auftreten, daß sie den Bedarf der ganzen Welt decken können; arm auch an Kohlen, sind diese Ländermassen um so reicher an Edelmetallen, Edelsteinen und seltenen und darum kostbaren und geschätzten andern Mineralien.

Der mittlere zwischen diesen beiden Gebirgssystemen liegende Teil der Vereinigten Staaten ist der allerjüngste, denn er ist das allmähliche Erzeugnis der Moränenbildung, welche sich an die zu Ende der Tertiärzeit eingetretene Kälteperiode anschloß. Die Spuren der Vergletscherung des Nordens sind im Osten bis in das Herz der Neuenglandstaaten zu bemerken und der Boden der nördlichen Staaten in der Nachbarschaft der Seeen und in den oberen Mississippigegenden besteht fast ganz aus grobem Moränenschutt oder den feineren Schotter- und Lößmassen, die sich in ansehnlicher Mächtigkeit bis in die Mündungsgebiete des Mississippi hinabziehen.

Ohne Zuthun des Menschen hat die Natur selbst durch ihre eignen Kräfte, namentlich durch die in Nordamerika so merkwürdig auftretenden atmosphärischen Erscheinungen den an unermeßlichen Reichtümern aller Art beinahe unerschöpflichen Boden auch für die Ausbeutung seiner Oberfläche so gut vorbereitet, daß selbst die gröbste Mißwirtschaft, die rücksichtsloseste Ausbeutung, der schmählichste Raubbau ihm noch keinen Schaden haben zufügen, seine Fruchtbarkeit nicht haben vermindern

können. Die sehr starken und massenhaften Niederschläge,
welche der Osthälfte eigen sind, haben mit der mächtigen
Sonnenglut zusammengewirkt, um durch Zersetzung der obersten
Schichten des Bodens eine dicke Erdkruste zu bilden, welche
im Laufe der Jahrtausende viele Geschlechter von Pflanzen
hat entstehen lassen, die durch ihr Absterben ihr wieder neue
Nahrung gaben. Die Urwälder sind — besonders im Osten —
allerdings der Habgier, dem Unverstand und der, durch den
Anbau bis zu gewissem Grade gerechtfertigten, nutzlosen Zer=
störungswut der Ansiedler großenteils zum Opfer gefallen,
aber selbst die noch vorhandenen Überreste sprechen zu uns
von der außerordentlichen Fruchtbarkeit des Bodens ebenso deut=
lich wie die üppige Vegetation der riesigen Präriengebiete.
Die Schäden der planlosen Abholzung sind bereits in so
empfindlicher Weise bemerkbar geworden, daß die Unions=
regierung Maßnahmen ergriffen hat, um durch Einführung
einer guten Forstwirtschaft dem Umsichgreifen der nachteiligen
Wirkungen der gänzlichen Entwaldung und dem Versiegen einer
der reichsten natürlichen Hilfsquellen des Landes Einhalt zu
thun. In den waldreichen Distrikten des Westens und Nord=
westens wird freilich das Abholzen und Niederbrennen des
Urwaldes zum Zwecke der Gewinnung neuer Ackerflächen immer
noch nach früherer Art betrieben.

Charakteristisch sind für die Vereinigten Staaten die häufigen
überraschend schnellen Temperaturwechsel so wie die großen
Unterschiede, welche zwischen der Sommerwärme und der
Winterkälte bestehen und den Menschen wie den Tieren und
den Pflanzen das Leben und Gedeihen erschweren, diejenigen
freilich, welche diese Ungunst ohne Schaden überwinden, dafür
um so widerstandsfähiger machen. Es erklären sich daraus
manche Züge im Wesen der Bevölkerung.

Alle Naturerscheinungen treten in Nord=Amerika infolge

der eigenartigen Gliederung des Bodens mit größerer Wucht auf als in der Alten Welt und die Orkane wie die plötzlichen Fröste, die großen Regen= und Schneemassen, die Über= schwemmungen nach der Schneeschmelze richten häufig furcht= baren Schaden an. Solche Verheerungen werden in diesem Lande, in dem alles in großem Maßstabe angelegt ist und jede Erscheinung riesige Dimensionen annimmt, allerdings rasch wieder durch den entsprechend bedeutenden Ertrag der mensch= lichen Thätigkeit ausgeglichen, während sie in der Alten Welt mit ihren ungleich kleineren Verhältnissen die von ihnen be= troffenen Gebiete für lange Zeit dem größten Notstande preis= geben würden.

Auch diese schroffen Temperaturwechsel sind, so nachteilig sie zuweilen werden, wenn sie sich in ungewöhnlichen Extremen bewegen, für den Boden in gewissem Sinne förderlich, indem sie durch schnellere Zersetzung der organischen Materien den Stoffwechsel beschleunigen und nicht wenig dazu beitragen, die Luft der ihnen am meisten ausgesetzten Gegenden sehr gesund und rein zu machen. Die Gebiete, welche, wie die südlichsten am Mexikanischen Golf gelegenen Länder, überwiegend den warmen von Süden her kommenden Luftströmungen ausgesetzt sind und ein gleichmäßigeres Klima haben, sind von Fiebern und ansteckenden Krankheiten viel mehr heimgesucht als die rauhen nördlichen und nordöstlichen.

Die Küstenstriche des Stillen Oceans haben vollständig oceanisches Klima. Die Temperatur ist in ihnen nicht großen Schwankungen unterworfen und im Mittel ziemlich niedrig. Das Jahr zerfällt dort in eine trockene Zeit, in der Nieder= schläge selten sind und in eine Regenperiode. Das Klima ist für denjenigen, welcher sich daran gewöhnt hat, außerordent= lich gesund und besonders für die Bodenkultur ungemein günstig.

Dieser Boden, der in seinem Innern unermeßliche Schätze birgt, welche für lange Zeit hinaus einen Hauptbestandteil der natürlichen Hilfsquellen der Union bilden werden; dieser Boden, der ferner von geradezu überraschender Fruchtbarkeit ist und denen die ihn bebauen und pflegen bei seiner günstigen Beschaffenheit dauernd den reichsten Ertrag sichert, besitzt außerdem ein Flußnetz, das ebenfalls nicht hoch genug geschätzt werden kann. Seine enormen Wassermassen sind sehr günstig verteilt und erhöhen nicht nur die Fruchtbarkeit des Bodens, sondern bieten auch vorzügliche Verkehrsstraßen, die durch die Anlage von ausgedehnten Kanalbauten beträchtlich erweitert sind.

Solcher Art ist also die Grundlage, auf der die großartige Kultur der Vereinigten Staaten ruht, und die Natur hat außerordentlich viel gethan, um den Bewohnern des Landes günstige Lebens= und Erwerbsbedingungen zu schaffen. Äußere Umstände, der Zufall und die geschichtlichen Ereignisse brachten es mit sich, daß bis jetzt gerade derjenige Teil der Staaten am meisten bebaut worden ist, dessen Bodenreichtümer am größten waren, und der alle Voraussetzungen für die Entwicklung der Industrie bot: der nordöstliche nämlich. In dem kleinsten der Neuenglandstaaten erhebt sich die Dichtigkeit der Bevölkerung auf 106 Einwohner auf den Quadratkilometer, in Massachusetts, das in der geschichtlichen und kulturellen Entwicklung stets die Führung behauptet hat, auf 104, in New Jersey auf 71, in Connecticut auf 57, in New York auf 47, in Pennsylvanien auf 45, in Ohio auf 34, in Maryland auf 30. In den Pflanzerstaaten des Südens, in den Ackerbautreibenden des Westens und in den Bergwerksdistrikten der westlichen Gebirgsländer bewegt sich die Durchschnittsziffer zwischen 15 und einem Bruchteil von 1, während die für die ganze Union sich bei der 1890 festgestellten Bevölkerung von 62 982 244 Einwohnern auf 7 pro Quadratkilometer beläuft.

Diese so außerordentlich ungleiche Verteilung der Be=
völkerung beweist, daß der Schwerpunkt des nationalen Lebens
heute noch in denselben Staaten liegt, in denen er von Anfang
an gelegen hat, in denen die Industrie am meisten betrieben
wird, in denen die Bildung den höchsten Grad erreicht hat,
in denen Wissenschaft und Künste am eifrigsten gepflegt werden.

Die Vereinigten Staaten bieten somit noch ein ungeheures
Feld zur Besiedelung; ausgedehnte Ländermassen harren noch
der Kultivierung, die in andern vorläufig nur in oberflächlichster
Weise betrieben wird. Die Summe der natürlichen Hülfs=
quellen ist bedeutend und doch ist bisher nur ein sehr kleiner
Teil des Bodens überhaupt gründlich erforscht und in den
Dienst seiner Bewohner genommen. Jede Untersuchung an
bisher noch wenig bekannten Orten bringt neue Über=
raschungen mit sich, erschließt neue Einnahme= und Erwerbs=
quellen und selbst wo der Boden überhaupt nicht kulturfähig,
wo auch sein Inneres arm an wertvollen Mineralien erscheint,
wie in den bad lands, den Wüsteneien von Wyoming, Nebraska,
Colorado und Utah, bietet er nicht nur dem Auge des
Reisenden durch seine einzig dastehenden eigenartigen Forma=
tionen besondere Reize, sondern er birgt auch Schätze, deren
Erforschung der ganzen Menschheit, der Wissenschaft vom
größten Nutzen sind.

Diese bad lands, in denen zum Teil nicht einmal die
niedrigsten Pflanzenarten gedeihen, die überwiegend vege=
tationslos sind, werden nicht mit Unrecht als ein großer
Kirchhof einer seit vielen Jahrtausenden von der Erde ver=
schwundenen, früheren geologischen Perioden angehörenden
Tierwelt bezeichnet. Denn in Massen finden sich in diesen
unfruchtbaren Gegenden, welche ehemals den Boden großer
Binnenseen und Sümpfe bildeten, die fossilen Überreste zahl=
loser jener wunderbar gestalteten zum Teil riesigen Geschöpfe

erhalten, welche in diesen Gewässern und in ihrer Umgebung einstmals lebten.

Doch daß auch selbst die zur Zeit völlig unfruchtbaren ausgedehnten Wüsteneien für die Bodenkultur nicht völlig un= zugänglich sind, das beweist die Nachbarschaft des großen Salzsees in Utah, wo die fleißigen Mormonen seit 1847 unter mühseliger Arbeit, allerdings aber mit bestem Erfolg die Wüste in Acker= und Gartenland umgeschaffen haben, das ihnen reichlichen Ertrag liefert.

Endlich sei erwähnt, daß das Unionsgebiet auch in land= schaftlicher Hinsicht die denkbar größte Mannigfaltigkeit, eine unerschöpfliche Fülle des Schönen und viele gerade diesem Lande eigenen Reize bietet.

Die Küsten von Maine und Washington sind im Gegen= satz zu den zwar an Häfen nicht armen, im allgemeinen aber wenig gegliederten der übrigen Staaten, durch ihre Zerrissen= heit und Fjordbildung denen Norwegens vergleichbar. Der große Wasserreichtum belebt die Landschaft, die alle Arten von Laub= und Nadelholz, die Vegetation fast aller Klimate und Zonen aufweist, in Florida und Südkalifornien tropischen, in den nördlichen Staaten nordischen Charakter besitzt. Die Ge= birgsgegenden zeigen alle Verschiedenheiten der europäischen; man findet dort die Lieblichkeit der thüringischen Berge, die erhabene Schönheit der Schweiz, die Wildheit und Schroffheit der Pyrenäen wieder. Die Wunder des erst vor zwei Jahr= zehnten entdeckten Gebietes des Yellowstoneflusses in der Nord= westecke von Wyoming sind so große, daß die Unionsregierung jenen Teil des Landes für alle Zeiten der Besiedelung ent= zogen und ihn zum Nationalpark gemacht hat, der mit jedem Jahr größere Scharen von Touristen anzieht. Denn mit Ausnahme von Island und Neuseeland hat die Erde, so weit ihre Oberfläche bis jetzt bekannt ist, nichts aufzuweisen, was dem

Yellowstonepark gleich ist. Aber auch Island und Neuseeland werden durch die Zahl und die Größe der Geyser sowie die Menge der heißen Quellen von dem Nationalpark der Union übertroffen. Auch dem dort befindlichen Obsidianberg läßt sich nichts Ähnliches in der bekannten Welt an die Seite stellen.

So überreich die Vereinigten Staten an schönen und imposanten Wasserfällen sind, so hat doch auch der Niagarafall nicht seinesgleichen.

Kalifornien, das in jeder Beziehung verschwenderisch von der Natur ausgestattet ist, besitzt gleichfalls in seinem Yosemitethal und in seinen Riesenbäumen so außerordentliche Reize, daß auch ihre Erhaltung durch Staatsgesetze gesichert ist und die betreffenden Gebiete der Ansiedelung entzogen sind. Der starke Besuch dieser und anderer landschaftlich anziehender Punkte widerlegt die allgemeine Annahme, daß den Nordamerikanern jedes Gefühl für das Schöne abgehen soll. Man findet vielmehr im Gegenteil bei ihnen eine sehr große Naturliebe und ein feines Gefühl für landschaftliche Schönheit. Dies äußert sich unter anderm in dem Umstande, daß auf manchen Gebirgsbahnen an besonders interessanten Punkten Aussichtswagen in die Züge eingeschaltet werden, um jedem, der es wünscht, Gelegenheit zu geben, die Reize der Gegend voll zu genießen — eine Einrichtung, die auch in andern Ländern Nachahmung verdiente. Der Schönheitssinn der Amerikaner bekundet sich ferner in der kräftigen Pflege des Gartenbaues, in der Anlage großer Parks, in der Ausstattung ihrer letzten Ruhestätten auf Erden, ihrer Kirchhöfe.

Die deutschen Einwanderer finden in der Landschaft überall Anklänge an ihre Heimat, namentlich aber auch in den herrlichen Thälern mancher Flüsse Erinnerungen an die des Mutterlandes, und es giebt besonders eine ansehnliche Reihe von Flüssen, denen sie den Beinamen des amerikanischen Rhein gegeben haben. Was sie allein und schmerzlich vermissen, ist der Gesang der Vögel, die dort nur spärlich vorzukommen scheinen und zum Teil wohl auch dem Jagdsport erlegen sind.

Einer der hauptsächlichsten und Nordamerika ganz besonders eigenen landschaftlichen Reize ist die Farbenpracht, welche das Laubholz und auch die niedere Vegetation im Herbst dem Auge darbietet. Dem einstimmigen Urteil aller ausländischen Beobachter und Reisenden gemäß läßt sich dieser Erscheinung, wenn sie unter günstigen atmosphärischen Verhältnissen den Höhepunkt ihrer Schönheit erlangt hat, in andern Ländern nichts Ähnliches zur Seite stellen. Im Laufe weniger Stunden vollzieht sich oft bei dem plötzlichen Eintreten niederer Temperatur und leichten Frostes dieser zauberhafte Farbenwechsel, der auch auf den nüchternsten Reisenden einen nachhaltigen Eindruck macht. Wie mit einem Schlage erscheint die Landschaft, welche noch kurz zuvor in ihrem grünen Kleide prangte in einem ganz neuen Gewande, an dem alle Nüancen von Grün, Gelb und Braun, alle Schattierungen des Rot von zartestem Hellrosa bis zu dunklem Schwarzrot und Violett zu erkennen sind. Überhaupt gilt in landschaftlicher Hinsicht der Herbst für die schönste Jahreszeit in den Vereinigten Staaten und der „Indianische Sommer" mit seiner Farbenpracht und seinen duftigen Nebelschleiern hat den Vorwurf zu manchen der besten Kunstleistungen amerikanischer Maler gegeben.

Bietet die Union sonach dem Geologen, dem Geographen, dem Meteorologen, dem Paläontologen, dem Naturforscher, dem Touristen und dem Künstler eine unermeßliche Fülle von interessantem Studienmaterial und von ungewöhnlichen Reizen, so findet daselbst auch der Ethnograph ein breites und ungemein anziehendes Arbeitsfeld.

Die Frage der Bevölkerung Amerikas hat von dem Augen-

blick der Entdeckung dieses Erdteiles an bis auf den heutigen
Tag alle Ethnographen beschäftigt ohne eine abschließende, be=
friedigende Antwort gefunden zu haben. Das Rätsel der
eigentümlichen Hautfarbe der indianischen Rasse ist noch
immer ungelöst. Die Entstehung der großartigen Kulturen
Zentral= und Südamerikas in zum Teil ganz unwirtlichen,
schwer zugänglichen Gegenden, bietet der Kulturforschung
dauernd eine Reihe der schwierigsten Probleme. Die Bilder=
schrift der alten Mexikaner harrt noch der Entzifferung. Aber
auch die neuere Zeit und die Gegenwart bieten dem Anthro=
pologen und Ethnographen in der heutigen Bevölkerung der
Vereinigten Staaten ein ungemein anziehendes Studienobjekt.
Denn in keinem Lande der Erde hat sich in so kurzer Zeit
eine Rassen= und Völkermischung in so großem Maßstabe
vollzogen wie dort, und wenn es auch erst viel späteren Ge=
schlechtern möglich sein wird, die Ergebnisse dieser Mischung
genauer zu erforschen, zu klassifizieren und wissenschaftlich
wertvolle Schlüsse daraus zu ziehen, so bietet doch die Be=
völkerung der Union auch heute schon zahlreiche anthropologisch
und ethnographisch bedeutende Erscheinungen.

Wenn man in früherer Zeit und zum Teil wohl auch noch
hie und da heute zu der Ansicht neigte und neigt, daß Amerika in
historischer Zeit von Ost=Asien oder den Inseln des Stillen
Ozeans aus besiedelt worden ist, denn an die Bevölkerung der
Neuen Welt durch die verschollenen jüdischen Stämme und die
Phönizier glauben wohl heute nur noch die Mormonen und
einige andere Sektierer, so haben die bisherigen Forschungen
ergeben, daß der Mensch in Amerika schon in sehr viel früherer
Zeit als in Europa gelebt hat. Die ältesten fossilen Über=
reste von Menschen gehören der Tertiärzeit und einer geo=
logischen Periode an, in der die Gebirge Kaliforniens noch
im Entstehen begriffen waren, noch nicht ihre heutige Gestalt

hatten. So wurde 1866 im Kies einer Goldgrube des Bald Hill in Kalifornien, 40 Meter unter der Erde, ein Teil eines menschlichen Schädels gefunden, der den Wirkungen der Lava ausgesetzt gewesen und mit kleinen Steinen inkrustiert war. In dem goldführenden Sand des Table Mount in der Grafschaft Tuolumne in Kalifornien wurden 60 Meter unter der Erde Überreste eines menschlichen Schädels und Kiefers entdeckt. In Placerville in der Grafschaft El Dorado in Kalifornien fanden sich unter basaltischer Lava menschliche Rippen. In New-Orleans stieß man 1844 bei dem Bau der Gasanstalt unter einer uralten Cypresse und einer Humusschicht, welche das Ergebnis des Absterbens mehrerer Pflanzengenerationen gewesen ist, auf einen menschlichen Schädel, dem mindestens ein Alter von 50 000 Jahren beigemessen wird. In Rock Bluff in Illinois wurde im Löß ein menschlicher Schädel gefunden, woraus hervorgeht, daß der Träger desselben zu einer Zeit lebte, als die zu Ende der Tertiärzeit eingetretene Gletscherperiode ihrem Ende entgegen ging. Wenn man ferner auf der Insel Petite Anse im Mississippi im Staate Louisiana in beträchtlicher Tiefe unter der Oberfläche Mattengeflecht und Rohrkörbe vorgefunden hat, die zur Salzgewinnung gedient haben müssen, diese Gegenstände aber tiefer gelagert waren als die Überreste eines Mammut, so erhellt daraus, daß denkende und arbeitsame Menschen gleichzeitig mit diesem Urwelttiere dort gelebt haben müssen.

Aber auch sonst sind noch viele Beweise für die Existenz des Menschen in vorgeschichtlicher Zeit in Nordamerika in den zahlreichen Artefakten aus Feuerstein und andern harten Steinen in den verschiedensten Teilen des Landes, so in New-Jersey, Indiana, Ohio gefunden worden.

Zweifellose Anzeichen von dauernden Niederlassungen sind die Haufen von Küchenabfällen, hauptsächlich von Muschelschalen, die Kjökenmöddinger, welche in allen Teilen des Nordens der Vereinigten Staaten entdeckt worden sind und zum Teil riesige Dimensionen haben, wie z. B. ein in Maine aufgefundener, der einen Inhalt von 45 Millionen Kubikfuß aufweist.

Die Spuren anderer Ansiedelungen deuten auf die Anwendung von Feuer zur Bereitung von Speisen oder zu andern Zwecken hin. Die bei diesen Niederlassungen vermischt mit aufgeschlagenen Tierknochen vorgefundenen Menschenknochen haben die Annahme nahe gelegt, daß die Bewohner jener Plätze Menschenfresser waren, wofür im übrigen keine Beweise vorliegen.

Auch auf Spuren von Pfahlbauten ist man gestoßen, und es geht aus alledem hervor, daß Menschen lange vor der sogenannten historischen Zeit im Norden des Kontinents lebten. Einer wesentlich späteren gehörten dagegen schon die Träger einer eigenartigen Kultur an, deren Herd im Ohiothale gewesen sein muß, von deren Existenz aber man erst gegen Ende des vorigen Jahrhunderts Kunde erhielt, da die Überreste derselben, die zahllosen Mounds (Hügel) großenteils unter der Hülle des Urwalds verborgen waren. Die größte Menge derselben diente offenbar Kriegszwecken, doch auch viele Tempelbauten und Begräbnisstätten sind aufgefunden worden; die merkwürdigsten aber sind die unerklärlichen symbolischen Mounds, welche die Formen verschiedener Tiere und Gebrauchsgegenstände nachahmten. Wer die Erbauer aller dieser nach vielen Tausenden zählenden Hügel waren, entzieht sich bis jetzt jeder sicheren Bestimmung, sie werden daher mit dem Namen der Moundbuilders, der Hügelbauer bezeichnet. Man darf indessen mit Sicherheit annehmen, daß sie der indianischen Rasse angehörten, wenngleich sie wahrscheinlich nicht die Vorfahren derjenigen Indianer waren, welche bei der Entdeckung Nordamerikas den Boden desselben inne hatten, denn es ist bei

diesen, die nur Jäger und meist Nomaden waren, keine Spur
von einer Thätigkeit vorgefunden worden, welche als Fort=
setzung derjenigen der Moundbuilders betrachtet werden könnte,
die seßhaft waren, zahlreiche Gewerbe betrieben und große
Geschicklichkeit in der Herstellung kleiner künstlerischer Arbeiten
besaßen. Nur bei den Natchez, die überhaupt auf höherer
Kulturstufe als die meisten übrigen Stämme Nordamerikas
standen, haben sich Anzeichen einer Bauthätigkeit vorgefunden,
die der der Moundbuilders vergleichbar ist.

Indem wir nun auf die Entstehung der heute in der
Union lebenden Bevölkerung übergehen, müssen wir zunächst
einen Blick auf die Indianer werfen, die ja doch die Herren
des Landes wie des ganzen Kontinents waren und, wenn auch
wenig, so doch in gewissem allerdings schwer zu bestimmenden
Maß und Grade an der ethnischen Zusammensetzung des nord=
amerikanischen Volkes Teil genommen haben.

Die dort hausenden Indianer sind fast ausschließlich Jäger
und Fischer gewesen, sind zum Teil nomadisierend umherge=
zogen und haben den Ackerbau nur sehr spärlich betrieben.
Nach den erhaltenen Überlieferungen haben wiederholt große
Wanderungen stattgefunden, wodurch beständige Veränderungen
in der Gruppierung der Stämme herbeigeführt worden sind.
Wie es scheint, ist der Anstoß zu diesen Wanderungen immer
von Norden und Nordosten her gegeben worden und die An=
nahme, daß die Moundbuilders in späteren Zeiten die Gründer
und Träger der hohen Kulturen des mittleren und südlichen
Amerika geworden sind, entbehrt nicht ganz der Wahrschein=
lichkeit.

Zur Zeit, als Nordamerika entdeckt und zu besiedeln be=
gonnen wurde, lebten auf seinem Boden Hunderte von Stämmen
und Familien, die in die folgenden Gruppen geteilt worden sind:

An die unter dem Gesamtnamen der Kenaivölker zusammen=

gefaßten Stämme des hohen Nordens schlossen sich im Süd=
westen die Athapasken oder Chippewayindianer, deren süd=
lichste Stämme bis nach Kalifornien und in die Quellgebiete
des Rio Grande streiften. Es schlossen sich an sie von Kali=
fornien bis Arkansas die Apatchen.

Der Nordosten war besetzt von den Algonkinstämmen,
deren Jagdgründe sich im Süden bis zur Mündung des Ohio
in den Missisippi einerseits und bis zum Kap Hatteras in
Nordkarolina anderseits erstreckten. Ihnen gehörten viele der
in der Geschichte genannten und sonst am meisten bekannten
Stämme an, wie die Narragansett und Pequod in Connecticut;
die Lenni=Lenapen oder Delawaren im Flußthal dieses Namens,
die Mohikaner in New=York, die Cherokesen in den Alleghany=
Gebirgen; die Susquehannoks, die Powhattans, Shawnies,
Illinois, Crees ꝛc. und in den Seengebieten die Odschibway,
die Ottawas und die Blackfeet, die Schwarzfüße.

Die wichtigste Rolle spielten demnächst die Irokesen,
welche einen Bund bildeten, bestehend aus den 5 Völkern:
Huronen, Wyandot, Mohawk, Oneidas und Senecas. Ihre
Hauptsitze bildeten das westliche Kanada, die Seendistrikte, in
denen sie sich mit den Algonkin berührten, von diesen teil=
weise umschlossen waren und mit ihnen auch sehr häufig
im Kriege lagen, welcher Umstand von den Engländern und
Franzosen immer in ergiebiger Weise für ihre Zwecke aus=
gebeutet wurde.

Im ferneren Westen hausten die Dakotas oder Sioux, die
Nadowesier, Winebagoes und Crows oder Krähenindianer, in
deren Mitte die von ihnen unabhängigen Pawnies lebten. An
sie schlossen sich die Oregon, die Kalifornier, die Yuma im
Westen und die Puebloindianer im Süden, in Texas und ganz
Nordmexiko.

Endlich ist der Apalachische Stamm zu nennen, der sich

im Süden an die Algonkin anschloß und das Land zwischen
Mississippi, Mexikanischem Golf und Atlantischem Ozean inne
hatten.

Zwischen allen diesen Stämmen bestanden beträchtliche
Unterschiede sowohl hinsichtlich ihrer äußeren Erscheinung, ihrer
physischen wie ihrer moralischen Eigenschaften, aber im all=
gemeinen waren sie von mehr als mittlerer Größe, schlank,
von gutproportioniertem Körperbau und von außerordentlicher
Zähigkeit im Ertragen von Strapazen. Ein hoher Grad von
Unempfindlichkeit gegen Schmerzen bildete eine ihrer hervor=
ragendsten Eigenschaften; diese Gefühllosigkeit äußerten sie
aber auch ihren Mitmenschen gegenüber, und sie verband sich
mit physischer wie seelischer Nüchternheit, mit erstaunlicher
Selbstbeherrschung und Gleichgültigkeit. Im Verfolgen einmal
gefaßter Pläne waren sie unermüdlich, und im Kriege, in der
Befriedigung ihrer Rache, bekundeten sie die ihnen angeborene
Schlauheit. Begeisterung, hoher Schwung der Phantasie,
gingen ihnen vollständig ab, ihre religiösen Vorstellungen be=
wegten sich in niederen materialistischen Sphären. Zum Fata=
lismus neigend, kümmerten sie sich nicht um die Zukunft; und
das gefahrvolle Leben, der Aufenthalt in den Wäldern, die
Einwirkungen der gerade in Amerika so wuchtig auftretenden
und häufig große Zerstörungen anrichtenden Naturerscheinungen
beeinflußten vielleicht ihre seelische Grundstimmung, die durch=
aus ernst war, ja zur Melancholie neigte. Große Gemessen=
heit im Wesen zeichnete sie im gewöhnlichen Verkehr aus.

Wie alle Naturvölker harter Arbeit abgeneigt, verhielten
sich die meisten Indianer der europäischen Kultur gegenüber
ablehnend, ebenso wie der Annahme der christlichen Religion.
Nur wenige Stämme, wie die Cherokesen und manche andere
Algonkinstämme wurden ihnen dauernd gewonnen. Daß auch
die meisten Mitglieder des mächtigen Irokesenbundes sich zum

Christentum bekehrten, war wohl dem Geschick der französischen jesuitischen Missionäre zuzuschreiben.

Inwieweit die indianische Rasse an der Entwickelung der heutigen Bevölkerung teilgenommen hat, ist schwer nur mit annähernder Genauigkeit zu bestimmen, da hierfür jeder sichere Anhalt fehlt. Dem Anschein nach ist dieser Anteil ein schwacher, immerhin sind Erscheinungen zu Tage getreten, welche Zweifel an dieser Annahme wecken, wenngleich es sicher ist, daß unter Ausschluß der von Indianern bewohnten Reservationen der ethnische Einfluß derselben nirgends innerhalb der Union so stark gewesen ist, daß er unmittelbar bestimmend auf den Charakter der Bevölkerung eingewirkt hat. Hierin weicht die nordamerikanische Nation vollständig ab von den Völkern, welche in Central- und Südamerika im Laufe der Jahrhunderte entstanden sind. Ein sehr großer Prozentsatz der letztern ist vollständig indianisch und wird es immer mehr und es bestätigt dies die auch in Kanada gemachte Erfahrung, daß die romanischen Völker: Spanier, Portugiesen und Franzosen überall mit Leichtigkeit eheliche Verbindungen mit Indianerelementen eingegangen sind, während die Germanen, Engländer, Deutschen, Holländer, Schweden, Norweger, Dänen sich immer vor diesen Verbindungen gescheut haben.

Das Leben der von den Kulturcentren und Kulturwegen der Vereinigten Staaten fern hausenden, über die Wildnisse zerstreuten einzelnen Ansiedler, der Trapper, Grenzjäger, Indianeragenten, die die ungeheuren westlichen Staaten durchstreifen, beweist aber, daß diese Leute dieselben Grundsätze befolgen und befolgen müssen, um ihre Zwecke zu erreichen, wie früher die französischen Pioniere und Jäger in Canada. Sie müssen ihre Beziehungen zu den Eingebornen möglichst eng knüpfen, nehmen daher auch eine oder mehrere Indianerinnen zu Frauen — denn Polygamie ist bei diesen Leuten nicht weniger selten wie

bei den Uten, Pawnies, Cheyennen 2c., in deren Mitte sie
leben. Die Art, wie sie dort existieren, gibt heute noch eine
getreue Vorstellung von dem Leben der vielen Jäger, Trapper
und Pioniere, welche von den Neuenglandkolonieen, Virginien
und den andern Ansiedlungen am Atlantischen Ozean nach
Westen vorgedrungen sind, und es ist zweifellos, daß auch selbst
von den germanischen Einwandrern, die in großen Scharen
ihrem Abenteurerdrange folgend in die westlichen Wildnisse
hinauszogen, dort den Boden für die europäische Kultur vor=
bereiteten und den Grund zu den Ansiedlungen legten, die heute
zu mächtigen Städten erwachsen sind, Ehen mit Indianerinnen
geschlossen wurden.

Andrerseits wird von vielen Sachverständigen die Behaup=
tung aufgestellt, daß unter den heute in der Union lebenden
wilden und zivilisierten Indianern nur sehr wenige von völlig
reiner unvermischter Rasse zu finden sind, daß die überwiegende
Masse „Halbblutindianer" sind. Ferner zeigen sich in dem von
Romanen so stark bevölkerten Süden und vollends in den fast
ausschließlich von Spaniern und Mexikanern bewohnten Staaten
des Südwestens vielfach dieselben Erscheinungen wie in Mexiko
selbst: die Bewohner werden indianisiert. Als Bürger der
Republik nicht auf ihre Staaten beschränkt, ziehen sie aber auch
in andre und schließen hier Ehen.

Es ist also wohl möglich, daß der ethnische Anteil der
Indianer an der Zusammensetzung der Bevölkerung der Union
nicht ganz so gering ist, wie die Amerikaner gewöhnlich an=
nehmen; und es muß hier einer Erscheinung gedacht werden,
die seit nunmehr 100 Jahren bereits von vielen Gelehrten be=
stätigt und genau untersucht worden ist und die der bekannte
französische Anthropologe Quatrefages besonders hervorgehoben
hat. Es ist auch ihm nämlich die Annäherung des Yankee=
typus an den Indianertypus aufgefallen und seine Unter=

2*

suchungen haben die andrer amerikanischer und europäischer
Forscher bekräftigt; er hat gefunden, daß eine Reduktion des
Drüsensystems bemerkbar, daß die Haut lederartig wird,
daß die Wärme der Farbe, die Röte der Wangen, wie sie
den Engländern eigen, schwinden. Der Kopf wird kleiner,
runder; die Entwickelung der Backenknochen und Kaumuskeln
wird stärker, die Schläfengruben werden tiefer; die Augen=
höhlen gleichfalls und rücken näher zusammen; die Iris ist
dunkel, der Blick durchdringend scharf und zuweilen wild; die
Gesichtszüge werden härter, das Haar wird straff; eine große
Hagerkeit, auffällige Länge der Hände und Füße treten ein;
der Hals wird sehr schmal und dünn. Diese und andre Er=
scheinungen, die bei den Engländern, von denen die Yankees
abstammen, nicht vorhanden sind, finden sich allerdings bei den
Algonkinstämmen, die ja innerhalb der Neuenglandkolonieen
seßhaft waren. Inwieweit aber das Klima und die Lebens=
verhältnisse auf die Ausbildung dieser den Yankees großen=
teils anhaftenden Eigentümlichkeiten eingewirkt haben mögen,
ist schwer zu sagen, jedenfalls wollen die Neuengländer von
einem Einfluß der Indianer auf ihre physische Entwickelung
nichts wissen.

Die ethnische Grundlage der heutigen weißen Bevölkerung
der Vereinigten Staaten bildet das germanische Element und
zwar im besondern das britische, welches bis zum Beginn
der großen Einwanderungsperiode in den dreißiger Jahren
dieses Jahrhunderts das unumschränkt herrschende war. Dieses
Übergewicht der Briten hatte die geschichtliche Entwickelung der
Kolonieen auf dem Gebiete der heutigen Vereinigten Staaten mit
sich gebracht.

Ehe noch Kolumbus das Festland Amerikas betreten hatte,
ehe er sich der Tragweite seiner Entdeckung bewußt geworden
und zur Erkenntnis gelangt war, daß die von ihm aufgefundenen

Inseln nicht zu Asien gehörten, hatten die in englischen Diensten stehenden Venetianer John und Sebastian Cabot bereits im Namen Englands von der Ostküste des nördlichen Teiles Amerikas Besitz ergriffen. Dieser wurde ihnen später zwar von den Spaniern bestritten, ohne Erfolg jedoch, und wenn auch die Franzosen sehr bald auf nordamerikanischem Boden erschienen, im heutigen Karolina und in den Mündungsgebieten des von ihnen entdeckten Lorenzstromes Niederlassungen anlegten, so erfolgte die förmliche Besiedelung der heutigen Vereinigten Staaten doch erst durch die Engländer. Freilich verging beinahe das ganze 16. Jahrhundert, ehe dies geschah, denn erst der bekannte englische Staatsmann Sir Walter Raleigh ließ 1585 den Grund zu der Kolonie Virginien legen. Eigentlich in Kultur genommen wurde der Boden dieser Niederlassung jedoch nicht vor Anfang des 17. Jahrhunderts, während gleichzeitig die Franzosen sich in Kanada festsetzten, Quebec gründeten und, während die Holländer von dem Mündungsgebiet des Hudson Besitz ergriffen, die ersten Blockhäuser von Neu-Amsterdam erbauten, woraus später New-York wurde.

Von größter Bedeutung wurde jedoch die Anlage der ersten Ansiedelungen in dem nordöstlichen Teil des heutigen Unionsgebietes seitens puritanischer Flüchtlinge, die in der Geschichte als die Pilgerväter bekannt sind und die zu Ende des Jahres 1620 auf dem Boden des Staates Massachusetts landeten.

Nachdem im Norden wie im Süden somit der Grund zu einem ausgedehnten Kolonialreich der Engländer geschaffen worden war; nachdem diese, sich stützend auf das Besitzrecht, das sie durch die erste Entdeckung jener Gegenden erworben hatten, den Holländern ihre Niederlassungen weggenommen und die ganze Ostküste vom 50. bis zum 30. Grad nördlicher Breite für ihr Eigentum erklärt, in den daselbst überall entstandenen Kolonieen einheitliche Verwaltung eingesetzt hatten,

nahm die Einwanderung von England dorthin größere Dimen=
sionen an. Die wenigen daselbst seßhaft gewordenen fremden
Elemente, wie die Holländer, die Schweden und die kleinen
deutschen Kolonieen, gingen rasch und vollständig in der britischen
Bevölkerung auf, welche die herrschende wurde.

So begreift es sich von selbst, daß das britische Volks=
element den Grund der weißen Bevölkerung bildete, welche im
Laufe der Zeit in den Vereinigten Staaten entstand und auch
trotz der Masseneinwanderung der letzten 50 Jahre der be=
stimmende Faktor geblieben ist, ungefähr vier Fünftel der bei=
nahe 63 Millionen ausmacht, welche heute das Unionsgebiet
bewohnen. Aber es bestanden doch von vornherein innerhalb
dieser englischen Bevölkerung der Kolonieen wie der daraus
hervorgegangenen Staaten schroffe Gegensätze, die auch in dem
Unabhängigkeitskriege deutlich zum Ausdruck gelangten, die Süd=
länder von den Nordländern trennten. Diese Gegensätze waren
erzeugt worden durch die Verschiedenartigkeit der ersten Be=
völkerungselemente, durch die des Klimas, des Bodens, der
geschichtlichen Entwickelung und der Erwerbsverhältnisse und
Institutionen der südlichen und der Neuenglandkolonieen.

Virginien war von vornherein von Abenteurern aller Art,
von bankerotten Kaufleuten, von politischen Flüchtlingen und
Verbrechern besiedelt worden; es galt dann lange Zeit als
Deportationsort für Leute, die man in den englischen Gefäng=
nissen nicht behalten mochte. Zum Zweck der Gründung der
Kolonie Georgia wurden die Schuldgefängnisse geleert — kurz,
im ganzen Süden setzte sich die Bevölkerung aus den zweifel=
haftesten Elementen des Mutterlandes, aus Individuen der
verschiedenartigsten Gesellschaftsklassen zusammen. Waren alle
diese Ansiedler von Natur nicht gerade zu anstrengender Arbeit
geneigt, so kam das warme erschlaffende Klima dazu, sie in
dieser Abneigung zu bestärken, und 1619 fand daher dort bereits

die Sklaverei ihren Eingang, welche bald die Grundlage und
Voraussetzung der südländischen Kultur wurde, weil der Boden
sich zum Plantagenbetrieb eignete, der im großen betrieben
werden mußte, um bedeutenden Ertrag zu liefern. Als die
Ansiedler infolgedessen rasch zu Reichtum gelangten, wurden
ihre Ländergebiete von großen Scharen heruntergekommener
und verarmter Mitglieder der höchsten Gesellschaftskreise heimgesucht und seitens der Krone Englands den Günstlingen derselben
zu Lehen und zur Ausbeutung überantwortet. Die reichen
Abligen und Kaufleute Englands erblickten in dem Erwerb von
Grundbesitz und in der Einrichtung von Plantagen in dem
Süden des amerikanischen Kolonialgebiets eine vortreffliche
Kapitalanlage, sie erwarben riesige Latifundien, welche sie von
ihren Beamten unter Benutzung großer Massen von Sklaven
bewirtschaften ließen. So bildete sich dort ein Herrenstand aus,
der ein glänzendes Leben führte, aristokratische Neigungen hegte
und der englischen Krone im allgemeinen sehr freundlich gesinnt
gesinnt war.

Im Norden dagegen waren die ersten Ansiedler strenggläubige Sektierer gewesen, die eine einheitliche, festgegliederte
Masse bildeten, sich dem unerträglichen Gewissenszwange des
Mutterlandes entzogen hatten, nach strengsten moralischen Grundsätzen lebten, jede Zerstreuung, jeden Lebensgenuß als gottlos
verwarfen, nach demokratisch = republikanischen Grundsätzen
lebten und in selbständiger Arbeit ihre Lebensaufgabe erblickten. Unter furchtbaren Anstrengungen und Leiden mußten
sie dem Boden den nötigen Unterhalt abringen; die kleinen
Grundstücke, welche sie erwarben, mußten sie eigenhändig bestellen. Die Neuengländer waren somit in jeder Beziehung
völlig verschieden von den Südländern, deren Lebens= und
Denkweise ihnen ein Greuel war. Der puritanische Geist blieb
aber im ganzen Norden der herrschende, denn in der Mehrzahl

waren es Glaubensgenossen, welche dort auch später eine Zuflucht suchten und sich daselbst niederließen.

Die dauernde empfindliche Schädigung der wirtschaftlichen Interessen der Kolonieen seitens Englands führte zu jenem denkwürdigen Kriege, der die Unabhängigkeit der erstern, die Entstehung der Vereinigten Staaten zur Folge hatte. Massa=chusetts hatte ihn eröffnet und es trug sicherlich nicht zum Ausgleich der Gegensätze zwischen dem Norden und dem Süden bei, daß die Königsgetreuen in den Kolonieen des Südens in diesem Kriege eine sehr zweideutige Rolle spielten, die Eng=länder moralisch und thatsächlich unterstützten. Aber auch die Sklavereifrage nährte dauernd den Zwiespalt und beschwor schließlich den Sezessionskrieg von 1861—65 herauf, in welchem die südlichen Sklavenstaaten die Trennung von denen des Nordens erstrebten, und bis auf den heutigen Tag sind die Gegensätze nicht völlig beseitigt worden. Zur Förderung und Erhaltung derselben innerhalb der von den Briten abstammenden Be=völkerung haben im Laufe dieses Jahrhunderts dann auch noch die andern ethnischen Elemente, welche sich auf nordamerikanischem Boden niederließen, das ihrige beigetragen.

1776, als die Kolonieen sich von England losrissen, bestand das ganze Gebiet aus 13 Staaten, deren Areal sich auf un=gefähr 826 000 qkm belief. Sehr bald darauf begann dann die Ausdehnung der Herrschaft der Bundesrepublik nach Westen und Südwesten hin, bis das Unionsgebiet um die Mitte dieses Jahrhunderts 9 1/3 Millionen qkm umfaßte, die es heute mißt.

Der ganze Süden war in den Händen romanischer katholischer Völker, der Franzosen und der Spanier. Als diese Länder=massen den Vereinigten Staaten einverleibt wurden, blieben diese Volkselemente, die übrigens verhältnismäßig wenig zahl=reich waren, doch meist im Lande und behielten ihre Besitzungen. Es fand nun im Süden eine starke Vermischung zwischen ger=

manischen und romanischen Elementen statt und auch dieser
Umstand blieb nicht ohne bedeutenden Einfluß auf die physische
Entwickelung und die Charakterbildung der südländischen Be=
völkerung, die sich infolge dieser Mischung noch stärker von
der des Nordens unterschied.

Nach dem Kriege mit Mexiko und der Aufnahme großer
bisher mexikanischer Ländergebiete in die Union kamen im Süd=
westen, der allerdings sehr schwach bevölkert war und es heute
noch ist, die mexikanisch=spanischen und ferner die mexikanisch=
indianischen Mischlinge dazu, die sich nun ebenfalls mit allen
andern den Süden bewohnenden Elementen verbanden. Auf
diese vielfältige Mischung der verschiedenartigsten ethnischen
Faktoren sind manche der Charakterzüge zurückzuführen, welche
die heutige Bevölkerung der Südstaaten von der des Nordens
so wesentlich unterscheiden. Französische Leichtlebigkeit, Ober=
flächlichkeit und Eleganz, spanische Abneigung gegen die Arbeit,
Freude an Glanz und Flitter, aristokratische Vornehmheit und
Grandezza machen sich deutlich bemerkbar. Gastfreundschaft,
verschwenderische Freigebigkeit, feine Lebensart, größte Freiheit
des Verkehrs zwischen den beiden Geschlechtern im gesellschaft=
lichen Leben, Frohsinn, eine heitere Weltanschauung herrschen
im Süden vor und kennzeichnen seine Bewohner. Die Be=
völkerung des Nordens dagegen weist die Grundeigenschaften
der Briten und überhaupt der germanischen Rasse, allerdings
in beträchtlicher Potenzierung, auf. Eine praktische nüchterne
Weltanschauung, große Energie, scharfer Verstand, bedeutende
Charakterfestigkeit, Gründlichkeit bilden die Grundzüge der
dortigen Einwohner.

Denn wenn die Einwanderung, welche seit 1830 riesige
Dimensionen annahm, sich auch überwiegend nach dem Norden
wendete, so erfolgte dieselbe doch hauptsächlich aus den ger=
manischen Ländern. Von 1821 bis 1890 wanderten im ganzen

in die Vereinigten Staaten ungefähr 15²/₃ Millionen Individuen
ein. Davon kamen auf ganz Großbritannien 6¹/₃, doch gehörte
weit über die Hälfte derselben dem irischen Volksstamm an.
Über 4¹/₂ Millionen langten aus Deutschland an; beinahe
1 Million aus Schweden und Norwegen, annähernd ¹/₂ Million
aus Österreich=Ungarn, dagegen nur 370000 aus Frankreich,
400000 aus Italien, der Rest aus allen übrigen Teilen der
bewohnten Welt. Gleichzeitig wuchs die Gesamtbevölkerung der
Union von den 3 Millionen des Jahres 1776 auf beinahe
5¹/₂ im Jahre 1800, auf 9¹/₂ im Jahre 1820, auf 17 im
Jahre 1840, auf über 31 im Jahre 1860 und auf 62982244
im Jahre 1890.

Unter allen germanischen Elementen, welche nach Amerika
auswanderten, war es also, wie aus vorstehenden Ziffern erhellt,
neben dem britischen das deutsche, welches das größte Kontingent
stellte und bedeutenden Einfluß auf die Kulturentwickelung der
Vereinigten Staaten ausüben sollte.

Die ersten Einwanderer kamen schon zu Ende des 17. Jahr=
hunderts nach Amerika, es war eine kleine Schar von Mennoniten,
welche sich in dem von dem Quäker William Penn gegründeten
Pennsylvanien in der Nähe von Philadelphia niederließen und
daselbst den Grund zu der Textilindustrie legten, welche unter
starkem Zuzug deutscher Weber dort rasch erblühte. Zu Anfang
des 18. Jahrhunderts suchten Tausende von Pfälzern und
Schwaben infolge der Not, die der spanische Erbfolgekrieg über
ihre bisherigen Heimstätten gebracht hatte, Zuflucht in den
englischen Kolonieen, wo man sie im Hudsonthal ansiedelte.
Wenn denn im Laufe des 18. Jahrhunderts zwar noch manche
Tausende von Deutschen über das Meer hinübergingen, so
belief sich ihre Gesamtzahl zur Zeit des Unabhängigkeitskrieges
doch schwerlich auf mehr als 100000, und sie spielten, da sie nur
kleine Handwerker und Bauern waren, in ihrer neuen Heimat keine

Rolle, bildeten keinen einflußreichen Faktor, sondern gingen
vielmehr ganz in der englischen Bevölkerung auf und büßten ihr
Deutschtum rasch ein.

Schwaben waren es auch, welche zu Anfang dieses Jahr=
hunderts unter Führung von Georg Rapp mehrere kommu=
nistische Gemeinden gründeten und sich dank ihrer anstrengenden
Thätigkeit bald zu verhältnismäßig großem Wohlstand empor=
arbeiteten.

Von Bedeutung wurde indessen die deutsche Einwanderung
für Amerika erst in den dreißiger Jahren und dann nach 1848.
Nach wie vor bestand die große Masse der Emigranten auch
dann und bis auf den heutigen Tag aus Individuen der
allerniedrigsten Volksschichten des Vaterlandes, und dieser Um=
stand erklärt es, daß das deutsche Element nicht zu dem politi=
schen Einfluß gelangt ist, den zum Beispiel das irische erreicht
hat, welches sich auch aus denselben Bevölkerungsklassen
rekrutierte, aber freilich vor den Deutschen von Anfang an
den nicht zu unterschätzenden Vorzug der Kenntnis der eng=
lischen Sprache voraus hatte. Und selbst heute, da die Deutschen
ungefähr ein Sechstel der Gesamtbevölkerung der Vereinigten
Staaten bilden und nachgerade auch ein wichtiges politisches
Element geworden sind, haben sie doch im Kongreß eine ihrer
Macht nicht annähernd entsprechende Vertretung und nehmen im
öffentlichen Leben, in der Verwaltung eine untergeordnete
Stellung ein. Es tragen hierzu in erster Linie allerdings
viele Umstände bei, die durch ihre Eigenart, ihren National=
charakter erzeugt sind. Sie hielten nicht zusammen; die besseren
Gesellschaftsklassen und diejenigen, welche sich durch fleißige
Arbeit Wohlstand errungen haben, schließen sich gegen die
niedern landsmännischen Volkselemente ab, die allerdings einen
großen Teil des Proletariats der Städte bilden, dem Trunke
ergeben sind, den Begüterten und den Behörden zur Last fallen.

Eine sehr beträchtliche Zahl von Deutschen suchen sich, sobald sie amerikanischen Boden betreten haben, vollständig zu amerikanisieren, schließen sich von ihren Landsleuten ab, verleugnen ihren Ursprung, ändern ihre Namen und tragen nicht nur nicht zur Hebung und Befestigung des deutschen Ansehns bei, sondern schädigen dasselbe vielmehr durch ihr Verhalten. Aber auch selbst diejenigen, welche ihr deutsches Wesen nicht abstreifen, verlieren es bei dem den Deutschen eignen Anpassungsvermögen unbewußt sehr rasch und die zweite Generation hat meist schon ihr Deutschtum eingebüßt, selbst die Sprache der Heimat verlernt.

Dieses leichte Aufgeben nationaler Eigenart, der daraus erhellende Mangel an Selbstbewußtsein und Charakterfestigkeit konnte die englische Stammbevölkerung um so weniger für die Deutschen einnehmen, als das starke Hervortreten deutschen Ständegeistes, die Ausbildung schroffer Klassenunterschiede in der deutschen Bevölkerung, den demokratischen Grundanschauungen der Amerikaner zuwiderliefen. Die den Deutschen anhaftende Kleinlichkeit, der Mangel an gesellschaftlichen Formen, ihre geringe Selbstbeherrschung, ihre Neigung zum Trunk waren ebensowenig geeignet, ihnen die Zuneigung der neuen Landsleute zu gewinnen, deren Institutionen sie überdies gern zu bemängeln suchten. Aber auch diejenigen Deutschen, welche mit aller Kraft für die Förderung der Interessen ihrer Landsleute in Amerika eintraten, welche sich trotz der Abneigung der englischen Volkselemente gegen alle Deutschen zu hohem Ansehen, zu einflußreichen Stellungen emporarbeiteten, in das politische Leben der Union energisch eingriffen, die besseren deutschen Mitbürger um sich zu scharen, fest zu organisieren und zu einer politischen Macht zu erheben suchten — wurden am meisten von ihren eignen Landsleuten in der Verfolgung dieser Bestrebungen behindert und von ihnen beschimpft.

Solches Verhalten war nicht dazu angethan, das deutsche Volkselement in seiner Gesamtheit in den Augen der Eingebornen zu heben und daher entsprang die allgemeine Abneigung, welche die herrschende englische Bevölkerung lange gegen die Deutschen gehegt hat und die auch jetzt keineswegs überwunden ist, obgleich ja nach 1871 eine Besserung der Beziehungen zwischen beiden eintrat. Denn seit jener Zeit stieg das Selbstbewußtsein der deutschen Bevölkerung, sie fing an, ihr Deutschtum mehr zu bethätigen, bekundete mehr Gemeinsinn, nahm an dem öffentlichen Leben lebhaften Anteil und erwarb dadurch die höhere Achtung der Amerikaner englischer Abstammung, da diese die kräftige Äußerung der Individualität zu einem der Hauptkriterien ihrer Hochschätzung machen. Unter der Führung von Karl Schurz haben sie angefangen, einen ihrer großen Zahl entsprechenden Einfluß auf das Parteiwesen, auf den Gang der Politik auszuüben und ihre Macht nur bei den jüngsten Präsidentschaftswahlen mit Erfolg und zum besten ihrer neuen Heimat zur Geltung gebracht.

In kultureller Hinsicht ist die Rolle der Deutschen dagegen von Anfang an eine ziemlich bedeutende gewesen. Sie haben in allen Zweigen der materiellen Kultur an der nationalen Arbeit regen Anteil genommen und sich auf vielen Gebieten zu hervorragenden Leistungen erhoben, nicht zum wenigsten auf dem der Technik und des Ingenieurwesens. Die Entwässerung der Comstock Silberminen in Nevada durch den in Kalifornien lebenden Deutsch-Amerikaner Adolf Sutro; die kühnen Brückenbauten Röblings, der bei der Ausführung des Riesenwerkes, der New York mit Brooklyn verbindenden Brücke, seinen Tod fand, die Erfindung der Kabelbahnen durch Eppelheimer und zahlreiche andere Leistungen auf dem wichtigsten Gebiete amerikanischer Kultur haben die deutsche Arbeitskraft und Leistungsfähigkeit in das glänzendste Licht gestellt.

Andre, wie Astor und Villard, haben als Kaufleute und
Großindustrielle ihre ganze Kraft mit Erfolg eingesetzt. In
allen Zweigen des Gewerbfleißes haben sich sehr viele Deutsche
hervorgethan. Die größten Bierbrauereien, Pianofortefabriken,
Lederwaren=, Papierfabriken und andere großindustrielle Unternehmungen sind von ihnen ins Leben gerufen.

In großen Scharen haben sie an der Kultivierung des
Bodens teilgenommen. Wisconsin, Illinois, Minnesota, Ohio,
West=Virginien haben eine sehr starke, in manchen Distrikten
ausschließlich deutsche Bevölkerung, von den Neuenglandstaaten
dagegen haben sie sich möglichst ferngehalten, weil die Bevölkerung derselben ihnen am wenigsten freundlich gesonnen
und weil der Boden dort überhaupt von Anbeginn an in englischen Händen war. Eine große Reihe von Städten sind
überwiegend deutsch, wie Milwaukee, St. Louis; in andern,
wie in Louisville, Cincinnati, Baltimore, Chicago, Detroit
bilden sie einen großen Bestandteil der Bevölkerung.

Merkwürdigerweise stehen ihre Leistungen auf dem Gebiete
der geistigen, in keinem Verhältnis zu dem auf dem Gebiete
der materiellen Kultur. Es erklärt sich dies aus der überwiegenden Masse von arbeitenden Elementen, welche dort eine
neue Heimat gesucht haben. Nur als Ärzte und Advokaten
haben viele der gebildeten Einwanderer sich großen Ruf
erworben.

Ihre Liebe zur Musik hat nicht wenig zur Entwickelung
und Verbreitung dieser Kunst in den Vereinigten Staaten beigetragen. Gesangvereine sind überall entstanden, wo nur eine
größere Anzahl Deutscher sich zusammenfanden. Ebenso haben
sie das Turnen zu Ansehen gebracht. Freilich behaupten nicht
nur eingeborene Amerikaner, sondern auch objektiv urteilende
Deutsche, daß die große Entwickelung des Vereinswesens, wie sie
bei den Deutschen in neuester Zeit in die Erscheinung getreten

ist, hauptsächlich ihrer unmäßigen Freude am Biergenuß zuzuschreiben ist, dessen abstumpfende Wirkungen man bereits
sehr deutlich wahrnehmen will. Der Bierkonsum ist allerdings in neuerer Zeit in echt amerikanischer Weise ins Riesige
gewachsen, ist von 1881 bis 1890 von 8 1/2 auf 13 1/2 Gallonen
pro Kopf der Bevölkerung gestiegen, und 1890 sind nicht
weniger als 855 3/4 Millionen Gallonen Bier in den Vereinigten Staaten getrunken worden. Der größte Teil dieses
großen Bierkonsums kommt allerdings auf die Deutschen, die
denn auch von je her die erbittertsten Gegner der Temperenzbewegung gewesen sind und sich dadurch den Yankees ebenfalls verhaßt gemacht haben. Anderseits ist doch aber auch
festgestellt worden, daß das Trinken von Spirituosen und
schweren feurigen Weinen in der englisch amerikanischen Bevölkerung zu Gunsten des weniger schädlichen Bieres erheblich abgenommen hat, daß das Bier mehr und mehr
Nationalgetränk wird.

In ihrem Wesen zeichnen sich die Deutschen, selbst dann,
wenn sie sich völlig amerikanisiert haben, durch Lautheit und
Nichtachtung der feinen Verkehrsformen vor den Amerikanern
zu ihrem Nachteil aus. Diese beschuldigen sie außerdem der
ausgeprägten Neigung zum Atheismus und der Untergrabung
der Religiosität in ihrem neuen Vaterlande. Sie werfen ihnen
ferner namentlich Mangel an Gemeinsinn, Kleinlichkeit der
Gesinnung und übermäßige Sparsamkeit vor, durch die sie sich
allerdings von den Amerikanern unterscheiden.

Die Juden haben sich in den Vereinigten Staaten stets
durch ihr festes Zusammenhalten Ansehen und Achtung zu
verschaffen gewußt, obgleich sie dort nur in vergleichsweise
verschwindend kleiner Zahl ansässig sind. An dem öffentlichen
Leben haben sie immer regen Anteil genommen, ohne indessen
stark hervorzutreten. Sie sind im allgemeinen als ruhige,

energische und vertrauenswürdige Arbeiter auf allen Gebieten
der Kultur geschätzt, vermögen es indessen an geschäftlicher
Schlauheit mit den Yankees kaum aufzunehmen. Es gelingt
ihnen daher selten trotz unermüdlicher Arbeit das Mittelmaß
des Wohlstandes, dessen sie sich im allgemeinen erfreuen, zu
überragen. Ihre Glaubensgenossen unterstützen sie auf das
nachdrücklichste, und sie machen ihr Ansehen auch geltend, wo
es heißt, die Israeliten im Auslande zu schützen. So sind sie
jedesmal mit voller Kraft für das Los ihrer Brüder in
Marokko eingetreten und haben die Besserung der Lage der
Juden in Rumänien und Bessarabien erwirkt.

Eines der unruhigsten, gefährlichsten und allgemein ge=
fürchtetsten Elemente ist das irische, welches den Hauptbe=
standteil der acht Millionen Katholiken der Vereinigten Staaten
bildet. Sie sind für den Osten und Nordosten, was die Neger
für den Süden, die Chinesen für den Westen sind: Lohn=
arbeiter, welche die schwersten Arbeiten verrichten, und haupt=
sächlich auch Dienstboten. Unter unumschränkter Herrschaft und
Führung ihrer Geistlichen bilden sie eine geschlossene fest=
organisierte Macht, die wegen ihrer numerischen Bedeutung
von den Parteien und von ehrgeizigen Politikern stets um=
worben wurde und wiederholt ausschlaggebend gewirkt hat.
Ihre unbedingte Unterwerfung unter den Willen des katho=
lischen Klerus macht sie bei den Bestrebungen des letztern
zu Gunsten der Hebung des Katholizismus und der Förderung
der päpstlichen Interessen dem Staat gefährlich. Aber auch
ihre engen Beziehungen zu den Glaubensgenossen ihres Heimats=
landes bereiten den Staatsbehörden Schwierigkeiten, denn sie
sind nicht nur geneigt, jede fenische gegen England gerichtete
Bewegung zu unterstützen, sondern sind überhaupt bereit, alle
Bestrebungen zu fördern, welche den Umsturz des Bestehenden
zum Zweck haben. Obgleich im höchsten Grade ungebildet,

da ihre geistlichen Berater den Besuch der öffentlichen Schulen verbieten, weil dieselben religionslos sind, verfügen sie doch über eine ungewöhnliche Geistesschärfe, die sie um so gefähr= licher macht. Die gebildeten Iren erlangen aus eben diesem Grunde ihrer natürlichen außerordentlichen Begabung sehr leicht die einflußreichsten Stellungen.

Leichtsinnig, verschwenderisch, zu Spiel und Trunk geneigt, gewaltthätig, sehr sanguinisch, leicht erregbar und fanatisierbar, bilden sie dasjenige Element, welches die meisten Verbrecher stellt und die Gefängnisse füllt. Wie furchtbar sie werden und wirken können, dafür lieferten die Thaten und der Terro= rismus des schrecklichen Geheimbundes der Molly Maguires in den Bergwerksdistrikten Pennsylvaniens den deutlichsten Be= weis. Bekundete sich in der Organisation dieser Genossenschaft ihre Schlauheit, so in den Schandthaten der Mitglieder der= selben ihre Gewissenlosigkeit, der kein Mittel zur Erreichung ihrer Zwecke zu verwerflich und zu schlecht war.

Alles dies gilt von den niedersten Schichten der katho= lischen irischen Bevölkerung. Die irischen Dienstboten sind wegen ihrer Arbeitsamkeit und Pflichttreue geschätzt, ebenso die arbeitenden Klassen der protestantischen Irländer.

Über den Wert der starken Negerbevölkerung, welche sich zur Zeit auf 6$\frac{1}{3}$ Millionen Individuen beläuft, wozu etwa noch 1$\frac{1}{4}$ Millionen Mulatten kommen, sind die Ansichten sehr verschieden.

Eingeführt wurden sie seit 1619, als das erste hollän= dische Sklavenschiff an der Küste Virginiens landete. Seit der Aufhebung der Sklaverei hat ihre Einwanderung natürlich ganz aufgehört und ihre Fortentwickelung erfolgt somit durch In= zucht. Die große Sterblichkeit unter den Kindern der Neger läßt indessen ein starkes Wachstum der unvermischten schwarzen Bevölkerung nicht zu. Die Emanzipation der Sklaven, die

bürgerliche Gleichstellung der Schwarzen mit den weißen Be=
völkerungselementen hat indessen eine starke Vermischung beider
zur Folge gehabt und läßt voraussetzen, daß der reine Neger=
typus allmählich vom nordamerikanischen Boden verschwinden
wird. Auch Mischungen von Neger= und Indianerblut und
Verbindungen zwischen Negern und Mongolen finden statt und
ergeben die merkwürdigsten Resultate.

Die politische Gleichstellung der Neger mit den übrigen
Staatsbürgern bedingte natürlich auch die soziale. Das
traditionelle alteingewurzelte Vorurteil gegen die Schwarzen ist
bei den Weißen jedoch noch keineswegs überwunden und be=
sonders im Norden noch sehr stark. Ja, man hat neuerdings
sogar die völlige Gleichstellung an einigen Orten als ver=
fassungswidrig und nicht für die ganze Union gültig darzu=
stellen gesucht und so sind in den höchsten Gerichtshöfen dem=
gemäß Urteile gefällt worden. Da diese Beschränkungen der
Freiheit, z. B. das Verbot mit Weißen in demselben Eisen=
bahnwagen, in denselben Schiffsabteilungen zu reisen und in
denselben Hotels einzukehren, indessen den herrschenden demo=
kratischen Grundsätzen zu sehr widerstreben, werden dieselben
wahrscheinlich sehr bald vollständig beseitigt werden.

Die im allgemeinen obwaltenden ungünstigen Ansichten über
die Neger datieren großenteils aus der Zeit der Sklaverei
her. Überwiegend neigen die niedersten Schichten derselben
allerdings zur Faulheit, zur Hinterlist, zur Klatschsucht, zur
Verschwendung und zum Diebstahl. Das rasche Umsichgreifen
der Bildung scheint diese nachteiligen Eigenschaften indessen
mehr und mehr zu mildern, und da ihre geistigen Fähigkeiten
anerkanntermaßen sehr bedeutende sind, so zeichnen sie sich
nachgerade auch in höheren Kulturzweigen durch achtbare
Leistungen vorteilhaft aus.

Ungleich höhere Fähigkeiten als die reinen Neger bekunden

jedoch die Mischlinge, und zwar nicht nur die von Schwarzen und Weißen, sondern auch von Schwarzen und Indianern. Viele derselben zeichnen sich überdies durch hervorragende Schönheit, namentlich des Körperbaues aus. Die schlechten Eigenschaften der Neger treten außerdem bei ihnen stark zurück, die guten dagegen mehr hervor; es mag hierzu das Streben der Mischlinge beitragen, den Weißen in jeder Beziehung gleich zu kommen. Äußerst selten werden auch Ehen zwischen Mischlingen und Negern geschlossen.

Seit der Aufhebung der Sklaverei haben viele Neger sich aus Unfreien in Pächter und Eigentümer der Landgüter umgewandelt, auf denen sie einst unter den Peitschenschlägen ihrer Herren und Hüter arbeiten mußten.

Besonders hervorzuheben ist noch die musikalische Begabung der Neger und der Mischlinge und viele ihrer Gesänge sind zu amerikanischen Nationalliedern geworden, ebenso wie ihr Instrument, das Banjo, Eingang in die vornehmsten Häuser gefunden hat.

Als die Sklaverei aufgehoben wurde, befürchtete man im Süden einen vollständigen Verfall der Bodenkultur. Um einen Ersatz für die befreiten Schwarzen zu beschaffen, wandten sich verschiedene unternehmende Männer nach China und organisierten unter Abschließung von Verträgen mit der dortigen Regierung die Masseneinwanderung von Chinesen nach dem Westen und Süden der Vereinigten Staaten. Die Unternehmer und die Arbeitgeber sahen sich in ihren Erwartungen nicht getäuscht, denn die scheinbar so schwächlichen Mongolen erwiesen sich als außerordentlich fleißige, genügsame und so billige Arbeiter, daß niemand mit ihnen konkurrieren konnte. Als Landleute, namentlich aber als Erdarbeiter, zeigten sie sich sehr brauchbar, und nur ihrer billigen Arbeit war die rasche Ausführung der Nord-Pacificbahn und vieler andrer Bahn-

linien im Westen und Süden zu verdanken. Kalifornien besonders wurde von ihnen überschwemmt; sie wurden dort in
den verschiedensten Industriezweigen verwendet und monopoli-
sierten namentlich die Wäscherei vollständig. Aber auch als
Dienstboten, hauptsächlich als Köche, wurden sie in großen
Massen angestellt. Mäßig, nüchtern, sparsam, fleißig, aus-
dauernd in ihrer Arbeit, vereinten sie viele der hervorragendsten
wirtschaftlichen Eigenschaften, die sie auch im privaten Leben
und im Haushalt sehr schätzenswert machten. Gerade aller
dieser Eigenschaften halber aber wurden sie den arbeitenden
eingebornen Klassen verhaßt, und wo amerikanische mit chine-
sischen Arbeitern zusammentrafen, gab es Zank, Streit und
Blutvergießen. Die systematische Agitation der amerikanischen
Arbeiter zielte auf Austreibung aller Chinesen und auf das
Verbot ihrer Einwanderung ab. Die langjährigen hierüber
gepflogenen Kongreßverhandlungen führten schließlich 1885 zu
dem Erlaß des Antichinesengesetzes, durch das vorderhand
die weitere Einführung von mongolischen Arbeitskräften verboten ist. Jetzt aber empfindet man in den Weststaaten bereits die nachteiligen Folgen dieser Maßregel, durch welche
die billigen Arbeitskräfte ausgeschlossen sind. Verteuerung
der Arbeit und entsprechendes Steigen der Preise für alle
Gebrauchsgegenstände sind die Folge davon.

Vier Rassen und fast alle Kulturvölker der Erde haben
somit zusammengewirkt, um die Bevölkerung der Vereinigten
Staaten zu schaffen, und wenn auch die britischen Elemente den
Grundbestandteil bilden, wenn auch kleine Scharen von Einwandrern das Bestreben zeigen und den Grundsatz befolgen,
ihren Nationalcharakter zu erhalten, so ist eine Abschließung
der verschiedenen Elemente gegeneinander doch natürlich für
die Dauer nicht möglich gewesen, und die merkwürdigsten zum
Teil sehr vielversprechenden, hohe Begabung zeigenden Misch-

produkte sind im Laufe der 250 Jahre des nationalen Lebens entstanden. Ist nun zwar anzunehmen, daß sich im Laufe der Zeit ein einheitlicher nationaler Typus in der Union ausbilden wird, so ist von einem solchen vorläufig doch noch nicht viel zu bemerken und die Unterschiede in der äußeren Erscheinung der Bewohner der Nord= und der Südstaaten sind ebenso groß wie die der europäischen Nationen. Selbst die große Masse der= jenigen, die englischen Ursprungs sind, entbehren, wie wir gesehen haben, noch eines einheitlichen Typus, da das sogenannte Yankee= Element, dessen Ursitze in den Neuenglandstaaten sind und das seinen Ursprung auf die Pilgerväter zurückführt, von den in neuerer Zeit eingewanderten Landsleuten und von den Süd= ländern in seiner Erscheinung ziemlich stark abweicht.

Unter diesen Bewohnern der Neuenglandstaaten, die den überwiegend maßgebenden politischen und kulturellen Faktor bilden, macht sich auch ein so starkes Abnehmen der Zahl der Geburten, ein solches Steigen der Todesfälle, verbunden mit einer so bedeutenden Verkürzung der durchschnittlichen Lebens= dauer bemerkbar, daß das Aussterben der Nachkommen der Pilgerväter in absehbarer Zeit zu erwarten ist, wenn die diese Erscheinung. herbeiführenden Ursachen nicht beseitigt werden.

Fehlt somit zwar in den Vereinigten Staaten ein einheitlicher Volkstypus, der den Bewohner der Union als solchen in der ganzen übrigen Welt durch seine äußere Erscheinung kenntlich macht, so ist dies hinsichtlich des Charakters weniger der Fall. Die Neuengländer haben die hervorstechendsten Grundzüge des ihrigen der Gesamtbevölkerung aufgeprägt und diesen gestaltenden Einfluß auf die Südländer und auch selbst auf die nicht= britischen Elemente ausgedehnt, soweit alle diese auch in den Einzelheiten ihrer Charaktere von dem der Yankees abweichen mögen. Der Nordamerikaner zeichnet sich durch seine nüchterne praktische Denkweise, durch kühnen Unternehmungsgeist, im

allgemeinen durch eine große, weite Weltanschauung, starke
Vaterlandsliebe, größte Energie, rückhaltslose Verfolgung seiner
Ziele und durch eine bis zur Grausamkeit gehende Kaltblütigkeit
aus. Seine überraschenden Erfolge haben in ihm einen sehr
hohen Grad von Selbstbewußtsein und ein entsprechend sicheres
Auftreten erzeugt. Gewohnt, sich selbst zu helfen, sich durch
eigne Kraft seine Existenz zu gründen; gelehrt, hierin seinen
Stolz zu setzen und nach dem Erfolge den Wert seiner Werke
zu bemessen, stellt er an sich selbst die größten Anforderungen,
ebenso aber auch an diejenigen, welche er zur Förderung seiner
Zwecke in seine Dienste nimmt. Ernst, wortkarg, gemessen und
ruhig im Verkehr, in hohem Grade mißtrauisch, weil er bei
jedem andern dieselbe Neigung voraussetzt, mit allen Mitteln
nur seine Zwecke zu verfolgen, und daher immer gewärtig,
dem Versuch von Betrug und Übervorteilung ausgesetzt zu sein,
faßt er vermöge seines überraschend schnellen und durchbringenden
Scharfblicks seine Entschlüsse rasch und zögert nicht mit ihrer
Ausführung. Obgleich als Geschäftsmann im allgemeinen sehr
sparsam und darauf bedacht, sich nicht die geringfügigsten Vorteile entgehen zu lassen, ist er im übrigen in seiner ganzen Lebensführung vielmehr verschwenderisch, namentlich wo es gilt, seiner sozialen Stellung, die von seinen materiellen Erfolgen abhängt,
Rechnung zu tragen. Daneben ist er aber auch in hohem
Grade mildthätig, und nirgends werden so riesige Summen
für wohlthätige Zwecke, für philanthropische Institutionen aufgebracht als in den Vereinigten Staaten.

Alle diese Charaktereigenschaften, welche zum kleineren Teil eine
Erbschaft von den Engländern, zum größeren das Ergebnis der
schweren Kämpfe der Kolonisten um das Dasein sind, haben die
Amerikaner befähigt zu schaffen, was sie im Laufe kurzer Zeit geschaffen haben.

Kapitel II.

Help yourself und Hurry up.

Die nordamerikanische Kultur ist ein Erzeugnis der aller=
jüngsten Zeit; sie ist kaum mehr als hundert Jahre alt, denn
wenn die Grundlagen für sie auch von den ersten Einwanderern
und Kolonisten auf dem Boden der Vereinigten Staaten gelegt
wurden, so begann die selbständige freie Kulturentwickelung doch
in Wirklichkeit erst, nachdem die Kolonieen sich vom Mutter=
lande losgerissen und die Folgen dieser Kämpfe zum Teil
überwunden hatten.

Obgleich die nordamerikanische Kultur somit an Alter mit
der der europäischen Welt überhaupt kaum verglichen werden
kann, so ist sie ihr doch in der verschwindend kurzen Zeit
ihres Lebens rasch nachgeeilt, hat sie in manchen Zweigen
bereits überholt und strebt dahin, dies auf allen Gebieten
menschlicher Thätigkeit zu thun. Ehe sie dieses Ziel ihres
Ehrgeizes erreicht haben wird, dürfte allerdings noch längere
Zeit hingehn, aber was sie bis heute geschaffen hat, ist doch
in jeder Beziehung bedeutend und bekundet, was zielbewußte
Thatkraft zu leisten vermag. Das heutige Leben und Treiben

der Nordamerikaner weist bei der außerordentlichen Vielseitig=
keit seiner Ergebnisse und seiner Erscheinungsformen aber auch
die charakteristischen Eigentümlichkeiten und Grundzüge des
öffentlichen Lebens und der Kultur aller Völker auf, die zur
Zeit, am Ende des 19. Jahrhunderts, Anspruch erheben können,
zu den zivilisiertesten der Gegenwart gerechnet zu werden. Man
wäre daher fast versucht, die nordamerikanische Kultur als diejenige
zu bezeichnen, welche besser und deutlicher als irgend eine
andere die Bestrebungen, das Können und die bewegenden
Faktoren unsrer Zeit zum Ausdruck bringt. Ja, es würde
nicht schwierig sein, den Nachweis zu führen, daß die Ver=
einigten Staaten trotz der Jugend ihrer Kultur und trotz ihrer
kurzen Geschichte wesentlich zu der Ausbildung der markierenden
Charakterzüge der Menschheitskultur der Gegenwart beigetragen
haben.

Unsere Zeit steht unter der beinahe unumschränkten Herr=
schaft des Dampfs, der Elektrizität, der Technik, deren Macht
und kulturelle Wirkungen durch die Hebung des Verkehrs immer
rascher und erfolgreicher ausgebreitet wird. Unsere Zeit zeigt
eine ausgeprägt demokratische Tendenz, welche schnell eine
möglichst vollständige Nivellierung der Gesellschaft erstrebt
und damit den Kampf zwischen Kapital und Arbeit immer
mehr zuspitzt, zugleich freilich auch die Nationen einander näher
zu bringen sucht, das Bewußtsein der Einheit des Menschen=
geschlechts weckt, und trotz mancher entgegengesetzter Strömungen
doch auf eine Art von Kosmopolitismus abzielt. Eine prak=
tische, realistische, materialistische Weltanschauung bricht sich
immer kräftiger und siegreicher Bahn, auf Kosten des Idealis=
mus leider, dessen Ansehn beständig vermindert wird. Die
Wissenschaft wird in den praktischen Dienst der Menschheit
gestellt, hauptsächlich nur im Hinblick auf ihre praktische Ver=
wendbarkeit, und, soweit sie den Interessen derselben dient,

gefördert. Demgemäß treten die Zweige der Wissenschaft in den Vordergrund, welche in irgend welcher Weise die Entwickelung der materiellen Kultur beschleunigen, der Technologie, dem Ingenieurwesen, der Naturkenntnis, und in weiterer Folge der Industrie, dem Handel, dem Verkehr nützen können.

In allen diesen Hinsichten wetteifern die Nordamerikaner mit den Europäern auf das lebhafteste und mit so gutem Erfolge, daß sie uns, wenn auch nicht in dem Grade der Vollendung ihrer Arbeiten, wohl aber in dem der praktischen Verwertung der heute wirksamen Kulturkräfte und Kulturfaktoren bereits vielfach überholt haben. Aber nicht nur das, sondern sie haben durch ihre praktischen Erfindungen, durch ihr Verkehrswesen, durch ihre Arbeitsweise, durch ihre Weltanschauung und durch ihre Erzeugnisse einen mächtigen gestaltenden Einfluß auf die gesamte moderne Kultur und Weltanschauung ausgeübt. Die Demokratie feiert in den Vereinigten Staaten ihre höchsten Triumphe. Der nationale Reichtum der Union hat einen überraschend hohen Grad erreicht. Die Masse der Begüterten ist im Verhältnis ungleich größer als die der alten Welt. Selbst die Engländer sind von ihren Verwandten jenseits des großen Wassers in dem erfolgreichen Jagen nach materiellen Erfolgen und nach Reichtum überflügelt worden, denn der schwerere Kampf ums Dasein hat die Amerikaner zu noch geschickteren Geschäftsleuten gemacht, als jene sind.

Nur in einem wichtigen Punkte weicht die neue Welt noch von der alten ab: die starke atheistische oder religiös freigeistige Strömung in der letztern scheint dort dank der völligen Trennung von Staat und Kirche und der unumschränkten Kultusfreiheit noch nicht so mächtig geworden zu sein wie hier, wenigstens tritt sie noch nicht so deutlich in die Erscheinung.

Wie ist es nun möglich, daß die Amerikaner sich in so

kurzer Zeit gewissermaßen zu Vertretern der Weltanschauung
der letzten Jahrzehnte dieses Jahrhunderts haben erheben und
überhaupt leisten können, was sie thatsächlich geleistet haben?

Wenn wir genauer forschen, so finden wir, daß es eigent=
lich nur zwei in den Vereinigten Staaten in Kraft und Wirkung
getretene Grundsätze sind, welche den Charakter der Bewohner
derselben gebildet und alle diese Wunder vollbracht haben, es
sind die beiden Sätze: „help yourself", hilf dir selbst, und
„hurry up", beeile dich, denen sich noch das „go ahead",
geh vorwärts, das „time is money", Zeit ist Geld und manche
andre amerikanische Schlagworte an die Seite stellen ließen,
die sich indessen alle aus jenen beiden ersten von selbst
ergeben.

Allerdings erklären sich die Wirkungen dieser Grundsätze
nicht aus den Verhältnissen des Augenblicks; um sie zu ver=
stehen, müssen wir gelegentlich etwas weiter in frühere Zeiten
zurückgreifen.

Als die ersten britischen Einwanderer in Amerika landeten,
ließen sie sich auf dem Boden nieder, den die Plymouth= und
die London-Kompagnie von der Krone auf Grund von Frei=
briefen zum Zwecke der Kolonisation erhalten hatten. Die
Ansiedler im Süden wie im Norden, in Virginien wie in den
Neuenglandgebieten unterstanden somit zwar der Kolonial=
regierung, den in Amerika eingesetzten Behörden und der
Oberhoheit der Krone Englands, in Wirklichkeit erfreuten sie
sich jedoch beinahe völliger individueller Unabhängigkeit und
Freiheit, gaben sich ihre eignen Verfassungen und kümmerten
sich um die obersten Regierungsgewalten ebenso wenig wie
diese um sie, solange die materiellen Interessen Englands nicht
durch die Kolonisten geschädigt wurden.

Bezüglich ihrer Arbeit, ihres Erwerbs, waren die Ansiedler
vollständig auf sich angewiesen. Zuerst war der Boden in

Virginien wie in New Plymouth zwar nach kommunistischen Grundsätzen von allen Bewohnern gemeinsam bearbeitet und der Ertrag dann unter alle gleichmäßig verteilt worden. Dieses System erwies sich jedoch hier wie dort nach kürzester Zeit unhaltbar, da die Arbeitslust der verschiedenen Ansiedler keineswegs eine gleiche war und da die Fleißigeren unter ihnen bald sahen, daß sie sehr schlecht dabei wegkamen, wenn sie für die Trägen mitarbeiteten, die unter solchen Umständen vielmehr in ihrer Arbeitsscheu bestärkt wurden. Infolge dessen erlahmten auch die thätigeren Mitglieder der kleinen Gemeinden, und diese gerieten rasch in Verfall. Das kommunistische System erwies sich sonach als unhaltbar, und es erfolgte eine Verteilung des Grundes und Bodens an die einzelnen Farmer, die nun allerdings ganz auf ihre eigne Arbeitskraft angewiesen waren und von deren mehr oder minder großem Fleiß es abhing, ob sie einen günstigen Ertrag erzielten oder nicht. Der sterile, felsige Boden der Neuenglandkolonieen erforderte das Aufgebot der ganzen Körperkraft der einzelnen Bauern zu seiner erfolgreichen Bearbeitung. Die Kultivierung des Urwaldes Virginiens aber bot nicht minder große Schwierigkeiten, und zur Erhöhung derselben kam dann noch das warme, erschlaffende Klima hinzu. Überall bedurfte es daher sehr großer Anstrengung, um den Unterhalt zu erwerben. Jeder einzelne aber hatte für sich genug zu thun, konnte nicht an die Unterstützung des Nachbarn denken und eine solche von diesem auch nicht beanspruchen. Noch viel weniger war von der Kolonialverwaltung oder der englischen Regierung und Krone Hilfe und Beistand zu erwarten. Anspannung aller Kräfte, eigene Thatkraft, größter Fleiß, Selbsthilfe waren nötig, wenn der Ansiedler es zu etwas bringen wollte. In viel höherem Grade aber waren sie noch erforderlich bei denen, welche sich in weiterer Entfernung von den größeren Ansiedelungen nieder-

ließen, tiefer in den Urwald eindrangen und dort den Boden
zu bebauen begannen.   Von aller Welt abgeschlossen, vielleicht
in Jahren keinen Weißen sehend und im Falle der Not, der
Angriffe von Indianern ganz außer stande, irgendwelche Hilfe
zu erlangen, waren sie gezwungen, alle Arbeiten allein aus=
zuführen und sich selbst zu schützen, so gut es ging. Sie hatten
von den übrigen Ansiedlern nichts zu erhoffen, es kümmerte
sich niemand um sie, aber es durfte auch niemand infolge dessen
von ihnen etwas erwarten.

Viele Einwanderer hatten die triftigsten Gründe, die Gesell=
schaft der übrigen zu meiden, denn zu Anfang wie zu allen
Zeiten suchten Verbrecher aller Art, politische Flüchtlinge und
Opfer religiöser Verfolgung dort drüben Zuflucht; sie waren
deshalb häufig geradezu gezwungen, über die Grenzen der
unter englischer Oberhoheit stehenden Kolonialgebiete hinaus=
zugehen und sich im ferneren Westen anzusiedeln.   Jeder ein=
zelne ferner kam mit der Hoffnung und in der Erwartung nach
Amerika, dort Schätze zu erwerben, und wie unerfreulich auch
die thatsächlichen Erfahrungen der bereits Angesiedelten waren,
so unterstützten sie doch diese Hoffnungen durch die Berichte,
welche sie nach Hause sandten.   Dasselbe geschah noch viel
nachdrücklicher seitens der Kolonisationsgesellschaften und ihrer
Agenten, die durch Druckschriften aller Art zur Auswanderung
in die von ihnen auf das verführerischste geschilderten Länder=
gebiete aufforderten.   Jeder neue Ankömmling dachte daher,
daß es ihm besser gelingen würde als vielen von denen, welche
er so schwer um das tägliche Brod ringen sah.   Das war
aber nicht wohl da möglich, wo die Ansiedlung bereits ziem=
lich stark, es konnte nur geschehen, wo der Boden noch ganz
unberührt war.   So zogen zahllose Einwanderer in die Ein=
öden und Urwälder, um — Schätze zu suchen und um dann,
durch die bitterste Not gezwungen, das mühselige Werk des

Robens und der Bearbeitung des Bodens zu beginnen, um nicht untergehen zu müssen. Der Selbsterhaltungstrieb zwang sie zur Arbeit, zu äußerster Anstrengung aller ihrer Kräfte, denn, wer nicht arbeitete, war verloren, selbst in den größeren und älteren Ansiedelungen, da die daselbst Ansässigen wohl einem neuen Ankömmling behilflich waren, die Arbeit zu beginnen, aber kein Interesse daran hatten, einen arbeitsfähigen gesunden Mann etwa auf ihre Kosten zu erhalten.

So mußte ohne irgendeine Ausnahme jeder Einwanderer die schwere Schule praktischer Selbstthätigkeit durchmachen, für seine Existenz, für sein Fortkommen mit aller Anstrengung arbeiten, und er hatte dabei nicht nur die Hindernisse zu überwinden, die sein Beruf naturgemäß mit sich brachte, sondern er hatte auch schwer unter den Unbilden des Klimas der neuen Welt, unter dem beständigen schroffen Temperaturwechsel, unter furchtbaren Stürmen, Verheerungen durch Überschwemmungen, plötzliche Fröste und atmosphärische Einflüsse aller Art zu leiden.

Als die Zahl der Ansiedler wuchs, trat zu alledem noch die Konkurrenz der Mitbürger, gegen die jeder sich, so gut es ging, schützen mußte. Der Kampf ums Dasein wurde darüber immer schwerer, stellte immer größere Anforderungen an die einzelne Menschenkraft und zwang zur Hintansetzung jeder Spur von Rücksichtnahme gegen andere, zur Entwickelung des Egoismus, der die Förderung des eignen Interesses mit allen Mitteln bedingte.

Wo und solange die Ansiedler in gutem Einvernehmen mit den Eingebornen standen, von denen sie das Land auf Grund von Verträgen oder durch Kauf erworben hatten, wurden sie in ihrem schwer errungenen Besitz nicht beeinträchtigt und in ihrer Arbeit nicht gestört. Da indessen früher oder später die englischen Ansiedler überall mit den Indianern in

Konflikt kamen, teils weil sie diese schmählich behandelten und
herausforderten, teils weil sie sie immer mehr zu verdrängen,
ihres Besitzes mit Gewalt zu berauben suchten, so entstand ein
dauernder Kriegszustand, der im Laufe der Zeit furchtbare
Opfer forderte. Griffen einzelne Indianer eine einsame Farm
an, so mußte der Eigentümer derselben sich mit seiner Familie
selbst verteidigen. Eröffneten ganze Stämme Rachezüge gegen
die verhaßten Bleichgesichter, so versuchten die Bewohner der
gefährdeten Gegenden sich unter gemeinsamem Zusammen=
wirken zu schützen. Wuchs die Gefahr, bedrohten die Indianer
auch die größeren volksreicheren Ansiedelungen, so griffen alle
Männer zu den Waffen und gingen in den Kampf für ihre
Heimstätten, und da das Mutterland in den Kolonien für
gewöhnlich keine Truppen unterhielt, so wurde das Milizwesen
ausgebildet, welches dem Selbstschutz der einzelnen Gemeinde,
des Bezirks, der Kolonie, des Staats, diente.

Wie den Indianern so war der Ansiedler auch den Räubern
und Dieben gegenüber auf Selbsthilfe angewiesen, und wer
größere Reisen unternahm oder heute unternimmt in Gegenden,
welche von den Centren und großen Straßen des Verkehrs
abgelegen sind, war und ist auf seine eigne Kraft, auf seinen
Selbstschutz angewiesen, und auch jetzt wird kein Amerikaner,
selbst in den Großstädten, zögern, zur Selbsthilfe zu schreiten,
wenn er sich in seiner Existenz, in seinen vitalen Interessen
ernstlich bedroht sieht. In solchem Falle die Hilfe der Polizei
und der Regierungsgewalten anzurufen, wird niemand ein=
fallen.

Jedes Individuum war von Anbeginn der Kolonisation in
Amerika an ganz auf sich angewiesen. Im politischen wie im
bürgerlichen Leben mußte das „Hilf dir selbst“ daher zu un=
umschränkter Herrschaft gelangen und sich in allen Institu=
tionen und Lebensgewohnheiten äußern. Daraus erklärt sich

auch, daß die demokratisch=republikanische Verfassungsform von vorn herein in den Kolonien tiefe Wurzeln schlug, und daß trotz der späteren starken aristokratischen Einwanderung, trotz der Verhältnisse, welche sich im Süden unter dem Einfluß der Sklaverei ausbildeten und die Demokratie vielfach durchbrachen, die Einführung einer monarchischen Verfassung vollständig aus= geschlossen wurde. Die Freiheit, welche der Einwanderer in Amerika suchte, bemühte er sich um so eifriger zu erhalten, je schwerer er für seine Existenz zu kämpfen hatte, je weniger er hierin von seinen Mitbürgern und von der Regierung unter= stützt wurde. Er erwarb sich dadurch das unumschränkte Recht der Selbstbestimmung für sich und seine Familie, als Mitglied einer größeren Gemeinde und eines staatlichen Organismus aber auch das Recht der Bestimmung über die Ordnung dieser größeren Gemeinschaften, über ihre Verwaltung. Er ver= langte auf Grund seiner Selbstthätigkeit und seiner Arbeit seine Gleichstellung mit allen übrigen Mitgliedern der Ge= meinde oder des Staats; das Recht, wie jeder andere persön= lich an der Verwaltung desselben teilzunehmen und jeden Posten bekleiden zu können.

Wer es vermocht hatte, sich aus eigner Kraft seinen Lebensunterhalt zu erwerben und vollends zu Wohlstand zu gelangen, durfte wohl Anspruch auf allgemeine Achtung und auf Erhebung zu öffentlichen Stellungen machen, andrerseits aber durfte er stolz sein auf seine Erfolge. Wie alle seine Mit= bürger hatte er denselben Entwicklungsgang durchgemacht, sich aus dem Nichts in der schweren Schule des praktischen Lebens durch eigene Kraft zu einem angesehenen Manne entwickelt, er brauchte somit diesen Entwickelungsgang nicht zu verbergen, sondern konnte vielmehr mit Stolz auf denselben hinweisen und namentlich denen gegenüber, welche vielleicht seine Hilfe in Anspruch nehmen wollten. Es mußte vielmehr ein Sporn

für jeden sein, der eben erst herüberkam, der unter der Wucht
der schweren Arbeit, die er vorfand, zusammenzubrechen und
zu verzweifeln fürchtete, sich an den Beispielen der selfmade
men, welche es zu Höherem und zum Besitz von Reich=
tümern gebracht hatten, aufzurichten und seine Arbeit mit um
so größerem Eifer aufzunehmen und zu verfolgen.

Doch nicht nur auf Fremde mußte der Anblick des Er=
folges kräftiger Arbeit erziehlich wirken, sondern auch auf die
Familienglieder. Die Kinder wurden frühzeitig zur Arbeit
angehalten und das Gefühl der Selbständigkeit in ihnen dadurch
geweckt und zur Bethätigung angeregt. Das „hilf dir selbst"
wurde seitens der viel beschäftigten Eltern auch ihnen gegen=
über zum Ausdruck gebracht, sie wurden zur Selbstthätigkeit
angespornt und der Wetteifer erzeugt, sich ebenfalls durch
eigene Kraft ihren Unterhalt zu erwerben, etwas zu verdienen,
Reichtümer zu gewinnen. Denn was der Vater erwarb, ging
entweder auf den Unterhalt der Familie — die in den Neu=
englandkolonien im allgemeinen in früheren Zeiten sehr zahl=
reich war — drauf, oder es wurde zur Erweiterung der
Farm oder des betreffenden anderweitigen Geschäftsbetriebes
verwandt, und die Kinder durften nicht erwarten, bei dem
Tode des Vaters ein etwa für ein beschäftigungsloses Leben
ausreichendes Vermögen zu erhalten. Hierauf zielte die Ar=
beit des Vaters auch überhaupt zunächst gar nicht ab, sondern
vielmehr darauf, ihm und seiner Familie während seiner Lebzeiten
eine möglichst sorgenfreie Existenz zu sichern. Die durch die
allgemeinen Verhältnisse und den Grundsatz des „hilf dir
selbst" erzeugten herrschenden Anschauungen gingen dahin, daß
jeder nur für sich, seine eigene Zukunft und die während
seiner Lebensdauer von ihm abhängenden Familienglieder
sorgte, nicht aber für die Zukunft der Kinder. Letztere und
namentlich die Söhne waren daher darauf angewiesen, sich bei

Zeiten ihre eigne Existenz zu sichern, sich selbständig zu
machen und ihr Ehrgeiz war darauf gerichtet, dies Ziel so
früh wie möglich zu erreichen. Aber auch für die Töchter
war dies bis zu gewissem Grade geboten für den Fall, daß
sie etwa ledig bleiben sollten, der allerdings in früheren Zeiten
bei der außerordentlich kleinen Zahl von weiblichen Wesen
in den Kolonieen sehr selten war. Auf eine Mitgift war aus
den angegebenen Gründen bei Lebzeiten der Eltern nicht zu
rechnen; da der Gatte für seine Frau zu sorgen hatte, so war
es überflüssig und widerstrebte der allgemeinen Anschauungsweise, daß das Mädchen ihrem Freier ein Vermögen mit in
die Ehe brachte. Aber auch die Söhne erhielten zur Be-
gründung eines eignen Herdes keine Geldunterstützung. Der
Eheschließung war damit ein besonders in heutiger Zeit so
wichtiges spekulatives Moment vollständig entzogen. Diese
Ansichten befestigten sich so sehr, daß sie bis auf den heutigen
Tag die herrschenden geblieben sind, wenngleich die ungeheure
Anhäufung von Reichtümern in den Händen der obersten
Gesellschaftsklassen der Union und der größere allgemeine
Wohlstand auch in den höheren Schichten des Mittelstandes
zahlreiche Ausnahmen von dieser Regel mit sich bringt.

Daß bei starken weiblichen Naturen unter dieser Erziehung
zur Selbstthätigkeit auch das Streben nach Gleichstellung mit
den Männern bezüglich ihrer politischen und bürgerlichen Rechte
früher oder später geweckt werden mußte, ist leicht begreiflich.
In Rhode Island wurden ihnen denn auch schon sehr frühzeitig weitgehende politische Rechte gewährt. Die hohe soziale
Stellung, die der weiblichen Bevölkerung durch besondere Gesetze gesichert wurde, welche jede Ungebührlichkeit der Männer
gegen sie auf das strengste bestraften, erhöhte überdies ohnehin
die Selbstschätzung und die Ansprüche der Frauen und Mäd-

chen, wie sie anderseits zu der Ausbildung einer Art von
Frauenkultus in den Vereinigten Staaten führte.

Die Selbsthilfe, auf welche jeder Ansiedler in Amerika an=
gewiesen war, trug nicht nur dazu bei, den Fleiß und die
Energie desselben zu erwecken, sondern auch alle seine körper=
lichen und geistigen Fähigkeiten zur Entwickelung zu bringen,
wobei es freilich nicht ausbleiben konnte, daß auch Charakter=
eigenschaften, die für die Gesamtheit unter Umständen schädigend
werden mußten, zur Geltung gelangten, daß sich ferner Ge=
wohnheiten befestigten, die mehr oder minder nachteilige Wir=
kungen ausübten. Die meisten Einwanderer, welche in ihrer
Heimat gefährliche oder unbrauchbare Elemente der Bevöl=
kerung gewesen waren, wurden in der harten Schule der
Selbstthätigkeit in Amerika erst zu nützlichen Gliedern der
menschlichen Gesellschaft, entfalteten ihre Kräfte, wandten sie in
Gemäßheit ihrer natürlichen Begabung und auf den Arbeits=
gebieten, für welche sie besondere Befähigung hatten, mit Er=
folg an und wurden dadurch nicht allein zu tüchtigen Bürgern
der Kolonieen und Staaten, in denen sie sich niederließen,
sondern in zahlreichen Fällen auch zu Kulturförderern. Der
Erfolg ihrer Arbeit erweckte die Freude an derselben, am
Leben, erzeugte eine heitere optimistische Weltanschauung, die
auch durch zeitweilige Rückschläge nicht unterdrückt wurde, welche
der durch das schnelle Wachstum der Bevölkerung immer
schwieriger gemachte Kampf ums Dasein und die Steigerung
der Konkurrenz notwendigerweise häufig mit sich bringen
mußten. Die Erkenntnis der eignen Leistungsfähigkeit er=
zeugte den eigenartigen fatalistischen Charakterzug, der den
Amerikanern anhaftet, jenen Gleichmut, der ihnen über viele
schwierige Lagen im Leben hinweghilft, weil sie sich bewußt
sind, daß sie unter Anwendung ihrer Kräfte leicht wieder er=
werben können, was sie eingebüßt haben, sich die Stellung

und das Ansehen wieder erringen können, die sie infolge un=
günstiger Geschäftslage oder aus andern Gründen verloren
haben.

Das „Hilf dir selbst" erzeugte die große Anpassungs=
fähigkeit der Amerikaner an die gegebenen Verhältnisse, die
Leichtigkeit, mit der sie von einer Beschäftigung, die sich nicht
mehr als vorteilhaft erweist, zu einer lohnenderen übergehen.
Der Millionär von gestern scheut sich nicht, nachdem er sein
ganzes Vermögen verloren hat, heute wieder von vorn an=
zufangen und, wenn es nicht anders ist, seinen Lebensunterhalt
als Kutscher, Kellner oder Krämer zu erwerben, um nur ein
Mittel zu gewinnen, sich allmählich wieder emporzuarbeiten.
Das Vertrauen zur eignen Leistungskraft, welches die Schule
der Selbsthilfe und Selbstthätigkeit erzeugt, weckt auch das
Selbstbewußtsein und läßt keine Verzagtheit aufkommen, gibt
dem Individuum jene große Sicherheit im Auftreten und im
Handeln, die wesentlich zur Erzielung von Erfolgen beiträgt.
Allerdings steigert sich dieses Selbstbewußtsein häufig auch zur
Selbstüberschätzung, zum Eigendünkel, zu einem Chauvinismus,
der nicht nur das eigne Können, sondern in weiterer Folge
überhaupt das der gesamten Bevölkerung über die Leistungs=
fähigkeit aller andern Individuen und aller übrigen Völker
erhebt. Diese Überhebung verbindet sich dann auch mit Prahlerei
und Rechthaberei, welche neben den eignen Leistungen und
Anschauungen keine andern zur Geltung kommen lassen und
ihnen keine Anerkennung gewähren wollen. Diesen ungesunden
Auswüchsen des an sich und kulturell so wichtigen und förder=
lichen Selbstvertrauens begegnen wir in den Vereinigten Staaten
so massenhaft, daß sie beinahe als Charaktereigenschaften der
dortigen Bevölkerung betrachtet werden können. Indessen treten
sie auch da nur in die Erscheinung bei Personen, die, wie hoch
im übrigen ihre soziale Stellung sein möge, doch nicht die

höchsten Staffeln der Bildung erreicht haben. Es gilt das in
gleicher Weise von dem dort so häufig ausgesprochenen Satze,
daß „jeder gut für alles", also jeder einzige Mensch im stande
ist, zu erreichen, was er will, jede Stellung einzunehmen, die
existiert, und jeder hält sich denn auch für berechtigt, über alles
und über alle sein — natürlich unfehlbar richtiges — Urteil
abzugeben. Gewiß, der niedrigste Bauerknecht, der ärmlichste
Arbeiter von heute kann morgen Mitglied der Legislative seines
Staats, Gouverneur desselben, ja Minister und Präsident der
Union werden. Die Voraussetzungen hiefür sind denn aber
doch neben eiserner Energie und größtem Fleiß auch natürliche
Fähigkeiten, die nicht bei allen Menschen die gleichen sind.
Jeder wahrhaft gebildete Amerikaner weiß ebenso gut, wie
jeder wahrhaft Gebildete von anderer Nationalität, daß Fleiß
und Thatkraft allein noch nicht einen jeden Menschen befähigen,
ein hervorragender Ingenieur, Arzt, Philosoph und Dichter
zu werden, daß es keine völlige Gleichheit der natürlichen
geistigen Begabung bei allen Menschen giebt und es nur und
ausschließlich auf äußere Umstände, individuelle Willenskraft
und Fleiß ankommt, um auf jedem beliebigen Gebiete menschlicher Thätigkeit die höchsten Staffeln zu erreichen.

Eine andere wichtige Reihe von Erscheinungsformen der
Wirkungen des „Hilf dir selbst" wurde durch die Arbeitsweise
herbeigeführt, die durch den Kampf ums Dasein in den
amerikanischen Kolonien von Anfang an bedingt wurde.

Der Boden, welchen die Ansiedler überall vorfanden, war
entweder felsig und steril oder fruchtbar, dann aber mit Urwald
bedeckt; das Klima erschwerte die Arbeit der Europäer überall
auf das höchste. Es war daher nirgends leicht und mühelos,
die notwendigsten Existenzmittel zu erwerben. Jedes Mittel,
welches dazu dienlich sein konnte, war recht, man durfte in der
Anwendung desselben nicht wählerisch sein. Der Wald bot

zwar das Material zum Bau der Wohnstätten, zur Umzäunung der Farmen, selbst zum Wegbau, nämlich zur Herstellung der primitiven Landstraßen, der Knüppeldämme und endlich zur Feuerung. Sein Holz war ja allerdings auch ein wichtiger Handelsgegenstand, eine unerschöpfliche Quelle des Reichtums, doch nur da, wo es leicht verwertet und verschickt werden konnte, wo Sägemühlen in der Nähe, wo schiff= oder flößbare Wasserstraßen oder andre benutzbare Verkehrswege vorhanden waren. Wo dies alles nicht der Fall, da war der Wald für den Ackerbauer das größte Hindernis und er mußte suchen ihn zu vertilgen. Die jüngeren dünneren Stämme wurden wie das Unterholz abgehauen, die älteren Bäume ihrer Kronen beraubt und auf irgend welche Weise zum Absterben gebracht oder ausgebrannt. Diese Art der Ausholzung, der Beseitigung des schwierigsten Hemmnisses, welches sich den Landleuten bot, hat sich bis auf den heutigen Tag überall da erhalten, wo das Holz der Wälder nicht sofort verarbeitet, vorteilhaft verwertet oder unter Benutzung bequemer Verkehrsmittel verkauft werden kann. Es bildete sich unter diesen Umständen der Raubbau aus, durch den große Gebiete Nordamerikas entwaldet worden sind, durch den an vielen Orten nicht nur bereits Holzmangel eingetreten, sondern auch ein schädigender Einfluß auf die meteorologischen Verhältnisse ausgeübt worden ist. Der Wald= bestand war ja ursprünglich ein so riesiger, daß man es den früheren Ansiedlern nicht verdenken konnte, wenn sie in rücksichts= losester und verschwenderischster Weise mit dem kostbaren Gut umgingen, das die Natur den Bewohnern dieser Ländermassen geschenkt hatte. Diese fortdauernde Vernichtung des Waldes mußte aber doch schließlich den vorhandenen Beständen ein Ende machen und in den stärker bewohnten Staaten gänzliche Entwaldung nach sich ziehen. Man tröstete sich damit, daß im fernen Westen immer noch so ausgedehnte Waldgebiete vor=

handen waren, daß man daher fortfahren konnte, dieselben zu
Gunsten des Ackerbaues zu vernichten, und dies sind die An=
schauungen, welche in den schwach besiedelten jüngeren Staaten
heute noch die herrschenden sind. Diese Art der Vertilgung
von Material, das an sich ungemein wertvoll war, erzeugte
eine starke Neigung zur Verschwendung. Man konnte aus dem
Vollen schöpfen, man konnte im großen wirtschaften und ver=
wüsten, ohne befürchten zu müssen, in den eignen Interessen
geschädigt zu werden, und was gehn das auf die ausschließliche
Selbsthilfe angewiesene Individuum der Nebenmensch und die
Allgemeinheit an. Land war in ungeheurer Masse da; wer
es nur vermochte, konnte in früheren Zeiten so viel in Kultur
nehmen, als er nur immer wollte, war doch das Tomahawk=
recht bis tief in dieses Jahrhundert in Kraft, auf Grund dessen
es nur notwendig war, mit der Axt das Waldgebiet zu mar=
kieren, welches man für sich in Anspruch nahm.

War der Boden einmal dürftig für den Ackerbau vor=
bereitet — denn die Mühe, die Stümpfe der alten Baumriesen
und die Wurzeln derselben zu beseitigen, hätte zu viel Zeit
und Arbeit in Anspruch genommen, man ließ sie daher stehen,
bis sie von selbst verrottet waren — so rentierte sich die
Landwirtschaft bei der natürlichen Fruchtbarkeit der im Laufe
von Jahrtausenden entstandenen Humusschicht im allgemeinen
sehr gut, namentlich überall da, wo die Sklaverei und der
Plantagenbetrieb eingeführt waren. Die leichte Erwerbung
von Reichtümern beförderte die durch den Raubbau erzeugte
Neigung zur Verschwendung, welche der aristokratischen, über=
wiegend romanischen Pflanzerbevölkerung des Südens überhaupt
von Natur zu eigen war und sich auch zu allen Zeiten in der
wahrhaft großartigen Gastfreundschaft bekundete, die in jenen
dünn bevölkerten Gegenden in glänzendstem Stil geübt wurde.

Von einer sorgfältigen systematischen Bodenkultur war an=

fänglich in den Vereinigten Staaten nirgends die Rede und
ist es auch heute noch in den Staaten nicht, in welchen noch
unermeßliche Gebiete der Kultivierung harren. Man düngte den
Boden nicht, man kam der Natur nicht durch Wechsel der
Bestellung des Feldes zu Hilfe; man beutete ihn bis zur Er=
schöpfung aus, gab ihn dann auf und nahm andern jungfräulichen
Boden in Kultur, wo und wie es ging.

Als man anfing die mineralischen Schätze zu heben, trug
die verschwenderische Freigebigkeit, mit der die Natur den Boden
an diesen Materialien ausgestattet hatte, ebenfalls dazu bei,
die Verschwendungssucht der Amerikaner zu kräftigen. Die
Erze, die Kohlen, die zum Bauen verwendbaren Gesteine waren
so massenhaft vorhanden, lagen so offen zu Tage, waren so leicht
zugänglich, daß man zunächst nur zu nehmen brauchte und
nahm, was möglichst gut und möglichst leicht und rasch zu
erlangen war. Auch da wurde der Raubbau mit seiner Material=
verschwendung eingeführt, der zwar die Lebenden rasch bereicherte,
den künftigen Generationen aber einen zum Teil unberechenbaren
Schaden bereitet.

Doch auch Gewerbe und Handel führten zu demselben Ziele,
sie förderten durch den stetig wachsenden Ertrag ihres Betriebes
die Neigung der Amerikaner zur Verschwendung, die sich denn
auch in einem sehr wahrnehmbaren Mangel an Wirtschaftlichkeit
und Sparsamkeit im öffentlichen wie im privaten Leben bekundet,
obgleich ja anderseits im geschäftlichen Verkehr die kleinsten
Werte berücksichtigt werden. Die Materialverschwendung in der
Küche z. B. hat ihre weittragende kulturelle Bedeutung, indem
sie das Leben verteuert, das Heiraten erschwert und die öffentliche
Moral dadurch beeinflußt. Ausbesserungen an Kleidern und
Gebrauchsgegenständen des gewöhnlichen Lebens sind dem
Amerikaner verhaßt, er wirft die Dinge lieber weg, als daß
er Reparaturen an ihnen vornehmen läßt — freilich hat gerade

diese letztere Gewohnheit auch einen triftigen Grund in der teuren Handarbeit.

Diese ausgeprägte Neigung zur Verschwendung hat aller= dings dem amerikanischen Charakter gewisse andere Züge ver= liehen, die nicht zu unterschätzen sind. Sie hat wesentlich dazu beigetragen, ihm seine aller Kleinlichkeit abgeneigte große und weite Weltanschauung zu geben; sie erzeugt die Mildthätigkeit, die Geneigtheit zur Gründung und Unterstützung von Institu= tionen, welche der öffentlichen Wohlfahrt, der Förderung der Wissenschaften und Künste, der Linderung der Armut, der Be= kämpfung der Not, des Lasters und der Krankheit dienen. Auf diese Weise unterstützen diejenigen, welche in der Schule der Selbsthilfe zu Wohlstand und Reichtum gelangt sind, die= jenigen, welche in ihr zu Grunde gegangen sind. Dies in der Form von Almosen zu thun, würde den demokratischen Grund= sätzen der Amerikaner ebenso widerstreben wie denen der Not= leidenden, darum zu bitten. Wer durch äußere Umstände auf irgend welche Weise um sein Habe und Gut gekommen ist, wird bei gutem Willen zur Arbeit leicht die materielle Unter= stützung finden, um eine neue Thätigkeit zu beginnen und nicht daran denken, sich durch Bettelei zu ernähren. Wer lebens= müde und verbraucht, nicht mehr im stande, dem Grundsatz der Selbsthilfe entsprechend weiter zu leben, wer durch Krankheit daran verhindert ist, der findet ohne Schwierigkeiten Unterkunft in den Siechen= und Krankenhäusern. Bettelei wird denn auch fast nur von heruntergekommenen Emigranten geübt, denen die Grundanschauungen der Amerikaner noch nicht in Fleisch und Blut übergegangen sind.

So lange die Bevölkerungsziffer klein war, machte es bei gutem Willen und energischer Thätigkeit keine große Mühe, durch Selbsthilfe den nötigen Unterhalt für sich und die Seinen zu erwerben und zu Wohlstand zu gelangen. Anders wurde es,

als die Masse der Bevölkerung wuchs, als in diesem Jahr=
hundert Millionen und Abermillionen aus der alten Welt
hinüberkamen, um teilzunehmen an der nationalen Arbeit. Die
Erwerbsverhältnisse wurden schwieriger, die Anforderungen an
die Kraft des Individuums immer größer, wenn es in diesem
Kampf ums Dasein nicht erliegen und untergehen wollte. Daß
der Eigennutz in allen seinen Äußerungs= und Erscheinungs=
formen dadurch bis auf das äußerste gesteigert wurde, war
natürlich, aber auch noch andre charakteristische Eigentümlich=
keiten des amerikanischen Lebens und Eigenschaften des amerika=
nischen Volkes resultierten daraus.

Die Geisteskräfte wurden mehr und mehr angespannt, denn
Vereinfachung der Arbeit, Verbesserung aller Arbeitsmittel
wurden von jedem angestrebt, der darauf angewiesen war, aus
eigner Kraft und in Konkurrenz mit hundert und tausend andern
seinen und der Seinigen Unterhalt zu erwerben. Der Erfindungs=
geist wurde dadurch angeregt, der Scharfblick gesteigert. Ziel=
bewußt mußte jeder dahin streben, seinen Zweck zu erreichen.
Alles was dazu nicht diente, was die Kraft zersplitterte, was
überflüssig war, mußte vermieden werden; nur was praktisch
war, was fördern konnte, mußte ausgeführt werden. Da jeder
im Vollbewußtsein seines Werts seine Arbeitskraft hoch schätzte
und teuer verwertete, so hat die menschliche Kraft in den
Vereinigten Staaten einen sehr hohen Preis erlangt; ihre
Verwendung für die Industrie machte letztere nicht ertrags=
fähig genug, sie mußte daher soweit als thunlich durch
mechanische Kraft ersetzt werden, und dies ist nirgends in so
ausgedehntem Maße geschehen als in der Union. Unaufhörlich
sind die Technologie und die Ingenieurwissenschaft bemüht,
neue Mittel, neue Maschinen zu erfinden und die bestehenden
zu verbessern, um die menschliche Kraft erfolgreicher zu ersetzen
und die Leistungsfähigkeit der Industrie zu erhöhen. Taucht irgend=

wo in der Welt eine neue Idee, ein neues praktisches Erzeugnis menschlicher Thätigkeit auf, so finden sie auch in Amerika die bereitwilligste Unterstützung.

Wie es keine noch so utopistische republikanische Regierungs=form gibt, die dort nicht von irgend welchen Schwärmern praktisch erprobt würde, und wie es keine religiöse Vorstellung gibt, die in der Union nicht ihre Anhänger fände, so gibt es auch kein scheinbar noch so ungeheuerliches technisches Problem, das von den fachmännischen Kreisen nicht in Betracht gezogen und dessen Ausführung nicht versucht würde, sofern sich nur der geringste praktische Erfolg absehen läßt. Die stetige Steigerung der Schwierigkeiten des Erwerbslebens hat Kräfte in den menschlichen Dienst gestellt, die früheren Geschlechtern unbekannt waren; sie hat Erfindungen ins Leben gerufen und technische Wunderwerke erzeugt, die noch vor wenigen Jahr=zehnten für ganz undenkbar, für Ausgeburten eines kranken Geistes gehalten worden wären. Manches, was uns heute so erscheint, wird die fortschreitende Technik auch verwirklichen. Amerikanischer Mut und Unternehmungsgeist schrecken nicht vor den gigantischsten traumhaften Aufgaben zurück.

Im Geschäftsverkehr bekundet sich derselbe praktische nur auf das Positive gerichtete Sinn, der die heutigen Amerikaner überhaupt kennzeichnet. Er äußert sich da ebenfalls in allen erdenklichen verschiedenen Formen und gipfelt in dem, was gewöhnlich smartness genannt wird, worunter eine Art von Schlauheit verstanden wird, die, bei sorgfältiger Betrachtung, nicht immer sehr peinlich in der Wahl ihrer Mittel zur Er=reichung ihrer Ziele ist. Sie dient der Habgier, welche das amerikanische Erwerbsleben beherrscht, und sie sucht sich durch große Reserviertheit und durch Mißtrauen zu schützen gegen die smartness der Konkurrenten. Die Engländer und die Israeliten, welche doch gewöhnlich für die Träger des höchst=

entwickelten Geschäftssinns gelten, können es mit der kauf=
männischen Gewandtheit der Neuengländer, der Yankees, nur
schwer aufnehmen, die in dieser Hinsicht auch die Bewohner
des Südens und Westens der Vereinigten Staaten weit über=
treffen. Es ist bemerkenswert und charakteristisch, daß außer=
halb der Neuenglandstaaten, der andern nördlichen Ost= und
Mittelstaaten nur da Handel und Industrie glänzend erblühen,
wo die Yankees sich niederlassen, wo ihr Geschäftssinn zur
Herrschaft gelangt. Wo, wie im Südwesten, Handel, Gewerbe,
Ackerbau und andre Zweige der materiellen Kultur noch unter
den schweren Folgen des Sezessionskrieges leiden, da ruft man
laut nach der Hilfe der Nordländer und ihres Kapitals.

Schon in den Kindern, in den Zeitungsjungen, in den
Schuhputzern, den zahllosen kleinen Straßenverkäufern des
Nordostens, im besondern allerdings New=Yorks zeigt sich die
smartness in ihrem ganzen Umfang. In dieser untersten Klasse
der Schule des Lebens spielt ja die Selbsthilfe schon die
Hauptrolle. Welche Geschicklichkeit muß da aufgeboten werden,
um in dem Konkurrenzkampfe um den kleinen Verdienst nicht
zu erliegen, um sich durchzuringen. Es ist denn auch nicht
überraschend, daß aus diesen niedrigsten Kreisen der Vertreter
des Handelsstandes viele der größten selfmade men, viele der
einflußreichsten Politiker, zahlreiche Millionäre und Industrie=
könige hervorgegangen sind. Diese erste Schule ist sehr rauh,
aber sie bringt alle Geistes= und Körperkräfte erfolgreicher als
irgend eine andere zur Entwickelung. Wer sie durchmacht, wer
nicht in ihr untergeht, der erwirbt durch sie viele der wichtigsten
Eigenschaften und Fähigkeiten, welche in diesem Lande, in dem
nur das eigne Können, die eigne individuelle Leistungskraft
etwas gelten, zum erfolgreichen Fortkommen notwendig sind.

Im Arbeiterstande sehen wir natürlich das „Hilf dir selbst“
auch unumschränkt herrschen. Bei den immer schwieriger

werdenden Erwerbsverhältniſſen, bei der ſchärferen Zuſpitzung
des Kampfes zwiſchen Kapital und Arbeit, iſt der Träger der
letztern in keiner leichten Lage und in hohem Grade abhängig
von den Wechſelfällen des gewerblichen Lebens und des
Handelsverkehrs. Die eigentümlichen Arbeitsverhältniſſe machen
das Los des Arbeiters zu einem ſehr unſichern, ſetzen ihn jeden
Augenblick der Gefahr aus, ſeine Stellung zu verlieren. Aus
dieſen Gründen ſuchen die Arbeiter ſich dadurch etwas zu
ſchützen, daß ſie ſich möglichſt umfangreiche gewerbliche Kenntniſſe und Geſchicklichkeit zu erwerben ſuchen, um im ſtande zu
ſein, je nach den Verhältniſſen des Arbeitsmarkts in ihrer
Beſchäftigung zu wechſeln. Auch die Kinder werden aus
gleichem Grunde angehalten, ſich verſchiedenen Erwerbszweigen
zuzuwenden und nicht ausſchließlich das Handwerk des Vaters
zu erlernen, um ſoweit als thunlich gegen die ſchädigenden
Folgen der Schwankungen des induſtriellen Lebens geſichert
zu ſein.

Die praktiſche Weltanſchauung, welche natürlich auch die
Schule beherrſcht und durch ſie ihre Macht auf alle Verhältniſſe
ausgedehnt hat, äußert ſich auch deutlich in dem Hauſe des
Amerikaners. Zur Selbſtändigkeit, Selbſtthätigkeit und Selbſt-
hilfe erzogen, verrichtet er ſelbſt manche kleinen Arbeiten, die
der Europäer gewohnt iſt, von Dienſtboten und Handwerkern
ausführen zu laſſen, deren Dienſtleiſtungen in Amerika allerdings ganz unverhältnismäßig höher bezahlt werden müſſen
als in der alten Welt. Die große Intelligenz und Geſchicklichkeit, welche den Arbeiter auszeichnen, ſcheinen jedem Amerikaner angeboren zu ſein, während ſie in Wirklichkeit meiſt
das Ergebnis der praktiſchen Erziehung zur Selbſtändigkeit
ſind. Selbſt bis in die höchſten Kreiſe hinauf fand man bis
vor kurzem bei den jungen Leuten ein gewiſſes Intereſſe für
die Beſchäftigung mit den verſchiedenſten Zweigen des Gewerbes,

zum Zeitvertreib. Jetzt hat die jeunesse dorée der Groß=
städte allerdings im allgemeinen andre weniger nützliche Lieb=
habereien und fängt an, es für unvereinbar mit ihrer Würde,
mit dem Reichtum und der sozialen Stellung ihrer Eltern zu
halten, gelegentlich mit der Schuh= und Kleiderbürste, mit
Hammer, Zange, Säge und Meißel zu hantieren. Höchstens
beschäftigt man sich in diesen Kreisen mit dem dilettierenden
Kunsthandwerk oder mit oberflächlichster Übung der Künste.

Bei aller Rücksichtslosigkeit, die die unumschränkte Herr=
schaft des help yourself in der Bevölkerung der Vereinigten
Staaten erzeugt hat, finden wir bei ihr im allgemeinen doch
auch einen hohen Grad von Rechtsgefühl und Achtung vor
den bestehenden Gesetzen ausgebildet. Von einer Bevormundung
seitens der Polizei und der Regierung ist dort natürlich keine
Rede, diese würde sich auch kein Amerikaner gefallen lassen;
er beachtet darum die im Laufe der Zeit zur Sitte gewordenen
gewöhnlichen Gesetze des öffentlichen Lebens und des An=
standes ebenso, wenn nicht genauer als der Europäer, der sich
auf Schritt und Tritt von Polizeivorschriften in der freien
Bewegung gehemmt sieht. Weil dort jeder auf sich selbst an=
gewiesen ist, weil die Selbsterziehung eine so große Rolle
spielt, weil der Kampf ums Dasein ein so ungeheurer ist und
jeder sich aus eigner Kraft den nötigen „Ellenbogenraum"
verschaffen muß, den er braucht, um sich zu bewegen, so ist er
notwendigerweise auch gezwungen, die gleichen Rechte seiner
Mitmenschen anzuerkennen, und der eingeborne Amerikaner
unterwirft sich, ohne zu murren, den allgemeinen wenigen Staats=
gesetzen, denen ebenso wie dem amerikanischen Leben und dem
Charakter des Volkes alles Kleinliche abgeht, die sich um das
nicht kümmern, was jeder Mensch ohne Polizeivorschriften und
Gesetze von selbst zu thun oder zu lassen wissen müßte.

Beherrscht das help yourself das Leben des Einzelnen,

so muß es seine Macht auch naturgemäß auf das der größeren Gemeinschaften, auf das öffentliche, das Staatsleben übertragen. Es äußert sich in der Selbstverwaltung der Gemeinden, der Bezirke, der Staaten der Union ganz ebenso wie in der jeder kaufmännischen Genossenschaft, jedes Vereins, jeder kirchlichen Gemeinde. Wo alle diese selbständigen Faktoren sich unter= einander berühren, wo ihre Machtbefugnisse ineinander ein= greifen, da sind die Rechte und Pflichten jedes derselben durch Gesetze genau bemessen; im übrigen aber sind sie unabhängig, auf sich angewiesen und dürfen auch, wenn nicht ganz besondere Ausnahmefälle eintreten, von einander keine Unterstützung er= warten, sie jedenfalls nicht als Ausdruck des Pflichtgefühls verlangen. Wo die Gemeinde= oder Staatsgewalten sich als unfähig oder ungeeignet zur Verwaltung der öffentlichen An= gelegenheiten erweisen, wo, wie in den früheren Jahrzehnten, in denen eine furchtbare Korruption das öffentliche Leben auf das schwerste bedrohte, einzelne Männer oder Genossenschaften sich auf Kosten der Allgemeinheit in schmählichster Weise be= reicherten, unumschränkte Macht zum Zwecke der Verfolgung ihrer niedrigen materiellen Interessen an sich rissen, da haben die besseren rechtschaffeneren Elemente häufig auf das nach= drücklichste zur Selbsthilfe gegriffen, haben Vigilanzkomitees gebildet, sich gegen die Übertreter der bestehenden Gesetze, gegen die Usurpatoren der Macht erhoben und selbst im schlimmsten Falle aus eigner Machtvollkommenheit strengste Justiz geübt.

Der ganze große Staatsorganismus der Vereinigten Staaten aber ist auf den Grundsatz des help yourself gegründet worden.

Die Kolonieen waren gezwungen, sich gegen die Bedrückung des Mutterlandes zu erheben, England gegenüber Selbsthilfe zu üben und sich von ihm loszureißen. Aber auch dann war die Union fortgesetzt genötigt, sich gegen Großbritannien zu schützen, das unaufhörlich alle nur erdenklichen Mittel aufbot, um den neuen Staat in seiner wirtschaftlichen Entwickelung zu behindern, ihn zu schädigen, wo und wie es ging, ihn wirt= schaftlich von sich abhängig zu machen. Die Regierungen der Vereinigten Staaten sahen sich dadurch fortgesetzt veranlaßt, sich gegen diese auf ihren Ruin abzielenden Bestrebungen durch den energischsten Schutz der nationalen einheimischen Arbeit, durch kräftigste Förderung derselben mittels Schutzzöllen zu verteidigen.

Doch nicht allein England, auch andere Staaten Europas suchten in die inneren Verhältnisse der Union einzugreifen und ihre selbständige freie Entwickelung zu beeinträchtigen; sie half sich durch die Monroedoktrin, mit welcher sie sich gegen alle und jede äußeren Eingriffe in ihr Leben zu schützen suchte und die bis auf den heutigen Tag in Kraft geblieben ist.

Zahllos sind also die Äußerungen des help yourself und viele der wichtigsten Charakterzüge des amerikanischen Lebens sowie der Bevölkerung der Vereinigten Staaten sind mehr oder minder direkt auf die Wirkungen dieses allmächtigen Grundsatzes zurückzuführen.

Man sollte nun annehmen, daß er aber auch eine beinahe völlig unumschränkte Freiheit bedingte. Der Grad derselben ist ja allerdings ein sehr hoher, aber geradeso wie dem Amerikaner bei aller Größe und Weite seiner Weltanschauung doch auch gewisse kleinliche Charakterzüge anhaften, so ist doch auch die Freiheit des Individuums wie die größerer Körper= schaften in mancher Beziehung eingeengt. Es treten in dieser Hinsicht öfters Gegensätze, die überhaupt nur schwer mit einander zu vereinen sind, in die Erscheinung.

Kirche und Staat sind in den Vereinigten Staaten voll= ständig getrennt; Gewissens=, Religionsfreiheit sind durch die Grundgesetze der Verfassung jedem Menschen gesichert — der

Despotismus der Geistlichkeit aber gegenüber den Gemeinde=
gliedern ist ein völlig unumschränkter.

Das ganze Leben ist von der praktischen materialistischen
Weltanschauung beherrscht, welche ein Ergebnis der heutigen
Wissenschaft ist. Es werden in den Vereinigten Staaten ganz
überwiegend die exakten, die Naturwissenschaften betrieben, und
doch steht ein großer Teil der Bevölkerung im Bann eines
Aberglaubens, eines Supranaturalismus, einer Neigung zum
Geheimnisvollen und Mystischen, die ebenso schwer mit der
Höhe der allgemeinen Bildung wie mit dem Drange nach
unumschränkter Freiheit zu vereinbaren sind.

Die Lage der Arbeiter ist alles andere, nur nicht eine un=
abhängige, sie ist vielfach schlimmer als die der früheren
Sklaven. Das Monopolwesen ist in Handel und Industrie
mehr ausgebildet als irgendwo sonst. Die strengen Temperenz=
gesetze sind zweifellos ein Eingriff in die individuellen Rechte
des freien Staatsbürgers. Die Bekämpfung des Mormonen=
tums verstößt, vom Standpunkt des konsequenten demokratischen
Republikaners aus betrachtet, sowohl gegen das Grundrecht
der persönlichen Selbständigkeit und Freiheit des Menschen,
wie gegen den Grundsatz der Religionsfreiheit. Obgleich sie
sich auf das Gesetz stützt, welches die Polygamie in den Ver=
einigten Staaten als strafwürdiges schweres Verbrechen ver=
folgt, so ist die Lösung der Mormonenfrage aus obigen Gründen
doch ungemein schwierig gewesen und bis jetzt nicht vollständig
erzielt.

Ein strenger gesellschaftlicher Konventionalismus beherrscht
das soziale Leben, erzeugt eine Eintönigkeit und eine Ein=
förmigkeit, welche den Individualismus in seiner freien Ent=
faltung außerordentlich beschränkten, wie sich diese unter anderm
auch in den Trachten, in der äußeren Erscheinung der Häuser,
der Straßen, der Anlage der amerikanischen Städte bekundet. Die

Individualität ist völlig eingeengt durch die Mode, durch die Schablone.

Solcher Gegensätze, solcher Beschränkungen der Freiheit ließen sich noch viele aufzählen.

Auf das engste verbunden mit dem help yourself und in zahlreichen Fällen die notwendige Voraussetzung und Ergän= zung derselben ist das „hurry up", durch welches der Ameri= kaner sich als solcher auch nach außen hin am deutlichsten kennzeichnet, denn es unterscheidet sich auf das entschiedenste von der Schwerfälligkeit des Engländers, der Gemächlichkeit des Deutschen, der quecksilberartigen Beweglichkeit des Fran= zosen, der Leidenschaftlichkeit des Italieners und dem sorglosen, alles auf das mañana, auf den folgenden Tag, verschiebenden Fatalismus des Spaniers.

Freilich erstreckt sich der Machtbereich des hurry up nicht über die Nordstaaten und über die aus ihnen stammenden Ansiedler im Süden hinaus; auch im äußersten Westen ist seine Herrschaft etwas beschränkter, denn das hurry up ist keineswegs gleich und zu verwechseln mit der Heißblütigkeit und der Leidenschaftlichkeit der Südländer.

Daß es der Nordländer und im besondern der Yankee ist, der unter dem Einfluß des hurry up steht, dürfte nicht zum kleinsten Teil auf klimatische und atmosphärische Ursachen zurückzuführen sein. Die häufigen und schroffen Wechsel im Wetter und in der Temperatur wirken in hohem Grade auf= regend, und es scheint etwas in der Zusammensetzung, im Charakter der Luft zu sein, was diese aufregende Wirkung noch steigert.

Jedoch auch das Ansiedlerleben brachte von vornherein die Notwendigkeit schneller Arbeit mit sich. Galt es doch zunächst dem schwer zu bearbeitenden Boden so rasch wie möglich das Erforderlichste zur Existenz abzugewinnen, und dieser Zwang

wurde in dem Maße größer, wie die Zahl der Bewohner
wuchs, wie der Kampf ums Dasein schwieriger wurde. Da
war es nicht möglich, lange zu überlegen, wenn man eine Sache
unternehmen wollte, denn wenn man zögerte, so kam viel=
leicht der Nachbar zuvor und führte sie aus. Nur that=
kräftiges Eingreifen förderte die Interessen des Individuums,
nicht langsames Erwägen. Der günstige Augenblick mußte
ausgenutzt, jede praktische Idee ohne Zögern verwirklicht
werden. Die Feldarbeit duldete bei dem steten Wetter=
wechsel, bei der Gefahr der Benachteiligung durch plötz=
liche Fröste und Überschwemmungen keine gemächliche Arbeit.
Da hieß es und heißt es jetzt noch: früh aufstehen, sich tüchtig
rühren und keine Zeit versäumen, wenn man dem Felde guten
Ertrag abgewinnen wollte. Aber auch der Kaufmann und der
Handwerker mußten fleißig sein, wenn sie vorwärts kommen
und im Leben etwas erreichen wollten. Das hurry up wurde
zum leitenden Grundsatz auf allen Gebieten menschlicher Thätigkeit.

Vielleicht trug dazu auch etwas der Charakter der Ein=
wanderer bei. Die überwiegende Mehrzahl von ihnen war
jung und lebensfrisch. Jeder war von dem Streben nach
großem Gewinn beseelt. Wer dadurch nicht von selbst ange=
spornt wurde, der mußte es bald aus Erfahrung lernen, daß
dort nur die eigne Kraft und Arbeit etwas galt, daß daher
keine Minute unnütz zu verlieren war, daß Zeit Geld ist.
Die ersten Erfolge regten zum Erstreben weiterer und größerer
an; die wachsende Habgier bedingte immer wachsende Hast,
immer größere Ausnutzung der Zeit.

Durch Vereinfachung der Arbeit, durch Anwendung der
praktischsten Mittel und Werkzeuge, durch Erwerbung größter
Handfertigkeit suchte man die stetig beschleunigte Ausbeutung
der Zeit und der Kraft zu unterstützen; diese Eile verhinderte
aber nur zu oft die sorgfältige Arbeit, und wenn man die

beſſere Ausführung für die Zukunft ins Auge faßte, ſo fand ſich doch nicht immer die Zeit, nachzuholen, was im erſten Augenblick unterlaſſen war.

Der Anſiedler mußte ſich zuerſt damit begnügen, ein rohes Blockhaus zu errichten oder in der Prärie eine Höhle auszugraben, um nur Unterkunft, Schutz gegen die Unbilden des wechſelvollen Wetters zu finden — er konnte nicht gleich ein feſtes Steinhaus bauen, das in allen ſeinen Einzelheiten und Einrichtungen vollendet war.

Dieſes Beiſpiel läßt ſich auf alle Zweige der Kultur übertragen. Die außerordentliche Geſchwindigkeit ihrer Entwickelung ſchloß die ſorgfältige Durchführung der Arbeiten in zahlloſen Fällen aus, und inmitten des höchſten Luxus, der glänzendſten Leiſtungen der heutigen Kultur finden wir Erſcheinungen und Formen primitivſter Art.

Landſtraßen zu bauen hatte man unter den Kämpfen des vorigen Jahrhunderts keine Zeit gefunden, als die unabweisliche Notwendigkeit der Herſtellung bequemer Verkehrswege ſich fühlbar machte, ſchritt man zum Bau der Eiſenbahnen. Die raſche Ausdehnung des Bundesſtaats von dem öſtlichen Küſtenſtrich über die ganze Breite des Kontinents hinweg bis zum Stillen Ozean im Laufe der erſten Hälfte dieſes Jahrhunderts, ſchloß eine Ausführung der Bahnbauten in Gemäßheit mit den in Europa dafür herrſchenden Grundſätzen aus. Es mußte mit größter Beſchleunigung gearbeitet werden; man mußte ſich mit billigem Material begnügen; man konnte nicht daran denken, alle Brücken aus Stein und Eiſen herzuſtellen, ſondern man mußte froh ſein, wenn man ſie aus Holz anfertigen und nur das erſtrebte Ziel erreichen konnte: alle Teile der Union miteinander in möglichſt enge Beziehungen zu bringen, neue, wirtſchaftlich wertvolle Gebiete zu erſchließen. Man mußte es ſich verſagen, ſchöne Bahnhöfe zu erbauen, einen kompli=

zierten Verwaltungs= und Beaufsichtigungsapparat ins Leben
zu rufen. Vorerst war es nötig alles auf das einfachste und
praktischste einzurichten.

Das rasche Wachstum des Handelsverkehrs machte es un=
möglich, die Hafenstädte mit prachtvollen Quaibauten zu ver=
sehen und entsprechende Landungsbrücken zu bauen. Selbst in
New=York sind die Piers der größten Dampfschiffahrtsgesell=
schaften, die Empfangshallen und Verwaltungsgebäude noch
sehr primitiv; die Quais noch beinahe so urwüchsig, wie sie
vor 250 Jahren waren. Dagegen sind keine Gelder gespart
worden, um die die Schiffahrt gefährdenden Felsenriffe zu
sprengen oder einen Wunderbau wie die Brücke über den Eastriver
von New=York nach Brooklyn aufzuführen.

In der Nähe der stolzesten, aus den kostbarsten Materialien
der Welt hergestellten und mit einem fabelhaften Luxus aus=
gestatteten Paläste der Millionäre der fünften Avenue in
New=York befinden sich noch manche der rohesten aus Brettern
und Balken zusammengezimmerten Baracken der Armen,
Bauwerke, welche den frühesten Zeiten der Kolonialperiode an=
gehören könnten. Zahlreiche Neubauten in den Vorstädten, in
den Straßen, welche abseits von denen liegen, die von der
Geldaristokratie bewohnt sind, werden noch in einer den Bau=
gesetzen europäischer Großstädte Hohn sprechenden unsoliden
Weise ausgeführt.

Das Feld konnte nicht sorgfältig bebaut werden, das hätte
zu viel Zeit und Mühe in Anspruch genommen, und selbst in
den am meisten kultivierten Oststaaten sieht man heute noch
auf den Äckern große Baumstümpfe, erratische Blöcke und
große Haufen von Moränenschutt, die zu beseitigen man noch
nicht die Zeit gefunden hat. Überall nehmen wir somit die
Folgen des allmächtigen „hurry up“ in dem Zustande der
Unfertigkeit wahr, die die Dinge aufweisen. Denn so gut wie

der Bauer es seinen Knechten, der Fabrikant seinen Arbeitern
beständig zuruft, sie zu immer größerer Hast antreibend, so
auch jeder Kaufmann seinen Untergebenen, jeder Familienvater
seinen Kindern und das moderne Leben allen denen, welche
etwas erstreben. Es herrscht in den Büreaus der Banken und
Handelshäuser, wo ebenso wie in den Fabriksälen jedes über-
flüssige Wort verpönt, und wo die genaueste Arbeitsteilung
bestimmt ist, die Zeit und die Kraft eines jeden bis auf das
äußerste Maß auszunützen. Es herrscht selbstverständlich im
Verkehr, den zu beschleunigen die Geisteskräfte der Ingenieure unermüdlich bestrebt sind. Schon genügt nicht mehr die Geschwindigkeit, mit welcher der Dampf zu fahren erlaubt, und die Elektrizität
wird mit immer wachsendem Erfolge hierfür verwendet. Das
hurry up feiert einen seiner größten Triumphe in der großartigen
Organisation der Feuerwehr. Aber auch selbst in den öffentlichen Ämtern herrscht es, die Beamten arbeiten rasch, ohne
die zeitraubende Umständlichkeit der Büreaukratie der alten
Welt.

Diese die nationale Arbeit in allen ihren Zweigen be-
herrschende Hast, muß sich natürlich auch im privaten Leben
äußern. Die Zeit- und Arbeitseinteilung im Hause ist eine
sehr genaue. Man ißt so rasch als möglich, nutzt die Zeit
daneben noch zum Lesen der Zeitungen aus, wozu überhaupt
jeder Augenblick gebraucht wird, der nicht in andrer Weise
auszufüllen ist, denn dieser Beschäftigung ihre besondere Zeit
zu gewähren, ist für den Geschäftsmann nicht möglich. Selbst
Verrichtungen, die gar nicht eilig sind, werden rasch ausgeführt. Es wird dadurch eine Ruhelosigkeit erzeugt, die der
Gemütlichkeit des häuslichen Lebens starken Abbruch thut.
Äußerste Beweglichkeit, Freude an der Bewegung, am Wechsel,
sind auf das engste mit dieser Ruhelosigkeit verbunden. Der
amerikanische Nordländer reist gern und viel; bei aller seiner

Vaterlandsliebe hängt er doch nicht an der Scholle, an seiner engeren Heimat; es kostet ihm keine Überwindung, dieselbe zu verlassen, wenn er anderswo besser und vorteilhafter seine Interessen zu fördern hoffen darf. Sentimentalität ist ihm überhaupt fremd.

Der ihm anhaftende Bewegungs= und Wandertrieb ist so stark ausgeprägt, daß er häufig zu Vergleichen mit dem No= madenleben und dem Charakter der Indianer herausgefordert und denjenigen als Beweis gedient hat, welche eine starke ethnische Beeinflussung der Yankees durch die Indianer an= genommen haben. Diese wie andre verwandte charakteristische Eigentümlichkeiten ergeben sich jedoch ganz naturgemäß aus den Einflüssen der aufregenden Atmosphärilien, welche im Norden und Osten der Vereinigten Staaten wirksam sind, und aus denen des hurry up, welches das Leben der Bevölkerung von je her beherrscht hat. Ein zwingender Grund, gerade hierfür die Indianer und die vermeintliche Abstammung der Yankees von ihnen in Anspruch zu nehmen, liegt um so weniger vor, als die Indianer im allgemeinen nicht annähernd so be= weglich und nervös hastig gewesen sind, wie die heutigen Amerikaner. Wie sehr aber gerade diese beständige Bewegung, diese Hast und Ruhelosigkeit ansteckend wirken, das erfahren selbst Touristen, welche in dieses rasche Treiben hineingeraten, wie es in New York und allen Handels= und Verkehrszentren des Nordens und Nordostens der Union besteht. Vollends kann sich niemand, der sich dort niederläßt und dort etwas erreichen will, dem Einwirken dieses aufregenden Lebens entziehen, er wird früher oder später von derselben Hast ergriffen. Wie der eingeborne Amerikaner gewöhnt er sich rasch daran, sich bei allem, was er thut, zu beeilen; wie jenem wird es ihm schwer, längere Zeit ruhig auf einem Platz zu sitzen, die Hände still zu halten, und er fängt an wie jener zu schnitzeln, wenn er einen Bleistift oder ein andres geeignetes Objekt findet; das Brod zu zerkrümeln oder auf andere Weise der inneren Unruhe, der überschüssigen Lebenskraft, dem Thätigkeitsdrange unbewußt Ausdruck zu verleihen.

Völlige Ruhe ist dem echten nordländischen Amerikaner unerträglich; er braucht die Bewegung und die Aufregung. In Anpassung an die atmosphärischen Einflüsse bewegt er sich in Extremen, selbst bezüglich seiner Nahrung. Er liebt heiße Speisen, muß dazwischen aber Eiswasser trinken, ohne das er überhaupt nicht glaubt auskommen zu können. Sein Bedürfnis nach Aufregung veranlaßt ihn zur Anwendung der stärksten Gewürze, um seinen Gaumen zu reizen.

Dieses unermüdliche Hasten und Jagen aber hat doch schließlich ein Hauptziel oder ist mindestens aus der Verfolgung desselben entstanden. Dieser Lebenszweck ist: möglichst rasche Erwerbung von Reichtum, Erreichung der ehrgeizigen Ziele, Verwirklichung der Träume von dem höchsten Glück. Die Verfolgung dieser Aufgaben erfordert jedoch neben der äußersten Anspannung der Körperkräfte die der Geisteskräfte. Die dadurch erzeugte übermäßige Anstrengung ruft jene Schar von Krankheiten hervor, die in erschreckender Weise in den Vereinigten Staaten, namentlich aber im Norden und hier wieder besonders in den Neuenglandstaaten um sich greifen: Anämie, die der europäischen Bleichsucht entspricht, Nervenkrankheiten, Herzkrankheiten und hauptsächlich Gehirnkrankheiten. Die Heilanstalten, die zahlreichen Irrenhäuser, sind nicht im stande, die Massen der Kranken aufzunehmen, welche dort Unterkunft suchen; hat sich die Zahl der Irrsinnigen im Laufe von 20 Jahren, von 1870 bis 1890 doch mehr als verdreifacht. Der Ehrgeiz der weiblichen Jugend, auf allen Gebieten der Wissenschaften und Künste mit den ausländischen Trägern derselben zu wetteifern, setzt sie ganz besonders den verheerenden

Wirkungen dieser Zeitkrankheiten aus, und die Befürchtung, daß das heranwachsende Geschlecht und die zukünftigen Generationen darunter leiden könnten, hat ihre sehr gegründete Berechtigung. Die durch die Vorliebe für ungesunde Nahrungsmittel und den übertriebenen Genuß von eisigen Getränken und Speisen erzeugten Magenkrankheiten tragen das ihrige dazu bei, die höheren Stände und im besondern die Träger der Geisteskultur in gesundheitlicher Beziehung sehr empfindlich zu schädigen.

Help yourself und hurry up erscheinen somit als zwei der wichtigsten Grundsätze der Kultur, die das öffentliche Leben der Vereinigten Staaten beherrschen und dem Charakter ihrer Bevölkerung den Stempel ihrer Eigenart aufgedrückt haben. Ihre Wirkungen äußern sich in den verschiedensten Formen, in vielen der besten wie in vielen der schädigendsten Erscheinungen der heutigen Kultur der Union. Dank ihnen ist vieles von dem Großartigsten geschaffen worden, das Amerika aufzuweisen hat, manches von dem, was seines Gleichen nicht in der Welt hat, wodurch Amerika sich über die Leistungen Europas erhebt.

Das Übermaß ist immer und überall vielmehr schädigend als förderlich und die übertriebene atemlose Hast des amerikanischen Lebens und Schaffens erweist sich in der Gegenwart schon als höchst nachteilig. Vorzeitiger Verbrauch der Körper- und Geisteskräfte, Unfertigkeit in allen Einzelheiten der an sich großartigsten Schöpfungen und Institutionen können unter Umständen verhängnisvoll für den ganzen glänzenden Bau der heutigen Kultur werden. Um dieser Unfertigkeit unwesentlicher Bauglieder halber aber das ganze Gebäude verurteilen zu wollen, wie das heute vielfach bei der Betrachtung amerikanischer Zustände geschieht, zeigt freilich von einer sehr beschränkten kleinlichen Weltanschauung, die die Amerikaner ja überhaupt den Europäern vorwerfen.

Kapitel III.

Materielle Kultur.

Zahlreiche mehr oder minder begabte Geister haben sich in jüngerer Zeit bemüht, ihre Mitmenschen durch phantastische Schöpfungen zu erheitern, in denen sie Zukunftsbilder von dem Leben der Menschheit in kommenden Zeiten entrollt haben. Die wahrhaft staunenerregenden großartigen Fortschritte der Technik im Laufe unseres Jahrhunderts, die an das Wunderbare grenzenden Leistungen der heutigen Ingenieure, Techniker, Physiker, die Entdeckung neuer kulturfördernder Kräfte und ihre Verwendung für die Dienste der Menschheit, die gänzliche Umgestaltung der Verkehrsverhältnisse und Verkehrsmittel waren und sind allerdings dazu angethan, lebhafte Geister zu Betrachtungen darüber anzuregen, wie die Welt in hundert Jahren oder später aussehen wird. Die moderne Weltanschauung, die wachsende Naturerkenntnis, das Bemühen, die neuen politischen und volkswirtschaftlichen Probleme zu lösen, die durch die riesige Vermehrung der Menschen und die gesteigerte Konkurrenz hervorgerufenen Schwierigkeiten des Lebens zu beseitigen, den immer ernster werdenden Kampf ums Dasein

zu schlichten –– alle diese wichtigen Motoren haben dazu bei=
getragen, die Entwickelung dieses neuen Zweiges der Unter=
haltungslitteratur zu fördern.

Worauf aber stützten sich diese phantasievollen Dichter,
wenn sie uns jene Zukunftsbilder ausmalten, die, dem allge=
mein herrschenden Naturalismus und Realismus zum Trotz,
eine ungewöhnliche Anziehungskraft auf das lesende Publikum
aller Völker ausgeübt haben? Sie stützten sich fast ausnahm=
los auf die letzten Fortschritte der materiellen Kultur der Ver=
einigten Staaten, in denen ja auch die wunderlichsten poli=
tischen und volkswirtschaftlichen Hirngespinste neuerer Volks=
beglücker und religiöser Schwärmer stets Anhänger gefunden
haben, und die also auch nach diesen Richtungen hin einen
Anhalt boten für die idealen dichterischen Lebensbilder der
Zukunft. Diese verführerischen Phantasmagorieen zaubern
uns eine möglichst vollkommene Welt vor, sie lassen den Ver=
kehr noch leichter und schneller werden, als er jetzt in seinen
vollendetsten Formen ist; sie fesseln uns durch die Schilderungen
der Annehmlichkeiten des Lebens, der Bequemlichkeiten der Haus=
einrichtungen, der vorzüglichen Art der Ernährung, der Ordnung
des Markt=, des Handelsverkehrs, der politischen Freiheiten,
der befriedigenden Lösung der leidigen Steuerfragen, der Herr=
lichkeit der Genüsse, die allen Menschen in gleicher Weise zu=
gänglich sein werden, und der einem jeden Individuum gebotenen
Möglichkeit, in jener glücklichen Welt und Zeit auf jedem
Gebiete der Wissenschaft, der Künste, der Geistesbildung mühe=
los die höchsten Staffeln zu erreichen.

Forschen wir nun aber genauer nach den Ursachen aller
dieser erdichteten Vervollkommnungen, nach den Grundlagen
dieser glänzenden Zukunftskultur, so finden wir dieselben aus=
schließlich in der Fortentwickelung der materiellen Kulturzweige.
Der höchstgradige Idealismus der begabtesten Novellisten konnte

keine wesentlich neuen Formen des Geisteslebens, des künst=
lerischen, des wissenschaftlichen, des litterarischen Schaffens er=
sinnen, sondern nur Vervollkommnungen der materiellen Vor=
aussetzungen des Lebens. Allerdings wird ja jeder, auch der
kleinste Fortschritt auf diesen Gebieten menschlicher Thätigkeit
bedingt durch den Gedanken, der ihn veranlaßte, der in die
greifbare, konkrete Form eines neuen Verkehrsmittels, einer
neuen Maschine, eines neuen Düngemittels, eines neuen Bau=
materials umgestaltet wurde. Unter diesem letzteren Gesichts=
punkt dürfte man dann aber überhaupt nicht von materieller
Kultur sprechen, sondern nur von geistiger. Die heutige
Wissenschaft macht jedoch noch immer strenge Unterschiede
zwischen diesen beiden Begriffen, und indem wir es den Zu=
kunftsmenschen überlassen, andre Einteilungen zu schaffen,
schließen wir uns den zur Zeit noch bestehenden an.

Den eigentlichen Nährboden für das gesamte Kulturleben
eines Volkes bilden diejenigen Zweige seiner Thätigkeit, welche
seine materielle Existenz und seinen Fortbestand sichern. Bei
jungen Völkern, bei solchen, die schwer um ihr Dasein ringen
mußten und müssen, treten naturgemäß die höheren edleren
Interessen weit zurück hinter die rein praktischen, materiellen,
denn wie die Seele und der Geist nicht ohne Körper bestehen
können, so kann eine Nation nicht ohne die Grundlagen exi=
stieren, welche die materielle Kultur ihr schafft. Je höher, je
glänzender, je reicher sich letztere entwickelt, je größeren Ertrag
sie bietet, desto mehr ist das Volk auch befähigt, die Geistes=
kultur zu pflegen. Die Ansprüche, welche das heutige Leben
an die Menschen stellt, sind so riesige, daß ihre Befrie=
digung einen sehr bedeutenden materiellen und finan=
ziellen Aufwand bedingt. Die Geistes= und Körperkräfte der
Menschheit werden daher gegenwärtig auf das äußerste ange=

spannt, hauptsächlich, um diese materielle Grundlage des Lebens
zu schaffen.

Das Streben nach Wohlleben, nach Reichtum, nach Luxus,
nach Freiheit der Bewegung, nach Genüssen und Bequemlichkeit
aller Art beherrscht alle Welt in mehr oder minder hohem
Grade. Es ist keineswegs beschränkt auf die höchsten und
reichsten Gesellschaftsklassen, welche im stande sind, ihm zu fröhnen,
sondern es übt seinen Einfluß und seine Herrschaft aus bis in
die niedersten Schichten der Bevölkerung, die den höheren
nachzuleben suchen, so weit und so gut wie es geht. Es ist
eine bekannte Thatsache, daß ein sehr großer Prozentsatz der
Bevölkerung der Kulturländer über seine Verhältnisse hinaus
lebt, daß infolge dessen alle Kräfte über Gebühr angestrengt
und aufgerieben werden, woraus sich zahllose moderne Krank=
heitserscheinungen ergeben.

Ein beträchtlicher Teil der Menschheit hat überhaupt kein
anderes Interesse als zu genießen, sich zu vergnügen. Das
Denken und Sinnen großer Bevölkerungskreise ist daher auf
die Steigerung der Genußfähigkeit, auf die Entdeckung der
raffiniertesten Reize und Genußmittel gerichtet. Ob darüber
die Geistes= und Körperkräfte schwinden, ob die heranwachsenden
und kommenden Geschlechter darunter leiden, das ist gleich,
wenn nur die Genußsucht befriedigt wird.

Wir klagen über die Zuspitzung der sozialen Fragen; wir
verurteilen auf das schärfste zahllose neue Erscheinungen des
politischen, wirtschaftlichen und sozialen Lebens; wir fürchten
uns in unserer Existenz bedroht durch das Entstehen und
Wuchern sehr bedenklicher Auswüchse am Baume des modernen
Kulturlebens; wir sind besorgt um die Sicherheit der bestehenden
politischen Institutionen — und wir machen uns meist nicht
klar, daß alle diese Störer unsrer Ruhe die natürlichen Er=
zeugnisse der allgemein herrschend gewordenen Lebensverhältnisse

und unfrer heutigen Kultur find. Wir bemerken es nicht, daß die Kluft zwischen den überwiegend produzierenden oder arbeitenden und den überwiegend genießenden oder verzehrenden Klassen, zwischen Arbeit und Kapital, zwischen den Armen und den Reichen, zwischen den verschiedenen Bevölkerungsklassen und den Ständen immer größer, immer schwerer zu überbrücken wird, daß ein Kastengeist sich geltend macht, der zwar in seinen äußeren Erscheinungsformen, nicht aber in seinem innersten Wesen so sehr von dem der Inder und andrer alten Kulturvölker verschieden ist. Wir sehen dies alles nicht, weil wir selbst mitten in dieser Entwickelung und unter dem Bann der sie bedingenden Motoren und Faktoren modernen Lebens stehen, weil wir selbst mehr oder minder kräftig an ihr mitarbeiten.

Die Einfachheit des Lebens früherer Zeiten ist dahin; die Zufriedenheit mit dem, was zur Existenz erforderlich, ist geschwunden und die Bescheidenheit der Lebensansprüche unserer Vorfahren erscheint uns heute unbegreiflich. Kein besserer großstädtischer Arbeiter würde sich jetzt mit dem Einkommen begnügen, welches zu Anfang dieses Jahrhunderts ausreichte, um ganze Familien der mittleren Gesellschaftsklassen zu erhalten. Eine Geldsumme, die früher als ein schätzbares Vermögen betrachtet worden wäre, wird heute leichten Herzens für ein Rennpferd, für ein glänzendes Gastmahl, für irgend eine Laune hingegeben. Und dann wundern wir uns, wenn die Sozialdemokratie um sich greift, wenn in den politisch freiesten Ländern, wie in den Vereinigten Staaten der Anarchismus sein Haupt erhebt, wenn der russische Nihilismus für das Zarenreich die Einführung eines politischen Systems erstrebt, wie es die übrigen Kulturvölker Europas seit lange besitzen.

Die beunruhigenden Auswüchse unseres modernen politischen und sozialen Lebens erweisen sich bei näherer Untersuchung als

Erscheinungen, die durch die naturgemäße Entwickelung der Verhältnisse bedingt und nicht durch den Willen einzelner künstlich erzeugt sind, mit denen daher ebenso gerechnet werden muß, wie mit andern Naturerscheinungen und natürlichen Entwickelungsprodukten. So war es aber auch überall und zu allen Zeiten. Ein vergleichender Blick in die Kulturgeschichte der Menschheit würde dies leicht erweisen. Die lebensvollen kräftigen, wirklich bedeutenden, die Kulturentwickelung gestaltenden, fördernden wie schädigenden Strömungen, Faktoren und Erscheinungen wurden stets durch die herrschenden Kulturverhältnisse selbst erzeugt. Für die Vereinigten Staaten wird sich denn auch ergeben, daß alle Schäden, die ihrer heutigen Kultur anhaften, ihre natürlichen Ursachen haben.

Unsere Zeit ist im höchsten Grade materiell. Das Geld spielt heute eine größere Rolle als in irgend welchen früheren Lebensperioden der Menschheit. Es ist eine Großmacht, deren Bedeutung jeder anerkennt. Wer es in Fülle besitzt, kann sich alles gewähren, was er begehrt; der Besitz steigert aber erfahrungsmäßig auch den Wunsch zu seiner Vergrößerung bis ins Unermeßliche. Wer es nicht hat, wird von Unzufriedenheit und von dem Streben erfüllt, es zu erwerben, und er bietet alle seine Kräfte zu diesem Zwecke auf. Der Idealismus wird dadurch immer mehr verdrängt. Die höheren Interessen weichen den niedrigeren. Die materielle Kultur tritt in den Vordergrund und sucht sich der herrschenden Zeit- und Geistesströmung anzupassen, um sich zu immer größeren Erfolgen zu erheben.

Daß die geistigen und künstlerischen Bestrebungen als Zweck an sich, aus reinem Idealismus und nicht in mehr oder minder hohem Grade, zur Erzielung materieller Vorteile, zum Gewinn von Geld verfolgt werden, dürfte im allgemeinen nur noch bei jugendlichen Individuen vorkommen, die entweder noch nicht

für sich und andere zu sorgen haben oder, von ihrer Begeisterung
fortgerissen, noch keine Schätzung für die Schwierigkeiten des
realen Lebens haben, die noch von der Hoffnung beseelt sind und
die Überzeugung hegen, Großes leisten, die Menschheit bessern,
ihre idealen Ziele erreichen zu können. Beginnt aber erst der
ernste Kampf ums Dasein, so ändern sich doch meist sehr bald
die Anschauungen. Selbst die begeistertsten Vertreter des
Idealismus erfahren dann, daß derselbe sich den herrschenden
Geschmacksrichtungen und Strömungen anpassen muß. Der
Dichter, der Maler, der Bildhauer, der Musiker wollen und
müssen leben, und um für sich und die Ihrigen die nötigen
Existenzmittel zu gewinnen, können sie nur in ganz seltenen
Ausnahmefällen — aus eigner Kraft — ihren eigentlichen sie
beseelenden Idealen nachstreben. Wenigen nur, sehr wenigen
außergewöhnlich hoch begabten Künstlern, Dichtern und Wissen=
schaftern ist es vergönnt, ihrer Zeit den Stempel ihrer eignen
geistigen Individualität aufzudrücken. Erst wenn sie durch
Anpassung an die praktischen Grundsätze des Erwerbslebens
zu völliger materieller Unabhängigkeit gelangt sind, können sie
gewöhnlich wieder und zwar meist in einer Zeit, in der die
Jugendfrische und die dieser Lebensperiode eigne geistige
Elastizität häufig schon geschwunden sind, zu den idealen Be=
strebungen zurückkehren, von denen sie einst in ihrer frühesten
Entwickelungsperiode beseelt waren. Wie wenigen aber ist das
vergönnt! Wir brauchen nur in alle Zweige der heutigen
geistigen Kultur der Menschheit einen flüchtigen Blick zu werfen,
um uns rasch zu überzeugen, daß auch die Künste, die Litteratur,
die Wissenschaften im allgemeinen dem goldnen Kalbe dienen.

Die Bevölkerung der Vereinigten Staaten hat sich dieser
modernen Geistesströmung nicht entziehen können. Ja, sie hat
vielmehr sehr bedeutend zu der Kräftigung derselben durch ihre
eigne Kulturentwickelung beigetragen. Die Schäden wie die

Vorzüge unserer heutigen Kultur treten denn auch nirgends deutlicher in die Erscheinung als in der großen Bundesrepublik jenseits des Wassers.

„The allmighty dollar" herrscht dort unumschränkt. Die materielle Kultur überwuchert bei weitem die geistige, und was auch für Anstrengungen gemacht werden, die letztere zu hoher Entfaltung zu bringen, so ist der Erfolg dieser Bemühungen vorerst doch noch ein im Vergleich zu den staunenerregenden Ergebnissen der materiellen Kultur sehr geringfügiger, denn nirgends ist die materielle Richtung des Zeitgeistes ausgeprägter als dort.

Freilich dürfen wir nicht ungerecht sein und nicht den un= ermüdlichen Eifer geringschätzen, mit dem in den Vereinigten Staaten auch auf allen Gebieten der Geisteskultur gearbeitet wird. Die Musiker, die Maler, die Schriftsteller und die Gelehrten betreiben ihre Studien mit derselben Energie, die der Kaufmann, der Gewerbtreibende, der Techniker in der Verfolgung ihrer Ziele bekunden. Wo uns aber auch der Idealismus in den Vereinigten Staaten begegnen mag, bei näherer Prüfung finden wir doch immer, daß ihm ein starker realistischer Zug anhaftet. Schließlich ist es der materielle Erfolg in irgend einer Form und Gestalt, der die Förderer der Geisteskultur zu einer Thätigkeit antreibt, die in zahllosen Fällen ihren physischen frühzeitigen Verfall nach sich zieht. Der Ehrgeiz, die Sucht sich durch bedeutende Leistungen aus= zuzeichnen, die wir bei den Trägern der Künste namentlich in Amerika so häufig und zwar in höchster Potenz vorfinden, dienen im Grunde auch nur dem Erfolge.

Wo aber das ideale Streben wirklich ganz frei von allen materiellen Zwecken zu sein scheint, da ist es getragen durch entsprechenden Reichtum, der dem Individuum die Möglichkeit bietet, sich seinen idealen Aufgaben vollständig zu widmen.

Wenn die Europäer aber hierüber die Nase rümpfen, so befinden sie sich in einer Selbsttäuschung, denn in den europäischen Kulturländern ist zur Zeit durchweg das Gleiche zu bemerken — nur der Grad des Materialismus ist verschieden. Bei dem einen Volke tritt er mehr, bei dem andern weniger stark hervor. Leben wollen alle Völker und um dies zu können, müssen sie riesige Summen aufbringen, ob dies durch Ackerbau, Viehzucht, Industrie und Handel oder ob es durch die Pflege der Künste, der Dichtung, der Wissenschaft geschieht, ist im Grunde gleich. Die Anforderungen sind, wie die Budgets aller Kulturvölker bezeugen, heute so enorme, daß nur die Materialisierung aller Dinge, die äußerste finanzielle und wirtschaftliche Ausbeutung jedes einzigen Zweiges menschlicher Thätigkeit im stande sind, diesen noch stetig wachsenden Ansprüchen zu genügen. Großes privates und nationales Vermögen wird in der alten Welt so ziemlich ebenso und mit denselben Mitteln erworben wie in der neuen: durch anstrengendste Arbeit und praktische Verwertung aller Kräfte, oder durch Spekulation und Handel, wobei der Grad der Schlauheit in zahllosen Fällen bestimmend für den Erfolg ist.

So ist es im großen wie im kleinen. Das Leben der Völker ist im Grunde doch immer nur die Summe der Lebenserscheinungen der einzelnen Individuen, der Familien, der kleineren oder größeren Körperschaften. Wenn in den Vereinigten Staaten das Geschäft mehr als irgendwo sonst in den Vordergrund tritt, der allmächtige Dollar der unumschränkte Herrscher ist, wenn auch der freieste Bürger dort sich der Allmacht dieses Despoten weniger entziehen kann, als die meisten Europäer — so liegt das daran, daß die Lebensführung drüben eine noch viel kostspieligere ist als in Europa, weil die Existenzbedingungen, trotz des riesigen Nationalvermögens oder vielleicht richtiger wegen desselben, sehr viel schwierigere geworden sind als hier.

Denn, wer viel hat, macht größere Ansprüche an das Leben, als derjenige, welcher wenig besitzt; er braucht mehr als der Ärmere; er kümmert sich weniger um Kleinigkeiten, ist weniger sparsam, bedenkt weniger seine Ausgaben und sein Leben wird teurer.

Welcher Art sind denn nun aber die materiellen Grund= lagen des nationalen Lebens der Bevölkerung der Vereinigten Staaten?

Die Verhältnisse haben sich heute allerdings gegen früher wesentlich verändert, aber die Fundamente des Gebäudes sind doch dieselben geblieben. Wie riesig auch die Industrie in den Vereinigten Staaten entwickelt ist, was für enorme Summen auch der Handel in Umlauf setzt — die eigentlichen Grundlagen des Erwerbs bildeten immer noch die Erzeugung und Ausbeutung der Rohprodukte, die eben auch die Entfaltung der Industrie ermöglicht haben.

Wie verächtlich die unermeßlich reichen Fabrikbesitzer, Handels= herren, Eisenbahnkönige und Techniker, die Millionen der Kopf= arbeiter und Städtebewohner auf sie herabblicken mögen — Axt, Hacke und Pflug sind doch immer noch die wichtigsten Geräte, welche nach wie vor den Wohlstand der Vereinigten Staaten sichern, der Fortentwickelung der materiellen Kultur dienen.

Die Bodenkultur bildete das Erwerbsmittel der ersten Kolonisten, welche sich in Nordamerika niederließen. Sie nahm aber von vornherein in Gemäßheit mit den völlig verschieden= artigen klimatischen und Bodenverhältnissen der räumlich weit von einander getrennten ältesten Ansiedelungen in Virginien und in Massachusetts Formen· an, die von einander wesentlich abwichen, die aber bestimmend werden sollten für die gesamten kulturellen Verhältnisse des Nordens und des Südens. Der Boden mußte hier wie dort erst mühsam für den Ackerbau vorbereitet werden, denn er war großenteils mit Urwald bedeckt, der zwar schätzenswertes Bauholz bot, aber seine wirtschaftliche Ausbeutung doch ungemein erschwerte. Das furchtbar rauhe Klima der nördlichen Niederlassungen stellte an die Arbeitskraft der strenggläubigen puritanischen Pilgerväter, welche dort Zuflucht gesucht hatten, die größten Anforderungen. Das dem Urwalde abgerungene Land wurde in solche Bauerngüter geteilt, wie sie das einzelne Individuum unter Beihilfe seiner Familienglieder zu bestellen im stande war. Völlige Gleichheit herrschte unter den Ansiedlern, und da die Entstehung eines Dienstverhältnisses unter den Kolonisten dadurch ausgeschlossen, da jeder nur auf seine eigne Kraft angewiesen war, so entstand in den Neuenglandkolonieen der kleine Farmbetrieb, der sich im allgemeinen in den nordöstlichen Staaten bis auf den heutigen Tag erhalten hat, wenngleich die vervollkommneten Ackerbaugerätschaften immerhin beträchtliche Veränderungen bezüglich der Durchschnittsgröße der Bauerngüter bedingt haben.

Im Süden, in Virginien und den übrigen Kolonieen, welche dort im Laufe der Zeit entstanden, war die erschlaffend wirkende Hitze nicht geeignet, die Thatkraft der Ansiedler anzuregen. Letztere bestanden dort auch aus ganz andern Elementen, als diejenigen waren, welche sich in den Neuenglandkolonieen niederließen. Es waren großenteils Abenteurer, heruntergekommene Kaufleute und Adlige, politische Flüchtlinge und Verbrecher, die sich überwiegend nach Virginien wandten, das lange Zeit als Deportationsort für englische Sträflinge galt. Nicht um zu arbeiten, sondern in der Hoffnung, in Nordamerika ein ebensolches Eldorado zu entdecken, wie die Spanier es im mittleren und im südlichen Teil jenes Kontinents gefunden hatten, waren die meisten Männer hinübergegangen, welche sich in Virginien niederließen. Der Boden schien für den Bau europäischer Getreidearten, die im Norden vortrefflich gediehen, auch nicht vorteilhaft, während Mais, Kartoffeln und namentlich Tabak dort sehr gut fortkamen. Mit Freude begrüßten die arbeitsscheuen virginischen Ansiedler unter den gegebenen örtlichen Verhältnissen das Erscheinen des ersten holländischen Sklavenschiffes, und die Masseneinfuhr von Negern gestattete den wenig zahlreichen weißen Kolonisten die Aus= bildung des Plantagenbetriebes, der im Gegensatz zu dem kleinen Farmenwesen der Nordländer für alle im Süden nach und nach entstandenen Kolonieen und Staaten bestimmend ge= worden ist. Der Bau von Mais und Tabak, wozu später Baumwolle und Zuckerrohr kamen, erwies sich nur vorteilhaft, wenn er in möglichst großem Maßstabe erfolgte; an Grund und Boden fehlte es nicht, und in dem Grade, wie diese Kolo= nieen erblühten, wuchs die Einwanderung dorthin. Nachdem die englische Krone diese überseeischen reichen Ertrag liefernden Besitzungen ihren Höflingen für längere Zeit zum Lehen, das heißt zur Ausbeutung überwiesen hatte, erfolgte ein starker Zuzug von andern geldbedürftigen Aristokraten, von Kapita= listen und Spekulanten, die sich dort leicht großen Länderbesitz zu erwerben wußten und inmitten der für sie arbeitenden Sklavenscharen ein glänzendes, oftmals fürstliches Leben führten.

Diese zwiefache Bodenkultur ist also entscheidend für die Ackerbauverhältnisse der Vereinigten Staaten geworden. Sie hat ihre Doppelnatur bis jetzt bewahrt, wenngleich sie seit dem Sezessionskriege der sechziger Jahre und der Aufhebung der Sklaverei wichtige Veränderungen durchgemacht hat. Die Art ihrer Entwickelung können wir gegenwärtig noch in allen ihren Stadien innerhalb des ungeheuren Gebietes der Ver= einigten Staaten beobachten, obgleich die urwüchsige Bestellungs= weise des Bodens, wie sie bis in die Mitte dieses Jahrhunderts herrschend war, heute nur noch in den entlegensten Teilen der erst neuerdings der Kultur erschlossenen Gegenden und auch da ausnahmsweise zu finden ist.

Als die Besiedelung Amerikas begann, da mußte das Land seinen eigentlichen Besitzern, den Indianern, auf irgend welche Weise abgenommen werden, entweder durch Kauf und auf gütlichem Wege — wenngleich die armen Eingebornen dabei auf das schmählichste übervorteilt wurden — oder mit Gewalt. Jedenfalls war die Besitzergreifung des gesamten Areals der Vereinigten Staaten für die weißen Einwanderer mit verhält= nismäßig geringen Schwierigkeiten verbunden, und bis vor wenigen Jahrzehnten war in den unermeßlichen, so gut wie herrenlosen Gebieten des Westens die Erwerbung von Land zum Anbau ohne große Geldmittel, oft durch die bloße that= sächliche Besetzung desselben zu erreichen. Jetzt ist das anders geworden. Obgleich durch das Heimstättengesetz die Ansiedelung in bisher unbebauten Gegenden selbst dem mittellosen Ein= wanderer noch ermöglicht wird, so ist doch im wörtlichen Sinne herrenloses Land nicht mehr vorhanden. Die nicht in Kultur genommenen bebauungsfähigen Ländergebiete gehören teils der Union, teils den betreffenden Staaten und Territorien, teils den großen Eisenbahngesellschaften und werden an die Bewerber entweder direkt oder durch die Zwischenhändler ver= kauft, welche zum Zwecke der Spekulation große Strecken Landes an sich gebracht haben.

Langt der Ansiedler auf der neuen Heimstätte an, die er käuflich in barem Gelde oder auf Kredit und Abzahlung er= worben hat, so gilt es zunächst, einen Wohnraum herzustellen, der ihm Schutz gegen Wind und Wetter gewährt. Liegt sein Acker in der Prärie, so gräbt er an der geeignetsten Stelle ein Loch, das mit Zweigen, Stangen, Tüchern oder was sonst vorhanden, abgedeckt wird und vorläufig zum Aufenthalt dienen muß. Dann wird das Gras abgebrannt und nun kann die

Arbeit des Pflügens beginnen. Schwieriger ist die Sache,
wenn das erworbene Feld im Busch liegt. Dort wird an ge=
schützter Stelle für den ersten Augenblick ein Zelt oder eine
Bude errichtet. Ist die Nachbarschaft besiedelt, so werden die
Anwohner aufgefordert, hilfreiche Hand zu bieten, um ein
Blockhaus zu bauen. Ist die Gegend menschenleer, so bleibt
dem Farmer nichts übrig, als dies selbst zu thun. Das Unter=
holz wird dann gefällt, die alten Bäume aber abgebrannt oder
durch Anhauen zum Absterben gebracht. Gewährt eine nahe
Eisenbahn oder ein schiffbares Gewässer die Möglichkeit der
Verwertung des Holzes, so wird dieser Vorteil natürlich aus=
genutzt, wo aber Kommunikationsmittel fehlen, da bleibt dem
Kolonisten nichts übrig, als den Wald auf seinem Grund und
Boden zu vernichten.

Dieser Raubbau war in früherer Zeit herrschend, und es
ist auf solche Weise nicht nur ein unermeßliches Kapital nutzlos
vergeudet, sondern das Land auch entwaldet worden, was einen
empfindlichen, schädigenden Einfluß auf dasselbe ausgeübt und
atmosphärische Veränderungen herbeigeführt hat. Wo die riesigen
Waldbestände und bequeme Verkehrswege die Anlegung von
Schneidemühlen rentabel machten, sind dieselben geschaffen
worden und der Holzhandel hat im Laufe der Zeit außer=
ordentliche Ausdehnung genommen, spielt heute eine sehr be=
deutende Rolle in den Vereinigten Staaten.

Der urbar gemachte Boden, mochte dieser im Süden oder
im Norden, in der Prärie oder im Urwald liegen, wurde von
seinen Besitzern auf das ergiebigste, aber so rücksichtslos aus=
gebeutet, daß seine Fruchtbarkeit in nicht zu langer Zeit er=
schöpft war. Denn früher dachte man nicht daran, der Natur
durch Düngung oder durch Wechsel in der Bestellung nachzu=
helfen. War der Boden vollständig ausgenutzt, erwies sich
seine Frucht als nicht mehr befriedigend, so gab man ihn ein=

fach auf und siedelte sich an anderem Orte an, denn das
Hasten nach möglichst großem Reichtum in denkbar kürzester
Zeit schloß die Verwendung großer Mühe auf eine sorgfältige
Bebauung aus, und es war bequemer, jungfräulichen Boden zu
roden und in Kultur zu nehmen. Das ging, solange das
bebauungsfähige Land noch unermeßlich schien. Jetzt machen
sich dagegen die Folgen dieses Systems bereits sehr bemerkbar,
denn da wo der Acker seine Fruchtbarkeit eingebüßt hat, ver=
schlechtert sich natürlich die Qualität seiner Erzeugnisse, und
die Landleute haben darunter zu leiden. Es bleibt ihnen da=
her nichts andres übrig, als der Bestellung ihrer Felder größere
Sorgfalt zuzuwenden und sie nach europäischer Art zu betreiben.
Dies ist ganz besonders in den dicht bevölkerten und seit bei=
nahe dreihundert Jahren bewohnten östlichen und nordöstlichen
Teilen der Union geboten und geschieht dort auch mit gutem
Erfolge. Die besten Ackerbaumaschinen und Geräte werden
dort verwendet, Düngemittel werden neuerdings in großen Massen
aus Europa bezogen und benutzt, um den erschöpften Boden
wieder ertragsfähiger zu machen, und die Lehren der modernen
Wissenschaft werden dort praktisch verwertet.

In den jüngern erst seit wenigen Jahren und Jahrzehnten
in Kultur genommenen Ackerbaudistrikten des Westens wird
zwar das alte Raubbausystem beibehalten und der Boden nach
alter Art ausgebeutet, aber doch unter Benutzung der neuesten
Maschinen, weil die menschliche Arbeitskraft viel zu teuer zu
stehen kommen und die Möglichkeit der Konkurrenz der unge=
heuren Massen der dortigen Produkte auf dem Weltmarkt aus=
schließen würde. Und da der materielle Gewinn des Acker=
baues in Gemäßheit mit dem Umfang des Betriebes wächst,
so hat sich im Westen auch der Großgrundbesitz auf Kosten
des kleinen bäurischen Farmwesens breit gemacht und ist im
Begriffe, dies mehr und mehr zu thun. In Dakota, Montana,

Minnesota und Kalifornien sind Riesenfarmen entstanden, die eine Größe von Hunderttausenden von Morgen umfassen und auf denen meist nur eine einzige Getreidegattung gebaut wird. Die Art der Bestellung dieser ausgedehnten Felder ist sehr einfach. Die vorzüglichsten mit Dampf betriebenen Maschinen werden dort natürlich verwendet, um die erforderlichen Arbeiten zu verrichten. In der Säezeit und für die Ernte werden die Massen Arbeiter engagiert, welche nötig sind, um diese Maschinen zu bedienen und ihre Thätigkeit soweit es sein muß zu ergänzen. Das Getreide wird dann unmittelbar von dem Felde weg mittels Eisenbahn oder zu Schiff an die großen Märkte des In= und Auslandes überführt, und sobald das geschehen, werden alle für die Dauer der Ernte in Dienst genommenen Individuen entlassen, die Pferde und Maultiere in Freiheit gesetzt, und nur ein oder zwei Intendanten bleiben auf der Farm zurück, um darüber zu wachen, daß während der langen Monate bis zur Wiederaufnahme der Landarbeit die daselbst aufbewahrten Ackergeräte nicht gestohlen und die für die Beherbergung der in der Saat= und Erntezeit engagierten Arbeiter errichteten Wirtschaftsgebäude nicht beschädigt werden. Die großen Dampfmaschinen sind selten das Eigentum der Gutsbesitzer, sondern werden von diesen für die Dauer der Feldarbeiten von den Gesellschaften gemietet, welche aus diesem Verleihen ein sehr einträgliches Geschäft machen.

Zeigt sich im Westen die Neigung zur Entwickelung des Latifundienwesens, so bemerken wir im Süden neuerdings eine andere entgegengesetzte Erscheinung. Dort war bis zu dem Sezessionskriege der Plantagenbetrieb fast ausschließlich eingeführt, und manche der dortigen Baumwollen=, Mais=, Zucker= und Tabakpflanzungen hatten die Ausdehnung großer europäischer Fürstentümer. Die Aufhebung der Sklaverei, welche ja die Voraussetzung für diesen großen Betrieb war, brachte

tiefgreifende Veränderungen mit sich. Viele der unermeßlich
reichen Pflanzer verarmten vollständig und waren außer
stande, ihre betreffenden Kulturen in einem auch nur annähernd
so großem Maßstabe wie früher zu betreiben; denn, wenn der
Besitz von Hunderten und Tausenden von Sklaven auch ein
sehr bedeutendes Kapital repräsentiert hatte, so war doch die
Erhaltung derselben vergleichsweise sehr billig gewesen. So=
bald die Schwarzen nun aufhörten, das Eigentum ihrer Herren
zu sein und sich in freie Lohnarbeiter umwandelten, verän=
derten sich die Verhältnisse vollständig, und es war für die
meisten Pflanzer unmöglich, bei der Steigerung der Arbeits=
preise so billig zu produzieren, wie es notwendig war, um mit
ihren Erzeugnissen auf dem Markte zu konkurrieren und neben=
bei so viel zu verdienen, wie zur Erhaltung eines glänzenden
aristokratischen Hausstandes erforderlich war. Die Plantagen
mußten daher zunächst in mehr oder minder großen Parzellen
verpachtet und dann infolge des wachsenden Notstandes vieler
der früheren Pflanzer stückweise verkauft werden. Der Groß=
grundbesitz wich daher allmählich dem kleinen Farmenwesen,
die früheren Sklaven und Pächter sind zum Teil zu Eigen=
tümern der Ländereien geworden, auf denen sie vor nicht langer
Zeit unter Peitschenschlägen zur Arbeit angehalten wurden.

Obgleich die Bodenkultur gegenwärtig in allen Teilen der
Vereinigten Staaten einen außerordentlich hohen Grad der
Entwickelung erreicht hat und in stetigem Wachstum begriffen
ist, leidet dieselbe, und zwar besonders der Getreidebau, unter
nicht zu verkennenden Schäden. Die Produktion ist so riesig
geworden, daß die Erzeugnisse des Ackerbaues viel von ihrem
früheren Wert verloren haben und im Preise sehr heruntergegangen
sind. Die Erwerbsverhältnisse sind sehr viel schwierigere, die
Erträgnisse geringere geworden, daneben ist der Bodenwert in
allen Teilen der Union erheblich gestiegen, zum Teil sogar um

Hunderte von Prozenten. Namentlich haben unter diesen Um=
ständen die kleinen Grundbesitzer und die Bauern mit großen
Schwierigkeiten zu kämpfen, um einerseits ihre Erzeugnisse
günstig zu verwerten und anderseits den gesteigerten Lebens=
anforderungen ihrer Familien zu genügen. Für den Farmer
sind die günstigen Zeiten vorbei und die Erwartung der zahl=
losen nach dem Westen gehenden Einwanderer, rasch große
Kapitalien zu erwerben, wird gewöhnlich sehr empfindlich ge=
täuscht. Gutes, frisches Land, das an bequemen Verkehrs=
wegen gelegen, ist verhältnismäßig teuer, älteres dagegen so
ausgebeutet, daß es nur unter sorgfältigster Pflege, schwerer
Arbeit und bedeutendem Geldaufwand wieder ertragsfähig ge=
macht wird. Die Gutsbesitzer und Bauern sind daher sehr
oft gezwungen, die Hilfe der Kapitalisten in Anspruch zu
nehmen, und während man früher in Amerika das Hypotheken=
wesen fast gar nicht kannte, gewinnt es jetzt täglich mehr Boden.
Kreditgesellschaften suchen dem wachsenden Bedürfnis nach Geld
abzuhelfen und ziehen daraus sehr großen Gewinn. Der kleine
Grundbesitz ist daher nachgerade stark belastet, auch der große
Betrieb ist meist nur unter Inanspruchnahme des Kredits mög=
lich, und das Schuldenmachen, welches durch die Kapitalisten
sehr erleichtert wird, hat dort in zahlreichen Fällen dieselben
Wirkungen wie anderswo, es führt viele und gewöhnlich die
rechtschaffensten und strebsamsten Gutsbesitzer ins Verderben.
Treten vollends Mißernten ein, so erzeugen dieselben jetzt ge=
wöhnlich empfindliche Katastrophen unter den verschuldeten
Landleuten.

Die Notwendigkeit sorgfältigsten Betriebes des Ackerbaues
tritt daher immer deutlicher zu Tage, die Anforderungen an
die Arbeitskraft der Farmer steigern sich unaufhörlich, der Er=
trag wird immer geringer und nur der im größten Maßstabe
eingerichtete Betrieb des Ackerbaues in den jungfräulichen

Distrikten der neuen Staaten und Territorien wirft noch rie=
sigen Gewinn ab, aber er bedingt den Besitz von großen
Reichtümern und wird mit diesem Erfolge auch nur so lange
fortgesetzt werden, bis die betreffenden Ländereien unter dem
System rücksichtslosen Raubbaues völlig erschöpft sein werden.

Eine andere Folge der ungünstigen Verhältnisse, welche
sich auf dem Gebiete der Bodenkultur bemerkbar machen, ist
die Einbeziehung von Viehzucht und Milchwirtschaft, Garten=
bau, Gemüsebau und Obstkultur in den Farmbetrieb, ferner
die Ausbildung von Spezialitätenkulturen. Handelspflanzen,
Obst, Blumen und andere Erzeugnisse der Bodenkultur werden
in ihren einzelnen Gattungen, für welche gerade großer Be=
darf vorhanden ist, auf ausgedehnten Farmen in solchem Maß=
stabe produziert, daß die Besitzer solcher Pflanzungen mit ihren
Erzeugnissen oft den ganzen Bedarf an ihren Spezialartikeln
allein decken. So werden neuerdings auch die Beerenfrüchte
des Waldes, wie Preißelbeeren, Blaubeeren, ebenso wie Erd=
beeren, Himbeeren und alle Arten Strauchobst für sich auf
meilenweiten Feldern mit bestem Erfolge und großem Gewinn
gezogen. In gleicher Weise aber bilden sich überhaupt auf
allen Gebieten der modernen Landwirtschaft Spezialisten aus,
die gewöhnlich sehr gute Geschäfte machen, weil sie bei ihrer
Massenproduktion in der Lage sind, ihre Erzeugnisse billig ab=
zugeben. Allerdings müssen auch sie sich tüchtig rühren und
keine Mittel scheuen, um durch Erzielung vorzüglicher Qualität
ihren Produkten den nötigen Absatz zu sichern.

Trotz des Aufschwunges, den Handel und Industrie in
neuerer Zeit genommen haben, bilden die Landwirte in den
Vereinigten Staaten den noch weitaus größten Bestandteil der
arbeitenden Bevölkerung und haben durch Gründung der
Ackerbaupartei auch Einfluß auf die politische Entwickelung
des Landes erlangt. Die städtische und gewerbtreibende Be=

völkerung schließt sich freilich immer mehr von der ackerbau=
treibenden ab, blickt auf sie mit einer gewissen Geringschätzung,
und auch die Söhne und Töchter der Farmer werden mehr
und mehr von dieser Abneigung gegen die Thätigkeit ihrer
Eltern erfaßt und wenden sich andern Erwerbszweigen zu, welche
ihnen den Aufenthalt in den Städten ermöglichen. Was sie
dorthin zieht, ist leicht zu erkennen: Genußsucht, der Wunsch,
sich zu vergnügen. Den Farmern wird es denn auch immer
schwerer, sich zu verheiraten, weil die Landmädchen es vor=
ziehen, sich mit Städtern zu verbinden, die Stadtmädchen aber
das fröhliche Leben der Städte nicht mit dem einsamen, arbeits=
reichen und monotonen des Landes vertauschen wollen. Wenn
trotzdem eine Verminderung der Landbevölkerung bis jetzt noch
nicht zu bemerken ist, dieselbe vielmehr sogar im Wachstum
begriffen scheint, so ist die Erklärung hierfür die Überfüllung der
Städte mit Arbeitskräften, die, wenn sie dort infolge des stetig
schwieriger werdenden Kampfes ums Dasein nicht länger existieren
können, sich gezwungen sehen, ihre Zuflucht auf dem Lande zu
suchen und sich der Ackerbauthätigkeit zuzuwenden.

Der Schwerpunkt der nationalen Arbeit liegt überdies nach
wie vor auf dem Gebiete der Bodenkultur, über deren riesige
Entwickelung die Statistik genügende Auskunft gibt. Obgleich
bis jetzt nur ungefähr fünfzehn Prozent des Areals der Ver=
einigten Staaten in Kultur genommen sind, wird auf diesen
Ländereien doch über dreißig Prozent des auf der ganzen Erde
erzeugten Getreides gewonnen. Die jährliche Produktion des=
selben übertrifft bei weitem die irgend eines andern Landes
und ist etwa doppelt so groß, wie diejenige von Österreich=
Ungarn. Das in der Landwirtschaft angelegte Betriebskapital
beläuft sich auf ungefähr 50 Milliarden Mark.

Den weitaus größten Ertrag liefert die Baumwollenkultur,
welche mit ihren Rohprodukten den Weltmarkt vollständig be=

herrscht. Demnächst sind es Mais, Weizen, Hafer und Zucker, welche in ungeheuren Massen gewonnen und exportiert werden.

Die Art des Vertriebes des Getreides ist, der ganzen Geschäftspraktik der Yankees entsprechend, großartig. Einer der Hauptstapelplätze für das Getreide des Westens und der mittleren Staaten ist jetzt Chicago und die daselbst errichteten riesigen Speicher, die Elevatoren, welche zu den bedeutendsten Sehenswürdigkeiten der Stadt gehören, geben die beste Vorstellung von der Entwickelung des Getreidehandels und der Vorzüglichkeit der Einrichtungen, welche die Bewältigung desselben unter geringstem Aufwand an Zeit und Kraft ermöglichen.

Diese Elevatoren, deren es in Chicago 28 gibt, von denen jeder Getreidemassen bis zu einer Million Zentner zu fassen im stande ist, zeichnen sich freilich nicht durch äußere Schönheit aus, auf die der Amerikaner ja überhaupt nicht bei Bauten achtet, welche praktischen Zwecken dienen sollen. Es sind Riesengebäude von 50 bis 60 Meter Höhe und sie ziehen sich längs des Hafens hin, so daß die Handelsschiffe unmittelbar bis an ihre Mauern heranfahren können. Auf der Landseite laufen an ihnen zahlreiche Schienenstränge entlang, welche die unmittelbare Überführung der Getreidezüge aus allen Teilen der Union bis zu ihnen hin ermöglichen. Der Inhalt der Eisenbahnwagen wird durch eine einfache Vorrichtung in große unter den Schienen hergestellte Behälter entleert, um dann von dort aus mittels der Schöpfeimer, welche an rotierenden Treibriemen angebracht sind, in das oberste Stockwerk eines Elevators gehoben zu werden. Durch ein zweckentsprechendes Röhren- und Rinnensystem werden die Getreidemassen von dort aus je nach ihrer Gattung und Bestimmung, nachdem sie unterwegs gewogen sind, über die zahllosen Behälter verteilt, welche sich in dem zehn- oder mehrstöckigen Speicher befinden, und zwar haben diese einzelnen Abteilungen auch eine genau berechnete Größe, so daß jedes weitere Nachwiegen und Aus= messen erspart wird. Der Eigentümer des auf solche Weise bis zu weiterem Versand dort aufgespeicherten Getreides er= hält hierüber eine genaue Bescheinigung, welche eine Ver= wechselung seiner Ware mit der irgend eines andern Händlers oder Produzenten ausschließt.

Ist an der Getreidebörse der bezügliche Handel abgeschlossen, soll die in dem Elevator untergebrachte Ware weiter versandt werden, so wird der Inhalt der betreffenden Abteilungen, welche das verkaufte Getreide enthalten, wiederum durch Röhren= und Schlauchleitungen ohne irgend welche weitere Mühe in die Eisenbahnwaggons oder die Schiffe entleert und auf solche Weise im Laufe weniger Stunden eine Arbeit verrichtet, die unter früheren Verhältnissen Dutzende von Sackträgern viel= leicht Tage lang in Anspruch genommen hätte. So wird es möglich, daß jährlich etwa fünf Millionen Tonnen, also fünf Milliarden Kilogramm Getreide die Elevatoren Chicagos passieren.

Da diese Gebäude mit Ausnahme ihrer massiven aus Stein und Ziegeln errichteten Außenmauern und einer inneren, sie der Länge nach durchschneidenden Brandmauer, nur aus Holz aufgeführt sind, so ist es natürlich nötig gewesen, sie gegen Feuersgefahr auf das nachdrücklichste zu schützen. Zu diesem Zwecke sind die Bauwerke mit mächtigen Wasserbehältern und mit Leitungen versehen, welche es ermöglichen, die etwa be= drohten Orte, oder im Notfall alle Räume, im Laufe weniger Minuten unter Wasser zu setzen. Eiserne Leitern gehen durch alle Stockwerke. Die in den Elevatoren angestellten Arbeits= kräfte werden für den Löschdienst geschult und wöchentlich ein= mal zur Probe alarmiert. Alle Einrichtungen dieser Riesen= speicher sind so vorzüglich und so praktisch, daß sie kaum der

Vervollkommnung fähig erscheinen. Dampfmaschinen bis zu 1000 Pferdekräfte versehen die Arbeit großer Menschenmassen, die sonst verwendet werden müßten und sichern eine sehr bedeutende Ersparnis an Zeit, Kraft und Kapital. Die Speicherung des Getreides in diesen Elevatoren und der Versand desselben ist daher mit verhältnismäßig sehr geringen Unkosten verbunden und für den riesig entwickelten Handel sehr vorteilhaft.

Die in so ausgedehntem Maße zuerst in Chicago verwandten Elevatoren haben schnell an allen großen Handelsplätzen der Vereinigten Staaten Eingang gefunden, besonders sind sie in beträchtlicher Zahl in den Ackerbauzentren und den wichtigsten Verkehrsmittelpunkten des Westens, so namentlich in Minnesota errichtet worden, und von ihnen aus erfolgt dann die Weiterbeförderung der von den Feldern der Nachbarschaft dorthin überführten Getreidemengen.

Das System der Elevatoren findet auch für die Speicherung anderer Waren nach und nach Verwendung.

Die Waldbestände, welche einstmals ganz unermeßlich schienen, unter der großartigen Entwickelung des Ackerbaues aber schwer gelitten haben, sind außerordentlich zusammengeschmolzen, wenngleich in den neuen nordwestlichen Staaten noch ausgedehnte Gebiete vorhanden sind, welche die Vereinigten Staaten für Jahrzehnte mit allem nötigen Holz zu versorgen im stande sein sollen. Dies ist indessen sehr zu bezweifeln, da die Ausholzung dieser waldreichen Territorien mit wachsendem Eifer betrieben wird. Die seltneren Holzarten haben infolge dieses vernichtenden Raubbaues bereits enorme Preishöhen erreicht und sind zum Teil ausgerottet.

Seit Jahrzehnten haben einsichtige Volkswirte und Politiker mit aller Energie gegen diese Verwüstung angekämpft, durch welche die Vereinigten Staaten nicht nur einer der wichtigsten natürlichen Erwerbsquellen beraubt, sondern auch sonst empfind-

lich geschädigt worden sind. Alle auf Beseitigung dieses Übel-
standes gerichteten Bestrebungen sind aber vergeblich gewesen,
weil sie der erforderlichen einheitlichen, gesetzmäßigen Unterstützung entbehrten, weil die Staatenregierungen der Unionsregierung in diesem Punkte das Einspruchsrecht versagten.

Landwirtschaft und Viehzucht erschienen bisher so ungleich
einträglicher als die Forstkultur und der Holzhandel, daß dieser
durchaus praktische Gesichtspunkt der maßgebende blieb. Wird
die stetig wachsende Produktion an landwirtschaftlichen Erzeugnissen und an Vieh erst so groß und die Preise derselben dadurch so sehr herabgedrückt werden, daß diese Zweige der
materiellen Kultur ihre Rentabilität darüber ganz einbüßen,
so wird die Forstkultur notwendigerweise in entsprechendem
Grade gefördert werden. Doch jetzt bereits macht sich die Erkenntnis der Notwendigkeit der teilweisen Beforstung des einst
von vieltausendjährigem Urwald bestandenen Landes infolge
des wachsenden Holzmangels bemerkbar, und in verschiedenen
Staaten geht man sehr thatkräftig zu Werke, um dem Übel
abzuhelfen. Man muß es jedoch nun erfahren, daß es leichter
ist, selbst den ältesten Wald und die mächtigsten Baumriesen
zu vertilgen — als auf dem inzwischen durch übermäßige
Ausbeutung gänzlich erschöpften Boden wieder nur einen
dürftigen Forst entstehen zu lassen. Der ungeduldige auf
schnelles Reichwerden bedachte Amerikaner findet bei dem langsamen Wachsen der Bäume keine Befriedigung und nicht den
erwünschten großen materiellen Erfolg.

Trotz dieser sich immer weiter verbreitenden Einsicht der
großen Nachteile der gänzlichen Vernichtung der Wälder kümmern
sich die Ansiedler im äußersten Nordwesten nicht im geringsten
um die Erfahrungsthatsachen. Ob sie den Boden nach Gold
und andern kostbaren Erzen durchwühlen, oder ob sie ihn
für den Ackerbau gewinnen wollen, in jedem Fall sind ihnen

die prächtigen Bäume jener Gegenden ein Hindernis und rücksichtslos brennen sie sie nieder, soweit ihre Ländereien nicht an den Eisenbahnen und flößbaren Flüssen gelegen sind und die Verwertung des Holzes ermöglichen — was doch nur zum allerkleinsten Teile der Fall ist.

In engstem Zusammenhange mit der Bodenkultur steht die Viehzucht, welche neben jener eine der wichtigsten und ergiebigsten Einnahmequellen und Grundlagen der materiellen Kultur der Vereinigten Staaten bildet. Sie ist im Vergleich zum Ackerbau noch sehr jung und erst seit Erschließung der westlich vom Mississippi gelegenen großen Präriengebiete und seit der Annektierung der Staaten, welche früher zu Mexiko gehörten, also seit ungefähr 40 Jahren, systematisch und mit Nachdruck betrieben worden. Großen Aufschwung aber hat sie erst unter dem Einfluß des Exports von Fleischkonserven nach dem Auslande genommen.

Der Amerikaner konnte auf diesem Gebiete der Erwerbsthätigkeit nicht seine Natur verleugnen, die auf jedem andern deutlich zu Tage tritt. Möglichst rasch große Reichtümer zu erwerben, ist das Hauptziel seines Strebens und die praktischsten, am wenigsten Zeit raubenden und menschliche Kraft in Anspruch nehmenden Maßregeln werden ersonnen und ergriffen, um den wichtigsten Lebenszweck zu erreichen.

Ursprünglich war die Viehzucht in den amerikanischen Kolonieen nur in ganz beschränktem Maße betrieben worden. Die den Menschen, sei es zur Beförderung von Lasten, sei es zur Verrichtung von Arbeiten, sei es zum Unterhalte dienenden Haustiere hatten sämtlich von Europa eingeführt werden müssen, denn das einzige für diese Zwecke etwa brauchbare Tier, welches die Einwanderer dort vorfanden, der Büffel, widerstrebte allen Versuchen der Zähmung, der Dienstbarmachung. Der Ackerbau bildete die ausschließliche Beschäftigung der Kolonisten und der kleine Viehbestand diente ihren bescheidenen Ansprüchen. Die Nahrung war eine überwiegend vegetarische und noch vor einigen Jahrzehnten war es mit der Fleischversorgung der größeren Ortschaften und Hauptstädte sehr mangelhaft bestellt, so daß es für wenig Bemittelte kaum möglich war, sich öfter als einmal in der Woche den Fleischgenuß zu gewähren. Auf dem Lande war man meist noch schlimmer daran.

Sobald die Viehzucht zum Zwecke der Herstellung von Konserven und Extrakten und unter dem Einfluß des riesigen Wachstums der Bevölkerung größere Dimensionen annahm, änderten sich die Verhältnisse mit amerikanischer Geschwindigkeit. Die Viehzucht wurde von der Landwirtschaft getrennt und für sich betrieben, natürlich dort, wo die Bedingungen dafür am günstigsten waren, wo der Boden noch so gut wie wertlos war und von selbst das Futter für die größten Herden gewährte, so daß die Besitzer nicht etwa für Wiesenkultur noch ein Betriebskapital aufzubringen hatten. Also hauptsächlich die riesigen Präriendistrikte des Mississippistromgebietes und seiner Nebenflüsse wurden von den Viehzüchtern mit Beschlag belegt. Obgleich die Geldopfer, welche letztere für die Einrichtung des Betriebes zu bringen hatten, verschwindend klein waren, so dachten sie doch nicht daran, sich etwa noch durch Beschaffung guter Zuchttiere Unkosten zu machen, sich der Mühe zu unterziehen, welche eine sorgfältige Züchtung bedingt haben würde, und der Hebung der Rassen, der Verbesserung der Qualität des Fleisches weitere Aufmerksamkeit zu schenken. Der einzige Zweck, den sie verfolgten, war: schnellste Massenproduktion, um durch diese in kürzester Zeit die denkbar größten Einnahmen zu erzielen. Obgleich in dieser Hinsicht allerdings Bewunderungswürdiges in den wenigen Jahrzehnten des Bestehens der Viehzucht geleistet

worden ist, zeichnet sich das amerikanische Vieh, namentlich
das Rindvieh, im allgemeinen keineswegs durch besonders gute
Qualität aus, vielmehr ist häufig das volle Gegenteil der Fall.
Die Gründe hiefür ergeben sich von selbst aus der Betrachtung
des Systems, das zur Anwendung gelangt ist und das ganz
genau dem des Raubbaues in dem Zweige der Bodenkultur
entspricht. Wird bei dieser der Acker ausgebeutet, bis er seine
letzte Spur von Fruchtbarkeit eingebüßt hat, und ohne durch
rationelle Behandlung hiergegen geschützt zu werden, so läßt
auch der Viehzüchter seine Riesenherden die natürlichen Weideplätze so lange abgrasen, bis diese erschöpft sind und der Gras-
wuchs unter der ewigen Bewegung, unter den Fußtritten von
Hunderttausenden von Tieren mehr oder minder vernichtet ist.
Die infolgedessen magerer werdenden Futterplätze bringen eine
mangelhafte Ernährung der Tiere mit sich und führen Ver-
schlechterung der Qualität derselben wie ihres Fleisches herbei.
Außerdem aber wird dem Vieh selbst auch nicht die nötige
Sorgfalt zu teil. Die beständigen schroffen Temperatur-
wechsel, die häufigen furchtbaren Stürme, der gelegentliche
Wassermangel und anderseits die Überschwemmungen mögen
wohl abhärtend auf die kräftigeren Tiere wirken, der Masse
derselben sind sie im allgemeinen aber, besonders bei dürftiger
Nahrung, nicht förderlich und raffen Tausende von ihnen hin.
Geschützte Koppeln, große Stallungen zu bauen, würde bei
Hunderttausenden von Tieren allerdings sehr beträchtliche
Geldopfer bedingen — von solchen aber wollen die Besitzer natürlich nichts wissen, wenngleich sie sich sagen
müßten, daß ein solcher Aufwand reichlich aufgewogen
werden würde durch Erhaltung der großen Mengen von
Tieren, welche unter den bestehenden Verhältnissen jährlich den
Unbilden des Wetters, dem Mangel an Schutz zum Opfer
fallen.

7*

Doch auch für den Winter werden seitens der meisten
großen Viehzüchter keine oder nur ganz ungenügende Schutz-
maßregeln ergriffen und selbst in Texas und Neu-Mexiko
ist der Winter häufig sehr rauh und fordert jährlich zahlreiche Opfer. Aber das kümmert die reichen Viehbarone nicht,
es kommt bei dem riesigen Bestande ihrer Herden auf einige
tausend Häupter mehr oder weniger auch gar nicht an. Das
gefallene Vieh bleibt ruhig da liegen, wo es gestürzt ist,
und mehr oder minder verweste Kadaver bezeichnen überall
deutlich dem Reisenden die großen Weideplätze.

Bei dem gänzlichen Mangel an behördlicher Kontrolle ist
es aber keineswegs ausgeschlossen, daß das infolge von Seu-
chen, welche unter solchen Umständen immer eine große Ernte
halten, gefallene Vieh auf den Markt gebracht wird, und
solche Beschuldigungen werden nur zu oft laut.

Die Statistik giebt auch hier genauen Bescheid über die
außerordentliche Entwickelung dieses Zweiges der materiellen
Kultur. 1892 bezifferte sich der Viehbestand auf über 52
Millionen Schweine, über 54 Millionen Rinder; nahezu 45
Millionen Schafe und Ziegen und etwa 18 Millionen Pferde.

Lebend werden hiervon verhältnismäßig nur geringe Massen
ins Ausland überführt. Auch die Molkerei nimmt nur einen
kleinen Teil des Bestandes an Rindvieh in Anspruch. Der
weitaus größte dient der Metzgerei und der damit verbundenen Konservenbereitung, welche beide in amerikanisch groß-
artigem, staunenerregendem Maßstabe fabrikmäßig betrieben
werden.

Und auch in diesen beiden letztgenannten Industriezweigen
hat Chicago alle älteren Orte der Vereinigten Staaten bei
weitem überflügelt und beherrscht den Markt und Handels-
verkehr in diesen Artikeln zur Zeit beinahe unumschränkt.

Die großen Schlächtereien von Chicago gehören denn

auch zu den hervorragendsten Sehenswürdigkeiten dieser Riesen=
stadt, welche trotz ihres Alters von kaum 50 Jahren heute
schon Neu York an Einwohnerzahl beinahe erreicht, wenn nicht
überflügelt hat.

Die zahllosen Schilderungen, welche von den Einrichtungen
dieser großen Schlächtereien gegeben worden sind, lassen es
überflüssig erscheinen, auf diesen unerfreulichen Gegenstand ein=
zugehen, einige wenige Daten aber dürften doch eine annähernde
Vorstellung von der Großartigkeit des Betriebes dieser In=
stitute geben.

Das größte Kontingent an Schlachttieren bilden in Chicago
die Schweine, und die junge Stadt hat in diesem Punkte den
Sieg über Cincinnati davon getragen, das früher den Bei=
namen Schweinestadt, Porcopolis, führte und sich heute noch
durch seine großen Schlächtereien auszeichnet. In den An=
stalten Chicagos werden jährlich durchschnittlich ungefähr 10
Millionen Schweine geschlachtet und verarbeitet. In den
großen Schlächtereien von Philipp Armour kommen allein in
den Wintermonaten täglich zwischen 12000 und 15000 Schweine
unter das Messer. Diese Arbeit ist bei verhältnismäßig ge=
ringem Personal nur infolge der vorzüglichen Organisation,
der praktischen Einrichtungen und der streng durchgeführten
Arbeitsteilung möglich. Im Laufe weniger Minuten ist ein
Schwein abgestochen, in kochendem Wasser abgebadet, mittels
einer mit Dampf betriebenen kunstvoll hergestellten Maschine
seiner Borsten beraubt, aufgeschlagen, ausgeweidet und in
Stücke geteilt, die dann in den Eiskellern während 48 Stun=
den ihrer weiteren Verwendung harren. Mit gleicher Geschwin=
digkeit und unfehlbarer Präzision erfolgt das Schlachten der
Schafe, Ziegen und Rinder, welche letzteren erschossen werden,
da diese Tötungsart sich als die beste und schnellste er=
wiesen hat.

Der Stock Yard, auf welchem sich alle Koppeln, Stal=
lungen und Schlächtereien befinden, bildet gewissermaßen eine
Stadt für sich, denn neben ihm sind die Wohnungen der da=
selbst und in den Schlachthäusern Angestellten; Hotels, Kirchen,
Schulen, Verkehrsanstalten sind für die seßhafte und für die
fluktuierende Bevölkerung vorhanden. Durch Zweiglinien ist
dieser Viehhof mit allen großen Eisenbahnen direkt verbunden,
so daß das Vieh aus Texas wie aus Dakota und allen an=
dern Staaten unmittelbar dorthin gebracht werden kann. Die
Koppeln bieten Raum für ungefähr 21000 Rinder, die ge=
deckten Stallungen für etwa 75000 Schweine, 22000 Schafe
und 200 Pferde. 2300 Thore gewähren den Tieren Einlaß
in die verschiedenen dieser aus Holz ausgeführten Verschläge,
deren Herstellung über anderthalb Millionen Dollar gekostet
hat und die ein Areal von 160 Hektar bedecken. Die Ge=
samtlänge der Wege, welche alle Teile dieses ausgedehnten
Viehhofs miteinander verbinden, soll sich auf 7, die der
Wassertröge auf 3, die der Futtertröge auf 7 und die der
Abzugskanäle auf 31 englische Meilen belaufen. Der Ge=
samtwert des daselbst im Jahre 1891 eingeführten Viehes be=
lief sich auf nahezu 1000 Millionen Mark.

Diese wenigen Ziffern, welche sich nur auf Chicago be=
ziehen, das allerdings in neuester Zeit den Hauptmarkt für
den Viehhandel und den bedeutendsten Exportplatz für Vieh,
Fleisch und Fleischkonserven aller Art bildet, geben eine unge=
fähre Vorstellung von dem Aufschwung, den dieser Zweig der
materiellen Kultur genommen, welche große Bedeutung er für
die Vereinigten Staaten erlangt hat und welche riesigen Kapi=
talien in ihm angelegt sind.

Nicht minder großartig ist die Entwickelung des Bergbaus,
der ungefähr ebenso alt ist wie die Viehzucht.

Der Abbau von Eisenerzen und die industrielle Verwer=

lung derselben reicht allerdings bis in die ersten Zeiten der
kolonialen Periode zurück. Bei der Eifersucht, mit der das
Mutterland, Großbritannien, jedoch darüber wachte, daß die
Kolonieen Amerikas nicht etwa eine bedeutende Industriethätig=
keit entfalteten, die Englands dadurch beeinträchtigten und sich
in dieser Hinsicht von ihm unabhängig machten, war der Be=
trieb des Bergbaus auf ein äußerst geringes Maß beschränkt.
Erst die Entdeckung und Verwertung der Dampfkraft, das
Entstehen der Eisenbahnen, der Bau der Dampfschiffe, die
großartige Entwickelung des Verkehrs und das Erblühen der
Industrie förderten auch den Betrieb des Bergbaus und gaben
diesem einen bedeutenden Aufschwung. Namentlich trug hierzu
auch die Verwendung der Steinkohle bei, welche in beinahe
unerschöpflicher Menge im Boden der Vereinigten Staaten
vorhanden ist und mit ihren ergiebigsten Flözen einen Raum von
der Größe des ganzen deutschen Reiches einnimmt.

Das Suchen nach Eisenerzen und nach dem neu entdeckten
Feuerungsmaterial, den beiden so ungemein wichtigen, unent=
behrlichen Voraussetzungen für die glänzende Entwickelung des
Verkehrs und der Industrie in unserem Jahrhundert, führte
auch zu der Erkenntnis von dem fabelhaften Reichtum des
Bodens der Vereinigten Staaten an beinahe allen Mineralien,
welche überhaupt vorhanden sind und Verwendung finden.
Das Kupfer, welches die alten Indianer, die prähistorischen
Moundbuilders, schon verarbeitet hatten, fand sich an den ver=
schiedensten Orten, besonders aber in den nordwestlichen Seen=
gebieten in solchen Mengen und zum Teil sogar in gediegenem
Zustande vor, daß Amerika den Bedarf der ganzen Welt an
diesem Metall zu decken vermöchte. Jedenfalls wurde es be=
fähigt auf dem Kupfermarkt eine wichtige Stellung einzunehmen
und zu behaupten.

Auch das Silber hatten die indianischen Hügelbauer bereits

für die Herstellung von Geräten und Schmucksachen verwandt,
und die Masse der dasselbe enthaltenden Erze erwies sich
gleichfalls bald so groß, daß die Produktion den Bedarf des
Landes bei weitem überstieg.

Den wichtigsten Anlaß zur Entwickelung des Bergbaus
gaben jedoch erst die Goldfunde in Kalifornien, welches nun
das Ziel einer wahren Völkerwanderung aus allen Teilen
Nordamerikas und Europas wurde.

Die Art des Betriebes des Bergbaues war bis dahin eine
sehr oberflächliche gewesen, nichts als ein roher Raubbau, der
genau übereinstimmte mit der Arbeitsweise auf dem Gebiete
des Ackerbaues. Die Erze lagen überall und zum Teil sogar
in gediegenem Zustande so offen zu Tage, daß zu ihrer Ge=
winnung an manchen Orten so gut wie gar keine Mühe er=
forderlich war; man konnte stellenweise unter geringer Nach=
hilfe mit der Hacke die kostbarsten Mineralien gewissermaßen
von der Straße auflesen. Kein Wunder also, daß man unter
solchen Umständen zunächst auch gar nicht daran dachte, den
Abbau systematisch zu betreiben, große Bergwerke anzulegen
und die erzhaltigen Gesteine bis auf das äußerste auszubeuten,
was die Aufwendung großer Kapitalien und die Anlage riesiger
Bauten und Schmelzwerke erfordert hätte; es war bequemer,
billiger und vorteilhafter, überall nach erzhaltigem Gestein zu
spüren, nur die leicht und mühelos zu erlangenden obersten
Schichten abzuschürfen und, wenn der Ertrag nicht sehr lohnend
war, nicht weiter in die Tiefe zu bringen, sondern anderswo
in gleich oberflächlicher Weise zu arbeiten.

Dasselbe geschah natürlich in Kalifornien, dessen offen zu
Tage liegende goldführenden Gesteinschichten bald in solcher
Weise ausgebeutet waren. Die Habgier war aber durch diese
glänzenden Erfolge auf das äußerste angestachelt worden und
die zum Teil schnell wieder verarmten Goldgräber und Tausende

von andern Leuten durchforschten nun das ganze Gebiet der
Vereinigten Staaten, hauptsächlich aber diejenigen Teile,
welche bis dahin überhaupt noch unbekannt waren, wie die
Territorien des Nordwestens, die von Mexiko neu erworbenen
Länder und die schwer zugänglichen Gebirgsgegenden, überall
mit Hacke und Spaten den Boden schürfend und, wo es ver=
lohnte, Gruben anlegend. Jeder Tag beinahe brachte nun neue
Überraschungen und lieferte den Beweis, daß der Boden der Union
unermeßliche Schätze barg, deren Hebung noch der Zukunft an=
gehört, und die die wichtigste natürliche Quelle des National=
reichtums bilden. Da aber die leicht zugänglichen metall=
führenden Schichten unter dem bisher betriebenen Abbau ihres
Gehalts rasch beraubt wurden, so ergab sich die Notwendigkeit
eines sorgfältigeren Betriebes des Bergbaues und der Aus=
nutzung der weniger metallreichen Gesteine, ja selbst der von
den früheren Goldsuchern achtlos bei Seite geworfenen Schlacken.

Die Entdeckung des von den Indianern für Heilzwecke
benutzten Petroleums und seine Verwendbarkeit für Beleuchtungs=
zwecke wurden von hervorragender kulturgeschichtlicher Bedeutung
und eröffneten den Amerikanern neue außerordentliche, reiche
Erwerbsquellen. Sie wurden für den Bergbau ebenfalls un=
gemein förderlich und führten zu der Ausbeutung der Boden=
schätze nach einer andern Richtung hin.

Bei dem Suchen nach neuen Petroleumquellen hatte man
sich seit langen Jahren durch das Vorkommen einer Art Erd=
gas leiten lassen, welches leicht entzündlich war und mit
ziemlicher Sicherheit auf das Vorhandensein von Erdöl
schließen ließ und wiederholentlich für gewerbliche Zwecke ver=
wandt worden war. Bei Bohrungen, welche 1878 in Mur=
raysville bei Pittsburg angestellt wurden, stieß man in 1320
Fuß Tiefe auf einen ungewöhnlich mächtigen natürlichen Gas=
behälter, dessen Inhalt sich nun, unter Zerstörung aller ange=

wandten Bohrapparate, Bahn brach. Durch Zufall entzündet, loderte das Gas dann in ungeheurer unauslöschlicher Flamme gen Himmel. Erst fünf Jahre später entschloß man sich, diesen reichen Gasstrom für gewerbliche Zwecke zu verwenden. Wie man es mit dem Petroleum gemacht hatte, für dessen Fortschaffung man Röhrenleitungen von großer Ausdehnung angelegt hatte, um es von seinen Bohrquellen an die großen Stapel= und Exportplätze zu überführen, so machte man es nun mit dem Naturgas, welches durch ein Röhrennetz nach Pittsburg und an andere Industrieorte geleitet wurde, in denen es statt der Kohle für die Fabrikheizung verwandt wurde. Allmählich hat die Gaserzeugung aber nachgelassen und zum Teil schon ganz aufgehört, so daß dieser sehr reinliche, keinen Rauch erzeugende Brennstoff wieder durch die Kohlen hat er= setzt werden müssen.

Auch die Gewinnung von Baumaterialien hat in neuerer Zeit, da man aufgehört hat nur Holz zu verwerten und da man gezwungen ist, für die riesigen Paläste und Bauwerke der Gegenwart die festesten Mineralien zu verwenden, einen sehr großen Aufschwung genommen. Der Boden Nordamerikas erweist sich auch in dieser Hinsicht als überaus reich, und namentlich Granit, Marmor und die verschiedensten Arten von Sandstein sind in Masse vorhanden und finden entsprechend ausgedehnte Verwendung.

Damit haben wir die wichtigsten natürlichen Voraus= setzungen und Grundlagen der materiellen Kultur der Ver= einigten Staaten und die bedeutendsten Quellen des National= reichtums derselben wenigstens in ihren hervorragendsten Er= scheinungsformen kennen gelernt. Es erübrigt nunmehr noch einen flüchtigen Blick auf die Industrie und den Handel zu werfen, welche sich auf diesem so ungemein reich von der Natur ausgestatteten Boden innerhalb eines Zeitraums von ungefähr einem Jahrhundert aus den bescheidensten Anfängen zu großer Macht und Bedeutung erhoben haben und heute gestaltenden Einfluß auf die Weltindustrie und den Welt= handel ausüben.

Hatte England durch die Navigationsakte den freien direkten Handel der amerikanischen Kolonieen mit dem Aus= lande zu verhindern und ihn für sich zu monopolisieren ge= wußt, so war es auch stets bemüht gewesen, dort das Entstehen einer selbständigen Industrie unter allen Umständen zu ver= hüten, um der ihrigen dieses Absatzgebiet nicht entgehen zu lassen. Die Verhältnisse zwischen den Kolonieen und dem Mutterlande hatten sich darüber derart zugespitzt, daß es schließlich nur eines geringen Anlasses bedurfte, um einen Konflikt herbeizuführen. Dieser trat ein, als England durch ungerechten Steuerdruck und neue erschwerende Verfügungen den Gewerbfleiß der Kolonisten zu vernichten suchte. Der lange verhaltene Haß brach sich Bahn und die Kolonieen sagten sich von Großbritannien los, konstituierten sich als die Vereinigten Staaten, und obgleich der hiermit verbundene furchtbare Befreiungskampf die Kräfte des jungen Staats ganz erschöpft hatte, erholte sich derselbe doch sehr rasch von dieser übermäßigen Anstrengung und begann eine riesige Thätigkeit zu entwickeln, um sich auch wirtschaftlich vollständig von Großbritannien zu befreien. Die wichtigsten Rohmaterialien, mit denen die Amerikaner bis dahin die englische Industrie versehen hatten, wurden nunmehr an Ort und Stelle ver= arbeitet; in allen größeren Städten und an günstig gelegenen, für den Zweck neugegründeten Plätzen entfaltete sich ein reges gewerbliches Leben. Die Entdeckung der Dampfkraft, die Ent= stehung neuer Verkehrsmittel beförderten diesen wirtschaftlichen Aufschwung, der alsbald große Scharen von europäischen Ein= wanderern anlockte, welche regen Teil an dieser Thätigkeit

nahmen. Eisen=, Stahl=, Lederwaren=, Schuhwaren=, Baum=
wolleninduſtrie entwickelten ſich mit erſtaunlicher Geſchwindig=
keit, und durch Einfuhrzölle wurden die Erzeugniſſe derſelben
gegen die Konkurrenz der europäiſchen Länder, namentlich
Großbritanniens, erfolgreich geſchützt.

An Arbeitskräften fehlte es nicht, denn die alte Welt ſchickte
Millionen von Menſchen hinüber, die raſch zu Wohlſtand und
Anſehen gelangten und durch das Beiſpiel ihrer Erfolge immer
größere Menſchenmengen anlockten, ſo daß unter den ſchwieriger
werdenden Erwerbsverhältniſſen jetzt die Notwendigkeit ein=
getreten iſt, dieſen wachſenden Einwandrerſtrom einzudämmen,
nachdem man die Chineſen durch Ausnahmegeſetze bereits ganz
auszuſchließen geſucht hat.

Trotz der Überflutung des Arbeitsmarktes mit thatkräftigen
Elementen erwies ſich die menſchliche Kraft für die Induſtrie
doch zu koſtſpielig, und die Fabrikanten ſahen ſich gezwungen,
dieſelbe ſo weit als nur möglich durch maſchinelle zu erſetzen;
denn nur bei größter Zeiterſparnis und bei billiger Arbeits=
kraft vermag die amerikaniſche Induſtrie erfolgreich mit der
europäiſchen zu konkurrieren. Der induſtrielle Betrieb der
Amerikaner zeichnet ſich denn auch dadurch vor dem europäiſchen
aus, daß die menſchliche Kraft daſelbſt, ſoweit es überhaupt
möglich, durch Maſchinen erſetzt wird, an deren Vervollkommnung
unaufhörlich gearbeitet wird. Im Verhältnis zu der großen
Entwickelung, welche die Induſtrie in den Vereinigten Staaten
erfahren hat — der Wert der Erzeugniſſe derſelben erreicht
zur Zeit ungefähr die Hälfte der geſamten Produktion
Europas — iſt die Maſſe der Fabrikarbeiter unverhältnismäßig
klein, denn ſie beziffert ſich zuſammen mit den im Bergbau
beſchäftigten auf ungefähr $3^3/_4$ Millionen Individuen.

Das Kleingewerbe, der kleine Handwerksbetrieb geht unter
dieſer großartigen Entwickelung des Fabrikbetriebes raſch dem

gänzlichen Verfall entgegen, wozu auch die hohen Preise bei=
tragen, welche die Handwerker für ihre Arbeit fordern und
angesichts der heutigen Lebens= und Erwerbsverhältnisse auch
zu verlangen genötigt sind. Dafür sind die Leistungen sowohl
der Fabrikarbeiter wie der Handwerker und überhaupt jeder
Arbeitskraft freilich auch ungleich größere als die der europäischen
Arbeiter.

Der Ingenieur und der Maschinentechniker spielen in dem
industriellen Leben der Vereinigten Staaten eigentlich die Haupt=
rolle, jedenfalls eine viel wichtigere als die Arbeiter, und sie
sind es, die durch ihre bedeutenden Leistungen die Union zum
Range des ersten Industriestaats der Welt gemacht haben
und ihn bereits mit großem Erfolge zum Schrecken aller
übrigen Länder befähigen, mit seinen Produkten denen Europas
Konkurrenz zu machen. Die Maschinen, welche in den Fabriken
Amerikas und überall, wo irgendwelche schwierige Arbeit ver=
richtet werden soll, so namentlich auch bei dem Ackerbau, zur
Verwendung gelangen, sind großenteils so sinnreich, so kunstvoll
hergestellt und arbeiten so sorgfältig und geschickt, daß man sie
oft als mit selbständigem Geist begabte beseelte Wesen zu be=
trachten geneigt ist. Gerade mit Maschinen verschiedenster Art
hat die amerikanische Industrie denn auch zuerst in Europa
Fuß gefaßt. Die Nähmaschine, welche heute selbst in den
bescheidensten Haushaltungen Platz gefunden hat, ist amerikanischen
Ursprungs. Die besten Ackerbaugeräte und Maschinen, die
besten Werkzeugmaschinen, die Revolverdrehbänke, die Revolver
und zahllose Gegenstände, die uns heute unentbehrlich geworden,
sind amerikanischen Ursprungs, drüben erdacht und großenteils
auch hergestellt.

Obgleich kaum ein Zweig der heutigen Industrie existieren
dürfte, der gegenwärtig nicht auch in den Vereinigten Staaten
betrieben wird, so sind die Leistungen doch natürlich nicht auf

allen Gebieten gleich bedeutend, was für Anstrengungen auch von den amerikanischen Gewerbtreibenden und Technikern gemacht werden, die höchsten Ziele ihres Ehrgeizes zu erreichen. Vorläufig liegt der Schwerpunkt der nationalen industriellen Arbeit noch auf dem Gebiete der Industriezweige, welche die Verwertung der natürlichen Rohprodukte zur Aufgabe haben. So steht an der Spitze bezüglich des Produktionswertes die Mühlenindustrie, welche neuerdings ganz besonders in Minnesota in Aufnahme gekommen ist. Die Stadt Minneapolis verdankt ihr gewissermaßen ihren Ursprung, jedenfalls ihre jetzige große Ausdehnung und ihren Wohlstand.

Das Schlächtereigewerbe und die Konservenfabrikation beschäftigen große Arbeitermassen und bedeutende Kapitalien.

Die Eisen= und Stahlindustrie liefern den ganzen Bedarf Amerikas an diesen Produkten. Mehr als ein Fünftel alles Stahls, der überhaupt in der Welt erzeugt wird, verdankt seine Entstehung den amerikanischen Werken.

Der Holzhandel, die Holzindustrie, die Baumwollen=, Wollen= und Textilindustrie arbeiten mit Tausenden von Millionen Mark.

Aber auch selbst die Kunstindustrie, die Uhrenfabrikation und viele andere Erwerbszweige, in denen Europa bisher ganz unumschränkt herrschte, haben begonnen sich kräftig zu entwickeln und sogar ihre Erzeugnisse nach der alten Welt zu exportieren.

Im allgemeinen beschränkt sich der Export allerdings hauptsächlich noch auf die Rohprodukte, Halbfabrikate und Konserven.

Den Fortschritt der Gewerbthätigkeit und die Bedeutung der letztern können wir aber kaum besser als aus zwei vergleichenden Ziffern über das Verhältnis des gesamten Fabrikationswerts zur Bevölkerung ersehen. Während die Bevölkerungsmasse von 1830 bis 1890 von $12^3/_4$ auf nahezu 63 Millionen stieg, sich also ungefähr verfünffachte, wuchs die Durchschnittsziffer des Verhältnisses des Fabrikationswertes zur Bevölkerung von 36 Mark pro Kopf der letztern auf ungefähr 550 Mark, also etwa um das Fünfzehnfache.

Der Handel mußte mit dieser riesigen Entwickelung Schritt zu halten suchen, und er weist denn auch ungefähr gleiche Verhältnisse auf. Er mußte alle Phasen von dem Hausierhandel bis zum großartigsten Geschäftsbetrieb der heutigen Welthandelshäuser durchmachen, und wir können sie alle heute noch von Grund aus studieren, wenn wir uns darum bemühen.

In den Reservationen der Indianer im fernen Westen tritt uns der Hausierer noch in derselben Weise entgegen wie vor 300 Jahren den damaligen Eingebornen und Ansiedlern. Seine Entwickelung zum Landkrämer, zum Bodenspekulanten, dem mehr berüchtigten als berühmten „Real Estate Agent" können wir in den Niederlassungen in den neuen Staaten und Territorien des Nordwestens Schritt für Schritt verfolgen.

Der Kleinhändler der Landstädtchen betreibt sein Geschäft gerade noch so wie vor hundert Jahren — der Unterschied liegt nur in dem Grade der „smartness", der „Geriebenheit", die gegen früher in dem gleichen Maße gewachsen ist wie der Kampf ums Dasein, wie die Erwerbsschwierigkeiten, die Lebensanforderungen, wie die Habgier und die Sucht, schnell reich zu werden. Der Ehrgeiz, es in möglichst kurzer Zeit durch Börsenspiel, gewagte Geschäfte und zweifelhafte moralische Grundsätze dahin zu bringen, in der fünften Avenue von New-York einen glänzenden Marmorpalast zu besitzen und in die Reihen des allmächtigen Geldadels aufgenommen zu werden, beseelt sie alle, diese Hausierer und Krämer, und unentwegt, wenn sie auch oft stolpern, Rückschläge erfahren und Bankerott machen, streben sie dem höchsten Ziele zu: möglichst viele Millionen zu erwerben.

Wenige erreichen dieses Ziel, das Streben danach aber charakterisiert den amerikanischen Geschäftsmann, beherrscht sein Denken und Handeln, erzeugt die Rastlosigkeit und Nervosität, den kühnen Unternehmungsgeist, den schnellen Überblick und den praktischen Sinn, die ihn auszeichnen. Kein Mittel erscheint dem echten amerikanischen Kaufmann, Spekulanten, Börsenmann, Eisenbahnaktionär und Fabrikanten verwerflich, sofern es nur seinem Lebenszweck dient, ihn fördert, ihm Geld einbringt. Ringe und Trusts, Corners und Pools werden gebildet, um, wenn man es nicht allein kann, im Verein mit einigen mächtigen Konkurrenten derselben Branche ganze Geschäftszweige zu mono= polisieren, dadurch die Preise nach Belieben zu steigern und großen Gewinn zu erzielen.

Der Interessenkampf ist im Handel auf die Spitze getrieben, und so großartig die Entwickelung des letztern auch ist, so haften ihm doch gerade wegen seines Grundcharakters viele Schäden an, welche sich, bei der unumschränkten Herrschaft des Geschäftssinns über die ganze Bevölkerung, auch auf das politische, soziale, das gesamte nationale Leben übertragen haben.

Die wichtigsten Grundpfeiler der materiellen Kultur der Vereinigten Staaten aber erweisen sich darum doch als un= erschütterlich fest, und das noch in seiner Entwickelung begriffene Volk wird die mit dieser ersten jugendlichen Sturm= und Drang= periode naturgemäß verbundenen Charakterschäden im Laufe der Zeit wahrscheinlich selbst zu beseitigen wissen, wie dies auf dem Gebiete der Politik und der Verwaltung bereits von mächtigen Kreisen immer energischer angestrebt wird.

Kapitel IV.

Öffentliches Leben.

Wie alles in den Vereinigten Staaten ist auch die Ver=
faffung derselben ein Erzeugnis natürlicher geschicht=
licher Entwickelung. Während wir auf den andern Gebieten
des nationalen Lebens und Schaffens aber eine beinahe be=
ängstigend rasche Bewegung beobachten, die den inneren Aus=
bau der betreffenden Kulturgebäude vorerst so vollkommen
ausschloß, daß wir auch jetzt noch zahllose Lücken und Unfertig=
keiten an und in denselben bemerken, vollzog sich der Werde=
prozeß auf staatlichem Gebiete langsam, und der riesige Organis=
mus erscheint trotz vieler krankhaften Auswüchse und Schäden,
die ihm zweifellos anhaften, in seinen Fundamenten und in
seinen Hauptteilen bei aller Einfachheit doch sicher und fest
gefügt.

Obgleich die Einwanderer durchweg aus monarchisch regierten
Ländern kamen, brachten es die Verhältnisse mit sich, daß diese
heimischen Verfaffungsformen in den auf amerikanischem Boden
angelegten Kolonien von Anfang an nicht zu voller Geltung

gelangten und in der Praxis bald beinahe ganz verschwanden, in der Theorie freilich bis zu dem Augenblick der Unabhängig= keitserklärung die herrschenden waren und blieben. Königliche Statthalter standen an der Spitze dieser Niederlassungen und verwalteten sie im Namen und Auftrage der englischen Krone und des englischen Parlaments. Die freie Verfassung, welche in England herrschte, der demokratische Grundzug derselben, der hohe Grad von politischer und persönlicher Freiheit, deren sich die Briten erfreuten, die bürgerlichen Rechte, welche sie genossen, das stark entwickelte Selbstbewußtsein, der ausgeprägte Individualismus der Engländer bedingten es jedoch, daß in den Kolonien, in denen die Ansiedler ganz auf ihre eigne Kraft und Leistungsfähigkeit angewiesen waren, die Autorität der heimischen den Staat leitenden Gewalten und Faktoren große Einbuße erlitt.

Privatpersonen wie Sir Walter Raleigh, Handelsgesell= schaften wie die von Plymouth und London hatten die erste Anregung zur Gründung von Kolonieen auf nordamerikanischem Boden gegeben; sie hatten, zum Teil unter schweren Geldopfern und mit ungünstigstem Erfolge, kleine Scharen von Ansiedlern hinübergeschickt und ihnen von vorn herein einen bedeutenden Anteil an der Verwaltung dieser Niederlassungen gewähren, ihnen die weitestgehenden Freiheiten zugestehen müssen.

Die Männer, welche sich zur Übersiedelung entschlossen, waren entweder Abenteurer, die sich um die Regierung des Mutterlandes nicht kümmerten, sondern nur auszogen, um Gold zu suchen und Reichtümer zu erwerben, oder es waren In= dividuen, die aus irgendwelchen Gründen in mehr oder minder schroffem Widerspruch zu den öffentlichen Gewalten ihrer Heimatländer und hauptsächlich zu der Krone und dem Parla= ment Großbritanniens standen. Im Norden, in den Neu= englandstaaten ließen sich Puritaner nieder, welche seit lange als Anhänger einer der Staatskirche widerstreitenden Sekte von der Geistlichkeit und der Regierung auf das grausamste verfolgt wurden. Diese Puritaner waren aber auch bemüht, den alten christlichen Glauben in seiner ursprünglichen evange= lischen Reinheit wiederherzustellen und die Verfassung der ältesten Christengemeinden wieder einzuführen. Die Satzungen der Bibel galten für sie als allein gültige Gesetze, Gott als ihr unumschränkter Herr. In ihrer neuen Heimat, in der sie sich ja allerdings nur mit der Erlaubnis des Königs von England hatten niederlassen dürfen, suchten sie ihre Ideale zu erreichen, ihr Gemeinwesen nach den Grundsätzen zu ordnen, welche ihre Religion ihnen vorschrieb. War diese Verfassung zwar eine theokratisch=despotische, die mit größter Unduldsamkeit die An= siedelung jedes Individuums ausschloß, welches einem andern Glaubensbekenntnis als dem ihrigen anhing, so war sie in politischer Hinsicht doch völlig demokratisch und republikanisch; denn sie setzte die unbedingte Rechtsgleichheit aller Gemeinde= mitglieder voraus, denen sie auch nur das Bürgerrecht zuerkannte, behielt denselben das Recht der Regelung der Gemeinde= angelegenheiten und der Gesetzgebung für die kleinen Kolonien vor und beschränkte die Macht des Königs und seiner Statt= halter und Beamten auf ein verschwindend geringes Maß. Kaum 25 Jahre nach der Ankunft der Mayflower und den ersten Niederlassungen an der Küste von Massachusetts war dort bereits das Zweikammersystem eingeführt und das Vor= bild derjenigen Staatsordnung geschaffen, welche heute in den Vereinigten Staaten die herrschende ist.

In der ältesten englischen Kolonie Nordamerikas, in Vir= ginien, kamen andere Umstände zusammen, um eine demokratisch= republikanische Verfassung entstehen zu lassen. Nicht religiöse sondern kaufmännische Interessen hatten zur Gründung dieser Ansiedelung Anlaß gegeben, in der dann überwiegend solche

8*

Individuen Zuflucht suchten, welche, von Abenteurerdrang er=
füllt oder mit den Gesetzen des Mutterlandes in Konflikt ge=
raten, als Verbrecher dorthin deportiert worden waren.
Die Ausdehnung der Ländergebiete, über welche diese Männer
sich verbreiteten, um in ihrem Suchen nach dem Eldorado ent=
weder unterzugehen oder als Pioniere thätig zu sein, schloß
eine gut geordnete strenge monarchische Verwaltung und eine sorg=
fältige Beaufsichtigung aus. Jeder Kolonist war auf sich, auf
seine eigene Kraft angewiesen, es mußte jeder sich selbst helfen,
wie und so gut es ging, und als eine staatliche Ordnung da=
selbst geschaffen wurde, drangen die Ansiedler darauf, daß
auch ihnen die gebührende Teilnahme an der Verwaltung und
Gesetzgebung eingeräumt wurde.

In den holländischen Kolonien am Hudson dagegen
bürgerte sich eine aristokratisch=republikanische Verfassung ein.
Die Schweden und Deutschen, welche hinübergingen, bildeten
ihre kleinen Gemeinden, die sich selbst regierten. In den
Niederlassungen der französischen Hugenotten in Florida und
Karolina herrschte der Geist der Opposition gegen die Krone,
die Regierung und die katholische Kirche des Mutterlandes.

Hatte England zwar bald nach der Entdeckung der Neuen
Welt, 1494, durch Giovanni Cabot und seine Söhne von der
Ostküste Nordamerikas nominell Besitz ergreifen lassen und
seine Ansprüche auf dieselben den Spaniern, Portugiesen und
Franzosen gegenüber mit Nachdruck aufrecht erhalten, so hatte
die englische Krone doch offiziell so gut wie nichts zur that=
sächlichen Besiedelung dieser Küstenstriche beigetragen, diese
war vielmehr ganz ausschließlich privatem Unternehmungsgeist
zu danken. Seitens der englischen Regierung geschah auch
nichts, um die Interessen der Ansiedler in Amerika zu fördern,
sie wurden sogar von Anbeginn an auf das empfindlichste ge=
schädigt, denn die Entwickelung einer selbständigen Industrie

wurde durch den Erlaß harter Gesetze verhindert und der Handel durch die Schiffahrtsakte und die strengsten Verordnungen in seiner Entfaltung gehemmt. Diese Maßnahmen konnten in den Ansiedlern keine Liebe zum Mutterlande und seinen öffent= lichen Gewalten erzeugen, mußten vielmehr im Gegenteil Haß erwecken und zum Widerstand, zur Selbsthilfe reizen.

Als England dann auf Grund des Rechts der Entdeckung den Holländern ihre Besitzungen wegnahm und den Kampf gegen die Franzosen begann, welche, unterstützt von den Spaniern und Indianern, dahin strebten, sich zu Herren Nordamerikas zu machen, als jene Kolonialkriege ausbrachen, die sich durch das ganze 18. Jahrhundert zogen und England zwangen, größere Truppenmassen nach Amerika hinüberzusenden, da wurden auch bedeutende Anstrengungen gemacht, die königliche Autorität in höherem Grade als bisher zur Geltung zu bringen. Aber es war nun vergebens, den selbstbewußten Neuengländern ihre politischen Rechte und Freiheiten zu nehmen, die demokratisch= republikanischen Verfassungen, welche überall entstanden waren, aufzuheben und die Anerkennung der unumschränkten Macht der Krone zu erzwingen. Diese Bemühungen, im Verein mit der wirtschaftlichen Knechtung der Kolonien, der Anwendung eines schmählichen Ausbeutungssystems ihnen gegenüber, spitzten den Konflikt zwischen dem Mutterlande und den Kolonien zu und führten endlich jenes große und weltgeschichtlich be= deutende Ereignis der Unabhängigkeitserklärung und des Frei= heitskrieges herbei, das nicht nur für England sondern mittelbar auch für Spanien, Portugal und Frankreich den Verlust des größten Teils ihrer ausgedehnten Kolonialreiche in der neuen Welt nach sich zog und Amerika den Amerikanern zu eigen gab.

Freilich fehlte es damals, in jenem denkwürdigen Kriege, auch in Amerika nicht an Elementen, welche nicht nur das Mutterland gegen die Führer der Bewegung in den Kolonien

unterstützten, sondern dann auch eine monarchische Regierungs=
form in den letztern eingeführt wissen wollten, als dieselben
sich von England losgesagt hatten. Die Träger dieser An=
schauungen waren im Süden zu Hause, der sich nur ungern
der von den Neuenglandstaaten ausgegangenen Bewegung
angeschlossen hatte; denn in Virginien und den übrigen im
Süden gegründeten Kolonien war eine Aristokratie entstanden,
welche seit den Zeiten Karls I immer die Sache der englischen
Krone vertreten und ihre Interessen stets gegen die demo=
kratisch=republikanischen Bestrebungen der Neuengländer unter=
stützt hatte. Die Ursachen dieses schroffen Gegensatzes zwischen
den Nordländern und den Südländern, der bis auf den heutigen
Tag besteht und vielleicht nie vollständig ausgeglichen und be=
seitigt werden wird, sind in den allgemeinen kulturellen Unter=
schieden zu suchen, die durch die klimatischen und Bodenver=
hältnisse bedingt wurden.

Das rauhe Klima der Neuenglandkolonien zwang die
Bewohner derselben zu anstrengender persönlicher Arbeit,
wenn sie dem Boden die notdürftigsten Existenzmittel abge=
winnen wollten. Das mühsam dem Urwalde abgerungene
Land eignete sich nur zur Kultur der aus Europa importierten
Getreidearten. Die kleine Zahl der Ansiedler, der gänzliche
Mangel an Dienstleuten schlossen den Betrieb des Ackerbaues
in großem Maßstabe aus und erzeugten das kleine Farm=
wesen. In Virginien dagegen und in den übrigen Ansiede=
lungen des Südens wirkte die Hitze erschlaffend auf die Ar=
beitskraft der europäischen Kolonisten, die denn auch von Anfang
an fremde Hilfe brauchten und die weißen Sklaven in Dienst
nahmen, welche in großen Massen von England nach dem
Süden Nordamerikas und nach Westindien exportiert wurden.
Als dann vollends die Neger erschienen, welche besser als alle
andren ethnischen Elemente für die Arbeit in den subtropischen

Ländern geeignet waren, da nahm der Plantagenbetrieb, zu dem die Beschaffenheit des Bodens jener Gebiete aufforderte, einen großartigen Aufschwung. Der reiche Ertrag des Tabakbaues veranlaßte viele Kapitalisten Englands und anderer europäischer Länder, dort große Besitzungen zu erwerben. Wurden die ganzen Kolonien während längerer Zeit den Günstlingen und Höflingen der englischen Könige zu Lehen gegeben, so fanden es auch die Träger vieler berühmter Adelsnamen und die Glieder zahlreicher aristokratischer Geschlechter praktisch, in Amerika große Plantagen einzurichten und sich dort zeitenweise oder dauernd niederzulassen. Zum Tabakbau kam dann später der des Reis, des Mais, des Zuckerrohrs und besonders der Baumwolle, und so entstand im Laufe des 17. und 18. Jahrhunderts in den englischen wie in den französischen und den spanischen Besitzungen im Süden Nordamerikas eine sehr starke aristokratische Bevölkerung, die dem demokratischen Norden gegenüber das Gleichgewicht hielt und zu der Ausbildung des ausgeprägten Dualismus, des schroffen Gegensatzes zwischen diesen beiden Koloniengruppen und den daraus entstandenen Staaten beitrug. Dieser Zwiespalt wurde vergrößert durch die ethnischen, religiösen, politischen und wirtschaftlichen Unterschiede und Sonderinteressen. Der Norden war überwiegend von Kolonisten germanischen, namentlich angelsächsischen Ursprungs besiedelt, im Süden dagegen waren die romanischen Elemente sehr stark vertreten. Die Nordländer hingen im allgemeinen den protestantischen Glaubensbekenntnissen, die Südländer dem Katholizismus an.

Die wichtigste Streitfrage war die über die Sklaverei. Wenngleich letztere im Norden auch bestand und der Sklavenhandel den Neuengländern sehr bedeutende Summen einbrachte, so wurde sie von den strengeren puritanischen Bevölkerungsklassen doch auf das schärfste verurteilt und allmählich abgeschafft. Für den Süden war die Sklaverei dagegen ein notwendiges Übel geworden, seine ganze Kultur war darauf gegründet und ihrer Abschaffung wurde der größte Widerstand entgegengesetzt, weil dieselbe als vernichtend für die Existenz der südlichen Kolonien und der daraus dann entstandenen Staaten betrachtet wurde.

Alle diese Gegensätze mußten früher oder später einen ernsten Konflikt zwischen Norden und Süden herbeiführen, denn sie beeinflußten auch in hohem Grade die Ausbildung der wirtschaftlichen Verhältnisse und riefen große Streitfragen hervor. Der Norden, welcher nach der Unabhängigkeitserklärung bald der Herd einer sich sehr rasch entfaltenden Industrie wurde, wünschte seine Erzeugnisse gegen die Konkurrenz der europäischen Produkte durch hohe Schutzzölle gesichert; der Süden dagegen erblickte sein Heil im Freihandel, weil er für seine in unerschöpflicher Fülle erzeugten Naturprodukte im Auslande Abnehmer brauchte. Alle diese Umstände gaben reichlichen Anlaß zu der Ausbildung von Parteien, zu den furchtbarsten Kämpfen derselben gegen einander und um die Herrschaft über diesen mächtigen jungen Staat, welcher im Laufe von 70 Jahren seit seiner Gründung von 800 000 Quadratkilometer auf mehr als 9 Millionen gewachsen war. So kam es denn endlich darüber zu einem der blutigsten Kriege der Neuzeit, dem Sezessionskriege, in welchem die konföderierten Sklavenstaaten des Südens sich von den Antisklavereistaaten des Nordens zu trennen suchten. Der Erfolg war jedoch auf seiten der letzteren; die Union, die große Bundesrepublik, blieb vor der Zersplitterung bewahrt. Der Norden trug einen entscheidenden Sieg über den Süden davon, dessen ehemals so unermeßlich reiche Bevölkerung unter dem Einfluß des jähen wirtschaftlichen Umschwungs, den die Aufhebung der Sklaverei herbeiführte, zum teil vollständig verarmte. Die ganze Kultur der Südstaaten hat seitdem einen andern Charakter erhalten; der Großgrundbesitz schwindet daselbst und macht dem kleineren Farmwesen Platz; die aristokratischen Bevölkerungselemente, welche einstmals dort die Herrschaft in ihren Händen hatten, sind ihrer Macht und ihres Einflusses vollständig beraubt und die Demokratie hat, gestützt auf die Massen der befreiten Negerbevölkerung, auch dort die letzten Spuren monarchischen Gefühls vernichtet, welches früher wiederholentlich rege geworden war.

Hatte George Washington die ihm von mehreren seiner Mitarbeiter an dem Werke der Befreiung der Vereinigten Kolonien von dem Joche Englands gestellte Zumutung zurückgewiesen, seine Macht zur Einsetzung der monarchischen Verfassung auszunützen und sich zum Alleinherrscher des Reiches aufzuschwingen, das er gegründet hatte, so war dieser Umstand doch bezeichnend für die Anschauungen, welche in einem Teile der Bevölkerung der Union damals vor etwa 110 Jahren vorhanden waren. Washington wie die übrigen Volksvertreter sahen sich deshalb auch genötigt, allen späteren Versuchen einer Beseitigung der republikanischen und der Einsetzung einer monarchischen Verfassung mit allen zu Gebote stehenden Mitteln vorzubeugen und die Rechte aller den Staat leitenden Faktoren auf das sorgfältigste abzuwägen und zu begrenzen. Das Oberhaupt sowohl wie die beiden Häuser wurden in ihren Befugnissen sehr beschränkt, so daß weder eine Tyrannis entstehen und allmählich zur Monarchie übergehen, noch auch eine Parlamentsherrschaft einer oligarchischen aristokratischen Verfassungsform die Wege ebenen kann.

Die vorsichtigen Urheber des heutigen Staatsgrundgesetzes haben allerdings nicht verhindern können, daß die demokratische Gleichheit nach und nach illusorisch geworden, daß eine Plutokratie entstanden ist, die im sozialen Leben eine mächtige Rolle zu spielen begonnen hat. Es bildet sich ein Adelsstand aus,

der zur Herrschaft strebt, der seinen Nachkommen dieselbe auf
der Grundlage des Kapitalismus zu sichern bemüht ist, soziale
Unterschiede schafft und den Kastengeist erzeugt. Es ist aber
doch fraglich, ob es ihm gelingen wird, zu hoher politischer
Bedeutung zu gelangen. Denn wenn das Kapital in den
Vereinigten Staaten auch eine außerordentlich große Macht
besitzt, einen sehr bedenklichen korrumpierenden Einfluß ausübt
und auch in der Politik viel zu erreichen vermag, so zeigt sich
doch heute schon, daß es bei der großen Konkurrenz auf allen
Gebieten wirtschaftlichen Lebens, bei der Machtstellung, welche
die arbeitenden Klassen in Amerika einnehmen, bei dem Aus=
gleich, der sich allmählich im sozialen Leben und im materiellen
Besitz der verschiedenen Stände vorbereitet, und endlich bei
dem bewußten Streben einflußreicher politischer Faktoren, der
eingerissenen Korruption zu steuern, der ungesunden Anhäufung
übermäßig großer Geldmassen in den Händen einzelner vor=
zubeugen, der Plutokratie schwer werden wird, zu so großer poli=
tischer Macht zu gelangen, daß sie die bestehende demokratische Ord=
nung umstoßen und dem Lande ihre eigenen Gesetze diktieren kann.

Eine der beiden großen Parteien, welche während dieses
Jahrhunderts in der Herrschaft über das Land alternierten,
hat als einen der wichtigsten Grundsätze ihres Programms
die Bekämpfung aller Bestrebungen aufgestellt, die sich auf die
Zentralisation der politischen Gewalt richten. Während näm=
lich die Partei, welche, nach den vielen Wandlungen, die sie
im Laufe der Zeit durchgemacht, den Namen der republika=
nischen angenommen hat und das Prinzip der Kräftigung der
Zentralgewalt der Unionsregierung auf Kosten derjenigen der
Einzelstaaten versicht, vertritt die demokratische, welche zur
Zeit die herrschende ist, die entgegengesetzte Ansicht, sie sucht den
Einzelgliedern, aus denen der Riesenbau des Unionsstaats
besteht, ihre Unabhängigkeit, Selbstbestimmung und Selbst=

verwaltung zu erhalten und dadurch dem Überwuchern irgend
eines von despotischen Gelüsten beseelten Faktors vorzubeugen.

Da der Bundesstaat ein Erzeugnis natürlicher Entwickelung
ist, so zeigen sich in seiner Verfassung auch die Spuren dieser
geschichtlichen Entstehung noch ganz deutlich. Die einzelnen
Glieder dieses großartigen Bauwerks lassen bei gründlicherem
Nachforschen noch ihren Ursprung und ihre anfänglichen
Formen erkennen trotz der Wandlungen, die letztere durch=
gemacht haben.

Das Urbild des nordamerikanischen Staats und seiner
Verfassung bildeten die ersten Gemeinden, welche auf dem
Boden der neuen Welt entstanden, und die Gesetze, nach denen
sie verwaltet wurden.

Obgleich nun die heutige Gemeindeverfassung eigentlich voll=
ständig von der staatlichen getrennt und von ihr ganz unabhängig
ist, bilden doch die Gemeinden selbstverständlich das natürliche
Fundament des architektonischen Kunstwerks des Staats, und
ihre Verwaltungen wechseln fast immer mit den Regierungen,
die die Herrschaft über die betreffenden Einzelstaaten oder über
die Union führen. Denn die Gemeindemitglieder, also die
Staatsbürger, sind doch schließlich die notwendige Voraus=
setzung für die größeren Organismen, für die Einzelstaaten,
über deren Regierung sie durch die Mehrheit ihrer Stimmen
verfügen. Gleichzeitig aber ist von der Summe ihrer Voten
doch auch die endgiltige Form der Unionsverfassung und die
Regierung des Bundesstaats abhängig.

Wollen wir uns also ein klares Bild des Staatsgebäudes
machen, so müssen wir zunächst diese Fundamente, die Ge=
meinden und ihre Verwaltungsform ins Auge fassen.

Alle Staatsbürger sind einander hinsichtlich ihrer bürger=
lichen und politischen Rechte gleich. Der höchste Staatsmann,
der hundertfache Millionär, der gefeiertste Advokat haben als

Bürger keine größeren Rechte als der letzte Arbeiter, der ärmste Bauer oder der einstige Negersklave. Auch den Frauen sind in vielen Gemeinden und Staaten weitgehende politische Rechte, die Bekleidung von Ämtern und die Beteiligung am öffentlichen Leben gewährt.

Gewissens-, Rede-, Preß-, Versammlungsfreiheit sind allen Bürgern gesichert; ihr Haus, ihre Person, ihr Eigentum sind unantastbar, sie sprechen Recht als Schöffen und Geschworene, sie verteidigen ihre engere Heimat, ihren Staat und, wenn erforderlich, die Union als Milizsoldaten; denn mit Ausnahme der Prediger, Ärzte und Lehrer sind alle Bürger zur allgemeinen Heeresfolge, d. h. zum Milizdienst verpflichtet.

Aus ihrer Mitte erwählt die Bürgerschaft ihre Behörden und Beamten und zwar in Gemäßheit mit den lokalen Gesetzen, die keineswegs in der ganzen Union die gleichen sind. Bei diesen Wahlen kommen natürlich die Interessen der verschiedenen Gruppen und Parteien zum Ausdruck, die überall bestehen und sich mehr oder minder eng den großen politischen Parteien angliedern, welche über alle Staaten verbreitet sind. Die großen politischen Interessen treten bei den Gemeindewahlen allerdings häufig hinter den rein lokalen wirtschaftlichen und persönlichen zurück, welche die maßgebenden sind und je nach den Verhältnissen verschieden sein können. Im allgemeinen aber liegen doch die Gemeindewahlen in der Hand der verschiedenen Parteien oder Vereinigungen und Ringe, die bei den Staats- und Präsidentschaftswahlen ihren Einfluß geltend machen und einander unter Aufgebot aller ihrer Macht mit größter Rücksichtslosigkeit bekämpfen.

Die gesetzgebende oder beschließende Gewalt der Gemeinden, der Rat der Aldermen sowohl, wie die vollziehende Gewalt, das Oberhaupt der Gemeinde, der Mayor oder Bürgermeister und die wichtigsten Beamten werden von den Bürgern erwählt.

Die Amtsdauer aller dieser Vertrauensmänner ist in den einzelnen Gemeinden verschieden lang und wechselt zwischen einem und vier Jahren, meist ist sie auf zwei normiert. Diese Kürze der Amtsführung hat ihren Grund einerseits in dem Streben, die persönliche Macht der Beamten und den Einfluß des Beamtenstandes auf die Entwickelung des öffentlichen Lebens nicht zu groß werden zu lassen; andrerseits ist die Masse derjenigen Parteimitglieder, welche aus materiellen oder aus andern Gründen dahin streben, ein Amt zu erlangen, ohnehin sehr viel größer als die Zahl der zu vergebenden Stellen. Die zur Herrschaft gelangte Partei muß bemüht sein, sich möglichst lange am Ruder zu erhalten und ihre Mit= glieder so weit als thunlich zu befriedigen. Die städtische Ver= waltung kann ferner in gewissem Sinne als Schule für die staatliche betrachtet werden, und da sie ein ansehnliches Personal erfordert, um allen modernen Ansprüchen zu genügen, so ist . sie in jeder Beziehung von Wichtigkeit für die Entwickelung und Ausgestaltung des öffentlichen Lebens. Sie spiegelt im Kleinen die Staats= und Unionsverwaltung wieder.

Besondere Kommissionen sind für die Leitung der Geschäfte der einzelnen Zweige des städtischen Organismus eingesetzt. So bestehen Straßeninspektionen, Park=, Baukommissionen, Ge= sundheits=, Steuerbehörden und andere Sektionen. Die Polizei steht unter ihrem eignen Oberhaupt und ist beinahe ganz un= abhängig von der städtischen Verwaltung. Zu Anleihen bedarf es meist der Genehmigung der Gemeinde und der betreffenden Staatslegislatur, da bei dem Streben mancher Beamten, ihre Stellung zu ihrem Vorteil auszubeuten, einer finanziellen Willkürwirtschaft notwendigerweise vorgebeugt werden muß.

Eine größere Anzahl von städtischen und ländlichen Ge= meinden bildet die County, die Grafschaft, welche je nach ihrer Größe von einem Rat von fünf oder mehr Mitgliedern ver=

waltet wird und ihre eigenen Steuern neben den städtischen und staatlichen erhebt. Die Befugnisse der Countybehörden sind in den einzelnen Staaten sehr verschieden. Die County= beamten erfreuen sich meist eines sehr bedeutenden Ansehens und sie gehören wohl zu den unabhängigsten und einflußreichsten im ganzen amerikanischen Staatsorganismus. Namentlich die Distriktsgouverneure genießen eine beinahe unumschränkte Macht, und aus ihren Reihen gehen häufig die Gouverneure der Staaten und die Präsidenten der Republik hervor.

Mehrere Grafschaften bilden zusammen den Staat, der bezüglich seiner inneren Organisation vollständige Autonomie besitzt, dessen Verfassung jedoch nichts enthalten darf, was der= jenigen der Union zuwiderläuft. Ehe der Staat seine Selbst= ständigkeit erlangt und zu einem allen andern gleichberechtigten Mitgliede des Bundes wird, hat er das Stadium des Zu= standes eines Territoriums durchzumachen. Es bedurfte zu dieser Rangerhöhung früher einer Masse von 30 000, später von 50 000 und jetzt von ungefähr 60 000 Männern oder Familien= häuptern. Indessen hängt die Verleihung des Staatstitels an ein Territorium doch noch wesentlich von Nebenumständen und von der Geneigtheit der obersten gesetzgebenden Faktoren der Union ab. So hat Utah es bis jetzt nicht durchsetzen können, zum Staat erhoben zu werden, obgleich es die allgemein als notwendig hierfür anerkannte Bevölkerungsziffer erreicht hat. Der jahrzehntelange Konflikt der Bundesregierung mit den Häuptern der Mormonen anläßlich der bei letzteren bestehenden Vielweiberei hat erstere immer bewogen, mit der Anerkennung Utahs als Staat zu zögern. Früher war es gebräuchlich, daß gleichzeitig immer je zwei Staaten, einer im Norden und einer im Süden creiert wurden.

Die Territorien, deren es zur Zeit noch sechs giebt, haben zwar ihre eigene Verfassung, die natürlich nichts enthalten darf, was derjenigen der Union widerspricht, die somit auch der Bundesregierung zur Prüfung vorgelegt und von ihr anerkannt werden muß; sie entsenden auch je einen Vertreter in den Kongreß, haben jedoch in diesem kein Stimmrecht. Die Gouverneure der Territorien werden ferner von dem Präsidenten der Vereinigten Staaten erwählt und vom Kongreß bestätigt.

Der Einzelstaat ist unter der Voraussetzung, daß seine Verfassung mit der der Union im Einklang steht, vollständig souverän, kann sich verwalten, wie er will, die Steuern erheben, die er für gut hält, selbständig Schulden machen und alle Institutionen schaffen, die für seine Bewohner und seine Verhältnisse geeignet sind. Natürlich darf er sich nicht diejenigen Rechte anmaßen, welche der Bundesregierung durch die Verfassung übertragen sind, und darf nichts unternehmen, was die Einheit der Union aufheben und letztere schädigen kann.

Die Verfassungen der verschiedenen Staaten sind daher keineswegs gleich, ebensowenig wie ihre ganze Organisation, Verwaltung und Gesetzgebung und vieles, was in dem einen erlaubt, ist in dem nächsten oder in andern Staaten verboten und umgekehrt. Auf diesen gänzlichen Mangel an Einheitlichkeit in der Gesetzgebung namentlich sind viele Konflikte der Staaten unter einander oder mit der Bundesregierung und zahlreiche Übelstände zurückzuführen, die das öffentliche und das soziale Leben der Vereinigten Staaten aufzuweisen haben.

Die Bürger des Staats wählen auf Grund des allgemeinen Wahlrechts die Mitglieder der General Assembly, der gesetzgebenden Versammlung, welche sich aus Senat und Abgeordnetenhaus zusammensetzt, und ferner den Gouverneur, den Präsidenten. Letzterer hat seine Sekretäre, die sein Ministerium bilden und die verschiedenen Ressorts verwalten. Er selbst stattet dem Unionspräsidenten jährlich seinen amtlichen Bericht ab.

Als Regierungssitz wird meist nicht die eigentliche Haupt-

ftadt des betreffenden Staates erwählt, sondern ein kleinerer
möglichst central gelegener oder von allen Teilen des Staats
leicht zugänglicher Ort; so ist der Regierungssitz von Newyork
zum Beispiel nicht etwa diese Stadt, sondern das kleine Albany;
der Regierungssitz von Kalifornien nicht etwa San Francisco,
sondern Sacramento. Manche Staaten haben sogar zwei
politische Hauptstädte, zwischen denen sie wechseln, wie Connec=
ticut, dessen Regierungssitze Hartford und Newhaven sind.

Der Zweck dieser eigenartigen Institution ist, die Ansamm=
lung der politisch einflußreichen oder maßgebenden Elemente
am Regierungssitze zu verhüten, der Zentralisation der Macht
und der Möglichkeit eines seitens der herrschenden Partei oder
anderer Faktoren etwa beabsichtigten Staatsstreiches vorzu=
beugen. In den großen Städten befinden sich die Hauptquar=
tiere der Parteien und eine bedeutende Zahl ihrer Anhänger; die
Befürchtung ist daher nicht ausgeschlossen, daß die von Agita=
toren aufgereizten Volksmassen den gesetzgebenden Faktoren
gelegentlich ihren Unwillen über etwaige unliebsame Gesetze,
oder ihre besonderen Wünsche in sehr nachdrücklicher Weise be=
kunden könnten.

Ähnliche Ursachen sind wohl auch bei der Wahl Washing=
tons zur Bundeshauptstadt maßgebend gewesen. Damals, als
die Kolonien sich von England lossagten und der neue Staat
gegründet wurde, lagen der Bundesdistrikt Columbia und seine
Hauptstadt auch sehr günstig, in der Mitte der längs der Ost=
küste entstandenen 13 Staaten, während sie jetzt ihre zentrale
Lage allerdings vollständig eingebüßt haben.

Die Krönung des ganzen Staatsgebäudes bildet die Unions=
regierung, welche in Gemäßheit mit der am 4. März 1789
in Kraft gesetzten und seitdem nur wenig veränderten Bundes=
verfassung die Geschäfte der Vereinigten Staaten leitet.

Diese obersten Regierungsgewalten gehen wie die der

einzelnen Staaten aus den direkten Wahlen der Bürger hervor. Die gesetzgebende Gewalt liegt in den Händen des Kongresses, welcher sich aus dem Senat und dem Abgeordnetenhause zusammen setzt; die vollziehende in denen des Präsidenten.

Spielen bei den Gemeinde=, den Grafschafts=, den Kongreßwahlen die Parteien eine allmächtige Rolle und machen einander in jedem Falle den Sieg streitig, so geschieht dies vollends bei den Wahlen der obersten Bundesbehörden. Die politischen Leidenschaften werden bei diesen Gelegenheiten vollständig entfesselt und alle nur erdenklichen Mittel werden angewandt, um den Ausfall der Wahlen zu beeinflussen. Den Höhepunkt der Aufregung erreicht die Agitation hauptsächlich aber, wenn es sich um die Präsidialwahlen handelt, weil die Persönlichkeit des obersten Staatslenkers den Parteienkampf zum Abschluß bringt und für die Geschicke des Landes während der vierjährigen Amtsperiode des Präsidenten entscheidend ist.

Das amerikanische Unterhaus besteht zur Zeit aus 356 auf Grund des allgemeinen Wahlrechts gewählten Abgeordneten, deren Mandat zwei Jahre umfaßt und die während der Dauer desselben jährlich 5000 Dollar Diäten erhalten. Der Ausfall dieser Wahlen hängt natürlich ganz von der Thätigkeit der Parteien und den Geldmitteln ab, die dieselben zur Verfügung haben. Denn wenn der Stimmenkauf, die Beeinflussung der Wahlen durch Zusicherung oder Gewährung materieller Vorteile ausgeschlossen sein sollte, so kommt doch auch in den Vereinigten Staaten ebenso wie in vielen andern konstitutionell regierten Ländern der Volkswille keineswegs ungefälscht zum Ausdruck. Kein nur irgend erdenkliches Mittel wird seitens der Agitatoren unangewandt gelassen, um im Interesse der Parteien, in deren Dienst sie stehen, möglichst große Massen von Wählern zu gewinnen. In kleinen Orten und auf dem Lande sind es die Krämer, die Bier= und Schnapswirte, welche

ihre Kundschaft gemäß den Wünschen der Leiter derjenigen
Partei bearbeiten, für welche sie selbst gewonnen sind. Durch
Vorteile, welche sie den ihnen meist verschuldeten Kunden ge=
währen, durch Freibier, welches sie verteilen, wirken sie auf
die niederen Volksmassen ein, die von den politischen Partei=
fragen meist nicht das Geringste verstehen.

Jn den größeren Städten oder in den auf dem Lande
abgehaltenen großen Meetings und Volksversammlungen wirken
die tüchtigsten Volksredner der verschiedenen Parteien, um
durch geschickte packende Schlagworte, durch Witze und durch
Verleumdung der politischen Gegner die Massen für sich und
die Sache der sie dienen, zu gewinnen. Es gehören die ge=
wiegtesten Politiker von Profession, die tüchtigsten und schlag=
fertigsten Redner, die verschlagensten und am wenigsten skrupu=
lösen Männer dazu, um in diesen Wahlvorbereitungen be=
deutende Erfolge zu erzielen, um als Kandidaten zu fungieren
und bei den Wahlen schließlich als Sieger hervorzugehen. Es
sind daher fast nur Advokaten, die sich diesen Aufgaben wid=
men und es hat sich allmählich ein besonderer Stand von
professionellen Politikern ausgebildet, die die Wahlagitation
systematisch und geschäftsmäßig betreiben, die Politik zum Ge=
werbe erniedrigen, die Abgeordnetensitze des Kongresses wie
der Staatslegislaturen beinahe ständig einnehmen und, wenn
sie dies nicht thun, kraft ihrer Verbindungen und Einflüsse in
der Zwischenzeit als Advokaten oder in hohen Ämtern große
Kapitalien erwerben und nebenbei in der Leitung ihrer be=
treffenden Parteien thätig sind. Diese professionellen Politiker
sind es namentlich, welche, besonders in den früheren Jahr=
zehnten so korrumpierend auf den Beamtenstand, auf die öffent=
liche Meinung, den Nationalgeist und die Volksmassen eingewirkt,
die städtischen Verwaltungen an sich gerissen, Vereinigungen
wie den Tammanyring in New=York gebildet und die Macht zu

dem Zwecke errungen haben, alle Ämter unter sich zu ver=
teilen und sich in schmählichster Weise an den öffentlichen Geldern,
am Gemeinde= und Staatseigentum zu vergreifen.

Die professionellen Politiker sind es, welche in der öffent=
lichen Meinung das Ansehen des Parlaments und des Parla=
mentarismus der Art geschädigt haben, daß es lange Zeit
kaum als eine Ehre und Auszeichnung betrachtet wurde, dem
Kongreß anzugehören, oder öffentliche Stellungen zu bekleiden.
Ihnen ist es zuzuschreiben, daß die höheren gebildeten Stände
und ebenso die ernst und redlich arbeitenden Klassen der Be=
völkerung sich mehr und mehr von der Politik abgewandt haben,
und daß sich endlich die Erkenntnis der dringenden Notwendigkeit
einer vollständigen Zivildienstreform und der energischsten Be=
kämpfung der Korruption im Beamtenstande und im öffent=
lichen Leben der Gemeinden, der Einzelstaaten und der Union
Bahn gebrochen hat.

Die Verfassung verbot von vorn herein, daß ein Beamter
in den Kongreß eintreten, und ebenso, daß während der Dauer
des Mandats irgend ein Abgeordneter ein öffentliches Amt
übernehmen konnte. — Gegen diese Bestimmungen darf natür=
lich nicht verstoßen werden, dagegen vermag es niemand zu
verhindern, daß die Abgeordneten ihre Macht ausnutzen, um
ihren Verwandten, Freunden, Gevattern und Günstlingen so
viel einträgliche Ämter als nur irgend möglich zu verschaffen.
Da jeder Regierungswechsel, die Inaugurierung eines neuen
Präsidenten und vollends die Verdrängung einer der beiden
großen Parteien, die sich in die Herrschaft über das Land geteilt
haben, durch die andre, stets eine Neubesetzung aller Ämter
mit sich bringen, da die Amtsdauer überall nur kurz ist und
im günstigsten Fall nicht über vier Jahre hinausgeht, da die
Masse der Kandidaten die Gesamtzahl aller amtlichen Stellen
vielmals übersteigt, da die Leiter der zur Macht gelangten

Partei notgedrungen für die Mitglieder der letztern sorgen
müssen, wenn sie ihre Gunst und Unterstützung nicht verlieren
wollen, da endlich sie sich ganz besonders mit den Mitgliedern des
Abgeordnetenhauses freundlich stellen und diesen so weit als
thunlich alle Wünsche erfüllen müssen, so haben die Deputierten
begreiflicherweise großen Einfluß und nutzen denselben denn
auch zu Gunsten derjenigen, welchen sie wohl wollen, nach
Kräften aus und wenden ihren Verwandten einträgliche Ämter zu,
während sie selbst sich mit den 5000 Dollar jährlicher Diäten
begnügen müssen. Freilich lassen sie sich auch jede Gunst, die
sie gewähren teuer bezahlen und beuten die Dauer ihres
Mandats überhaupt nach Kräften aus, um für ihre eigne Zu=
kunft zu sorgen, für den Fall, daß sie nicht wiedergewählt
werden.

Erfolgen die Deputiertenwahlen nach Maßgabe der Be=
völkerung der verschiedenen Staaten der Art, daß auf eine
gewisse Anzahl Seelen immer ein Abgeordneter kommt, so
richtet sich die Zahl der Senatoren dagegen nach der der
Staaten, welche der Union angehören. Während das Ab=
geordnetenhaus also zur Zeit aus 356 Mitgliedern besteht, so
daß je eines auf ungefähr 175 000 Individuen kommt gegen
33 000 im Jahre 1800 und über 70 000 im Jahre 1840,
so zählt der Senat nur 88 Mitglieder, da die Union gegen=
wärtig aus 44 Staaten besteht, von denen jeder ohne Rück=
sicht auf seine Größe und seine Bevölkerungsziffer nur je zwei
Vertreter in das Oberhaus entsendet. Die Dauer des Mandats
der Senatoren ist ferner sechs Jahre, doch wird ein Drittel
des Senats alle zwei Jahre durch Neuwahlen ergänzt.

Ein ganz besonderes Verfahren wird bei den Präsident=
schaftswahlen beobachtet.

Der Präsident der Republik wird nicht direkt vom Volke
erwählt, sondern die Parteien machen sich, sobald die Neu=

wahlen herannahen, über die Kandidaten für die Präsident=
schaft und die Vizepräsidentschaft schlüssig und nominieren die=
selben auf den Nationalkonventen, welche zu diesem Zwecke
einberufen werden. Die Entscheidungen dieser von allen
Staaten beschickten Versammlungen sind bindend für sämtliche
Parteigenossen. Die letzteren, also das Volk, erwählen dann
an dem dafür bestimmten Tage nur die Wahlmänner, die so=
genannten Elektoren, deren Zahl gleich der Summe der Ab=
geordneten und Senatoren der verschiedenen Staaten ist, sich
also bei den letzten vorjährigen Wahlen auf 356 und 88 so=
mit 444 belief. Diese Wahlmänner sind je nach ihrer Partei=
stellung auf die von ihren betreffenden Parteikonventen nomi=
nierten Kandidaten verpflichtet, und ihre Wahl ist daher in
Wirklichkeit entscheidend für den Sieg des einen oder des
andern Kandidaten. Gesetzlich sind die Elektoren allerdings
keineswegs genötigt, ihre Stimmen für die offiziellen Partei=
kandidaten abzugeben; da eine Abweichung von diesem ein=
geführten Gebrauch jedoch die schlimmsten Folgen für den=
jenigen haben würde, welcher es wagte die Parteidisziplin in
diesem wichtigen Punkte zu verletzen, so ist die Präsidentschafts=
wahl seitens der Elektoren eigentlich nur eine leere Form, die
indessen streng beobachtet wird. Vor versammeltem Kongreß
wird nämlich am zweiten Mittwoch des Februar des Jahres,
in welchem der Amtstermin des regierenden Präsidenten sein
Ende erreicht, seitens des Vizepräsidenten der Republik, der der
Vorsitzende des Senats ist, öffentlich die amtliche Zählung
der von den Elektoren abgegebenen Stimmen vorgenommen
und das Ergebnis verkündet. Stellt sich hierbei etwa Stimmen=
gleichheit für die Präsidentschaftskandidaten heraus, so wählt
der Kongreß den Präsidenten für den nächsten vierjährigen
Termin aus der Zahl derjenigen drei Kandidaten, welche die
meisten Stimmen erhalten haben. In diesem Falle aber hat

jeder Staat nur je eine Stimme, und es kann bei diesem Wahlmodus vorkommen, daß das mutmaßliche Ergebnis der Elektorenwahlen vollständig umgestoßen wird. Denn, während die Summe der für die Elektoren abgegebenen Volksstimmen vielleicht eine sehr bedeutende Mehrheit für den demokratischen Kandidaten ergeben haben und diesem nur die eine einzige Elektorenstimme zur Erlangung der absoluten Majorität fehlen mag, kann bei der entscheidenden Stichwahl nach den Staaten möglicherweise die republikanische Partei den Sieg davontragen oder umgekehrt.

Die Inauguration des neuerwählten Präsidenten erfolgt dann regelmäßig am 4. März, an dem Tage, an welchem seiner Zeit George Washington als erster Präsident der Vereinigten Staaten sein Amt angetreten hat.

Eine Wiederwahl des Oberhauptes der Republik ist statthaft und häufig vorgekommen. Eine dritte Wahl hat Washington abgelehnt, und als es sich darum handelte, General Grant in ununterbrochener Folge zum dritten Mal zum Präsidenten zu ernennen, wurden so viel mißbilligende Stimmen laut, daß davon Abstand genommen werden mußte. Als Regel wurde damals festgestellt, daß ein und dasselbe Individuum nicht länger als während zweier Amtstermine hintereinander die Leitung der Geschäfte des Bundesstaats in seinen Händen haben sollte.

Die Beziehungen zwischen der vollziehenden Gewalt des Präsidenten und der gesetzgebenden des Kongresses sind streng geregelt und die Befugnisse der ersteren durch letztere so sehr beschränkt, daß die Usurpierung der Macht seitens eines Präsidenten, der Versuch desselben, sich zum unumschränkten Herrscher aufzuwerfen, vollständig ausgeschlossen erscheint.

Zunächst ist durch die Verschiedenartigkeit der drei Verfahren, welche bei der Wahl der Abgeordneten, der Senatoren

und des Präsidenten und seines Stellvertreters angewandt
werden, dafür gesorgt, daß das Volk nicht nur seinen Willen
deutlich bekunden, sondern auch in ganz kurzen Zwischenräumen
in Gemäßheit mit der Entwickelung der inneren Verhältnisse
des Staates zum Ausdruck bringen kann. Die Wahlen für die
Legislaturen der Einzelstaaten, für den Senat und das Abgeordnetenhaus der Union und für die Präsidentschaft erfolgen
zu verschiedenen Zeiten und können mehr oder minder direkt
den Gang der Politik beeinflussen. Allerdings besteht dieser
Einfluß nur in der Theorie. Die Entwickelung des Parteiwesens hat die Absichten der Urheber der Unionsverfassung bei
Feststellung dieser verschiedenen Wahlverfahren durchkreuzt und
verhindert den unverfälschten Ausdruck der öffentlichen Meinung
— so weit von einer solchen überhaupt die Rede sein kann.
Immerhin ist es wiederholt vorgekommen, daß Abgeordnetenhaus, Senat und Präsidentschaft mit einander in Widerspruch
gestanden haben und daß die gesetzgebende Gewalt der vollziehenden entschiedene Opposition gemacht, ja sie in Anklagezustand ver-
setzt hat. Es ist eine sehr gewöhnliche Erscheinung, daß Senat
und Abgeordnetenhaus mit einander in Streit geraten, daß
die Majorität des einen demokratisch, die des andern republikanisch ist.

Der Präsident erwählt nun zwar seine Minister oder
Sekretäre, wie sie genannt werden, ebenso auch die Botschafter,
Gesandten und höchsten Beamten. Er umgibt sich also mit
einem Stabe von Vertrauensmännern, die ein Heer von Unter-
beamten zu ihrer Verfügung haben. Jede seiner Ernennungen
bedarf jedoch der Bestätigung des Senats, der das Recht hat
und hiervon auch ergiebigen Gebrauch macht, die Verfügungen
des Präsidenten zu beanstanden.

Die Initiative der Gesetzgebung ferner liegt ganz in den
Händen des Kongresses. Keine Vorlage kann Gesetzeskraft

erlangen, ehe sie nicht vom Abgeordnetenhause und vom Senat durch Mehrheitsbeschluß angenommen ist. Der Präsident, an den sie dann gelangt, kann nur seine Einwendungen dagegen machen und sie, mit diesen versehen, an den Kongreß zurücksenden, doch muß auch dieser Einwand binnen 10 Tagen erfolgen, sonst erlischt das Ablehnungsrecht. Wird nun aber eine vom Präsidenten zurückgewiesene Vorlage in den beiden Häusern mit zwei Drittel Majorität angenommen, so erhält sie ebenfalls trotz des Vetos des Präsidenten Gesetzeskraft. Das Einspruchsrecht der vollziehenden obersten Gewalt des Staates ist somit sehr bedingt und begrenzt.

Obgleich der Präsident der oberste Befehlshaber der Land und Seemacht ist, kann er doch weder aus eigener Macht Krieg erklären, noch Frieden schließen. Verträge mit ausländischen Mächten bedürfen ebenfalls der Bestätigung des Senats. Im vollen Sinne des Wortes ist der Präsident also nur der Vollstrecker des Willens der Volksvertretung, der gesetzgebenden Versammlung.

Der geringe Gehalt von 50 000 Dollar beschränkt die Macht des Präsidenten ebenfalls in hohem Grade, er schließt jede Prachtentfaltung und die direkte materielle Beeinflussung der Parteigenossen oder seines besondern Anhangs für Förderung seiner Sonderinteressen aus, und zwar um so mehr, als die Präsidenten meist unbemittelt sind und nur äußerst selten über große Reichtümer verfügen.

Wie in andern Ländern ist auch in den Vereinigten Staaten der Senat der oberste Gerichtshof, doch sind seine juridischen Befugnisse insofern beschränkt, als er nur gegen hohe Staatsbeamte auf Grund von Vergehen, welche dieselben begangen haben, auf ihre Entfernung vom Amte oder auf Unfähigkeit, ein solches wieder zu bekleiden, erkennen kann, nicht aber Strafen erteilen darf.

Eine Instanz gibt es indessen in der Union noch, die in gewissem Sinne über den höchsten Staatsgewalten steht und die die gerechte Bewunderung vieler der ersten Staatsrechtslehrer und Politiker der alten Welt gefunden hat. Es ist dies der Supreme Court, oder der oberste Bundes= gerichtshof in Washington. Derselbe besteht aus neun Richtern und dem Generalanwalt, welcher letztere zugleich Mitglied des Ministerrats ist. Es werden in ihn nur die hervorragendsten Juristen der Vereinigten Staaten, Männer von untadelhaftem Lebenswandel berufen, die sich des höchsten Ansehens erfreuen und, im Gegensatz zu allen übrigen Staatsbeamten, unabsetzbar sind.

Die erste und wichtigste Aufgabe dieses obersten Gerichts= hofes ist, darüber zu wachen, daß die Bundesverfassung nicht verletzt wird, welche das höchste Gesetz für die Vereinigten Staaten ist. Jedes von dem Abgeordnetenhaus, dem Senat und dem Präsidenten geschaffene neue Gesetz kann daher von dem Supreme Court ohne weiteres und ohne Widerspruch sofort annulliert werden, sofern es irgend etwas enthält, was mit den Bestimmungen der Verfassung im geringsten in Wider= spruch steht.

Jeder Urteilsspruch des Obergerichts ferner wird als maß= gebend für die Rechtsprechung anerkannt und in die bestehenden Gesetzsammlungen zur Nachachtung aufgenommen.

In allen Verfassungsfragen ist der Gerichtshof ausschließ= lich kompetent und wird in jedem Falle in Anspruch genommen, wenn die Auslegung eines Paragraphen zweifelhaft ist oder zu Meinungsverschiedenheiten zwischen den obersten Staats= gewalten Veranlassung gibt.

Wie alle Verordnungen, Beschlüsse und Gesetze der Bundes= regierung und des Kongresses sind auch die der Regierungen und Legislaturen der einzelnen Staaten der Autorität des obersten Bundesgerichtshofs unterworfen, gegen dessen Ent=

scheidungen es überhaupt keine Berufung gibt. Auch Konflikte der Einzelstaaten untereinander oder zwischen diesen und der Union werden vor ihm zum Austrag gebracht, ferner überhaupt alle Rechtshändel, in denen die Union, sei es als Klägerin oder Beklagte, Partei ist. Ebenso gehören alle internationalen Streitfragen, Gesandtschafts= und Konsularfragen, die auf das Seerecht bezüglichen und andre überwiegend staatsrechtliche vor sein Forum. Die Überhäufung des Bundesgerichtshofs, die Umständlichkeit des Verfahrens und die anderweitige Thätig= keit der Richter machen die schnelle Erledigung der zahlreichen laufenden Sachen äußerst schwierig, und dieser Umstand beein= trächtigt in etwas den im übrigen so hohen Wert dieses Ober= tribunals. Denn die Mitglieder desselben haben noch eine andre wichtige Aufgabe zu erfüllen. In Gemäßheit mit ihrer Zahl ist das ganze Gebiet der Vereinigten Staaten in neun Gerichtsbezirke geteilt, die unter je einem der Bundesrichter stehen und regelmäßig von ihnen bereist werden. Unterstützt von lokalen Distriktsrichtern halten die Mitglieder des Supreme Court in ihrem Bezirk Gerichtstage ab, auf welchen die vor ihr Tribunal gehörenden Angelegenheiten erledigt werden. Diese Circuit Courts oder umgehenden Gerichte sind zugleich die Berufungsinstanz für die Distriktsgerichte der verschiedenen Staaten.

Außerdem besteht neben dem Supreme Court noch ein andres staatliches Tribunal, der Beschwerde=Gerichtshof, der Court of Claims, der seinen Sitz ebenfalls in der Bundes= hauptstadt Washington hat und vor den alle Angelegenheiten gebracht werden, in denen Privatpersonen Klage zu führen haben gegen die Bundesregierung, die Staatenregierungen, den Bundesstaat oder einen einzelnen Staat.

Im übrigen ist die Rechtspflege Sache der Einzelstaaten, die das Gerichtswesen ganz nach ihrem Gutdünken organisieren.

Im allgemeinen ist dasselbe allerdings gleichmäßig geordnet, im einzelnen aber bestehen viele Unterschiede und namentlich weichen die in den verschiedenen Staaten herrschenden Rechts= grundsätze und Gesetze, trotzdem sie fast durchweg auf dem altenglischen Landrecht basieren, in vielen wichtigen Punkten weit von einander ab. Von einem gemeinsamen Recht ist daher in den Vereinigten Staaten nicht die Rede, und die Gesamt= kenntnis der in den verschiedenen Teilen der Union bestehenden sonderrechtlichen Verfügungen für einen einzelnen so gut wie ausgeschlossen. Prozesse zwischen Bürgern verschiedener Staaten werden durch diese Ungleichheit der Gesetze außerordentlich erschwert. Doch auch selbst die Landesgesetze jedes Staates bieten der Interpretation das weiteste Feld, und dies ist der Hauptgrund dafür, daß die Advokaten in den Vereinigten Staaten eine so sehr große Rolle spielen. Selbst die kleinste Bagatellsache kann nicht ohne die Hilfe eines Rechtsbeistandes erledigt werden, und dieser Umstand ist von einschneidender Bedeutung für das öffentliche Leben, denn die Advokaten beuten denselben in ungebührlicher Weise und zu offenkundigem Schaden für die öffentliche Moral zu ihrem Vorteil aus. Ist die Rechtsprechung ohnehin infolge der Beibehaltung des ver= alteten englischen Prozeß=Verfahrens sehr schleppend, langsam und daher kostspielig, so haben die Advokaten noch ihr Inter= esse daran, jede Angelegenheit so viel als möglich in die Länge zu ziehen. Die Mittel, welche hierfür aufgeboten, die Spitzfindigkeit, mit der die Gesetze interpretiert und die zahllosen Ungerechtigkeiten welche dabei begangen werden, haben das öffentliche Rechtsbewußtsein in bedenklicher Weise be= einträchtigt. Die Armen sind überhaupt außer stande, Pro= zesse zu führen und zu ihrem Recht zu kommen; daher ist denn auch die Selbsthilfe in den niederen Bevölkerungsschichten in Rechtsstreitigkeiten sehr gewöhnlich und namentlich in den wenig

bewohnten oder neu besiedelten Gebieten herrscht das Lynchrecht
ziemlich unumschränkt. Hauptsächlich wird es den Negern
gegenüber angewandt, die zwar verfassungsgemäß den übrigen
gleichgestellt sind, in Wahrheit aber von den weißen Staats=
bürgern doch immer noch ebenso rücksichtslos behandelt werden
wie früher, als sie sich im Zustande der Sklaverei befanden.

Die Amtsdauer der Richter ist in den verschiedenen Staaten
sehr ungleich, ebenso wie der Modus ihrer Anstellung. Sie
werden teils vom Volke, teils von den Gouverneuren, teils von
den Legislaturen auf eine bestimmte Reihe von Jahren erwählt.

Das Gefängniswesen gilt im allgemeinen als vorzüglich
geordnet. Da es indessen auch Sache der Einzelstaaten ist, so
weist es doch an vielen von den großen Kulturzentren fern
gelegenen Orten noch manche barbarische Überreste aus früherer
Zeit auf.

In den großen Staatsgefängnissen finden sich besonders
zwei Systeme angewandt: Das Auburnsystem mit Einzelhaft
während der Nachtzeit und gemeinsamer Arbeit bei Tage, und
das separate System, bei dem die Sträflinge Tag und Nacht
in Einzelzellen getrennt von einander gehalten werden. Bei
strengster Disciplin werden den Gefangenen doch überall, sofern
sie sich gut führen, manche Freiheiten gewährt, die sie in
andern Ländern entbehren, sie werden gut erhalten und es
wird ausgezeichnet für ihre Bildung gesorgt. In vielen Ge=
fängnissen werden die Insassen in Werkstätten, die daselbst ein=
gerichtet sind beschäftigt, und es wird ihnen Gelegenheit ge=
boten, sich, wenn sie fleißig sind, ansehnliche Summen zu ver=
dienen. Vielfach herrscht auch das Kontraktsystem, auf Grund
dessen die Sträflinge als Arbeiter an Fabrikanten verdungen
werden. Besondere Aufmerksamkeit wird den Anstalten zu=
gewandt, in welchen verwahrloste Knaben und Mädchen auf=
genommen werden, und die besten Resultate sind in vielen der=

selben in großer Zahl erzielt worden. Durch öffentliche Mild=
thätigkeit wird ferner für die aus den Gefängnissen entlassenen
Individuen gesorgt, um denselben die Möglichkeit zu gewähren,
sich eine neue Existenz zu gründen.

Das Heerwesen der Union ist auf Werbung gegründet.
Denn da es dem selbstbewußten, die Unabhängigkeit liebenden
Amerikaner durchaus widerstrebt, sich einer strengen Disziplin
wider seinen Willen unterzuordnen, sich auf lange Jahre der
Dispositionsfähigkeit über sich selbst, sein Thun und Lassen zu
entäußern und sich in ein Abhängigkeitsverhältnis zu begeben, so ist
die Einführung der allgemeinen Wehrpflicht im deutschen Sinne
dieses Wortes in Amerika ganz ausgeschlossen.

Da für die Zwecke der Bundesregierung in Friedenszeiten
eine ganz kleine Armee genügt, und es hauptsächlich darauf
ankommt, für den Kriegsfall ein tüchtiges Offizierkorps zu
schaffen, so hat sich die Beibehaltung des Werbesystems bisher
vollständig bewährt, obgleich es trotz des hohen Soldes und vieler
Privilegien, die den ausgedienten Soldaten bewilligt werden,
schwer genug ist, das Bundesheer auf der festgesetzten Höhe
von nahezu 28 500 Individuen zu erhalten. Nur den hohen
Prämien, die den Werbeoffizieren oder Rekrutenagenten gewährt
werden, ist es zu danken, daß die Lücken, welche durch De=
sertion entstehen, immer wieder ausgefüllt werden. Denn sind
es zwar fast ausschließlich europäische Emigranten und namentlich
Deutsche, welche zum Eintritt in den Militärdienst gewonnen
werden, so ist der letztere doch außerordentlich anstrengend und
gewährt den Soldaten wenig Befriedigung, da sie meist über
die aller Kultur ferngelegenen Grenzforts verteilt werden, wo
sich bei dem besten Willen keine Möglichkeit bietet, sich in den
dienstfreien Zeiten zu vergnügen, wie dies überall in Europa
der Fall ist.

Auch das hohe Handgeld und die vergleichsweise glänzende

Besoldung, die Aussicht auf Altersversorgung, wie auf eine eigne
Heimstätte nach beendeter Dienstzeit vermögen die Soldaten
nicht mit dem Mangel an Vergnügen auszusöhnen, und außer=
dem sind sie die Opfer der Landkrämer, Hausierer und Armee=
lieferanten, welche die Gemeinen auf das schmählichste aus=
beuten, während sie den Offizieren, um diese für sich zu ge=
winnen, die besten Sachen zu Spottpreisen ablassen.

Die Bundestruppen dienen in gewöhnlichen Zeiten nur
zur Besatzung der Indianerforts, der Grenzfestungen gegen
Canada und Mexico, in den Centralgarnisonen und werden
außer im Kriege gegen die Indianer meist nur bei ernsten
Unruhen im Innern, wie bei den großen Arbeitseinstellungen
des vorigen Jahres in Buffalo und bei ähnlichen Anlässen
verwandt.

Die Offiziere rekrutieren sich nur aus den höchsten Familien
des Bundesstaats. Sie werden in der Militärakademie von
West Point und in der Artillerieschule des Monroeforts für
ihren Beruf erzogen. Ihre Ausbildung ist eine sehr sorg=
fältige, die Disziplin, welcher sie sich von ihrem Eintritt in
das Kadettenkorps von Westpoint an zu unterwerfen haben, ist
aber so streng und die Anforderungen an ihre Arbeitskraft sind so
bedeutend, daß ein großer Teil der jungen Leute, selbst nach=
dem sie die schwere Eintrittsprüfung glücklich bestanden haben,
doch in den ersten Jahren schon das Kadettenhaus wieder ver=
lassen. Diejenigen, welche den achtjährigen Kursus durch=
machen und das Offizierexamen ablegen, genießen ein hohes
Ansehen in der amerikanischen Gesellschaft, erreichen die be=
deutendsten Stellungen und werden in Kriegszeiten auch zur
Leitung der Milizheere verwandt.

Denn neben den Bundestruppen besteht die Miliz, deren
Ausbildung Sache der Einzelstaaten ist. Sie gründet sich
allerdings in gewissem Sinne auf die allgemeine Wehrpflicht,

denn jeder Staatsbürger mit Ausnahme der Ärzte, Lehrer und Geistlichen ist vom 18. bis zum 44. Jahre milizpflichtig, so daß im Kriegsfall das stehende kleine Milizheer von ungefähr 115 000 Mann sofort auf sechs bis sieben Millionen waffenfähige und geschulte Individuen erhöht werden kann. Wie der Präsident des Bundesstaats oberster Befehlshaber des Bundesheeres ist, so führt jeder Gouverneur den Oberbefehl über die Miliz seines betreffenden Staates.

Was Westpoint für das Landheer, ist Annapolis in Maryland für die Flotte, denn auf der Naval Academy des letztgenannten Ortes werden die Seeoffiziere ausgebildet, die sich eines ebenso guten Rufes erfreuen, wie die der Bundestruppen. Auch sie genießen die sorgfältigste Erziehung und werden an strenge Disziplin gewöhnt.

Die Kriegsflotte steht indessen auch an Zahl ihrer Fahrzeuge in keinem richtigen Verhältnisse zu der Größe des Staats, der übrigens auch nach den Seeseiten hin fast jeden Schutzes durch geeignete Küstenbefestigungen ermangelt. Es wird jedoch jetzt eifrig daran gearbeitet, die Flotte durch neue Schiffe zu vergrößern, aber auch dann würde sie allerdings in einem Kriege sich noch lange nicht mit denen der Großmächte der alten Welt messen können. Die praktischen Amerikaner haben sich aber auch für den Eintritt dieser Eventualität gehörig vorgesehen und mit den großen amerikanischen Dampfergesellschaften das Abkommen getroffen, daß diese im Falle internationaler Verwickelungen ihre Schiffe sofort in den Dienst des Staats stellen, und fast alle großen Schiffe sind auch bereits derart gebaut, daß sie im Laufe kürzester Zeit armiert werden und allen Anforderungen an Kriegsfahrzeuge entsprechen können.

Die Staatsverwaltung, die Politik, das gesamte öffentliche Leben werden wesentlich beeinflußt und bedingt durch das Parteiwesen.

Auch dieses ist ein Produkt geschichtlicher natürlicher Ent=
wickelung und hat eine große Reihe von Veränderungen durch=
gemacht, bis es seinen jetzigen Charakter erhalten hat.

Die Geschichte dieser Entwickelungsphasen war durch die
inneren Verfassungskämpfe der Union, durch die Geschichte der=
selben bedingt und ist nur verständlich, wenn sie im Zusammen=
hange mit letzterer betrachtet wird. Es würde daher zu weit
führen und zwecklos sein, in flüchtigen Umrißlinien die Geschichte
des Parteiwesens zu skizzieren, und wir müssen uns mit wenigen
Worten über den heutigen Stand desselben begnügen.

Es stehen sich gegenwärtig zwei große Parteien in den
Staaten gegenüber, die demokratische und die republikanische,
die mit einander um die Herrschaft über die Republik ringen.
Der praktische Zweck dieses unaufhörlichen und mit größter
Erbitterung geführten Kampfes ist ein materieller, denn wer
den Sieg davonträgt, erlangt die Macht und erwirbt das Recht
der Verwaltung beziehentlich der Ausbeutung des Landes, da
die Beamten noch immer mit den Regierungen wechseln und
nach dem Gutdünken der letzteren ein= und abgesetzt werden.

Die Ursachen der Existenz dieser zwei mächtigen den größten
Teil der Bevölkerung der Vereinigten Staaten umfassenden
Parteien liegen jedoch viel tiefer, nämlich in dem Dualismus,
den wir in Nordamerika von der Zeit der Gründung der ersten
Kolonien an bis auf die Gegenwart in allen Zweigen der
Kultur verfolgen können. Es ist der ewige Gegensatz zwischen
dem Norden und dem Süden, der germanischen und der ro=
manischen, der demokratischen und der aristokratischen Be=
völkerung, den Gegnern der Sklaverei und den Anhängern
derselben, den Vertretern der Industrie und des Handels und
denen des Großgrundbesitzes und der Viehzucht, den Verfechtern
des Schutzzolls und denen des Freihandels, den Anhängern
des Gedankens der Zentralisation der Macht und denen der

Kräftigung der Einzelglieder, des staatlichen Partikularismus, der Autonomie jedes einzelnen Faktors im Staate.

Damit sind denn auch die wichtigsten Programmpunkte beider Parteien bereits fixiert. Allerdings sind diese Gegen=sätze, welche sich früher sehr schroff und unvermittelbar gegen=überstanden, in neuester Zeit im Schwinden begriffen und ebenso sind die geographischen Scheidelinien allmählich verrückt und zum teil ganz verwischt worden, denn es giebt jetzt Demokraten und Republikaner in allen Staaten, und die Führer derselben haben zum teil schon große Mühe, die Unterschiede zwischen den beiden Parteien den Anhängern derselben gehörig klar zu machen und an Stelle der schwindenden neue zu schaffen.

Die republikanische Partei hat allerdings auch heute noch ihren Hauptstützpunkt in den Nordstaaten, in der Geld= und Fabrikaristokratie, in der Arbeiterbevölkerung derselben und in den Negern und Mischlingen, welche ihr ja ihre Befreiung von dem Druck der Sklaverei verdanken.

Die demokratische Partei dagegen herrscht hauptsächlich in den Südstaaten, den früheren Sklavenstaaten, ferner gehören ihr die Bauern, die armen Bevölkerungselemente des Nordens und die meisten Nachkommen der Deutschen an, wie denn auch letztere in den vorjährigen Präsidentschaftswahlen gewissermaßen den Sieg Clevelands herbeigeführt haben.

Die Hauptpunkte der Platform oder des Programms der Republikaner waren früher und sind heute noch großenteils: die Centralisation der Regierung, möglichste Kräftigung der Bundesregierung auf Kosten der Einzelstaaten, Gründung einer nordamerikanischen Staatskirche, Schutz der nordamerikanischen Industrie durch hohe Zölle, Schaffung von Monopolen, Er=haltung der Nationalbanken, Prägung von Silber nur nach Bedarf, Hebung der Marine, Beschränkung der Einwanderung, Stellung der Schule unter die Oberaufsicht der Bundes=

regierung und Verstaatlichung der Post und der Telegraphie, um
der Ausbeutung dieser Verwaltungszweige durch Private ent=
gegenzuwirken.

Die Demokraten dagegen treten für Aufrechterhaltung und
möglichste Erweiterung der Rechte der einzelnen Staaten ein,
sie sind entschiedene Gegner jeder Art von Centralisation der
Regierungsgewalten; sie verwerfen den Gedanken der Ver=
bindung von Staat und Kirche, dringen vielmehr auf die
größte religiöse Freiheit, wie überhaupt auf weitest gehende
Selbsthilfe und Unabhängigkeit des Individuums in allen
Kulturzweigen; sie verlangen völlige Freiheit der Konkurrenz
auf allen Gebieten des wirtschaftlichen und materiellen Lebens,
verwerfen daher unbedingt alle Monopole, Ringe, Trusts und
verwandte Erscheinungen; sie wollen keine Nationalbanken, die
der Kontrole der Centralregierung der Union unterworfen sind,
sondern finanzielle Selbständigkeit der Staaten.

In allerjüngster Zeit sind sie besonders auch für Civil=
reform, für energische Bekämpfung der Korruption in der
Verwaltung, im Beamtenstande eingetreten, und diese Not=
wendigkeit hat sich allerdings derart empfindlich gemacht, daß
auch die Republikaner dieselbe eingesehen und gleichfalls auf
ihr Programm genommen haben. Aber auch in vielen andern
Punkten, in denen die beiden Parteien früher von einander
abwichen, hat allmählich eine Annäherung stattgefunden, so daß
der größte Unterschied zur Zeit eigentlich nur in Beurteilung
und Behandlung der Zollfragen besteht, denn die Demokraten
wollen zwar nicht vollständigen Freihandel, aber die Herab=
setzung des Tarifs auf ein Minimum. Ein anderes Streit=
objekt ist und bleibt ferner die Silberprägung und überhaupt
die Währungsfrage, welche voraussichtlich auch noch ernste
Konflikte heraufbeschwören wird.

Außer diesen beiden großen Parteien bestehen noch eine

ganze Menge kleiner, die bisher zu keiner Bedeutung gekommen sind, sondern bei wichtigen Anlässen sich jenen doch anschließen.

Selbst die im Laufe der letzten Jahrzehnte entstandene Partei der Unabhängigen, welche sich aus einer großen Reihe hervorragender Demokraten und Republikaner gebildet hatte und zu der auch die bedeutendsten Führer der Deutschamerikaner gehörten, hat sich nicht zu völliger Unabhängigkeit erheben können, wirkte aber ausschlaggebend bei den letzten Präsidentschaftswahlen. Der Hauptzweck dieser Mittelpartei war und ist der Kampf gegen die Korruption, welche in den siebziger Jahren unter der Präsidentschaft von Grant ihren Höhepunkt erreicht hatte und geradezu gefährlich für die Union zu werden drohte.

Die Arbeiterpartei, die Temperenz oder prohibitionistische Partei, die anarchistische verfolgen ihre Sonderinteressen, welche durch ihre Namen hinlänglich bekundet werden. Größeren Einfluß dagegen hat die Farmers' Party, die Partei der Bauern und Gutsbesitzer erlangt, welche natürlich auch ihre eignen Interessen in den Vordergrund stellt und dahin strebt, dieselben durch ihre Abgeordneten im Kongreß vertreten zu lassen. Dieser Bauernbund hat in der That schon viele Erfolge erzielt und wiederholt nachdrücklich in die politischen Verhältnisse eingegriffen — ob zum Vorteil oder Nachteil der Union, darüber sind die Ansichten allerdings je nach der Parteistellung der Beurteiler sehr verschieden.

Die furchtbare Korruption, welche lange Zeit in allen Zweigen der Verwaltung geherrscht und das Ausland mit Mißtrauen gegen die Vereinigten Staaten erfüllt hat, scheint endlich mit größtem Nachdruck von allen besseren Elementen der Union bekämpft werden zu sollen, und unter diesen Umständen ist zu hoffen, daß die vielen Schäden werden beseitigt werden, welche dem öffentlichen Leben bis heute angehaftet

haben. Der gesunde jugendliche Organismus der Bundes=
republik wird sich rasch von diesen Krankheiten erholen, die
Habgier, Herrschsucht und Genußsucht heraufbeschworen haben.

Die Zeiten freilich dürften nun auch vorbei sein, in denen
die Männer, welche berufen waren, in der Politik und im
öffentlichen Leben einflußreiche Rollen zu spielen, mit Leichtigkeit
und schnell auf Kosten der Nation bedeutende Reichtümer er=
werben konnten. Noch langer Zeit wird es allerdings bedürfen,
bis die Reform des Beamtentums, bis die politische und die
Schulerziehung gesundere moralische Grundsätze im Volke erzeugt
haben werden, als diejenigen, welche bisher die herrschenden
waren. Wie in der Kolonialperiode werden nun wieder die
persönliche Tüchtigkeit und Leistungsfähigkeit in ihrem vollen
Umfange zur Geltung gelangen und auch auf diesem Gebiete
der Kultur Bedeutendes schaffen, den inneren Ausbau des
Staatsgebäudes fördern.

Kapitel V.

Religiöses Leben.

Staat und Kirche sind in der Union vollständig getrennt,
trotzdem spielen Kirche und Religion dort eine mindestens
ebenso wichtige und einflußreiche Rolle wie in Großbritannien
und in anderen Kulturländern, in welchen entweder die Kirche
einen integrierenden Bestandteil des Staates bildet und in denen
eine Staatskirche besteht, oder die beiden großen Faktoren
doch wenigstens eng mit einander verbunden sind und sich
gegenseitig unterstützen.

Diese zweifellosen Thatsachen scheinen im Widerspruch zu ein=
ander zu stehen, und es ist daher notwendig, ihnen unsere besondere
Aufmerksamkeit zuzuwenden und nach ihren Ursachen zu forschen,
denn im allgemeinen herrscht in der alten Welt die Ansicht,
daß die Trennung von Kirche und Staat der ersteren wie dem
letzteren nachteilig sein, die Religiosität vermindern und einen
beinahe anarchischen moralischen Zustand schaffen muß, wovon
doch in der großen Bundesrepublik jenseits des Oceans nicht
die Rede ist.

Dogmatische Streitigkeiten waren es, welche Anlaß zu der Gründung mehrerer der Kolonien gaben, die einen bedeutenden Einfluß auf die Entwickelung des Kulturlebens Nordamerikas ausübten. Die Sektenbildung in der europäischen Welt trieb unausgesetzt während mehrerer Jahrhunderte Tausende von Menschen aus ihrer Heimat fort.

Die Puritaner, welche sich von der englischen Hochkirche losgesagt hatten, weil diese, ihren strengen Ansichten gemäß, in hohem Grade verweltlicht war, hatten infolgedessen die schwersten Verfolgungen zu erdulden gehabt, dann in Holland eine Frei= stätte gesucht und sich endlich entschlossen, in dem fernen Amerika eine Niederlassung zu gründen, in der sie nach ihrem Glauben leben konnten. Sie bedurften hierzu zwar der Genehmigung der englischen Krone, bedingten sich aber Glaubensfreiheit aus, schufen ihre eigene Verfassung, machten in ihrem Gemeinwesen Gott gewissermaßen zum Fürsten desselben und kümmerten sich so gut wie gar nicht um den König ihres einstigen Vater= landes.

In ihrem Streben, das Christentum wieder in seiner ganzen Reinheit und Ursprünglichkeit herzustellen, gingen sie so weit, den Staat kommunistisch zu ordnen, den Boden als Ge= meingut zu bearbeiten und den Ertrag ihrer Thätigkeit gleichmäßig unter sich zu verteilen, sie machten jedoch bald die Erfahrung, daß sie damit nicht weit kamen, und wenige Jahre nach der Gründung von New=Plymouth sahen sie sich bereits gezwungen, das System der gemeinsamen Arbeit aufzugeben, den Boden zu parzellieren und als Privatbesitz an die Gemeindeglieder zu verteilen. Nur diesen, das heißt den Wiedergeborenen, den Kommunikanten ihrer Kirche wurde aber auch das volle Bürgerrecht zuerkannt und die Teilnahme an der Regierung ihres Gemeinwesens gewährt.

Der Staat wurde dort und in den ebenso geordneten andern

puritanischen Niederlassungen Neu=Englands somit geradezu auf
kirchlicher Basis gegründet und mit der Kirche so eng verbunden,
daß er mit ihr dann gewissermaßen identisch war. Das in
ihm herrschende System war wenig verschieden von dem der
Theokratie.

Da die Puritaner sich von vorn herein ausbedungen hatten,
daß sie in ihren amerikanischen Kolonieen nicht ihres Glaubens
wegen verfolgt werden durften, da sie um seinetwillen dort
drüben eine Zufluchtstätte gesucht hatten, so glaubten sie sich
auch berechtigt, alle andern Glaubensbekenntnisse derselben fern
halten zu dürfen, sie verwehrten daher Andersgläubigen den
Eintritt in ihre Niederlassungen und verfolgten sie mit derselben
Erbitterung, mit welcher sie selbst in England seitens der
Hochkirchler verfolgt worden waren. Sogar die freier denkenden,
toleranteren Glaubensgenossen mußten sich vor der fanatischen
Wut der orthodoxen flüchten und bei den Indianern Schutz
suchen gegen die Unduldsamkeit ihrer christlichen Brüder.
Auf solche Weise entstanden mehrere neue Niederlassungen,
welche wie Rhode Island dann dauernd eine religiöse Frei=
stätte für alle wurden, die aus den übrigen englischen Kolonien
ihres Glaubens wegen vertrieben wurden. Denn in Massa=
chusetts und namentlich in Salem und Boston äußerte sich der
Zelotismus zeitenweise selbst in Hexenprozessen, Ketzerver=
brennungen und barbarischen Strafen für die geringsten Ver=
gehen gegen die bestehende Kirchenordnung und die theokrati=
schen Staatsgesetze, nach denen die puritanischen Gemeinwesen
geleitet wurden.

Es bedurfte des Aufgebots aller Autorität und Strenge
der von der englischen Krone, dem Parlament und der Hoch=
kirche entsprechend instruierten Gouverneure, um schließlich von
den Puritanern die Zulassung der Mitglieder der englischen
Staatskirche und der Anhänger anderer Glaubensbekenntnisse

zu erzwingen. Diese Maßregeln und namentlich das Verlangen,
diesen „Diſſidenten" und „Ketzern" auch das Bürgerrecht zu
gewähren und ihnen gegenüber Toleranz zu üben, waren es
beſonders, welche zuerſt Zwietracht zwiſchen den Neuengland=
kolonien und dem Mutterlande erzeugten.

Gemäß den ſtrengen kirchlichen Anſchauungen waren auch
die Sittengeſetze übermäßig rigorös und das ſoziale Leben ent=
behrte daher alles deſſen, was zur Erheiterung dienen konnte.
Die altengliſche Maifeier und viele andere echt germaniſche
Vergnügungen, Spiel und Tanz wurden für ebenſo gottlos
erachtet, wie das Trinken und Rauchen.. Ein asketiſcher Geiſt
beherrſchte die puritaniſchen Kolonien, die ſich hierin weſentlich
von denen des Südens, Virginien und Carolina, unterſchieden,
obgleich auch in dieſen ſtrenge Kirchenzucht und religiöſe Un=
duldſamkeit herrſchten.

In Virginien hatten ſich faſt ausſchließlich Hochkirchler
niedergelaſſen, und die Leiter der Kolonie wachten ſorgſam
darüber, daß keine Diſſidenten dort Eingang fanden. In allen
größeren Niederlaſſungen waren Prediger angeſtellt, die für
das Seelenheil ihrer Gemeindemitglieder zu ſorgen hatten.
Die engliſche Hochkirche war wie in England die Staatskirche
und neben ihr wurde keine andre geduldet, aber die Verfaſſung
war darum doch weit entfernt, jenen theokratiſchen Charakter
der Niederlaſſungen der Puritaner an der Maſſachuſetts=Bai
und an andern Orten des Nordens zu haben. Kommuniſtiſch
war freilich auch Virginien zu Anfang organiſiert, doch nicht
in Nachahmung der erſten Chriſtengemeinden, ſondern aus
wirtſchaftlichen Gründen, und aus ſolchen wurde auch dieſe
Staatsordnung ebenſo ſchnell aufgegeben, wie es in New=Ply=
mouth geſchah.

Das Hauptaugenmerk der Geiſtlichkeit mußte in Virginien
beſonders auf die ſozialen Verhältniſſe gerichtet werden, und

das lag an dem Charakter der Bevölkerung, die überwiegend
aus solchen Elementen bestand, welche von Moral und Religion
nur äußerst mangelhafte Kenntnis besaßen. Für sie wurden
die harten Gesetze erlassen, die den rauhen Sitten jener Zeit
entsprachen. So war nach den virginischen Verordnungen von
1612 jeder Einwanderer gehalten, dem Geistlichen, in dessen
Sprengel er sich niederließ, binnen kürzester Frist sein Glaubens=
bekenntnis abzulegen. Weigerte er sich dies zu thun, so wurde
er täglich einmal gepeitscht, bis er sich dazu bequemte, dieser
Vorschrift nachzukommen. Wer dem Geistlichen die gebührende
Achtung versagte, wurde mit Peitschung bestraft und mußte an
drei aufeinanderfolgenden Sonntagen vor versammelter Ge=
meinde Abbitte leisten. Fortbleiben von der Kirche und der
Katechismusstunde wurde das erste Mal mit Entziehung der
Provision für eine Woche, das zweite Mal mit Durchpeitschen,
das dritte Mal mit dem Tode bestraft. Tod stand auch auf
Gotteslästerung und auf Fluchen, wenn das betreffende In=
dividium zum dritten Mal aus diesem Grunde bestraft wurde.

So erzwang man sowohl unter dem kommunistischen Regime
wie später wenigstens Kirchlichkeit, wenn auch nicht wahre Re=
ligiosität. Doch weder in Virginien, noch in den Neuengland=
kolonien wurden die Lehren der christlichen Religion bei aller
Strenge der Kirchenzucht den Indianern gegenüber beobachtet.
In dieser Beziehung zeichneten sich dagegen die Katholiken aus,
welche sich unter Lord Baltimore der furchtbaren Verfolgung, die
sie in England zu erdulden gehabt, entzogen und in Maryland
Zuflucht gesucht hatten. Der Gründer dieser Niederlassung
wie seine Nachfolger in der Regierung desselben übten indessen
nicht nur den Indianern gegenüber größere Menschlichkeit,
sondern eröffneten ihr Land auch den Anhängern aller Glaubens=
bekenntnisse. Das Gleiche geschah seitens der Quäker, welche
unter William Penn den Grund zu dem heutigen Staate

Pennſylvanien legten. Während ihre Glaubensgenoſſen von
den Puritanern auf das grauſamſte behandelt und ſelbſt als
Ketzer verbrannt worden waren, übten ſie an dieſen in ihrem
eigenen Lande nicht Vergeltung und gewährten ihnen dieſelben
Freiheiten und Rechte, welche ſie ſelbſt genoſſen.

In allen den dreizehn Kolonieen, welche im 17. und 18.
Jahrhundert entſtanden waren, hatte das Chriſtentum in einer
oder der anderen Glaubensform einen hohen Grad von Macht
erlangt und hatte beſtimmend auf die Entwickelung des ſtaatlichen
wie des Kulturlebens eingewirkt. In den meiſten von ihnen
hatte diejenige Gemeinde, welche die überwiegende Mehrheit
bildete, die Herrſchaft auf religiöſem Gebiete an ſich gebracht
und ihre Kirche zu der des ganzen Gemeinweſens gemacht, den
anderen Glaubensbekenntniſſen gegenüber mehr oder minder
Duldung gewährend. Und es waren in jener Zeit, in der
die Kolonien den Befreiungskampf gegen England begannen,
in Nordamerika alle Sekten vertreten, welche überhaupt in der
damaligen Chriſtenheit beſtanden, denn die Anhänger derſelben
hatten dort Zuflucht gegen den Druck und die Verfolgung der
in der alten Welt herrſchenden Kirchen geſucht und gefunden.

Als dann die Lostrennung der Kolonien von England er=
folgte, war die Regelung der religiöſen Frage eine ſehr
ſchwierige. Sollte die Union eine Staatsreligion haben, ſo
war es ſchwer, zu entſcheiden, welche dies ſein ſollte. Man
konnte nicht erwarten, daß die Puritaner, welche im Nordoſten
beinahe unumſchränkt herrſchten, ſich den Episkopalen, den
Presbyterianern, den Katholiken, den Quäkern oder irgend einer
andern Sekte unterordnen, Steuern für die Erhaltung der
Kirchen und der Geiſtlichkeit derſelben zahlen ſollten und um=
gekehrt. Die Verfaſſungen der Einzelſtaaten durften aber
nichts enthalten, was derjenigen des Bundes widerſtritt; wurden
in letzterem Staat und Kirche von einander getrennt, ſo mußte

dasselbe in den einzelnen Gliedern der Republik geschehen. Jede Bevorzugung irgend einer der vielen Kirchen und Sekten mußte notwendigerweise die Eifersucht aller übrigen erwecken und endlose Religionskämpfe heraufbeschwören. Besonders auf Betreiben Jeffersons und Virginiens, dessen Vertreter er war, wurde von der konstituierenden Versammlung beschlossen, von der Einsetzung einer Nationalkirche abzusehen, Staat und Kirche vollständig von einander zu trennen und die unumschränkte Religionsfreiheit zu proklamieren. Die Verfassung verbot demgemäß, daß irgend ein Staat oder die Union jemals eine Nationalreligion als die herrschende zulassen dürfte. Sie bestimmte ferner, daß alle Kirchen und Sekten vor dem Gesetz gleich sein sollten, daß kein amerikanischer Staatsbürger seiner Religion wegen verfolgt, daß nie ein Gesetz geschaffen werden dürfte, welches ihn in der freien Ausübung seiner religiösen Vorschriften behindern könnte, und daß keinerlei Religionsbekenntnis als Bedingung für die Erlangung irgend eines Staatsamts gefordert werden dürfte. Die Kirchen wurden unter das Korporationsgesetz gestellt und es wurde ihnen überlassen, sich nach ihrem eignen Gutdünken zu organisieren; es war ihnen somit volle Autonomie gewährt, sie konnten ihre eignen Bestimmungen über den Eintritt und Austritt ihrer Mitglieder, über Ordination der Geistlichen und über die Aufrechterhaltung der Kirchenzucht treffen. Ihre Gesetze wurden als zu Recht bestehend anerkannt und in vielen Fällen, in welchen später gegen die Verfügungen der kirchlichen Behörden an die weltlichen appelliert wurde, erklärten sich letztere incompetent, soweit es sich um Fragen handelte, die auf die innere Kirchenordnung und auf die Dogmen Bezug hatten und soweit die Kirchengesetze nicht den Grundsätzen der Verfassung zuwiderliefen. Denn letztere verbietet, irgend ein Gesetz zu schaffen, welches die

Privilegien oder Gerechtsame eines Bürgers der Vereinigten
Staaten schmälern oder verletzen kann.

Da andererseits die Verfassung des Bundesstaates aber
auch verfügt, daß kein Bürger desselben sich in Abhängigkeit
von einem fremden Souverän befinden und seine Autorität
anerkennen darf, so wurde der Entstehung jedes einem ausländischen weltlichen oder kirchlichen Oberhaupt untergeordneten
selbständigen Organismus innerhalb der Union vorgebeugt.
Dem Katholizismus, namentlich aber den Umtrieben der Jesu-
iten wurden dadurch gewisse Schranken gesetzt, die nicht überschritten werden dürfen.

Da die Religions- und Gewissensfreiheit eine ganz unbe-
grenzte ist, so konnte und kann in den Vereinigten Staaten
somit auch nicht mehr von Duldung irgend einer Religion oder
Sekte die Rede sein, und die dortigen Verhältnisse sind also
zum Beispiel vollständig verschieden von denen der romanischen
Länder, in welchen die katholische die staatlich allein anerkannte
Religion, alle übrigen aber nur in mehr oder minder beschränktem Maße geduldet sind.

Die verschiedenen Staatenverfassungen wichen freilich in
vielen Einzelheiten bezüglich der Ordnung der Kirchenangelegen-
heiten und der Bestimmungen über die Religionsfreiheit von
einander und von der des Bundes zu Anfang noch wesentlich
ab, und es vergingen Jahrzehnte, ehe die Legislaturen derjenigen Staaten, welche nur ungern auf eine Nationalkirche
verzichtet hatten, sich entschließen konnten, die letzten Erinnerungen an die frühere Ordnung der Dinge auszumerzen. Auch
bezüglich der Aufnahme neuer Bestimmungen wie über die
Sonntagsfeier und die Temperenzfrage verhielten sich die gesetzgebenden Versammlungen der Einzelstaaten nicht überein-
stimmend.

Das Eigentum der früheren Staatskirchen wurde denselben

belassen, nur in Virginien wurde es eingezogen, weil die epi=
skopale Geistlichkeit sich in dem Befreiungskriege ziemlich zwei=
deutig benommen hatte, zum Teil sogar offenkundig für Eng=
lands Interessen eingetreten war. Das im Laufe der Zeit
von den bedeutenderen Gemeinden gesammelte beträchtliche
Kirchenvermögen blieb daher fast überall unberührt und bildete
die Grundlage für den heutigen großen Reichtum vieler reli=
giöser Genossenschaften.

Die früher erhobenen Kirchensteuern wurden durchweg be=
seitigt, da der Staat unter den veränderten Verhältnissen
nicht zu Gunsten einer bestimmten Kirche von den Mitgliedern
anderer Beiträge einziehen, auch nicht eine Besoldung der Geist=
lichen übernehmen konnte. Es gelangte somit das Freiwillig=
keitssystem zur Geltung und jeder Kirche blieb es auf Grund
desselben überlassen, zu ihrer Erhaltung und zum Zwecke der
Anstellung von Geistlichen von ihren Gemeindemitgliedern die
erforderlichen Beiträge zu erheben. Wurden den Geistlichen
aller religiösen Denominationen zwar manche Privilegien, so
namentlich die Befreiung vom Militärdienst seitens der Staaten
und des Bundes bewilligt, so entbehren sie doch des Charakters
öffentlicher Staatsbeamten, werden weder von den Behörden
auf ihre Qualifizierung hin geprüft noch auch angestellt, sondern
sind nur Bedienstete ihrer Gemeinden, die sie nach ihrem Be=
lieben wählen und vorkommendenfalls wieder absetzen.

Die Verfassungen mehrerer Staaten hielten, wie oben
bemerkt, noch an einigen Bestimmungen fest, welche wenigstens
die Erhaltung des Staatswesens auf christlicher Grundlage
bezweckten. Zur Erlangung öffentlicher Ämter und zur Zeugnis=
fähigkeit vor Gericht wurde das Bekenntnis des Glaubens an
einen dreieinigen Gott, an ein zukünftiges Leben und an die
Heiligkeit des alten und des neuen Testaments zur Bedingung
gestellt. Es geschah dies besonders in den überwiegend puri=

tanischen Neuenglandstaaten, doch auch in manchen südlichen
waren ähnliche Bestimmungen in den Verfassungen aufgenommen,
und zwar unter besonderer Begünstigung aller protestantischer
Glaubensbekenntnisse und unter Zurücksetzung der Katholiken.
Die Legislatur von Südcarolina hatte unter anderm die Ver=
fügung getroffen, daß die Gründer religiöser Vereine und die
Veranstalter von religiösen Versammlungen hierzu erst die Er=
laubnis erhalten sollten, wenn sie die fünf Artikel unter=
zeichneten, durch welche sie sich zu dem Glauben bekannten,
daß ein ewiger Gott und ein zukünftiger Zustand der Belohnung
und der Strafe existiert, daß diesem Gott ein öffentlicher
Kultus geweiht werden soll, daß die christliche die wahre
Religion ist, daß die heiligen Schriften göttlich inspiriert und
die Regeln des Glaubens und des Lebens sind, und daß es
diesen Gesetzen entspricht und die Pflicht jedes Menschen ist,
der Wahrheit gemäß Zeugnis abzulegen, wenn er von denen
welche regieren, zu diesem Akt berufen wird.

Manche Verfassungen, wie die von Massachusetts, legten
auch den betreffenden Regierungen die Verpflichtung auf, darüber
zu wachen, daß durch religiöse Erziehung, durch Institution
eines öffentlichen Kultus Religion und Moral im Volke ver=
breitet würden, ferner wurde die gesetzgebende Versammlung
mit der Gewalt bekleidet, die Städte und Pfarreien zu er=
mächtigen und aufzufordern, sich Steuern zu Gunsten des öffent=
lichen Gottesdienstes und der protestantischen Geistlichen und
Lehrer aufzuerlegen, damit diese die Frömmigkeit, die Religion
und die Sitten lehren. Wenn die Pfarreien nicht freiwillig
zu den Kosten hierfür beitragen würden, so sollte die gesetz=
gebende Körperschaft selbst und direkt diese Steuern aus=
schreiben. Außerdem sollten diese Grundsätze bei der Wahl
und Anstellung eines jeden öffentlichen Beamten und der
Volksvertreter in vollem Umfange zur Geltung gelangen.

Diese und ähnliche die religiöse Freiheit und die Autonomie aller Kirchen, Religionsgenossenschaften und Sekten beschränkenden Bestimmungen der Staatenverfassungen sind im Laufe dieses Jahrhunderts allmählich vollständig beseitigt worden, nachdem sich auch die strengsten Anhänger der orthodoxesten Glaubens=bekenntnisse davon überzeugt haben, daß die volle Religions=freiheit, die gänzliche Trennung von Staat und Kirche nicht den Erfolg gehabt haben, den sie befürchteten. Die Frömmigkeit und die Moral des amerikanischen Volkes haben darunter nicht nur nicht gelitten, sondern sich vielmehr befestigt. Die freie Konkurrenz aller nur erdenklichen Glaubensbekenntnisse hat sich als vorteilhaft erwiesen, und keine Regierung denkt heute mehr daran, der Gründung neuer Sekten und Vereinigungen das geringste Hindernis in den Weg zu legen, so lange sie die Grundgesetze des Bundesstaats nicht verletzen. Kein Land der Erde zeigt denn auch ein so buntes Gemisch von Religionen wie Nordamerika und nirgends hat der Mensch so volle Freiheit, seinen individuellen Anschauungen gemäß selig zu werden als dort. Das Lebensfähige entwickelt sich in dem steten Kampfe ums Dasein, der sich auch auf religiösem Gebiete dort un=aufhörlich vollzieht, zu voller Kraft, treibt seine Blüten, erhebt zahlreiche Individuen zu höheren moralischen Anschauungen und entzieht sie der Gefahr, in Gottlosigkeit zu versinken. Ob dieses Resultat erzielt wird auf Grund der Lehren Christi oder Mosis oder Buddhas, Zoroasters und Muhameds, ob auf Grund von phantastischen Hirngespinsten und philosophischen Lehren überspannter Geister, die die älteren Religionen verbessern zu müssen glauben — ist den Regierungen aller Staaten ganz gleichgiltig, denn sie wissen, daß das Unbrauchbare, das Krank=hafte, das nicht Lebensfähige in diesem beständigen Kampfe früher oder später untergeht. Jeder Versuch, die von vorn herein dem Tode verfallenen neuen Bestrebungen, die Menschheit

zu einer höheren Stufe der Moral und Glückseligkeit zu er=
heben, durch behördliches Einschreiten zu bekämpfen, würde,
namentlich in Amerika, nur das Gegenteil bewirken, ihnen die
Aufmerksamkeit der ganzen Bevölkerung und die Sympathien
großer Massen zuwenden und ihnen ungeachtet ihrer offen=
kundigen Wertlosigkeit, ihrer verderblichen Einflüsse Lebens=
kraft verleihen.

Strenggläubige Pietisten haben sich von Zeit zu Zeit und
neuerdings noch wieder bemüht, in die Bundesverfassung und
in die Grundgesetze der Einzelstaaten Verfügungen einzuführen,
die den oben mitgeteilten entsprechen, die christliche Grundlage
des Staatswesens zu sichern und den Beamten Glaubensbekennt=
nisse aufzuerlegen, wie sie in verschiedenen Verfassungen früher
verlangt wurden; sie sind damit jedoch immer abgewiesen
worden. Ebenso sind die Bestrebungen, den Geistlichen den
Charakter öffentlicher Beamten zu verleihen, rundweg abgelehnt
worden, da gerade die Erfahrungsthatsache, daß der Klerus
aller Kirchen herrschsüchtig und den ihm gewährten politischen
Einfluß zu mißbrauchen geneigt ist, die Urheber der Bundes=
verfassung bestimmt hatte, Staat und Kirche vollständig von
einander zu trennen und jede Gemeinschaft zwischen ihnen für
alle Zeiten aufzuheben und fernerhin zu verhindern.

Den Einfluß und die Macht der Geistlichen und der Kirchen
noch durch besondere gesetzliche Bestimmungen zu erhöhen, liegt
in der That auch nicht der geringste Grund vor, denn sie sind
im öffentlichen wie im sozialen Leben so bedeutend, daß sie
zum Teil sogar die freie kulturelle Entwickelung der Ver=
einigten Staaten ernstlich behindern. Pietismus und Frömmelei
sind vielfach an Stelle wahrer Religiosität zu unumschränkter
Herrschaft gelangt und suchen der Ausbreitung moderner Wissen=
schaft und Weltanschauung Schranken zu setzen, und die Geist=
lichen mißbrauchen ihr Ansehen ihren Gemeindemitgliedern

gegenüber in einer Weise, daß unter ihrem Despotismus von der gerühmten unumschränkten amerikanischen Freiheit sehr wenig übrig bleibt.

Da jeder Mensch eine neue Sekte gründen kann, wozu oft die geringfügigsten Verschiedenheiten in der Auslegung eines Lehrsatzes Veranlassung geben, da die Masse der gegenwärtig bestehenden Kirchen und Sekten beinahe unübersehbar ist, da sie alle private Institutionen sind, die von den Beiträgen ihrer Mitglieder leben, da endlich die Geistlichen durchweg auf ihre eigene Kraft und Geschicklichkeit hingewiesen sind, um sich in ihren Ämtern zu erhalten, so sucht begreiflicherweise jeder von diesen sich bei seiner Gemeinde so beliebt als möglich zu machen, seinen unmittelbaren Einfluß auf alle Mitglieder derselben auszudehnen, mit ihnen in persönliche Beziehungen zu treten und sie in allen Dingen nach seinen Grundsätzen zu leiten und zu beraten. Dies geschieht namentlich auf dem Lande und in den kleinen Orten; doch auch selbst in den großen werden die Bande zwischen den Gemeinden und ihren Seelsorgern von letzteren so eng als nur denkbar geknüpft, denn jeder Verlust an Anhängern bedeutet einen materiellen Schaden für die betreffende Kirche und ihre Diener.

Die freie Konkurrenz und die übergroße Masse der Konkurrenten bringen daher auch auf diesem Gebiete allmählich Verhältnisse mit sich, die denen auf andern Kulturfeldern unter ähnlichen Voraussetzungen genau entsprechen. Die aus materiellen Gründen und zum Zwecke materieller Vorteile ins Übermaß gesteigerte Kirchlichkeit erzeugt nach und nach Abstumpfung der religiösen Interessen, Verflachung derselben, das Entstehen des Indifferentismus und verwandte, die wahre echte Religiosität empfindlich schädigende Erscheinungen.

Wie wenig die Befürchtung zutrifft, daß das öffentliche Leben ebenso wie die Gesetzgebung atheistisch ist, das erhellt sofort, wenn wir nur einen flüchtigen Blick auf dieselben unter diesem Gesichtspunkt werfen.

Der Eid des Präsidenten auf die Verfassung bei Antritt seines Amtes ist zwar religionslos, er kann sogar durch ein bloßes Versprechen ersetzt werden, doch sind dies nur äußerliche, nebensächliche Umstände, welche durch die bestehenden Verhältnisse bedingt werden. Der Staat als solcher hat keine bestimmte Religion, seiner Verfassung gemäß kannn jeder einzige Bürger ohne Rücksicht auf seinen Glauben die höchste leitende Stellung an der Spitze der Republik einnehmen. Da die Konstitution hierfür nicht einmal die Zugehörigkeit zu irgend einer Kirche, auch nicht den Glauben an irgend eine Religion vorschreibt, so kann sie naturgemäß auch dem Präsidenten keinen Eid auf eine solche zumuten. Setzt die Verfassung den christlichen Glauben allerdings in einer oder der andern Form stillschweigend als die religiöse Grundlage des Staats voraus, so verbietet sie doch nicht ausdrücklich, daß ein Jude, ein Mohammedaner, ein Buddhist und selbst ein Atheist den Präsidentenstuhl einnimmt, sie vermeidet es daher, dem Oberhaupte des Staats einen religiösen Zwang aufzuerlegen und verlangt von ihm nur den Eid oder das Versprechen, „getreulich das Amt eines Präsidenten der Vereinigten Staaten führen und nach besten Kräften die Verfassung der Vereinigten Staaten aufrecht erhalten, schützen und verteidigen zu wollen."

Daß statt des Eides auch bei allen Mitgliedern der gesetzgebenden Körperschaften das Versprechen zulässig, ist dadurch zu erklären, daß die Quäker, die Shaker und eine Reihe andrer Sekten den Eid überhaupt verwerfen. Daher ist denn auch jeder Beamten- und Berufseid ausgeschlossen. Im übrigen wird freilich in den Vereinigten Staaten in so sehr vielen Fällen und oft bei den geringfügigsten Anlässen der Eid verlangt, es wird bei der Abnahme desselben auch so wenig gewissenhaft verfahren, daß seine hohe moralische Bedeutung infolgedessen große Einbuße erlitten hat. Man nimmt es mit der Ab= legung und mit der Einhaltung desselben so wenig genau, daß es der allgemeinen Annahme gemäß sehr viele Individuen gibt, welche sich kein Gewissen daraus machen, alles zu be= schwören, was man von ihnen verlangt, und hiermit ein ein= trägliches Gewerbe zu betreiben.

Ungeachtet der Religionslosigkeit des Präsidenteneides zeigt doch das öffentliche Leben dieselbe nicht. Keine Kongreßsession wird begonnen ohne vorangehendes Gebet. Kein öffentlicher Staatsakt von irgend welcher hervorragenden Bedeutung wird vollzogen, ohne daß ein Geistlicher denselben durch eine religiöse Handlung eingeleitet und gesegnet hat. Im Kapitol zu Wash= ington befindet sich eine Kapelle für die Kongreßmitglieder; jeden Sonntag wird daselbst Gottesdienst abgehalten und zwar abwechselnd von Geistlichen verschiedener Konfessionen. Der Präsident schreibt die Bet= und Bußtage persönlich aus, wenn solche aus besonderen Anlässen für notwendig erachtet werden. Die Verfügungen über die Heiligung derselben sowie des Sonntags werden von allen staatlichen Behörden genau be= obachtet. Die nationalen Feiertage, wie der 4. Juli, Washing= tons Geburtstag, werden ebenfalls mit kirchlichen Feierlichkeiten verbunden. Die Kirchen aller Denominationen sind steuerfrei.

Alle diese Gepflogenheiten und gesetzlichen Bestimmungen haben auch in den meisten Einzelstaaten Eingang gefunden, so daß man also nicht sagen kann, daß das öffentliche Leben religionslos sei.

Oft werden die Kirchen in Ermangelung anderer ge= eigneter Lokalitäten auch zu Versammlungen für weltliche Zwecke und für Vorträge gebraucht, ebenso kommt es auch häufig vor, daß sie für politische Meetings in Anspruch genommen werden. Die Prediger benutzen gleichfalls die Kanzeln oft

11*

genug zu Äußerungen über das öffentliche Leben und wichtige politische Tagesfragen und bemühen sich gelegentlich recht nach= drücklich, ihre Gemeinden politisch zu beeinflussen. Ja, sie bleiben selbst dem Parteileben nicht fern, greifen in das Treiben desselben ein und gehen sogar als Abgeordnete in den Kongreß.

Obgleich Staat und Kirche getrennt sind, bringen es doch die Verhältnisse mit sich, daß sie in manchen wichtigen und tief in das soziale Leben einschneidenden Fragen zusammenzu= wirken genötigt sind.

So ist die Sonntagsfeier eine ursprünglich religiöse Ein= richtung, aber der Staat hat sich der Pflicht nicht entziehen können, dieselbe gesetzlich zu regeln. Die Verfügungen hierüber sind allerdings dem Ermessen der Legislaturen oder der richter= lichen Gewalten der verschiedenen Staaten überlassen worden und es fehlt ihnen daher in allen Einzelheiten jede Gleich= mäßigkeit. Sogar über die Gründe der Sonntagsfeier weichen die Ansichten der Gesetzgeber von einander ab, denn die einen erblicken dieselben in dem religiösen Ursprung der Einsetzung eines Ruhetages, die andern in der Notwendigkeit, die Arbeit an einem Tage der Woche zu unterbrechen, die dritten in dem Recht, beziehentlich der Pflicht eines jeden Staatsbürgers, diesen Tag den religiösen Übungen zu widmen und jede profane Thätigkeit zu unterlassen. Die Grundsätze der Heiligung des Sonntags und der Strafbarkeit der Störung der Ruhe des= selben sind jedoch im ganzen Bereich der Union anerkannt. Die Schänken und Geschäfte werden in den meisten Staaten an diesem Tage geschlossen. Bezüglich der ersteren dürfte es allerdings zutreffend sein, was von vielen gründlichen Kennern amerikanischer Zustände behauptet wird, daß nämlich nur die vorderen, nicht aber die hinteren Thüren unzugänglich sind. Wo das deutsche Element überwiegt, bricht sich auch mehr und mehr die Neigung Bahn, die Gesetze über Schließung der

Reftaurationen, vollends der Biergärten, zu durchbrechen und den Sonntag nach heimifcher Art zu feiern.

Die Deutfchen gelten den echten Yankees überhaupt als arge Ketzer, nicht nur weil fie fehr läffige Kirchgänger find, fondern auch im übrigen den Sonntag nicht mit der Strenge feiern, die in der angelfächfifchen Bevölkerung und namentlich in den von den großen Kulturzentren ferngelegenen Gegenden und Ortfchaften immer noch die herrfchende ift. Brieffchreiben, Stricken, überhaupt jede Art von Handarbeit, Lefen von Unter=haltungslektüre, Spazierengehen, kurz, jede Thätigkeit mit Aus=nahme des Kirchenbefuchs und des Bibelftudiums gelten bei den großen Maffen der englifch fprechenden Bevölkerung und zwar bis in die höchften Kreife hinauf als höchft verwerflich und unchriftlich.

Fällt ein nationaler Feiertag auf Sonntag, fo wird er ftets auf den folgenden Montag verlegt, um die Ruhe des Sabbat nicht zu ftören. Die Wahlen werden daher auch niemals am Sonntag vollzogen.

Im ftaatlichen Leben gilt diefer Tag auch als einer der vollftändigen Ruhe und wird bei gefetzlichen Beftimmungen fomit nicht gezählt.

In wie hohem Anfehen die Sonntagsfeier ftand und fteht, erhellt unter anderm zum Beifpiel auch daraus, daß im Se=zeffionskriege die Befehlshaber beider Heere Armeebefehle erließen, auf Grund deren an Sonn= und Feiertagen mit Aus=nahme des notwendigen Vorpoften= und Wachtdienftes alle militärifchen Operationen unterbrochen wurden.

Auf das engfte mit der Heiligung des Sonntags ift die Temperenzfrage verbunden, in welcher gleichfalls Kirche und Staat in gewiffem Sinne zufammengewirkt haben und fortfahren dies zu thun.

Die eigentlichen Anfänge der ganzen Bewegung, welche

heute so große Dimensionen angenommen hat, reichen bis in
die frühesten Zeiten der Kolonialperiode zurück. Gesetze wurden
damals in den Niederlassungen Neu Englands geschaffen, um
der Trunksucht zu steuern, welche unter den englischen Ein=
wanderern in hohem Grade herrschte. Besonders streng wurde
aber gegen den Genuß berauschender Getränke an Sonntagen
und während der Zeit des Gottesdienstes seitens der Puritaner
vorgegangen, und daher mag es denn wohl auch gekommen sein,
daß den Bestrebungen, Mäßigkeit zu erzwingen, religiöser
Charakter verliehen wurde.

Die heutige prohibitionistische oder Temperenzbewegung, die
das Maß des Vernunftgemäßen zum Teil weit überschritten
hat, begann jedoch erst zu Anfang dieses Jahrhunderts und
wuchs so mächtig an, weil sie in geschickter Weise mit politischen
Interessen verquickt wurde und als Anlaß dienen mußte, eine
Partei zu gründen, welche wiederholt eine wichtige Rolle im
politischen Leben gespielt hat.

Mit allen Mitteln gegen den übermäßigen Genuß be=
rauschender Getränke und besonders der gesundheitsschädlichen
Spirituosen anzukämpfen, war ein Bemühen, das bei allen
auf die Wohlfahrt des Volkes bedachten Personen ungeteilten
Beifall finden mußte, und dem in allen Kulturländern mit
vollem Recht die größte Aufmerksamkeit entgegengebracht wird.
Unter dem großen Einfluß, den die Puritaner Neu Englands
auf die gesamte Kulturentwicklung der Einwohner der nord=
amerikanischen Kolonien ausgeübt hatten, war ohnehin in den
höheren und mittleren Gesellschaftskreisen das Trinken von
Wein und Bier sehr eingeschränkt worden. Als dann die
europäische Einwanderung stärker zu werden begann, welche
hauptsächlich Arbeiter hinüberführte, die von Hause her an den
Genuß großer Massen von Spirituosen gewöhnt waren, nahm
die Trunksucht wieder zu, verbreitete sich über die amerikanische

Bevölkerung und erregte unter den Frauen und Geistlichen großes Ärgernis und den Wunsch, diesem Übel Einhalt zu thun. Statt indessen dem berechtigten Bedürfnis der arbeitenden Klassen nach Anregungsmitteln Rechnung zu tragen, statt die Agitation gegen den Genuß von Branntwein zu richten, wollten die durch den Widerstand, dem sie begegneten, fanatisierten Temperenzler überhaupt alle berauschenden Getränke, also auch Bier und Wein, aus dem Bereich der Vereinigten Staaten verbannt wissen. Man predigte vollständige Enthaltsamkeit statt mäßigen Genusses, man wollte die Brauereien beseitigen und verletzte dadurch die materiellen Interessen großer Kreise von Gewerbtreibenden, erregte die Parteileidenschaften und beschwor politische Kämpfe herauf, welche wiederholt gefährlich für die innere Ruhe und Ordnung der Staaten und der Union wurden. Die Frauen veranstalteten öffentliche Aufzüge, um durch Gebete und Beschwörungen die Schankwirte zum Schließen ihrer Lokalitäten, die Zecher zum Verlassen derselben zu bewegen. Prediger und Apostel der Enthaltsamkeit eiferten in Volksversammlungen gegen die ihnen verhaßten Getränke und verpflichteten diejenigen, welche sich ihnen anschlossen, zur Unterzeichnung schriftlicher Versicherungen, für alle Zeiten dem Genuß von Spirituosen zu entsagen, — Versprechen, die allerdings nur selten längere Zeit hindurch eingehalten wurden. Nachdem es dann 1851 gelungen war, in der Legislatur von Maine ein Gesetz durchzubringen, durch welches der Handel mit berauschenden Getränken und der Genuß derselben im ganzen Staate verboten und mit hohen Strafen belegt wurde, wuchs die Energie der Temperenzler, und unterstützt von der einflußreichen weiblichen Bevölkerung, wußten sie auch die Majoritäten anderer Legislaturen zu bewegen, dem Beispiele derjenigen von Maine zu folgen. So wurden in Kansas, Jowa, Nebraska und andern Staaten Prohibitionsgesetze erlassen, auf Grund deren Spirituosen nur auf ärztliche Verordnung als Medizin verkauft werden dürfen.

Obgleich diese Temperenzgesetze mit barbarischer Strenge allen denen gegenüber gehandhabt wurden, welche sich Übertretungen zu Schulden kommen ließen, wurden doch zahllose Mittel und Wege gefunden, sie erfolgreich zu umgehen, so daß bekanntermaßen gerade in den Temperenzstaaten heute die Trunksucht viele Opfer fordert und der Schleichhandel mit den verbotenen Getränken prächtig blüht. Die Apotheker und Drogisten machen großartige Geschäfte mit den Medikamenten, welche den durstigen Patienten von freundlichen Ärzten in bedeutenden Massen verschrieben werden.

In den Hotels werden Flaschen „verliehen", deren Inhalt unter den „Extraausgaben" oder „Diverses" der Rechnungen in unverdächtiger Weise in Anschlag gebracht wird. Geheime Kabinets sind hier und da denen zugänglich, welche das richtige Paßwort kennen oder sonst ein Erkennungszeichen aufzuweisen haben. Als Limonaden, Mineralwasser, Leberthran und unter andern falschen Etiketten werden Weine, Biere und Spirituosen aller Art in die Temperenzstaaten importiert. Jenseits ihrer Grenzen entstehen ganze Ortschaften, welche rasch zu Wohlstand gelangen infolge des starken Besuchs, den ihre Kneipen, Restaurationen und Schänken von den Nachbarn erhalten. Wer es kann, wandert aus den Temperenzstaaten aus, und in manchen derselben macht sich dies sogar sehr empfindlich bemerkbar. Namentlich vermögen sich die Deutschen nicht mit den Prohibitionsgesetzen auszusöhnen, und wo sie in großer Zahl ansässig sind und die Majorität besitzen, da ist die Einführung derselben auch nicht möglich — und auch aus diesem Grunde sind die Deutschen den Geistlichen und den Frauen von angelsächsischer oder Yankeeherkunft auf das äußerste verhaßt und werden von ihnen wegen ihres Biertrinkens der

Gottlosigkeit gezichen, denn das Temperenzwesen ist von den pietistischen und orthodoxen Elementen mehr und mehr mit der Religion verbunden worden. Aus diesem Grunde ist es denn auch heute noch in voller Blüte, wozu besonders der Umstand beiträgt, daß es in der gesamten Frauenwelt der Vereinigten Staaten seine unbedingten und fanatischsten Verfechterinnen hat. Die Tage seiner ausgedehnten Herrschaft dürften bei seinen demoralisierenden Folgen und seinen wirtschaftlichen Schäden jedoch gezählt sein. Vernünftige Maßregeln gegen das übermäßige Trinken werden dann bei allen Parteien die kräftigste Unterstützung finden und zweifellos wirksamer sein als das vollständige Verbot desselben.

Die Statistik hat erwiesen, daß seit dem Bestehen der Temperenzgesetze weder die Trunksucht und ihre Folgen, noch der Konsum von geistigen Getränken merklich abgenommen haben. Der Bierverbrauch hat vollends eine geradezu Erstaunen erregende Steigerung erfahren, und die Verfechter wirklicher Mäßigkeitsgesetze erblicken in diesem Umstand wenigstens insofern einen Fortschritt und eine Besserung, als der Genuß kräftigen Bieres jedenfalls vorteilhafter ist, als der der gesundheitsschädlichen Spirituosen und gefälschten Weine, und weil jenes diese zu verdrängen begonnen hat. Allerdings geschieht dies weniger in den Temperenzstaaten als in den übrigen, weil — Branntweinflaschen sich immer noch leichter einschmuggeln lassen als Bierfässer.

Die Ehegesetze haben ebenfalls des Zusammenwirkens der staatlichen und der kirchlichen Behörden bedurft.

Die in so vielen Punkten von den übrigen Christen abweichenden strengglänbigen Puritaner hatten in der Eheschließung einen Akt bürgerlicher Natur erblickt und demgemäß anfangs in ihren Niederlassungen die Zivilehe einführen wollen. Da dies aber den althergebrachten Sitten und religiösen An=

schauungen zu sehr widerstrebte, so blieb im allgemeinen und
seit Ende des 17. Jahrhunderts durchweg die kirchliche Form
der Eheschließung in Kraft.

Die Trennung von Staat und Kirche bei Konstituierung
der Bundesrepublik und das Eindringen moderner Welt=
anschauung bereiteten nun aber den Gesetzgebern hinsichtlich der
Bestimmungen über die Ehe gewisse Schwierigkeiten, doch er=
langte die Ansicht, daß dieselbe als ein bürgerlicher Vertrag
zu betrachten sei, alsbald allgemeine Anerkennung. Andrerseits
mochten sich aber die Kirchen das Recht der Eheschließung
nicht entreißen lassen und die herrschenden Sitten waren der
Einführung der obligatorischen Zivilehe entgegengesetzt. Der
Staat konnte den Forderungen der frommen Bevölkerung und
ihrer geistlichen Berater, welche auch in dieser Streitfrage das
ganze weibliche Geschlecht auf ihrer Seite hatten, allerdings
nicht willfahren, sondern wahrte sich das Recht der Gesetz=
gebung über alle auf die Ehefrage bezüglichen Verhältnisse,
das der Oberaufsicht über Schließung und Lösung der Ehen
und der Führung der betreffenden Register. Im übrigen aber
überließ er es seinen Unterthanen vollständig, sich kirchlich oder
bürgerlich trauen zu lassen.

Da die Gesetzgebung hierüber indessen naturgemäß den
Staaten zukam, so weichen die Einzelbestimmungen über alle
einschlägigen Fragen in den verschiedenen Teilen der Union
weit von einander ab.

In der Regel bedarf es zum Zwecke der Eheschließung
eines von der zuständigen weltlichen Behörde, also dem Ge=
meindeamt, ausgestellten Erlaubnisscheins, durch den bekundet
wird, wer die Brautleute sind und daß sie das gesetzliche Alter
erreicht haben; die mündlichen Angaben der betreffenden sind
hiefür im allgemeinen genügend, denn man nimmt an, daß

jedem amerikanischen Staatsbürger die schweren Strafen be=
kannt sind, welche auf Polygamie stehen.

Auf Grund der erworbenen „Heiratslicenz" kann die Trauung
dann nach dem Belieben des Brautpaars von einem Geistlichen
kirchlich oder von einem Richter oder dem Stadtsekretär bürgerlich
vollzogen werden. Jede Kirche und jede Sekte hat natürlich
volle Freiheit, die in ihr eingeführten Gebräuche mit aller
Strenge zu beobachten, doch sind zur Vollziehung der Ehe nur
die ordinierten Geistlichen berechtigt. Fehlt es an letzteren, so
müssen die an ihrer Stelle fungierenden Kirchenbeamten oder
Gemeindeältesten von den weltlichen Behörden, also meist von
den Stadtschreibern, förmlich ermächtigt werden, den Akt der
Trauung zu vollziehen.

Obgleich die Ehe ihrer kirchlichen Weihe nach den in den
Vereinigten Staaten bestehenden Gesetzen nicht bedarf, wird
sie doch selten ohne dieselbe geschlossen, da es dem religiösen
Gefühl der Amerikaner durchaus widerstrebt, den Bund für
das Leben nur vor dem Amtstisch eines Richters zu schließen.

Wie hoch nun auch das Ansehen der Religion und aller
kirchlich organisierten Glaubensgenossenschaften und Sekten ist,
so verhalten sich die staatlichen Gewalten ihnen gegenüber doch
wie jeder andern Vereinigung und unterwerfen sie denselben
Gesetzen. Sie verleihen jeder derartigen Verbindung korporative
Rechte, doch nur wenn alle bezüglichen Gesetzesvorschriften
streng erfüllt sind. Die letzteren sind nun allerdings wiederum
in den verschiedenen Staaten der Union abweichend von ein=
ander und überdies dem Charakter und der Organisation
der großen Kirchen in gewissem Sinne angepaßt.

Jede neu zu gründende Gemeinde muß zuerst fest konstituiert
sein, ehe der Staat ihr das Korporationsrecht gewährt, und
zwar darf ihre Leitung nicht allein in den Händen der Geist=
lichen ruhen, es muß vielmehr in dem Kirchenvorstand auch

das Laienelement durch mehrere Gemeindemitglieder vertreten
sein. Das Gesetz bestimmt ferner das Maximum des Vermögens,
welches eine Kirche besitzen darf. Der Gemeinde oder Kirche
ist es im übrigen überlassen, sich zu verwalten, wie sie es für
gut hält, doch muß sie in gewissen Zwischenräumen den zuständigen weltlichen Behörden Rechenschaft über ihren Ver-
mögensstand ablegen.

Die Unterhaltung der Kirchen erfolgt entweder durch Be-
steuerung der Gemeinden seitens der Kirchenvorstände oder
der leitenden Behörden, oder durch freiwillige, beziehentlich feststehende Jahresbeiträge, oder durch Vermietung der Kirchen-
stühle oder auf andre Weise gemäß den von den Gemeinde-
leitern gefaßten Beschlüssen.

Unter der Voraussetzung der genauen Beobachtung der bestehenden lokalen oder staatlichen Gesetze ist somit allen
Glaubensgenossenschaften, Kirchen und Sekten volle Selbstverwaltung und der Genuß aller Freiheiten gewährt, die mit
der Bundesverfassung vereinbar sind.

Da die großen religiösen Genossenschaften über sehr bedeutendes Vermögen verfügen, so sind denn auch ihre Kirchen-
gebäude in den großen Städten zum Teil aus den kostbarsten
Materialien hergestellt und in luxuriöser Weise ausgestattet,
um den reichen Gemeindegliedern den Aufenthalt in denselben
möglichst angenehm zu machen. Da die Miete für die Sitze
in diesen Hauptkirchen jedoch für die mittleren und niederen
Stände unerschwinglich ist, so dringt der im sozialen Leben
wahrzunehmende Kastengeist und der durch ihn erzeugte Klassen-
unterschied in den Großstädten auch schon in die Kirchen ein.
Neben denen für die vornehme reiche Welt werden demgemäß
Freikirchen und Armenkirchen geschaffen. Auch in ihnen werden
Beiträge und Stuhlmieten erhoben, denn es widerstrebt dem
Selbstbewußtsein und Bürgerstolz des amerikanischen Arbeiters

und des Armen, der mühsam um seine Existenz ringt, irgend eine Dienstleistung, also in diesem Falle den für ihn seitens seiner Kirche veranstalteten Gottesdienst, gratis anzunehmen, so lange überhaupt der Grundsatz gilt und es notwendig ist, die Kirche aus den Privatmitteln ihrer Mitglieder zu erhalten.

Durch Missionshäuser, mit denen häufig Gewerbeschulen oder andere Lehrinstitute verbunden sind, wird in den Stadt= teilen, in welchen die ärmsten Leute wohnen, auch diesen Gelegenheit geboten, das Wort Gottes zu hören und zugleich Bildungselemente in sich aufzunehmen.

Überhaupt wetteifern alle Glaubensgenossenschaften mit einander, Religiosität in allen Schichten der Bevölkerung zu verbreiten, dem Schwinden derselben mit allen Mitteln ent= gegenzuwirken, das Laster in allen seinen Erscheinungsformen mit Mut und Energie zu bekämpfen und es zu diesem Zwecke in seinen furchtbarsten Höhlen aufzusuchen. Mit ebenso großem Eifer wie die innere Mission wird auch die unter den Indianern betrieben, mit geringem Erfolge jedoch, da das religiöse Gefühl derselben ziemlich stumpf ist und den meisten Missionären die Fähigkeit abgeht, ihnen gegenüber den richtigen Ton und Modus zu finden.

In den den großen Kulturzentren ferngelegenen Gegenden, in den schwach bevölkerten neu erschlossenen Distrikten und in den Territorien versehen Wanderprediger und zwar haupt= sächlich Methodisten den Missionsdienst, und dann und wann wird durch religiöse camp-meetings oder revivals in jenen Gegenden der erlöschende Glaube wieder entfacht.

Diese auf offenem Felde oder im Walde veranstalteten Versammlungen, mit welchen eine Art Jahrmarkt verbunden ist, haben in der Geschichte des religiösen Lebens in den Ver= einigten Staaten während dieses Jahrhunderts eine große Rolle gespielt und haben unter der Leitung von fanatischen

Volkspredigern häufig zur Bildung neuer Sekten Veranlassung
gegeben, freilich auch manche Teilnehmer zu religiösem Wahn=
sinn geführt, immer eine furchtbare Aufregung verursacht und
oft Erscheinungen erzeugt, wie man sie bei den geistlichen
Übungen orientalischer Derwischorden gewöhnt ist. Die Massen=
„revivals" (geistliche Wiedererweckung) in den fünfziger und
sechziger Jahren dieses Jahrhunderts und in andern Zeiten
großer wirtschaftlicher Krisen und nationaler Aufregung haben
viel dazu beigetragen, den fatalistischen Zug im nationalen
Charakter der amerikanischen Bevölkerung zu kräftigen, die
Temperenzbewegung zu fördern und die scheinbar so große Reli=
giosität zu steigern, welche uns in den Vereinigten Staaten
überall entgegen tritt.

Ob diese Religiosität wirklich so groß und tief ist, wie sie
sich uns zeigt, ist freilich eine Frage, über welche die Ansichten sehr
weit auseinandergehen. Der äußere Schein spricht für die
unbedingte Bejahung, eine sorgfältige objektive Untersuchung
weckt jedoch viele und gerechte Zweifel an der Aufrichtigkeit
der Religiosität.

Daß diese in der Masse der weiblichen Bevölkerung that=
sächlich besteht, wenngleich häufig Kirchlichkeit an Stelle wirk=
licher tiefer Gläubigkeit, namentlich bei den gebildeteren Frauen,
treten mag, ist allerdings sicher anzunehmen, in der Männer=
welt dagegen dürfte sie nur selten zu finden sein. Da es in
allen höheren Gesellschaftskreisen jedoch für höchst verwerflich
gilt und als ein Zeichen sehr niedriger Gesinnung und der Un=
moralität betrachtet wird, wenn man nicht irgend einer Kirche
angehört, so darf es niemand, der überhaupt in der besseren
Gesellschaft verkehren will, wagen, religiöse Lauheit oder gar
Gottlosigkeit zu zeigen — und der Schein der Kirchlichkeit wird
daher unter allen Umständen gewahrt. In Wirklichkeit ist die
Gläubigkeit der gebildeten Männer eine sehr zweifelhafte und

die Geistlichen aller Konfessionen bestätigen dies durch ihre immer lauter werdenden Klagen über die Oberflächlichkeit der religiösen Gesinnungen und den Indifferentismus, die in allen Bevölkerungsklassen in bedenklicher Weise um sich greifen. Zwar wird auch jetzt noch, wie es heißt, in keinem Lande der Welt mehr gebetet und in die Kirche gegangen, zwar vermeidet man es nirgends so sorgfältig, durch das Bekenntnis des Atheismus öffentliches Ärgernis zu erzeugen, aber es ist nicht zu leugnen, daß der Religiosität der Amerikaner sehr viel Äußerliches an= haftet.

Die Yankees machen für das Schwinden der Religiosität in erster Linie ihre deutschen Mitbürger verantwortlich, weil diese allerdings weniger kirchlich aber darum vielleicht viel frommer sind als sie selbst, und sie vergessen, daß jene den Vereinigten Staaten zum Beispiel den Weihnachtsbaum und überhaupt ihre tief religiöse sinnige Weihnachtsfeier überbracht haben. Die Deutschen werden ferner als Träger des Ratio= nalismus, der atheistischen Naturwissenschaften gebrandmarkt, trotzdem haben gerade sie der katholischen Kirche ein sehr großes Kontingent gestellt, und der deutsch=evangelischen Synode allein gehören nicht weniger als 514 Gemeinden mit 730 Predigern an.

Wenn die Strenggläubigkeit schwindet, so ist dies weniger einem besonderen ethnischen Faktor als vielmehr überhaupt der heutigen Zeitrichtung, den gesteigerten Verkehrsverhältnissen und dem Wachstum der Wissenschaftlichkeit zuzuschreiben. Daß die Ethik auf Kosten der Dogmatik wächst, wie die nordamerikanischen Katholiken klagen, sollte aber gerade als ein Zeichen der be= ginnenden Hebung der öffentlichen Moral freudig begrüßt werden.

Die Zahl der in den Vereinigten Staaten bestehenden Kirchen und Sekten ist schwer festzustellen, wird aber im all= gemeinen auf ungefähr 100 beziffert, wobei zu bemerken ist, daß viele sich nur unwesentlich von einander unterscheiden. Die weitaus größte Zahl von Mitgliedern weist die katholische Kirche mit über acht Millionen auf. Ihr gehören meist Deutsche und Iren, ferner viele Nachkommen der Franzosen und Spanier in den Südstaaten an. Sie verfügt über große Reichtümer und über die schönsten Kirchen, welche die Union aufzuweisen hat. Ihren bedeutenden Anhang verdankt sie ihrer festen Organisation, ihrer eifrigen Propaganda, der lebhaften Beteiligung ihrer Geistlichen am öffentlichen Leben und an den politischen Bewegungen, wie ihrem glänzenden gerade den Amerikaner sehr bestechenden Kultus.

Die Methodisten, welche ungefähr 5 Millionen Menschen zählen, verdanken ihre Macht besonders der Volkstümlichkeit ihrer Lehren und der Gewandtheit ihrer Geistlichen, die es so vorzüglich verstehen, die Massen durch ihre dem Verständnis der niedrigsten Bevölkerungskreise wohl angepaßten Predigten zu fesseln. Ähnliche Ursachen haben die Zahl der Baptisten auf beinahe $4\frac{1}{3}$ Millionen erhoben. Erst dann folgen die Presbyterianer mit $1\frac{1}{3}$, die Lutheraner mit 1, die Kongregationalisten mit kaum einer halben Million, die Episcopalen mit ungefähr ebensovielen Kommunikanten oder Kirchenmitgliedern, und daran schließt sich die lange Reihe der kleineren Religionsgenossenschaften und Sekten.

Unter diesen seien zunächst die Quäker hervorgehoben, welche wegen ihrer vorzüglichen Charaktereigenschaften, ihrer Arbeitsamkeit und Nüchternheit allgemein geschätzt sind. Sie beschäftigen sich hauptsächlich mit Ackerbau und haben ihre Stammsitze immer noch in Pennsylvanien, das sie vor mehr als zwei Jahrhunderten gegründet haben. Der Grundsatz demokratischer Gleichheit aller Menschen wird von ihnen unentwegt hochgehalten und der reichste Gutsbesitzer teilt heute noch seine Mahlzeiten mit seinen letzten Knechten, verrichtet

mit ihnen die schwersten Arbeiten und hält auch seine Kinder
zu praktischer Thätigkeit auf dem Felde und im Hause an,
während er andererseits darauf bedacht ist, ihnen die beste
Schulbildung zu teil werden zu lassen. Ihr unermüdlicher
Fleiß hat einen großen Wohlstand unter ihnen geschaffen. Sie
verweigern wie manche andere Sekte den Eid, haben eine
eigentümliche Tracht und Ausdrucksweise beibehalten, nehmen
vor niemand den Hut ab, reden jeden Menschen mit „du" an
und glauben an göttliche Inspiration. Demgemäß haben sie
in ihren Bethäusern nicht eigentliche Prediger oder berufs=
mäßige Leiter des Gottesdienstes, sondern es fungieren als
solche bei jeder Zusammenkunft die Individuen, welche sich im
Augenblick dazu von Gott beseelt fühlen.

Eine der merkwürdigsten Sekten der Vereinigten Staaten
ist die der Mormonen, welche von Joseph Smith 1830 als die
„Kirche der Heiligen der jüngsten Tage" gegründet wurde,
viele Verfolgungen zu erdulden hatte und sich nach ihrer Ver=
treibung aus Nauvoo in Illinois 1846 nach dem damals noch
zu Mexiko gehörigen, bald darauf aber in Unionsbesitz über=
gegangenen Wüsteneien am Salzsee in Utah wandte und durch
unermüdlichen Fleiß die dortigen Einöden in fruchtbares Acker=
und Gartenland umgeschaffen hat.

Die Ursache der häufigen Verfolgungen, denen die Mor=
monen ausgesetzt waren, bestand darin, daß sie die Polygamie
zu einem ihrer religiösen Lehrsätze gemacht hatten und dadurch
in Konflikt mit dem Bundesstaat kamen, welcher durch die
Grundgesetze zwar einerseits völlige Religionsfreiheit gewährt,
aber andererseits doch die Vielehe als Verbrechen betrachtet und
mit schweren Strafen belegt. Die Behauptungen der Mor=
monen, daß die Polygamie im Sinne der Bundesverfassung
bei ihnen in Wirklichkeit gar nicht bestände, daß das, was als
solche bezeichnet würde, Seelenbündnisse seien, die selbst zwischen

Lebenden und längst verstorbenen Personen geschlossen würden,
fand bei den obersten Staatsbehörden und in der öffentlichen
Meinung Amerikas und der ganzen Welt keinen Glauben.
Seitdem 1862 durch ein gegen sie gerichtetes Gesetz die Viel=
ehe bei ihnen verboten worden, hat der Kampf zwischen dem
Oberhaupt der Mormonen Brigham Young und der ameri=
kanischen Regierung keinen Augenblick aufgehört. Infolge der
zum Teil sehr harten Maßregeln, welche gegen sie zur An=
wendung gelangten, haben viele Mormonen in neuerer Zeit
ihre Heilige Stadt am Salzsee verlassen, um in Mexico und
in andern Teilen der Welt nach ihrem Glauben in Frieden
zu leben. In Salt Lake City und den über Utah verstreuten
Niederlassungen der Sektierer ist dem äußeren Schein nach die
Vielehe thatsächlich aufgegeben, doch bildet sie nach wie vor
die Grundlehre ihrer Religion und der Streit hierüber zwischen
ihnen und der Bundesregierung, welche Utah aus diesem Grunde
noch die Erhebung zum Staat versagt, dauert immer noch fort.

Erst in diesem Jahre, am 6. April 1893 ist der große
Tempel beendet worden, zu dem Brigham Young gerade
40 Jahre vorher den Grund gelegt hatte und der aus den
kostbarsten Materialien hergestellt und mit vielen Kunstwerken
geschmückt, zwar nicht der schönste aber jedenfalls der größte
Kirchenbau der Vereinigten Staaten ist und zu seiner Her=
stellung nahe an 50 Millionen Mark erfordert hat.

Mit einer bewunderungswerten Thatkraft, die einer besseren
Sache würdig wäre, haben die Mormonen für ihren in allen
Beziehungen eigenartigen Glauben gekämpft und sich nebenbei
als tüchtige Ackerbauer erwiesen, die sich zu großem Wohlstand
emporgearbeitet haben. Die Hereinziehung dieser von ihnen
der Kultur gewonnenen Gegenden in den interozeanischen
Verkehr befördert die Einwanderung von „Heiden" in das
gelobte Land der Mormonen und in ihre heilige Stadt, und

dieser Umstand wird, unterstützt durch das Eindringen moderner Wissenschaft, vielleicht schneller und erfolgreicher den Widerstand dieser Sektierer überwinden und sie eher bewegen, die von aller Welt beanstandete und verworfene Lehre ihrer Kirche aufzugeben, als Ausnahmegesetze, blutige Kämpfe und rohe Maßregeln, wie sie von den Regierungskommissaren wiederholt dort angewandt worden sind.

Zu den interessantesten Erscheinungen des nordamerikanischen kulturellen und religiösen Lebens gehören endlich jene kommunistischen Gemeinden, welche von vielen Sekten im Laufe des verflossenen Jahrhunderts daselbst gegründet wurden, zum Teil rasch wieder eingingen, zum Teil aber auch sich glänzend entfaltet haben.

Die bekannteste Gemeinschaft ist die von Anna Lee gegründete, ehelos und in Gütergemeinschaft lebende der Shaker, die über sieben Staaten in kleinen Kolonien verbreitet sind und überwiegend von Ackerbau, Gartenbau und Konservenfabrikation leben. Ihre Gesamtzahl dürfte sich auf ungefähr 5000 Individuen belaufen.

Die Perfektionisten vom Oneidabach und Wallingford haben mit der Ehe vollständig gebrochen, leben nach kommunistischen Grundsätzen unter sicher geordneten Verhältnissen, sind wie die Shaker sehr streng in der Aufnahme neuer Mitglieder, die sich in völligem Mißverständnis ihrer religiösen nnd sozialen Lehren massenhaft zum Eintritt in ihre Sekte melden, und beschäftigen sich neben dem Ackerbau auch mit dem Betriebe verschiedener Industriezweige.

Die von Deutschen gegründete Harmoniegesellschaft in Economy ist im Aussterben begriffen, andere wie die Aurora- und Bethel-Gemeinde fristen ein kümmmerliches Dasein. Russische Materialisten, französische Atheisten, amerikanische Spiritisten, deutsche Sozialisten und andere von phantastischen,

religiöſen und ſozialen Vorſtellungen erfüllte Genoſſenſchaften
haben dieſelben in Niederlaſſungen, welche ſie gründeten, zu
verwirklichen geſucht, meiſt jedoch mit geringem Erfolge. Die
amerikaniſche Regierung hat derartigen Schöpfungen nie Hinder=
niſſe in den Weg gelegt, wohl wiſſend, daß die Bekämpfung
derſelben ihnen nur förderlich ſein und ihnen in dieſem Lande,
in dem ſo viele religiöſe Schwärmer vorhanden ſind und die
Irrenhäuſer überfüllen, nur zahlloſe neue Anhänger zuführen
würde.

Die Neigung der Amerikaner zum Supranaturalismus,
wie ſie ſich ſo deutlich in der hochentwickelten Kirchlichkeit
und Religioſität bekundet, kommt andrerſeits auch in dem
ſelbſt die oberſten Geſellſchaftskreiſe beherrſchenden Aber=
glauben und in dem rieſige Ausdehnung nehmenden Spiri=
tismus zum Ausdruck, der wohl nirgends ſo viele An=
hänger gefunden hat wie in den Vereinigten Staaten, wo
ja allerdings jede Geiſteskrankheit epidemiſchen Charakter an=
nimmt.

In ſchönerer Weiſe macht ſich das tief religiöſe Empfin=
dungsleben in der Sorgfalt bemerkbar, die der Pflege der
Kirchhöfe gewidmet wird, welche an vielen Orten bei=
nahe den Charakter öffentlicher Gartenanlagen angenommen
haben und durch ihren freundlichen heiteren Anblick die
Lebenden über den Schmerz um die Todten hinwegzutäuſchen
ſuchen.

Wahre Menſchlichkeit aber, die überall mit wahrer Re=
ligioſität und Moral verbunden ſein ſollte, äußert ſich endlich
auch in den vielen Wohlfahrtseinrichtungen, welche die Mild=
thätigkeit der Beſitzenden ins Leben gerufen hat, die aber häufig
auch ihren Urſprung den Scherflein verdanken, welche die
Armen und Bedürftigen zum Zwecke der Beſſerung der Lage

der Kranken, der gänzlich mittellosen und der nicht mehr arbeitsfähigen Mitmenschen zusammengetragen haben.

Mag der Kirchlichkeit der Nordamerikaner Äußerlichkeit anhaften, im allgemeinen zeigen sie sich doch noch von religiösem Sinn in hohem Grade beseelt.

Kapitel VI.

Erziehung. Schulwesen.

Der hohe Wert der Geistesbildung ist den eingeborenen Bevölkerungselementen der Vereinigten Staaten im vollsten Maße bekannt, und demgemäß werden denn auch außerordentlich große Mittel sowohl seitens der Privatleute wie seitens der Staaten auf das Schulwesen und seine beständige Verbesserung verwandt. Keine Geldopfer werden gescheut, wenn es gilt, diesen Zweck zu fördern, hervorragende Kräfte des Auslandes für denselben heranzuziehen sowie Bildung und Wissen zu verbreiten. Haus, Schule und Kirche; Gemeinde, Grafschaft, Staat und Union wirken zusammen auf dem Gebiete des Unterrichtswesens, und die Ergebnisse ihrer gemeinsamen Thätigkeit sind sicherlich in hohem Grade beachtenswert, wenn sie auch von vielen Pädagogen des Auslandes wie des Inlandes mit Geringschätzung behandelt werden mögen. Die Erziehungsgrundsätze, welche im amerikanischen Hause zur Geltung gelangt sind, weichen schon in vielen Punkten wesentlich von denen der europäischen Welt und im besondern Deutschlands ab; die Lebensverhältnisse ferner sind sehr verschiedene,

so müssen denn auch naturgemäß die Ziele der Erziehung und
ihre Ergebnisse ganz andere sein als bei andern Völkern, ohne
aber darum ihrer vollen Berechtigung zu entbehren — sind
sie doch gebilligt durch die überwiegende Mehrheit einer Nation
von 63 Millionen Seelen.

Der Dualismus, welcher sich auf allen Gebieten nationalen,
politischen und kulturellen Lebens der Bundesrepublik bemerk=
bar machte und zur Zeit noch macht, war auch auf dem des
Schulwesens früher deutlich wahrnehmbar, ja wir erkennen
seine Spuren auch jetzt noch, obgleich bewußtermaßen alles
aufgeboten worden ist, ihn zu beseitigen. Diese Ungleichheit
der Erscheinungsformen hatte ihren Grund natürlich in der
geschichtlichen Entwickelung der Kolonien und in denselben Ur=
sachen, welche in allen Zweigen der Kultur wirksam ge=
wesen sind.

Die Puritaner waren vollständig von dem Geiste der
deutschen Reformation und des Verfechters derselben in Schott=
land John Knox erfüllt, sie erblickten in der Erwerbung einer
möglichst hohen Bildung die Voraussetzung für alle Kulturbe=
strebungen, die Grundlage derselben und eines geordneten
Staatswesens und befolgten demgemäß den von dem schottischen
Reformator aufgestellten Grundsatz, daß jedes Kirchspiel auch
seine Volksschule haben sollte. So entstanden denn überall,
wo die Puritaner sich niederließen, auch sofort Lehranstalten,
auf denen die Kinder in den Elementen alles Wissens unter=
richtet wurden. 1636, also 15 Jahre nach dem ersten Er=
scheinen der Puritaner in Amerika wurde von dem Geistlichen
Harvard schon der Grund zu der nach ihm benannten ersten
und besten Hochschule der Vereinigten Staaten gelegt. 1647
wurde dann das förmliche Gesetz erlassen, auf Grund dessen
in allen Ansiedelungen von 50 Hauseigentümern eine Schule
eingerichtet und ein Lehrer angestellt, in solchen Orten aber,

in denen 100 Feuerstellen vorhanden waren, eine höhere, eine Grammatik= oder Lateinschule geschaffen werden sollte. 1638 war auch bereits in Boston eine Druckerpresse eingeführt.

Während in Neu=England das Schulwesen also von An= fang an kräftig erblühte und staatlich gefördert wurde, geschah in Virginien uud andern südlichen Kolonien, in denen die eng= lischen Hochkirchler und die Katholiken die Herrschaft hatten, das Gegenteil. Die Verbreitung von Bildung und die Pflege des Schulwesens wurden noch gegen das Ende des 17. Jahr= hunderts von dem königlichen Statthalter Virginiens Sir William Berkeley als höchst schädigend für das Wohl des Gemeinwesens bezeichnet und infolgedessen so weit als thunlich beschränkt. Der Unterricht der Sklaven und die Verbreitung von Bildung unter diesen wurde vollends geradezu als Verbrechen behandelt, bis zum Sezessionskriege und der gänzlichen Aufhebung der Sklaverei mit harten Strafen belegt und durch die Anwendung der rohesten Zwangsmittel verhindert. Denn auch im Süden verschloß man sich der Erkenntnis der befreienden Wirkung der Bildung nicht und suchte aus diesem Grunde die Neger= bevölkerung in ihrem Zustande tiefster Geistesnacht und Barbarei zu erhalten. Die Sklavenbesitzer wußten nur zu wohl, daß Wissen und Bildung Macht verleihen, das Selbstbewußtsein des Menschen wecken und den Freiheitsdrang erzeugen; ihr eignes materielles Interesse zwang sie daher, die willenlosen Werk= zeuge, deren sie sich zur Erwerbung ihrer unermeßlichen Reich= tümer bedienten, vor den Einflüssen und Folgen der Geistes= bildung nach besten Kräften zu behüten. Aber im ganzen Süden der Union gelangten diese Grundsätze zu mehr oder minder allgemeiner Geltung, und die gesamte weiße Be= völkerung der südlichen Staaten unterschied sich dadurch zu ihrem großen Nachteil von denen des Nordostens. Heute ist in dieser Hinsicht allerdings ein bedeutender Fortschritt wahrzu=

nehmen, immerhin ist der Bildungsgrad der Südländer im
allgemeinen noch ein sehr viel niedrigerer als der der Nord=
länder und besonders der Neuengländer, welche es sich zur
Ehre anrechnen, die Träger des Geisteslebens der Union und
die Lehrer ihrer ganzen Bevölkerung zu sein.

Die Erziehungsgrundsätze sind begreiflicherweise ganz eng
den Lebensverhältnissen angepaßt, von denen sie überhaupt
erzeugt worden sind. Zeichnen die Amerikaner sich durch ihre
praktische Denkweise vor allen andern Völkern aus, so mußte
diese auch maßgebend für die Erziehung ihrer Kinder werden.
Das amerikanische Erwerbsleben bedingt möglichste Selbständig=
keit des Individuums. Das Kind muß daher gelehrt werden,
selbst zu denken und selbst zu handeln. Die Entwickelung seiner
Fähigkeiten muß sich den Naturgesetzen für dieselben anpassen,
es muß die Gegenstände unterscheiden, durch eigne Erfahrung
die Wirkungen der gestaltenden und thätigen Kräfte wahr=
nehmen lernen und auf diesem Wege zur Erkenntnis des inneren
Wertes und Wesens der Dinge fortschreiten, um sich schließlich
zum Erfassen abstrakter Begriffe zu erheben. In Gemäßheit
mit diesen Bedingungen mußte das Fröbelsche Erziehungssystem,
welches sich bemüht, die Naturgesetze der Pädagogik zu er=
füllen, in den Vereinigten Staaten rasch Eingang finden und
in weitesten Kreisen zur Herrschaft gelangen. Der Kinder=
garten bildet heute dort die sichere Grundlage des ganzen
Schulwesens.

Dem Kinde wird von seiner Geburt an eine größere Freiheit
der Bewegung gewährt wie seinen europäischen kleinen Brüdern
und Schwestern. So wenig wie es dem Zwange des Steckkissens
unterworfen und unter den schweren Betten des Kinderwagens
der Gefahr des Erstickens ausgesetzt, des freien Atmens beraubt
ist, so wenig wird es nachher auch in seinen Bewegungen und
Handlungen mehr bevormundet, als unumgänglich notwendig

ift, um die Entwickelung schlechter Charaktereigenschaften zu
verhüten. Durch Körperstrafen diesen Zweck zu erreichen,
wird grundsätzlich von den meisten Eingebornen angelsäch=
sischer Abkunft vermieden. Die eigne Erfahrung, der eigne
Schaden sollen ihre erzieherische Wirkung üben und den Charakter
bilden helfen.

Vernünftige liebevolle Eltern suchen die Individualität des
Kindes zu erforschen und dieser entsprechend mit schonender
Hand und unmerklich die Anlagen derselben zur Entfaltung
zu bringen, ohne die Willensfreiheit empfindlich zu beschränken.
Auf solche Weise werden die physischen wie die seelischen Kräfte
frühzeitig entwickelt und zwar immer im Hinblick auf die
praktischen Lebenszwecke, denen sich alles andere unterordnen
muß.

Die natürliche Genußsucht der Kinder, ihre Freude am
Leben, am Spiel, am Vergnügen werden nicht mehr einge=
schränkt, als es die überschäumende Lebenskraft gelegentlich er=
fordert; dem harmlosen Verkehr der Knaben und Mädchen
werden nicht durch übertriebene Prüderie und vorzeitige An=
wendung strenger konventioneller und Sittengesetze Schranken
errichtet, die notwendigerweise zur Übertretung reizen und die
Harmlosigkeit stören müssen. Dagegen wird den Knaben von
Kindesbeinen an die höchste Achtung vor dem weiblichen Ge=
schlecht eingeimpft, in den Mädchen aber das angeborene An=
standsgefühl ebenfalls von frühester Jugend an zu vollster
Entfaltung gebracht. Den erzieherischen Einfluß des beständ=
digen Wechselverkehrs zwischen Kindern beider Geschlechter und
zwischen Knaben und Mädchen hält man ganz allgemein für
so wohlthätig, daß er häufig durch zeitweise Annahme oder
dauernde Adoption von fremden neben den eignen erzielt wird,
wo er auf andere Weise nicht zu ermöglichen ist. Die Folge
davon ist jene Sicherheit des Verkehrs, die neben größter

Freiheit deſſelben gerade in der amerikaniſchen Geſellſchaft ſo
vorteilhaft hervortritt und die nationale Sittlichkeit auf ein
ſehr viel höheres Niveau erhebt, als das iſt, welches bei
manchen Völkern beſteht, die gerade die entgegengeſetzten Er=
ziehungsgrundſätze zu den leitenden gemacht haben, den Ver=
kehr zwiſchen Knaben und Mädchen, Jünglingen und Jung=
frauen möglichſt zu verhindern und durch konventionelle Geſetze
auf das äußerſte zu beſchränken ſuchen.

In der Freiheit der Bewegung, im vollen Genuß ihrer
Kindheit, unter Spielen und Vergnügungen aller Art werden
die Kräfte zur Entwickelung gebracht und der Bildung eines in=
dividuellen Charakters vorgearbeitet, wird das Kind zur Selbſt=
thätigkeit, zu ſelbſtändigem Denken und Handeln erzogen und
der Grund geſchaffen, auf dem die Bildungskeime Wurzel
ſchlagen können, die die Schule zu geben berufen iſt. Der
Wiſſenstrieb wird zu entfachen geſucht, ohne durch Pedanterie
und Strenge von vorn herein einen Widerwillen gegen die
Schule, gegen das Lernen zu erzeugen und ohne den unreifen,
unentwickelten Geiſt übermäßig und durch Dinge anzuſtrengen,
welche noch weit über ſein Begriffsvermögen hinausgehen.
Durch Märchen und Erzählungen, welche letzterem angepaßt
ſind, werden dem Kinde auch, ohne daß es ſich deſſen bewußt
wird, die Grundzüge der Moral und der Religioſität einge=
impft. Denn die abſtrakten Begriffe kirchlicher Dogmatik mit
Hilfe von Katechismen und ähnlichen Büchern den Kindern
beizubringen, wie dies in den Häuſern und den Volksſchulen
andrer Länder geſchieht, hält der vernünftig denkende Ameri=
kaner für ungeeignet zur wirklichen ethiſchen Erziehung der=
ſelben, weil dieſe Begriffe ſich wohl dem Gedächtnis ein=
prägen laſſen, nicht aber darum in das Bewußtſein der Kinder
übergehen können, da ſie für ihr Verſtändnis noch viel zu
hoch ſind. Er ſucht die Kinder aber von ihren früheſten Lebens=

jahren an zur Milbthätigkeit, zur Mitteilung von ihrem Eigen=
tum an andre und zur Unterstützung derjenigen anzuhalten, die
wahrhaft bedürftig sind. Auf die einfachste, praktischste Weise
werden den Kindern somit schon die Grundsätze der Moral
beigebracht und jene Tugenden erzeugt, durch welche die Ameri=
kaner sich vor andern Völkern auszeichnen.

Die Erkenntnis, daß es im Wesen des Menschen begründet
und daher erforderlich und natürlich ist, seiner wachsenden
Lebenskraft zuweilen die Zügel schießen zu lassen, daß es sich
oft sehr schwer rächt, wenn dieser physiologisch begründeten
Notwendigkeit nicht gebührende Rechnung getragen wird, hat
hauptsächlich dazu Veranlassung gegeben, daß der Amerikaner
seinen Kindern Freiheiten gewährt, die von vielen Europäern
zum Teil lebhaft getadelt werden. Er ist aber der sehr rich=
tigen Ansicht, daß es für den Menschen viel nützlicher ist, wenn
er sich in der Jugendzeit, in der Entwickelungsperiode, in welcher
das Blut am leichtesten in Wallung gerät, in welcher das
Bedürfnis sich auszutoben am größten ist, in harmloser Weise
seines Lebens erfreut, als wenn er in späteren Jahren, da
der Kampf ums Dasein seine ganzen Kräfte in Anspruch
nimmt, nachzuholen sucht, was ihm in der Kindheit ver=
sagt war.

Obgleich die nordamerikanischen Erziehungsgrundsätze be=
sonders in Deutschland beinahe allgemeine Verurteilung finden,
weil die äußeren Erscheinungsformen ihrer Ergebnisse bei der
oberflächlichen Betrachtung, die man ihnen meist nur widmet,
allerdings zuweilen sehr weit von denen abweichen, die wir
unter uns zu sehen gewöhnt sind, so sind doch viele dieser
Prinzipien ganz unmerklich bereits in die europäische Kultur=
welt eingedrungen. Die in die Union Einwandernden nehmen
sie fast durchweg sehr rasch als die den dortigen Verhältnissen
entsprechenden an und wirken ihrerseits auch als Verbreiter

derſelben in der alten Welt. England dient hier ja freilich großenteils als Vermittler und wirkt in zahlreichen Fällen auch direkt ein, da im großen ganzen dort dieſelben Erziehungs= grundſätze herrſchen wie in den Vereinigten Staaten und in dieſe ja auch teilweiſe von dorther übertragen worden ſind. Wenn aber Croket, Lawn=Tennis, Football und viele andere eng= liſch=amerikaniſche Spiele auf dem europäiſchen Kontinent neuer= dings in ausgedehnteſtem Maße Eingang gefunden haben, ſo iſt das nicht zum wenigſten den Amerikanern zuzuſchreiben, die überall, wo ſie ſich in größerer Zahl in den europäiſchen Städten und Bädern zuſammenfinden, ihre Spielplätze ein= richten und durch das Beiſpiel zur Nachahmung angeregt haben. Wenn das europäiſche Schulweſen manche ſehr tief einſchneidende, die Geſundheit der Kinder fördernde Verände= rungen erfahren hat, wenn die geiſtige Überbürdung nach= gelaſſen hat, wenn der Grundſatz ſich Bahn gebrochen hat, die geiſtige Arbeit häufig durch Spiele oder durch Bewegung im Freien zu unterbrechen, die einſeitige ungeſunde Geiſtes= thätigkeit durch körperliche zu unterſtützen und eine gleichmäßigere harmoniſche Entwickelung der Geiſtes= und der Körperkräfte herbeizuführen, endlich wenn man ſelbſt anfängt Schulwerkſtätten einzurichten und die Schulerziehung immer mehr und mehr in praktiſche Bahnen gelenkt wird, ſo ſind dieſe und zahlreiche andere Erſcheinungen keineswegs nur die Ergebniſſe des natür= lichen Entwickelungsprozeſſes des deutſchen Schulweſens, ſondern die Folgen teils direkter, teils mittelbarer Einflüſſe der ameri= kaniſchen Erziehungsgrundſätze und der Einrichtungen der dortigen Volksſchulen. Es haben gerade auf dieſem Kulturgebiete die merkwürdigſten und verwickeltſten Wechſelbeziehungen und Wechſel= einflüſſe zwiſchen der alten und der neuen Welt ſtattgefunden, denen nachzuſpüren eine äußerſt dankenswerte Aufgabe wäre. Viele von Europa und zwar beſonders von Deutſchland ge=

gebene ganz unbedeutende Anregungen, Ideen und Kulturkeime haben drüben die wichtigsten Erfindungen, Einrichtungen und Erscheinungen gezeitigt, welche dann wieder rückwirkend ihren Einfluß auf Europa ausgeübt haben und umgekehrt.

Für die Entwickelung des amerikanischen Schulwesens waren in gewissem Sinne die geschichtlichen Ursachen und Voraus= setzungen desselben maßgebend.

Seinen Ursprung hatte es in den puritanischen Nieder= lassungen Neuenglands. Die Puritaner standen im schroffsten Gegensatz zu den Katholiken, sie hatten sich von der englischen Staatskirche hauptsächlich auch aus dem Grunde losgesagt, weil dieselbe in ihren äußeren Formen sehr viel vom Katholizis= mus bewahrt hatte. Sie führten die von der Reformation geweckten Ansichten bis in ihre äußersten Konsequenzen durch. Verbot die katholische Kirche ihren Laien=Mitgliedern das Lesen der Bibel, belegte sie es und den Besitz dieses Buches sogar mit schweren Strafen, so erhob die Reformation dasselbe zum Range eines Volksbuches, das in keinem Hause fehlen durfte, das jeder Protestant lesen mußte. Entbehrte die katholische Welt dieses ungemein wichtigen Faktors zur Entwickelung des Volksschulwesens und zur Verbreitung der Elementarkenntnisse des Lesens und Schreibens, so machte er sich in der protestantischen Welt um so nachdrücklicher bemerkbar. Jedes Glied der Kirche mußte in den Stand gesetzt werden, die heilige Schrift selbst zu lesen; Schulen waren daher unumgänglich notwendig und zwar nicht nur solche für die Ausbildung von Gelehrten und Geistlichen, sondern ganz besonders solche für die Armen und Elenden, die ja gerade in der Bibel eine feste Stütze gewinnen, Trost und Seelenstärkung finden sollten.

Diese Grundsätze also gelangten in ihrer umfassendsten Form in den puritanischen Kolonien zu praktischer Anwendung. Die infolgedessen entstandenen Schulen dienten in erster Linie

somit den religiösen Zwecken, sie waren die Ergänzung der
Kirche, waren ganz auf kirchlicher Basis gegründet. Ihre
Hauptaufgabe war Lesen und Schreiben zu lehren, da=
rüber hinaus ging wohl zu Anfang der Unterricht über=
haupt kaum, wie dies ja auch heute noch auf dem Lande
und in den kleinen Städten der Fall ist. Die höheren Latein=
schulen hatten dieselbe kirchliche Grundlage und dienten zur
Ausbildung der Geistlichen und der wenigen, welche nach höherem
Wissen strebten.

Wo in der Folge in den übrigen Kolonien Nord=
amerikas Schulen entstanden, konnten sie natürlich nur den
Zeitverhältnissen und der damaligen Weltanschauung entsprechend
in engsten Beziehungen zu den betreffenden herrschenden Kirchen
stehen, sie mußten kirchlich sein, und der Religionsunterricht
bildete in ihnen allen den Hauptzweck, dem sich der gesamte
Lehrplan unterordnete.

Die Möglichkeit, sich Bildung zu erwerben, mußte in den völlig
republikanisch geordneten Gemeinwesen den Kindern eines
jeden Bürgers gleichmäßig gewährt werden, der Unterricht
durfte daher nichts kosten und die Mittel zur Erhaltung der
Elementarschulen mußten durch die Staats= oder Gemeinde=
verwaltungen oder durch Steuern aufgebracht werden, deren
Ertrag diesem Zweck ausschließlich diente. Ja, die Notwendig=
keit der Verbreitung von Bildung in den niedersten Volks=
schichten leuchtete den kolonialen Gesetzgebern so sehr ein, daß
bereits zu Ende des 17. und zu Anfang des 18. Jahrhunderts
in einigen Kolonien versucht wurde, den Schulbesuch obliga=
torisch zu machen und die Bürger durch Androhung von em=
pfindlichen Strafen zu zwingen, ihre Kinder in die öffentlichen
Schulen zu schicken. Als Gründe hiefür wurden damals schon nicht
allein die Vermittlung religiöser Kenntnisse und die Befähigung
zum Lesen der Bibel und der zahlreich erschienenen Erbauungs=

schriften angegeben, sondern es wurde auch geltend gemacht, daß es notwendig sei, die Landesgesetze kennen zu lernen und daß die Schulbildung für die Gewerbe= und Handeltreibenden er= forderlich sei. Der Freiheitsbrang der Kolonisten war jedoch nicht vereinbar mit einer solchen Beschränkung des individuellen Willens, und der Schulbesuch mußte daher dem Ermessen der Eltern anheimgestellt werden.

Als die Kolonien sich vom Mutterlande losrissen und die Bundesrepublik geschaffen wurde, als infolgedessen Staat und Kirche sich trennten, da mußte auch das Unterrichtswesen eine beträchtliche Umgestaltung erfahren. Die Schule, welche bisher völlig kirchlichen Charakter gehabt hatte, konnte den= selben nunmehr nicht länger bewahren, denn nachdem die Staatskirchen überall aufgehoben, die Grundsätze weitestgehen= der Gewissens=, Glaubensfreiheit und Duldsamkeit zu all= gemeiner Geltung gelangt waren, durften die Schulen doch nicht in vollem Gegensatz zu diesen Prinzipien geleitet werden und ihren streng konfessionellen Charakter bewahren, durch den jedes einer andern Denomination angehörende Kind vom Unterricht ausgeschlossen war. Es konnte den Presbyterianern, Methodisten, Juden nicht zugemutet werden, ihre Kinder in die hochkirchlichen, den Katholiken nicht, die ihrigen in pro= testantische Schulen zu schicken. Es blieb daher nichts anderes übrig, als die notwendige Schlußfolgerung aus der Trennung von Staat und Kirche zu ziehen und auch die Schule von der Kirche zu trennen, sie ihrer bisherigen Grundlage zu berauben, sie konfessionslos zu machen. Wie die Regelung der kirch= lichen Angelegenheiten so wurde auch die des Unterrichts= wesens in Gemäßheit mit dem Geist der Bundesverfassung den einzelnen Staaten zugestanden.

Damit erhielt denn die Schule einen ganz andern Charakter und Wert.

Den Eltern war es nunmehr ausschließlich überlassen, das Kind zum Mitgliede der menschlichen Gesellschaft zu erziehen. Den kirchlichen Gemeinschaften aller Art kam es zu, es zum Mitgliede ihrer betreffenden Kirchen und Gemeinden zu machen. Der Schule dagegen blieb es vorbehalten, Kenntnisse und Wissen zu vermitteln, Bildungsmaterial zu gewähren und das Kind mit dem wissenschaftlichen Rüstzeug auszustatten, welches es für das Leben braucht. Es wurde also eine vollständige Arbeitsteilung auf dem Gebiete des Erziehungs- und Schulwesens durchgeführt. Die eigentliche Erziehung blieb der Familie, die Erweckung der Religiosität der Kirche, die Geistesschulung den Unterrichtsanstalten überlassen, und zwar den öffentlichen Elementar-, Gemeinde- oder Volksschulen, aus deren Lehrplan der Religionsunterricht grundsätzlich ausgeschlossen wurde.

Der Staat, welcher das Schulwesen unterstützte, ging hierbei von dem doppelten Grundsatz aus, daß es die wichtigste Aufgabe derjenigen ist, welche die Erziehung zu leiten haben, dafür zu sorgen, die Fundamente alles Wissens sicher zu legen und damit einem jeden die Möglichkeit zu gewähren, auf dieser Grundlage dann später der individuellen Begabung und Neigung, den Lebenszwecken und Lebensanforderungen entsprechend weiterbauen und die Bildungsmittel benutzen zu können, welche das betreffende Individuum und seine Berater für notwendig und zweckmäßig halten würden.

Der Staat glaubte sich daher in keiner Weise verpflichtet, für die Ordnung des höheren Schulwesens zu sorgen, sondern erblickte seine Aufgabe ausschließlich darin, den Elementarunterricht so weit zu fördern, als ihm dies zweckmäßig erschien. Er wandte seine Aufmerksamkeit also nur dem Unterricht der Kinder zu.

Zweitens aber lag es dem Staat ob, dafür zu sorgen, daß an seinen demokratischen Fundamenten nicht gerüttelt, daß die

Erlangung der allgemeinen grundlegenden Elementarbildung, d. h. der Voraussetzung für alle höheren Studien, nicht etwa zu einem Privilegium der begüterten oberen Gesellschaftsklassen, sondern allen Bürgern in gleicher Weise ermöglicht wurde. Der Unterricht in den Volksschulen mußte daher unentgeltlich und ohne jede Rücksicht auf Rasse, Religion und Stand der Bürger an alle Kinder derselben erteilt werden.

In dieser allgemeinen Fassung ist der Grundsatz des kosten-losen Unterrichts allerdings erst in neuerer Zeit zur Geltung gelangt, ursprünglich war in mehreren Staaten zunächst nur verfügt worden, daß der Besuch der Volksschulen für die Kinder der Armen unentgeltlich sein sollte, während die der Wohlhabenden Beiträge zahlen mußten. Um die Mittel zum Unterhalt der öffentlichen Volksschulen aufzubringen, wurden diese von der Bundesregierung, von den Staatenregierungen und den Gemeinden mit liegenden Gütern reich dotiert. Bei der Abgrenzung eines neuen Territoriums oder Staates wurde seitens der Bundesverwaltung von vorn herein ein gewisses Areal für Schulzwecke bestimmt und gratis hergegeben. Das-selbe geschah bei Gründung einer Stadt, indem von dem Be-zirk derselben gewöhnlich ein Achtzehntel, über 500 Hektar Landes, als Schulgut reserviert und den Schulbehörden über-wiesen wurde. Dieser Landbesitz, der sich im ganzen für die gesamte Union auf nahezu 75 Millionen Hektar beläuft, bildet bis auf den Augenblick die Haupteinnahmequelle der Volks-schulen, daneben wurden und werden von den zuständigen Schulbehörden Steuern erhoben, so weit diese zum Unterhalt der Volksschulen erforderlich sind, und derselbe ist bei den vor-züglichen Einrichtungen der Gebäude und aus andern Gründen sehr kostspielig. Denn nicht nur der Unterricht in diesen Schulen wird unentgeltlich erteilt, sondern den Kindern werden auch die nötigen Bücher und Schreibmaterialien gratis gegeben, und da die ersteren auf das beste hergestellt, splendid und auf gutem Papier gedruckt und fest gebunden sind, so ist es nicht überraschend zu erfahren, daß allein hierfür 50 bis 60 Millionen Dollar jährlich verausgabt werden. Charakteristisch aber ist es auch, daß der größte Aufwand hinsichtlich der Förderung des Volksschulwesens in den jüngsten Staaten getrieben wird. So erreichten vor einigen Jahren die höchsten Durchschnittsziffern die jährlichen Ausgaben pro Kopf der Schulkinder in dem Staate Nevada, dann folgte Kalifornien und dann erst der Herd der Bildung in den Vereinigten Staaten Massachusetts; es wurden nämlich verausgabt 140 Mark pro Kopf der Schüler in Virginia City, Nevada; 136 Mark pro Kopf in Sacramento in Kalifornien, 135 Mark pro Kopf in Boston. Diese Ziffern beweisen deutlicher, als es lange Ausführungen vermöchten, wie hoher Wert auf die möglichste Vervollkommnung des Volksschulwesens gerade in den von den eigentlichen Bildungszentren am weitesten entfernten Staaten gelegt wird, wie groß der Wissensdrang in den Gegenden ist, welche erst in neuester Zeit der Kultur erschlossen sind.

Auch aus privaten Mitteln werden beständig große Summen zur Förderung des Volksschulwesens beigesteuert, Summen, welche sich in manchen Jahren auf zehn und mehr Millionen Dollar erhoben haben.

Wenn trotz der allgemein anerkannten Vorzüglichkeit der Volksschuleinrichtungen die Bildungsergebnisse derselben dem riesigen Aufwand für sie nicht überall entsprechen, wenn die Zahl derjenigen, welche nicht lesen und schreiben können, immerhin noch ziemlich beträchtlich ist, so sind hierfür zunächst die Massen der Schwarzen im Süden verantwortlich zu machen, unter denen die Bildung immer noch langsam fortschreitet, ferner die der europäischen Einwanderer und zwar im Besondern die katholischen Iren; dann aber ist der Umstand von

13*

Bedeutung, daß der Volksschulunterricht in vielen Staaten und
Territorien nicht obligatorisch ist. Noch ist es überhaupt nicht
lange her, daß man den ersten Versuch machte, den Wider=
stand der Amerikaner gegen die Auferlegung des Schulzwanges
zu brechen, denn man hielt diesen mit der Würde des freien
Staatsbürgers unvereinbar, und wirklich steht der obligatorische
Schulunterricht auch in den 24 Staaten, in welchen er nach=
gerade eingeführt ist, zwar in den Gesetzbüchern, doch werden
die Bestimmungen darüber keineswegs pünktlich erfüllt. Eltern
und — Kinder kümmern sich nicht viel um diese Verfügungen
und umgehen sie, wenn es ihnen so beliebt. Andrerseits muß
allerdings bemerkt werden, daß, besonders unter den eingebornen
angelsächsischen Bevölkerungselementen, das Bildungsbedürfnis
ein so großes und reges ist, daß es kaum des gesetzlichen
Schulzwanges bedarf, um sie zu veranlassen, ihre Kinder zum
Schulbesuch anzuhalten. Das Interesse am öffentlichen Leben,
die Freude an der Zeitungslektüre, die Wahrnehmung, daß
die Elementarkenntnisse, welche die Volksschule vermittelt, doch
unbedingt erforderlich sind, um im Leben vorwärts zu kommen,
sind Gründe genug, um jeden zu bewegen, sich selbst einen
gewissen Grad von Schulbildung zu erwerben und dem Wider=
willen der Kinder gegen die Schule entgegenzuwirken, um so
mehr als der Besuch der letztern nichts kostet.

Die Einführung des Schulzwanges stieß und stößt auch
heute noch auf eine große Schwierigkeit aus dem Grunde,
daß der privaten Initiative keine Schranken gesetzt werden,
daß es jedem amerikanischen Bürger gestattet ist, eine Schule
zu gründen. Das Privatschulwesen ist daher stark entwickelt
und wird hauptsächlich von verschiedenen religiösen Gemein=
schaften sehr gefördert, die die konfessionslose Schule für ver=
derblich halten, ihre eignen konfessionellen Schulen einrichten
und das öffentliche Volksschulwesen zu diskreditieren und zu

untergraben suchen. Es ist unter diesen Umständen aber auch sehr schwer zu ermitteln, ob alle schulpflichtigen Kinder den bestehenden Gesetzen genügen und ein öffentliches oder ein privates Lehrinstitut besuchen. Denn so wenig wie es Standes= ämter gibt, welche genaue Register über die geschlossenen Ehen, über die Geburten und Todesfälle führen, so wenig gibt es auch Behörden, welche mit voller Zuverlässigkeit den Besuch der Schulen kontrollieren und die Zahl der schulpflich= tigen Kinder feststellen können.

Die staatlichen Behörden sowohl wie die städtischen aber haben mit der Organisation der Volksschulen direkt auch nichts zu thun, sondern überlassen diese den von der Bevölkerung selb= ständig erwählten Schulbehörden und Inspektoren und gewähren ihnen und den Schulen weitgehende Autonomie. Und hierin liegt einer der größten Übelstände, die dem Unterrichtswesen der Vereinigten Staaten anhaften. Es fehlt demselben alle und jede Einheitlichkeit der Organisation, da es jedem Staat und in diesem jedem Distrikt und jeder größeren Stadt voll= kommen freigestellt ist, das lokale Schulwesen zu ordnen, wie sie es für gut halten. Wir finden daher auf diesem Gebiete der Kultur große Unterschiede in allen Einzelheiten der Ver= waltung.

Es ist allerdings nicht zu verkennen, daß die freie Kon= kurrenz, welche in diesem Punkte besteht, auch ihre bedeutenden Vorzüge hat. Sie erzeugt den Wetteifer aller Schulen und Schulbehörden im ganzen großen Reiche, es einander an Vor= züglichkeit der Einrichtungen und Leistungen zuvorzuthun, und diesem Umstande ist vielleicht die hohe Bedeutung, welche das amerikanische Volksschulwesen erreicht hat, zum großen Teil zuzuschreiben. In dem Kampf ums Dasein mußten alle die= jenigen Lehrinstitute unterliegen, welche nicht den stetig wachsen= den Ansprüchen an dieselben entsprachen. Im materiellen

Interesse derer, welche neue Schulen gründeten, lag es, sie mög=
lichst gut einzurichten und in ihnen die tüchtigsten Lehrkräfte anzu=
stellen. Dagegen hatte der Mangel einer einheitlichen Ober=
leitung, der strengen Beaufsichtigung der Schulen, der Über=
wachung der Lehrkräfte und der Prüfung derselben auf ihre
Befähigung hin den großen Nachteil, daß überall da, wo die
Konkurrenz der Schulen unter einander nicht vorhanden war,
die Leistungen derselben auch ganz ungenügende blieben, und
das ist auch heute noch der Fall in den schwach bevölkerten
neu besiedelten Ackerbaudistrikten der jungen Staaten und
überall da, wohin die Schulinspektoren nicht häufig kommen.
Die Ansprüche, welche die niedrige bäurische Bevölkerung an
die Lehrkräfte der von ihnen unterhaltenen Schulen macht,
sind ja auch äußerst bescheiden, und die Unterrichtsdauer geht
an manchen kleinen Orten nicht über zwei Monate im Jahre
hinaus.

Die Übelstände, welche sich aus dem Mangel einer einheit=
lichen Verwaltung ergeben, haben bereits oft die Notwendigkeit
der Einrichtung einer solchen nahegelegt, ja es ist sogar schon
eine Art von Staatsinstitut geschaffen worden, das der Zen=
tralisation des Unterrichtswesens und der Unterstellung desselben
unter die Oberaufsicht und Oberleitung der Bundesbehörden
vorarbeiten soll. Es ist im Ministerium des Innern in
Washington nämlich ein Erziehungsbureau geschaffen worden,
das als Zentralstelle für alle auf das Schulwesen bezüglichen
Fragen zu betrachten ist. Bis jetzt ist es indessen nicht viel
mehr als ein statistisches Amt, welches die ihm aus allen
Teilen der Bundesrepublik übersandten Materialien sammelt,
ordnet und veröffentlicht, dessen Publikationen aber auch noch
weit davon entfernt sind, dem Anspruch auf Vollständigkeit
und Zuverlässigkeit zu genügen.

Die Bemühungen mancher Politiker, auf dieser Grundlage

weiterzubauen und ein Ministerium des öffentlichen Unterrichts zu schaffen, sind bisher hauptsächlich immer an dem Widerstande der Leiter der Kirchen und religiösen Genossenschaften gescheitert, denen der gegenwärtig noch bestehende Zustand äußerst bequem ist und in deren Interesse es liegt, eine vollständige Zentralisation des Unterrichtswesens etwa nach dem Vorbilde der in Deutschland bestehenden unter allen Umständen zu verhindern. Es sind dies die Folgen der Inkonsequenz in der Ausführung der ursprünglich aufgestellten Verfassungsbestimmungen.

Die Trennung von Staat und Kirche bedingte auch die von Schule und Kirche. Nun wäre es aber auch, nachdem dieser Grundsatz einmal anerkannt war, die Aufgabe der Gesetzgeber gewesen, welche die Bundesverfassung schufen, auf die strengste Durchführung dieses Prinzips zu halten. Dies konnte auf zwei Weisen geschehen. Sie mußten entweder die Schule zu einem Staatsinstitut machen und demgemäß einheitlich ordnen und zwar dann auch nicht allein die für die Kinder und das Volk bestimmten „ungraded" und „graded schools", sondern sie mußten ein Erziehungssystem entwerfen, das alle Arten von Lehrinstituten umfaßte und auch die höheren Schulen, Kollegien und Universitäten einbegriff. Da der Religionsunterricht aber aus den oben angegebenen Gründen aus dem Lehrplan der Schulen ausgeschlossen werden mußte und allein den Kirchen übertragen wurde, so suchte die Geistlichkeit fast aller Denominationen Einspruch gegen die konsequente Durchführung der von der Verfassung der Union verfügten Trennung von Schule und Religion und die vollständige Verstaatlichung des Schulwesens zu hintertreiben, weil die letztere natürlich die erstere bedingt hätte.

Bei der großen Religiosität der Amerikaner, bei der Macht, die die Kirche im Bundesstaat besitzt, und bei dem ungeheuren

Einfluß, den die Geiſtlichkeit aller Kirchen und Gemeinden
auf ihre Anhänger und durch das weibliche Geſchlecht auf die
geſamte Bevölkerung der Union ausübt, wagten aber die Geſetz=
geber nicht, die Konſequenzen aus den von ihnen aufgeſtellten
Grundſätzen entſchloſſen zu ziehen, wenn ſie nicht als Gottloſe
gebrandmarkt werden wollten.

 War dieſe Verſtaatlichung und vollſtändige Trennung der
Schule von der Kirche ausgeſchloſſen, ſo wäre nun zweitens
der Ausweg geblieben, der Schule unumſchränkte Autonomie
zu verleihen, ſie zu einem ganz ſelbſtändigen, unabhängigen
Faktor zu machen, der ſich unter Beobachtung der Grundgeſetze
der Bundesverfaſſung allein regierte. Für dieſen aber eine
einheitliche Organiſation zu ſchaffen war bei der Verſchieden=
artigkeit der klimatiſchen, der Boden=, der Erwerbsverhältniſſe
und der Bevölkerungselemente im Bereich der Union auch mit
großen Schwierigkeiten verbunden, zudem waren auch dann
zahlloſe Rückſichten auf die materiellen und anderweitigen
Intereſſen der maßgebenden leitenden Faktoren zu nehmen.

Das Unterrichtsweſen, welches die Urheber der Bundes=
verfaſſung und die ſpäteren Geſetzgeber anſtatt deſſen in Wirk=
lichkeit einführten, entbehrte der für daſſelbe erforderlichen
Sicherheit, Einheitlichkeit und ſyſtematiſchen Gliederung ſeiner
Beſtandteile, und es entwickelten ſich daher die merkwürdigen
Zuſtände, welche auf dem Gebiete deſſelben zur Zeit in den
Vereinigten Staaten beſtehen.

Eine gewiſſe Verbindung wurde allerdings zwiſchen Staat
und Schule hergeſtellt, inſoweit nämlich, als ſowohl die
Bundesregierung wie die Staatslegislaturen dem Volksſchul=
weſen bedeutende Mittel zu ſeinem Unterhalt zuwieſen. Auch
eine Kontrolle deſſelben erkannte man als notwendig — hier
aber hörte die Macht der Staatsbehörden ſchon auf. Die Be=
aufſichtigung über die Schulorganiſation übertrug man näm=

lich dem Volke, das zu diesem Zwecke in freier Wahl die betreffenden Beamten bestimmte und sie mit weitgehenden Voll-
machten ausstattete, selbst mit der, neben den ihnen an manchen
Orten überwiesenen Teilbeträgen der Getränksteuer, besondere
Schulsteuern nach ihrem Gutdünken zu erheben und darüber
zu verfügen, ohne den staatlichen oder kommunalen Behörden
Rechenschaft zu geben, da sie mit letzteren thatsächlich auch
nichts zu thun haben und ganz unabhängig von ihnen sind.

Nun sollte man aber denken, daß diese vom Volke eingesetzten Schulbehörden wenigstens die Aufsicht über alle in
ihrem Bezirk vorhandenen Lehrinstitute haben. Davon ist
jedoch wiederum keine Rede. Ihre Autorität erstreckt sich zunächst nur auf die öffentlichen ungraded und graded schools,
die verschiedenen Kategorieen und Grade der Volksschule und
auf solche Privatschulen, welche dieselben Rechte genießen, staatlich anerkannt sind und aus den öffentlichen Schulfonds Sub-
ventionen erhalten, keineswegs aber auf die konfessionellen
Schulen, auf die höheren Institute, Akademien, Kollegien und
Universitäten, die sich zwar zum großen Teil selbst verwalten,
scheinbar volle Autonomie besitzen — aber großenteils unter
kirchlichem Einfluß stehen.

Freilich gilt dies alles nicht für die Allgemeinheit. In
jedem Staate, in jeder größeren Stadt bestehen lokale Sonder-
einrichtungen, die mehr oder minder von denen aller übrigen
Staaten und Städte verschieden sind.

Wie alle Beamten haben auch die vom Volk für die Leitung
des Schulwesens erwählten nur eine je nach den lokalen herrschenden Bestimmungen bemessene Amtsdauer, aber davon abgesehen, werden sie häufig genug nicht aus den Reihen derer
erwählt, welche kraft ihrer sozialen Stellung oder ihrer hohen
Bildung oder durch fachmännische Kenntnisse etwa berufen
sind, die Aufsicht über das Schulwesen zu übernehmen, die

Lehrer zu examinieren und die geeigneten Lehrkräfte für die va=
kanten Stellen zu erwählen, sondern es spielt auch in die Wahl
dieser Beamten oft genug die Politik mit allen ihren vielseitigen
und nur zu häufig schädigenden Interessen hinein.

Der Verwaltungsapparat ist meist derart geordnet, daß
jeder Schulbezirk, in den die Städte und die Counties geteilt
sind, seine lokalen Schulbehörden hat, die den board of education
das Erziehungsamt bilden und in den verschiedenen Staaten
ungleich gegliedert sind, sich aus Vertrauensmännern und In=
spektoren zusammensetzen und an deren Spitze ein Super=
intendent, ein Oberaufseher, steht, welcher die Geschäfte leitet
und die Gelder verwaltet.

In den Grafschaftsdistrikten bildet das sogenannte Schul=
komitee die oberste Behörde, welche dafür zu sorgen hat, daß
den Anforderungen der Bevölkerung bezüglich der Errichtung
neuer Schulen Rechnung getragen wird, welche die bestehen=
den zu inspizieren, den Lehrplan derselben zu bestimmen, die
Lehrer zu ernennen und die Steuern zu erheben hat. Es steht
unter der Leitung eines County=Superintendent, der meist ein
Fachmann ist.

Alle diese Behörden sind denen des betreffenden Staats
untergeordnet, welche ebenfalls gewöhnlich aus einem Super=
intendent und dem State board of education bestehen, zu
welchem meist auch die Gouverneure, Vizegouverneure und
andere hohe Staatsbeamte und Würdenträger gehören. Häufig
werden in ihn auch die Leiter der Kollegien und Univer=
sitäten aufgenommen, und es wird dadurch ein gewisser
Zusammenhang zwischen den Lehrinstituten aller Grade her=
gestellt und eine Art von Zentralstelle für die Beaufsich=
tigung des gesamten öffentlichen Unterrichts geschaffen, die
durch ihre Inspektoren eine wirkliche Kontrolle über die in
dem Staat bestehenden Volksschulen und höheren Lehran=

stalten, so wie über die Lehrerseminare oder Normalschulen führt, von denen ungefähr 250 über den Bundesstaat verteilt sind und die zur Ausbildung von männlichen und weiblichen Lehrkräften dienen.

Die Privatschulen, welche auf staatliche Anerkennung Anspruch erheben, und vollends diejenigen, welche berechtigt sind, akademische Grade zu erteilen, müssen unter der Leitung eines Studienrats stehen, der sie den Staatsbehörden gegenüber vertritt. Im übrigen bedarf es zur Eröffnung solcher Lehranstalten keines entsprechenden Befähigungsnachweises, es steht vielmehr jedem mündigen Staatsbürger frei, dergleichen Institute zu gründen; die Masse derselben ist daher unübersehbar. Sie können sich freilich ebenso wenig hinsichtlich ihrer Einrichtungen wie ihrer Leistungen mit den öffentlichen Volksschulen messen, wenngleich die Schulgelder, welche in ihnen gezahlt werden müssen, sehr hoch sind. Sie verdanken ihre Existenz, neben dem Widerwillen der Geistlichkeit vieler Religionsgenossenschaften gegen die konfessionslosen Volksschulen, besonders den aristokratischen Neigungen der reichen Gesellschaftsklassen, dem Entstehen der Standesunterschiede und des Kastengeistes in der Bevölkerung der Vereinigten Staaten. Denn viele Eltern mögen nicht, daß ihre Kinder mit denen der Armen und Arbeiter dieselben Schulbänke teilen, dieselbe Luft atmen und denselben Unterricht genießen. Sie zahlen daher lieber hohe Geldsummen und schicken die Kinder in Schulen, welche zwar unvergleichlich schlechter geleitet sind, in denen aber doch nur solche Zöglinge Aufnahme finden können, die der gleichen Gesellschaftsklasse angehören.

Da der Unterschied der Leistungen zwischen den öffentlichen und den privaten Schulen aber doch ein sehr großer ist, so macht sich neuerdings wieder eine stärkere Bevorzugung der ersteren vor den letztern bemerkbar. Andererseits ist die Ent-

wickelung des Kastengeistes eine so kräftige, daß auch aus
diesem Grunde von den Yankeeelementen hauptsächlich auf eine
Einschränkung des Privatschulwesens hingearbeitet und das
Verlangen gestellt wird, den Besuch der öffentlichen Volks=
schulen für die Kinder aller Bürger obligatorisch zu machen,
um der Erschütterung der demokratischen Grundsätze entgegen=
zuwirken. Viele einsichtige Familienväter, Politiker und Volks=
wirte, ganz besonders aber viele Mitglieder der sehr einfluß=
reichen Stände der Advokaten und der Richter halten gerade
den demokratisierenden gemeinsamen Schulbesuch der Kinder
der Reichen und der Armen und den Verkehr derselben unter=
einander für ungemein nützlich, um der immer drohender
werdenden Zuspitzung der sozialen Frage vorzubeugen und der
durch den Kastengeist erzeugten ungesunden Überhebung der
reichen Klassen und der wachsenden Verrohung der niedern
Volksmassen Schranken zu setzen.

Auch der wirtschaftliche Gesichtspunkt wird in jüngster
Zeit infolge der rasch steigenden Erwerbsschwierigkeiten von
vielen Verfechtern der Volksschulen ins Auge gefaßt. Und
da man sich in allen Schichten der Bevölkerung nachgerade
gezwungen sieht, sparsamer zu wirtschaften als früher, da die
großstädtischen Volksschulen bei ihrer heutigen Organisation
ihren Zöglingen alle für das Leben erforderlichen Kenntnisse
vermitteln und sie in den obersten Klassen geradezu für den Besuch
der Kollegien und Universitäten vorbereiten, so gelangt man
wieder in immer breiteren Gesellschaftskreisen zu der Erkenntnis,
wie vorteilhaft es ist, die überflüssigen, von den Leitern der
Privatschulen verlangten hohen Schulgelder zu sparen.

Die erbittertsten Gegner der freien Volksschulen sind und
bleiben immer noch die Geistlichen vieler Kirchen, ganz be=
sonders aber die der katholischen, welche von jeher gegen die=
selben angekämpft und ihren Besuch in mehreren Kirchenversamm=

lungen als höchst verderblich bezeichnet und verboten haben. So wurde auf dem katholischen Nationalkonzil zu Baltimore im Jahre 1884 die Verfügung getroffen, daß neben jeder Kirche eine Pfarrschule errichtet werden und die Katholiken durch ihre Geistlichen verpflichtet werden sollen, ihre Kinder in keine andern Schulen als nur in diese auf christlich katholischem Bekenntnis gegründeten zu schicken. Die katholische Geistlichkeit vertritt die Anschauung, daß gerade die Schule dazu berufen ist, den religiösen Sinn der Kinder zu erwecken und zur Entfaltung zu bringen, daß durch die Volksschulen daher der Atheismus großgezogen wird. Diese Anschauung ist indessen längst als völlig unzutreffend erwiesen worden. Denn wenn der Religionsunterricht auch aus den öffentlichen Schulen ausgeschlossen ist, so herrscht in diesen darum noch kein atheistischer Geist. Die Arbeit wird stets mit Gebet und mit Verlesung von geeigneten Bibelstellen begonnen, und zwar werden die letzteren durch das Los bestimmt, um die Möglichkeit der Beeinflussung der Zöglinge im Sinne einer bestimmten Konfession, um die Ausübung jeder Spur von Gewissenszwang auszuschließen. Ist es doch auch selbst verboten, die Schüler bei ihrer Aufnahme nach dem Glaubensbekenntnis zu fragen. Im übrigen aber walten die Geistlichen aller Denominationen aus eignem Interesse und, unterstützt durch zahlreiche Mitglieder ihrer Kirchen und Gemeinden, so zuverlässig ihres Amtes, der religiösen Erziehung der Kinder, daß keine einzige Seele verloren geht. Ist einerseits in den konfessionslosen Schulen der Konflikt zwischen den Lehren der Religion und denen der heutigen Naturwissenschaften ganz ausgeschlossen und dadurch einem Übelstande der konfessionellen Schulen abgeholfen, so wird seitens der kirchlichen Faktoren andrerseits die religiöse Erziehung noch sehr viel gründlicher betrieben, als es in den Schulen möglich ist. Dieser Religionsunterricht findet außer-

dem auch noch meist in den Kirchen statt, die durch ihre ganze
Einrichtung eine viel nachdrücklichere mystische Beeinflussung
erzielen, als es die Schulzimmer vermögen.

Die unermüdliche Agitation der katholischen Geistlichkeit
gegen die konfessionslosen Schulen hat denn auch in der That
noch andere Gründe und Zwecke, als die im allgemeinen
öffentlich geäußerten. Diese Kirche strebt auch in der Union
wie überall danach, ihre Macht auf das äußerste zu erweitern,
und die von ihren Geistlichen geleitete Schule dient allerdings
diesem Zwecke ausgezeichnet, denn es wird in ihr und durch
sie jene geistliche Disziplin geschaffen, welche sich ja auch im
politischen Leben der Vereinigten Staaten so zuverlässig er=
weist — freilich nicht immer zum Besten des Bundes und
seiner Glieder, sondern vielmehr im Gegenteil zu ihrem Schaden
durch die notorisch rohesten, ungebildetsten und am meisten zu
allen Umsturzbewegungen geneigten Massen der Iren.

Obgleich nun die katholische Kirche über beinahe unermeß=
liche Reichtümer verfügt, so vermag sie darum doch in ihren
Schulen nicht annähernd so bedeutende Resultate zu erzielen,
wie die konfessionslosen öffentlichen, welche ihr aus diesem
Grunde ebenso verhaßt sind, wie aus dem andern, daß sie die
Ergebnisse moderner Wissenschaft und Weltanschauung ver=
mitteln und verbreiten, die allerdings in größtem Widerspruch
zu denen der orthodoxen, von mittelalterlichem Geist erfüllten
katholischen Kirche stehen.

Ihre Geistlichkeit, welche hierin von der einiger andrer
Kirchen und Sekten unterstützt wird, die ebenso unduldsam,
streng und herrschsüchtig sind, wie die katholische, bietet daher
alles auf, um die konfessionslose Schule überhaupt zu beseitigen,
und sie versäumt keine Gelegenheit, die sich hierfür bietet. Sie
sucht zu diesem Zwecke auch die politische Macht ihrer Glaubens=
genossen unaufhörlich zu vergrößern, um allmählich dominieren=

den Einfluß in den Staatslegislaturen und im Kongreß zu
gewinnen. Die Katholiken verlangen also, daß die Schule
ihren konfessionslosen Charakter verliert und wieder mit der Kirche
verbunden wird, daß es jeder Religionsgenossenschaft gestattet
wird, ihre eignen Schulen einzurichten — wozu sie ja von je her
das Recht gehabt haben — aber gleichzeitig und hauptsächlich
auch, daß die riesigen Summen, welche jetzt für das öffentliche
Volksschulwesen herausgabt werden, zu gleichmäßiger Verteilung
unter die konfessionellen Schulen aller Denominationen gelangen.
Sie wünschen also mit einem Wort, daß die Schulen wieder
kirchlich, aber vom Staate unterhalten werden. Daraus würde
sich allerdings gerade für die katholische Kirche, welche die bei
weitem größte Gemeinde in den Vereinigten Staaten besitzt,
und der beinahe ein Sechstel der Gesamtbevölkerung derselben angehört, ein neuer ungeheurer Gewinn ergeben, sie brauchte kein
Geld mehr für ihre Schulen zu opfern, wie es jetzt geschehen muß.

Diesen gegen einen der wichtigsten Faktoren des nationalen
und kulturellen Lebens der Union gerichteten Bestrebungen
haben besonders die Republikaner und hauptsächlich der jüngst
verstorbene einflußreiche Führer derselben Blaine und sein
Anhang nachdrücklich entgegenzuwirken gesucht. Sie bemühten
sich namentlich auch auf das eifrigste, die vollständige Durchführung der in der Bundesverfassung aufgestellten Grundsätze
der Trennung der Schule von der Kirche zu erzielen, das
Erziehungswesen einheitlicher zu organisieren, zu zentralisieren
und es in seiner ganzen Ausdehnung von den Volksschulen
bis zu den höchsten wissenschaftlichen Lehrinstituten für alle
Zeiten dem Einfluß der Kirche zu entziehen. Diese Bemühungen
scheiterten jedoch an dem kräftigen Widerstande der Gegner
und dürften bei der wachsenden Macht der Katholiken und
andrer Verfechter der Aufhebung der konfessionslosen Schule
auf lange Zeit hinaus keine Aussicht auf Erfolg haben. Andrer-

seits ist aber auch zu hoffen, daß die Katholiken und ihre
Verbündeten trotz der kräftigen moralischen Unterstützung, welche
sie bei dem weiblichen Geschlecht für ihre Ideen finden, mit
diesen nicht leicht durchbringen werden. Leider ist aber unter
den gegebenen Verhältnissen auch nicht zu erwarten, daß die
Übelstände, welche dem Unterrichtswesen jetzt anhaften, bald
beseitigt werden.

Dem Beispiel der Katholiken, welche über 3000 Pfarr-
schulen mit nahezu 650000 Schülern besitzen, mußten die
meisten andern Religionsgenossenschaften schon aus dem Grunde
folgen, der großen Propaganda jener entgegenzuarbeiten.
Lutheraner, Hochkirchler, Presbyterianer, Methodisten und andre
Sekten haben daher auch ihre eignen konfessionellen Elementarschulen eingerichtet, die von den Kindern solcher Gemeindemitglieder besucht werden, welche Gegner der konfessionslosen
Volksschulen sind. Letztere aber belaufen sich im ganzen zur
Zeit auf mehr als 180000 und verfügen über ein Lehrer-
personal von 365000 Individuen; 1293 ihrer Schüler kommen
heute auf 10000 Einwohner der Union.

Trotz des starken Gewissenszwanges, den die katholische
Geistlichkeit auf ihre Gemeindeglieder ausübt, ist es doch erwiesen, daß ein sehr großer Prozentsatz derselben seine Kinder
in die öffentlichen Schulen schickt. Der Versuch genaue Er-
hebungen hierüber anzustellen, schlug indessen fehl, da die
meisten Direktoren es für verfassungswidrig erachteten, das
Glaubensbekenntnis ihrer Schüler zu ermitteln.

Auch die Sprachenfrage spielt eine bedeutende Rolle in
dem Unterrichtswesen und gibt Anlaß zu manchen Angriffen
gegen die bestehenden Zustände.

Verfassungsgemäß wird die englische als die nationale
Sprache betrachtet und ist obligatorisch für alle öffentlichen
und staatlich unterstützten Schulen. Da daneben aber private

Lehranstalten geduldet werden, so ist es selbstverständlich, daß in diesen auch der Unterricht in jeder beliebigen Sprache erteilt werden kann. Fast jedes Bevölkerungselement hat denn auch seine eignen nationalen Schulen. Die Deutschen aber, welche einen so bedeutenden Bestandteil des Volkes bilden, verlangten in denjenigen Staaten und Ortschaften, in welchen sie hauptsächlich angesiedelt sind und teilweise die Mehrheit ausmachen, auch, daß der Unterricht in den aus öffentlichen Mitteln eingerichteten Volksschulen in deutscher Sprache erteilt werden sollte, und die Vorkämpfer des Deutschtums traten für diese Forderung ebenso wie für die, daß das Deutsche mindestens in allen öffentlichen Schulen gelehrt werden müsse, mit großer Energie ein. Im Staate Indiana ist es ihnen gelungen, ein Gesetz durchzubringen, dem zufolge überall da, wo für mindestens 25 Kinder seitens ihrer Angehörigen der deutsche Unterricht verlangt wird, ihnen derselbe in dieser Sprache erteilt werden muß. Doch machen die Deutsch-Amerikaner dort und an andern Orten, wo von ihnen unter schweren und langen Kämpfen Privilegien zum Schutze ihrer Sprache und ihres Deutschtums mühsam errungen worden sind, von denselben nur selten und in geringem Maße Gebrauch.

Solchen partikularistischen Tendenzen arbeiten begreiflicherweise auch auf dem Gebiete des Schulwesens wie auf allen andern die eingebornen Bevölkerungselemente und die Nativisten entgegen, deren Augenmerk darauf gerichtet ist, alle Sonderbestrebungen zu unterdrücken, die dem Entstehen einer einheitlichen nordamerikanischen Nation, Sprache und Kultur hinderlich sind.

Obgleich die Neger und die Mischlinge seit der Aufhebung der Sklaverei dieselben Rechte wie alle übrigen Staatsbürger besitzen und für sie somit die bestehenden Schulgesetze Gültigkeit haben, so macht sich doch der im sozialen Leben immer

noch herrschende Widerwille der weißen Volkselemente gegen
die farbigen auch im Schulwesen deutlich bemerkbar. In den
Staaten mit starker farbiger Bevölkerung sind daher für diese
besondere Schulen eingerichtet, und beinahe 50 Normalschulen
bereiten das farbige Lehrpersonal für die 18 000 Negerschulen
vor. Der Besuch der letzteren ist indessen noch sehr wenig
rege, und ein sehr großer Bruchteil der farbigen Bevölkerung
verharrt daher immer noch in Unbildung. Die übrigen sind
freilich dafür um so eifriger in ihren Studien, und die für sie
eingerichteten Mittel=, Hochschulen und Universitäten erfreuen
sich sehr lebhaften Besuchs und erzielen sehr bedeutende Ergebnisse.
Von Fachschulen sind die theologischen zur Ausbildung von
Geistlichen am stärksten frequentiert.

Für die Erziehung der Kinder der Chinesen war bis vor
kurzem in gar keiner Weise gesorgt. Seit einigen Jahren
aber haben sich in den Weststaaten hochherzige Personen ge=
funden, welche sich dieser edlen Aufgabe einerseits selbst unter=
zogen oder sie andrerseits mit reichen Geldmitteln unterstützt haben.

Die Indianer durch Verbreitung von Schulbildung unter
ihnen für die Kultur zu gewinnen, ist stets das Bestreben
aller derjenigen gewesen, welche unter ihnen das Christentum
gepredigt haben. Erst in allerneuester Zeit ist es jedoch den
Indianeragenten gelungen, den Rothäuten das Verständnis
für die Nützlichkeit der Geistesbildung beizubringen und sie zu
veranlassen, ihre Kinder in die für diese gegründeten Schulen
zu schicken. Kann von der Einführung des obligatorischen
Schulbesuchs auch noch keine Rede sein, so sind doch jedes Jahr
Fortschritte in der Benutzung der dargebotenen Bildungs=
mittel wahrzunehmen, und im Jahre 1891 war die Zahl der
Indianerschulen bereits auf 256 gestiegen, in denen 13 588
Kinder regelmäßigen Unterricht genossen. Es wird besonders
durch Gewerbeschulen auch dafür gesorgt, das Interesse für

industrielle Thätigkeit unter den Indianern zu wecken und zu verbreiten. Daß die Indianer und namentlich die Indianerinnen bedeutende geistige Fähigkeiten besitzen, davon geben die Erziehungsresultate der für sie eingerichteten höheren Institute deutliche Kunde wie die Leistungen derjenigen, welche an den Hochschulen wissenschaftlichen Studien obliegen.

Der Lehrplan der öffentlichen Volksschulen ist gemäß der Ungleichheit der Organisation derselben durch die lokalen Interessen und Einflüsse in den verschiedenen Teilen der Union sehr stark differenziert. In den höheren Stadtschulen umfaßt er den der deutschen Gemeindeschule und der Mittelklassen der Realschule und bereitet für den Besuch der Universitäten vor; in den Dorfschulen der entlegenen Landdistrikte beschränkt er sich auf die Vermittelung der Kenntnis des Lesens, Schreibens und Rechnens.

Bemerkenswert ist für den öffentlichen Unterricht noch, daß er mehr und mehr in die Hände des weiblichen Geschlechts übergeht, wie überhaupt das ganze Unterrichtswesen; denn auch in den mittleren und höheren öffentlichen und privaten Instituten überwiegt im Lehrpersonal das weibliche Element bei weitem; es bildet beinahe zwei Drittel desselben. Und sogar in den höheren Klassen der Knabenschulen oder der Knabenabteilungen der Volksschulen, wo nicht Knaben und Mädchen gemeinsam am Unterricht teilnehmen, werden mit Vorliebe Lehrerinnen angestellt, da es diesen gewöhnlich sehr viel besser gelingt, durch Sanftmut, Überredung, Nachsicht und Geduld die störrischen Geister zu bannen, als ihren männlichen Kollegen. Denn die Anwendung von Körperstrafen ist fast durchweg in allen Schulen der Vereinigten Staaten als unstatthaft anerkannt, wenn nicht geradezu streng verboten, und eine Ohrfeige oder eine andre leichte Züchtigung kann dem betreffenden Lehrer oder der Lehrerin sofort das Amt kosten, falls die

Angehörigen des gezüchtigten Zöglings die Sache zur Kenntnis
der Schulbehörden bringen.

Zur Anstellung gelangen in den unter der Aufsicht der
letzteren stehenden Schulen zunächst die in den Normalschulen aus=
gebildeten Lehrkräfte, in den höheren jedoch in neuerer Zeit über=
wiegend solche, die an den Universitäten ihre Studien gemacht
haben. In den kleinen Städten und auf dem Lande wird es
mit der Wahl der Lehrkräfte nicht streng genommen, obgleich
die Masse der seminaristisch oder akademisch gebildeten gegen=
wärtig so groß ist, daß sie den Bedarf für alle überhaupt
existierenden Schulen weit übertrifft. Wenn früher jeder in
Not geratene oder aus anderem Grunde arbeitslose Mann und
jedes Mädchen leicht in einer Schule Beschäftigung fand, so
ist das unter den heutigen schwierigen Lebensverhältnissen kaum
mehr möglich, wenigstens sicherlich nicht in den größeren
Städten. In den kleineren und auf dem Lande, wo die Ge=
hälter sehr gering sind und die Dauer der jährlichen Unter=
richtszeit zwischen acht und zwei Monaten schwankt, wo infolge=
dessen sehr häufiger Wechsel im Lehrpersonal eintritt, kann es
eher noch vorkommen, daß ein armer, einigermaßen gebildeter
Reisender vorübergehend in eine plötzlich entstandene Vakanz
eintreten kann.

Auch an den Privatschulen braucht man sich jetzt nicht mit
untergeordneten Lehrkräften zu begnügen, sondern kann bei der
großen Konkurrenz auf diesem Arbeitsfelde für geringes Gehalt
die tüchtigsten Lehrer und Lehrerinnen finden. In ihnen, wie
überhaupt in zahlreichen Schulen aller Art ist außerdem das
Monitorialsystem eingeführt, das den Leitern der Lehrinstitute
ihre Aufgabe wesentlich erleichtert und billiger macht. Es
besteht darin, daß die besten Zöglinge zum Unterricht ihrer
Mitschüler herangezogen werden.

Dem Zwecke der religiösen Erziehung der Kinder dienen

hauptsächlich die Sonntagsschulen, deren Urbild wir bereits im
17. Jahrhundert in den puritanischen Neuenglandkolonien vorfinden, die in ihrer heutigen Form jedoch aus England
stammen und schottischen Ursprungs sind. Gegen Ende des
18. Jahrhunderts hatte der baptistische Druckereibesitzer Robert
Raikes in Gloucester die Einrichtung dieser von den Geistlichen geleiteten Schulen veranlaßt, um durch sie etwas Ge-
sittung und Bildung in die jeder Art von Unterricht entbehrenden niedersten Schichten der Bevölkerung bringen zu
lassen. 1785 war dann eine Gesellschaft für Verbreitung
von Sonntagsschulen gegründet worden, welche letzteren in England die Grundlage für das Volksschulwesen wurden und von
dort rasch in allen Kolonien Großbritanniens Eingang fanden.

Ihre Leitung lag und liegt natürlich den Geistlichen ob.
Seitdem sich in den Vereinigten Staaten aber das öffentliche
Schulwesen entwickelt hatte, das den Religionsunterricht ganz
aus seinem Lehrplan ausschließt, gewann die Sonntagsschule
eine höhere Bedeutung, und die Geistlichen aller Denominationen mußten namentlich ihre weiblichen Gemeindemitglieder
für diese Schulen zu interessieren und zum Unterricht an denselben heranzuziehen; denn es galt nun nicht nur, in ihnen die
Kinder in der Religion zu unterweisen, sondern auch unter
Aufgebot aller nur erdenklichen Mittel durch sie Propaganda
für die betreffenden Kirchen und Religionsgenossenschaften zu
machen. Keine einzige von diesen konnte hinter ihren Neben-
buhlerinnen zurück stehen, und so entstanden seit 1824, da sich
in Philadelphia die Amerikanische Sonntagsschul-Vereinigung
gebildet hatte, im Laufe weniger Jahre überall im ganzen
Bereich des Bundesstaats diese Schulen, in denen hauptsächlich
junge Mädchen sich unter Leitung der Geistlichen mit voller
Hingebung der Aufgabe widmeten und widmen, die Kinder in
biblischer Geschichte wie christlicher Moral zu unterrichten und

zum Verständnis der Bibel anzuleiten. Durch bildliche Dar=
stellungen wird die mündliche Belehrung nachdrücklich unter=
stützt, indem den Kindern jedes Mal kleine in Buntdruck her=
gestellte Kärtchen geschenkt werden, welche einen Bibelspruch
illustrieren. Letzteren müssen die Kinder sich bis zur nächsten
Stunde einprägen, und wenn sie eine größere Anzahl solcher
Bilderkarten zusammen haben, so werden dieselben gegen
größere, schöner ausgestattete ausgetauscht, oder solche als Be=
lohnung an sie verteilt, bis glänzender illustrierte religiöse
Schriften, Bibeln, Gebetbücher und Hymnenbücher an ihre
Stelle treten.

Die zur Beschaffung aller dieser Kärtchen, Bilder und
größeren Druckwerke erforderlichen Mtttel werden natürlich
mit Bereitwilligkeit von reichen Gemeindemitgliedern herge=
geben; denn wo es gilt, die kirchlichen Interessen zu fördern,
wird nirgends gespart, und jede Religionsgenossenschaft ver=
fügt daher über ein umfangreiches derartiges Lehrmaterial,
durch das ihre besonderen Glaubenssatzungen dem Gedächtnis
der Kinder ihrer Gemeinden fest eingeprägt und auch von
Missionären verbreitet werden.

Denn die Nordamerikaner begnügen sich nicht damit, durch
ihre Sonntagsschulen im eigenen Lande Religiosität zu ver=
breiten, sondern sie dehnen ihre Propaganda auch auf die
übrige Welt und namentlich auf Europa aus, um hier für ihre
Kirchen und Sekten neue Anhänger zu gewinnen und dem
Materialismus moderner Wissenschaft und Weltanschauung
entgegenzuwirken.

Diesen kirchlichen Lehrinstituten ist hauptsächlich die all=
gemein herrschende große Frömmigkeit und Frömmelei der Ameri=
kaner, ihre strenge Sonntagsheiligung und das Temperenz=
wesen zuzuschreiben. Von Kindesbeinen an gewöhnt und ge=
lehrt, den Kirchenbesuch am Sonntag als unumgänglich not=

wendig für das Seelenheil und jede profane Beschäftigung an
diesem Tage als gottlos, die Bibel als Quell alles Wissens,
den Genuß geistiger Getränke als verwerflich zu betrachten,
alle Kultusvorschriften der betreffenden Kirchen auf das ge=
naueste zu beobachten und darin einen Maßstab der Religiosität
zu erblicken, sich täglichen Andachtsübungen hinzugeben, bei allen
Mahlzeiten, Morgens und Abends und vor jeder wichtigeren
Handlung zu beten — haben die Amerikaner dem öffentlichen
und sozialen Leben ihres Landes diesen ausgeprägt religiösen
Stempel aufgedrückt, den es gegenwärtig aufweist.

Auf kirchlicher Basis sind ferner alle Lehrinstitute gegründet,
welche milbthätigen und humanitären Zwecken dienen, die
Schulen für Waisen, für verwahrloste Kinder und für jugendliche
Verbrecher, die Einrichtungen in den Gefängnissen, die In=
stitute für Blinde, Taubstumme und ähnliche Wohlfahrtsein=
richtungen, welche alle ebenfalls durch private Freigebigkeit ge=
schaffen sind.

Das Mittelglied zwischen den Elementarschulen und den
höchsten Lehrinstituten bilden die Grammatik=, Lateinschulen, die
Schulen zweiten Bildungsgrades, oder was für Namen sie sonst
führen mögen. Sie verdanken ihre Entstehung ebenfalls meist
der Privatinitiative und sind, sofern sie nicht aus irgend welchen
Gründen staatliche Anerkennung und Unterstützung gefunden
haben, auch nicht der Aufsicht der Schulbehörden unterworfen,
sondern erfreuen sich wie die Akademien, Kollegien, Fach=
schulen und Universitäten nach Erlangung von Korporations=
rechten völliger Autonomie. Die Zahl derselben beläuft sich
auf ungefähr 3700, darunter 250 ausschließlich für junge
Mädchen, welche in manchen anderen Instituten wie an den
Universitäten in Gemeinschaft mit den Knaben und Jüng=
lingen unterrichtet werden, während an einzelnen getrennte
Kurse für beide Geschlechter eingerichtet sind.

Ift die Zahl derjenigen, welche über die oberen Klaffen der Volksſchulen höchſten Grades hinausgehen, ſchon gering, ſo vermindert ſie ſich im Verhältnis noch ſehr bedeutend an den Kollegien und Univerſitäten, deren es zur Zeit über 360 giebt mit nahezu 70000 Studenten beiderlei Geſchlechts.

Dieſe Hochſchulen, welche faſt ausſchließlich mit Privat= mitteln geſchaffen worden ſind, laſſen ſich bis auf einige wenige nicht mit den europäiſchen und beſonders nicht mit den deutſchen vergleichen. Die meiſten von ihnen entſprechen etwa den höheren Klaſſen unſerer Realſchulen und Gymnaſien. Viele ſind nur Fachſchulen für das Studium eines einzigen Zweiges der Wiſſenſchaft, und nur die erſten und größten Univerſitäten der Neuenglandſtaaten erheben ſich zu der Bedeutung, welche diejenigen der alten Welt haben. Es ſind dies die Harvard Univerſität in Cambridge bei Boſton, welche 1638 gegründet wurde, der unitariſchen Richtung angehört und mit einer großen Reihe von hervorragenden Fachſchulen, wiſſenſchaftlichen Samm= lungen und Muſeen, techniſchen Inſtituten und einer Stern= warte verbunden iſt. Sie verfügt über ſehr bedeutende Mittel, ſo daß ſie die beſten Lehrkräfte des In= und Auslandes heran= ziehen kann, und erfreut ſich daher eines ſehr ſtarken Beſuchs.

Ihr zunächſt ſteht das Yale College bei Saybrook und New Haven in Connecticut; es gehört der presbyterianiſchen Richtung an.

Die Cornell Univerſität in Ithaka, New York, zeichnet ſich beſonders dadurch vor vielen andern aus, daß die ſie beſuchen= den Studenten auch zu praktiſcher Thätigkeit angehalten werden, ſich ſogar in den verſchiedenſten Zweigen des Handwerks üben, Ackerbau treiben und ſich durch dieſe Beſchäftigung gewiſſermaßen ſelbſt die Mittel für ihre Studien erwerben müſſen.

Hervorzuheben ſind ferner noch hauptſächlich die Wesleyan

Universität bei Middletown in Connecticut, das Trinity
College in Hartford, Ann=Arbor bei Detroit in Michigan
und die Universitäten für Frauen Maplewood bei Pittsfield
in Massachusetts und Mount Holyoke in South Hadley in
demselben Staat.

Haben die Reichen zu allen Zeiten mit einander in Spenden
riesiger Summen für Unterrichtszwecke und für Wohlfahrts=
institute aller Art gewetteifert, sind in manchen Jahren Zehner
von Millionen Dollar dazu hergegeben worden, so haben die
Träger der berühmtesten Namen in neuester Zeit ihren Ehrgeiz
besonders in der Gründung von Universitäten und andern wissen=
schaftlichen Instituten höchsten Ranges erblickt, die ihren Be=
stimmungen gemäß geleitet werden. So haben John Hopkins
20 Millionen Dollar, Leland Stanford 28 Millionen, Vander=
bilt, Parker, Vassar, Astor, Lick und andere ähnlich große
Summen zur Gründung der nach ihnen benannten Universitäten,
Kollegien, Bibliotheken und Sternwarten hingegeben und damit
ihrem Vaterlande einen würdigen Tribut von den unermeß=
lichen Reichtümern gezollt, die sie aus ihm unter langjähriger
mühsamer Arbeit gezogen haben.

Hinsichtlich ihrer Organisation sind die meisten Kollegien
Gymnasien vergleichbar, welche mit Internat verbunden sind.
Die Zöglinge oder Studenten sind gewöhnlich an den bestehen=
den Lehrplan gebunden und einer ziemlich strengen Disziplin
unterworfen. Nur an den genannten und einigen andern
Universitäten höchsten Ranges ist die Wahl der Studiengegen=
stände wie an den deutschen Hochschulen den Studierenden
überlassen.

Bei aller Strenge der Schulzucht, die sich hauptsächlich auf
pünktliche Erfüllung der Vorschriften über die Andachtsübungen,
des Verbots des Genusses berauschender Getränke und auf
regelmäßigen Besuch des Unterrichts erstreckt, verleugnen die

jungen Leute doch nicht ihren amerikanischen Charakter, sie legen sich in ihren Vergnügungen keinen Zwang auf, pflegen mit größtem Eifer ihre beliebten gymnastischen Spiele und alle auf die vollste Entwickelung der physischen Kräfte ab= zielenden körperlichen Übungen, treiben ihre zum Teil ziemlich rohen Scherze mit den neu eintretenden „Füchsen", den freshmen, geben ihre eignen Zeitungen heraus und machen gelegentlich auch ihre Wünsche bezüglich der zu behandelnden Studien= gegenstände so nachdrücklich geltend, daß denselben seitens der Leiter und Lehrkräfte der betreffenden Institute Rechnung ge= tragen werden muß.

Der Geist, welcher im allgemeinen an den Hochschulen herrscht, ist bisher immer noch ein überwiegend konservativ= orthodoxer, denn während die Volksschulen konfessionslos sind, sind die mittleren und höchsten Lehrinstitute konfessionell und dem dominierenden Einfluß der Religionsgenossenschaften unter= worfen, welche sie gegründet haben oder denen ihre Stifter angehörten. Da dieser religiöse Druck die Förderung der Wissenschaften zum Teil stark beeinträchtigt, hat sich in den Kreisen der freier Denkenden allmählich das Bestreben bemerk= bar gemacht, auch die Kollegien und Universitäten dem Einfluß der Kirche ganz zu entziehen. Es sind demgemäß denn auch in einigen Staaten bereits Hochschulen geschaffen worden, welche aus Staatsmitteln unterhalten werden, und die den für das öffentliche Schulwesen bestehenden Gesetzen unterworfen, also konfessionslos sind. Auch an den höchsten Universitäten, namentlich im Harvard College macht sich neuerdings eine ausgesprochene Neigung bemerkbar, den Bann der Konfessionalität zu brechen, da dieselbe das Studium der Naturwissenschaften zu sehr beeinträchtigt. Es ist außerdem der Versuch gemacht worden, den Plan der Gründung einer mustergültigen, nach dem Vorbilde der höchsten Lehranstalten der alten Welt ge=

ordneten Nationaluniversität in Washington zu verwirklichen. Diese Bemühungen sind bis jetzt jedoch gescheitert, werden aber früher oder später voraussichtlich von Erfolg gekrönt sein, da das Bedürfnis der vollständigen Trennung des Hochschul= unterrichts von dem beschränkenden Druck bestimmter Glaubens= satzungen sich immer fühlbarer macht.

Das Unterrichtswesen der Vereinigten Staaten ist sonach in allen seinen Teilen der Verbesserung und Hebung noch sehr bedürftig, weil es der Einheitlichkeit der leitenden Gesichts= punkte und der Organisation entbehrt. Trotzdem leistet es gerade auf dem wichtigsten Gebiete: der Kinder= und der Volkserziehung so Außerordentliches und Bedeutendes, daß dieser Zweig des Schulwesens ganz allgemein und selbst von sehr strengen fachmännischen Beurteilern, wenn nicht in allen Beziehungen, so doch zum mindesten in vielen Einzelheiten als mustergiltig für die übrige Welt betrachtet wird.

Macht man dem nordamerikanischen Volksschulwesen den Vorwurf, daß das in ihm zur Anwendung gelangte Lehrsystem ein zu mechanisches ist und zu wenig Rücksicht auf die Individuali= tät der Zöglinge nimmt, daß es zuviel Gewicht auf das geistlose Auswendiglernen und zu wenig auf die geistige Verarbeitung des Lernstoffs legt, so sind das Verallgemeinerungen von Klagen, die wohl gegen einige Anstalten erhoben werden mögen, die aber im großen ganzen nicht zutreffend sind. Sie könnten mit demselben Recht gegen das deutsche Volksschul= wesen erhoben werden und überhaupt gegen allen Massen= unterricht der Jetztzeit; denn es ist unmöglich für die Lehrer in jeder Klasse und in jedem Lehrfach auf die besondere Individualität eines jeden einzigen Schülers der oft 50 und 60 Zöglinge enthaltenden Klassen sorgfältig zu achten und jeden derselben seinem Wesen gemäß zu behandeln. Es ist schon schwer genug, die Fähigkeiten des einzelnen bis zu einem gewissen Grade zu

berücksichtigen. Die Schule hat aber überhaupt auch nach der
Anschauungsweise des Amerikaners gar nicht die Pflicht, die
Individualität zur Entfaltung zu bringen, sie soll vielmehr
nur das Bildungsmaterial gewähren, welches den Fähigkeiten
der Kinder in den verschiedenen Klassen im allgemeinen ent=
spricht. Die Charakterbildung, die Entwickelung der Individualität
sind der Erziehung der Familie und des Lebens überlassen.
Von dem Lerneifer der Schüler hängt es ab, wie viel sie von
dem, was ihnen geboten wird, in sich aufnehmen; von den
Fähigkeiten des Lehrenden aber, diesen Stoff dem Verständnis
der Kinder anzupassen.

Was die Beschuldigung anbetrifft, daß die Lehrmethode
eine zu mechanische ist, so widerspricht dieselbe fast allen Studien=
ergebnissen über das amerikanische Schulwesen so vollständig,
daß man sagen kann, es sei vielmehr das Gegenteil der Fall.
Gewisse Dinge und Daten müssen dem Gedächtnis fest ein=
geprägt und sorgfältig gelernt werden, über das Notwendigste
geht aber der von den Lehrern ausgeübte Zwang des Aus=
wendiglernens den allgemeinen Erfahrungen gemäß nicht hinaus,
vielmehr wird gerade im Gegenteil durch eine geeignete Vor=
tragsweise auf die geistige Selbstthätigkeit und das Nachdenken
der Kinder hingewirkt. Die Individualität und die Fähigkeit
des Unterrichtenden sind ja aber in dieser Hinsicht maß=
gebend, und es ist zweifellos, daß manche Lehrer und Lehrerinnen
in vollem Gegensatz zu den Hauptzwecken des amerikanischen
Schulwesens eine mechanische geisttötende Lehrweise anwenden
mögen.

Daß das Unterrichtswesen nicht in jeder Hinsicht voll=
kommen ist, das ist im Vorstehenden erwiesen worden. So
lange die breiten Schichten der Bevölkerung aber noch den in
der praktischen Schule des Lebens gebildeten selfmade man
ungleich höher schätzen als den wissenschaftlich gebildeten und

vollends als den eigentlichen Gelehrten, so lange zur Bekleidung aller öffentlichen Stellen und Staatsämter, bis hinauf zu dem des Präsidenten des Bundesstaats, eine akademische systematische Vorbildung nicht nur nicht als Vorbedingung verlangt, sondern im Gegenteil sogar meist als unnütz und hinderlich für die Erfüllung der praktischen Aufgaben des öffentlichen und politischen Lebens betrachtet wird, so lange endlich das höhere Unterrichtswesen nicht von der Kirche getrennt und verstaatlicht wird, ist eine Beseitigung der Schäden, welche dem Schulwesen anhaften, und eine Hebung desselben nicht zu erwarten.

Der Bildungsdrang ist vielleicht in keinem Volke so groß wie in dem der Vereinigten Staaten; das Interesse für wissenschaftliche Studien ist auch in stetem und starkem Wachstum begriffen, aber es erstreckt sich fast ausschließlich auf die den praktischen Bestrebungen förderlichen Zweige der Wissenschaft und wendet sich von den theoretischen Studien in auffälligster Weise ab.

Im Vordergrunde des wissenschaftlichen Interesses steht die Technologie mit allen ihren Hülfswissenschaften sowie die Ingenieurwissenschaft mit den ihren; die technischen Hochschulen gehören demgemäß zu den bestgeleiteten, am vorzüglichsten eingerichteten und leistungsfähigsten. In nächster Linie stehen die Naturwissenschaften mit allen ihren Hülfswissenschaften, doch leiden dieselben noch stark unter dem Druck der Orthodoxie, welche den Darwinismus, die materialistische Weltanschauung wie die Schlußfolgerungen der heutigen Wissenschaft nicht anerkennt und ihrer Verbreitung mit allen Mitteln entgegenwirkt.

Der ungemein hohe praktische Wert der Jurisprudenz für das öffentliche Leben der Vereinigten Staaten ist die Ursache des großen Zudrangs von jungen Leuten zum juristischen Studium. Die meisten betreiben das letztere jedoch nur ganz kurze Zeit und erlangen ihre Ausbildung hauptsächlich in den

Bureaux der Advokaten, die die eigentliche praktische Schule der angehenden Rechtsbeflissenen sind.

Bei dem Einfluß der Kirche auf das öffentliche und soziale Leben der Vereinigten Staaten ist es natürlich, daß auch das Studium der Theologie zahlreiche Individuen anzieht.

Im übrigen sind es Statistik, Geographie und Geschichte welche mit Eifer gepflegt werden.

Die allgemeine Bildung, welche das Unterrichtswesen der Vereinigten Staaten bis jetzt vermittelt, ist zwar gleichmäßiger und erstreckt sich in dieser Gleichmäßigkeit über sehr viel weitere Kreise als in der alten Welt, aber der Durchschnittsgrad derselben ist doch im allgemeinen ein niedrigerer als zum Beispiel in Deutschland. Die Ursachen und die Mittel, durch welche sie gehoben wird, werden wir im Folgenden kennen lernen. Ihr Fundament bildet eben nur das Wissen, welches die niederen und mittleren Klassen der Volksschule gewähren, denn über diese hinaus geht doch nur ein sehr kleiner Teil der Gesamtbevölkerung der Union.

Was aber dem Amerikaner an Wissenschaftlichkeit fehlt, das wird reichlich aufgewogen durch eine hohe natürliche Intelligenz, durch seinen praktischen Sinn wie durch die im Kampf ums Dasein gewonnenen Erfahrungen, und diesen Lehren der Schule des Lebens, welche sehr viel strenger ist als alle Bildungsanstalten und seinen Charakter, seine Individualität zur Entwickelung bringt, hat er hauptsächlich seine bis jetzt erzielten überraschend großen und bedeutenden Erfolge zu verdanken.

Kapitel VII.

Das Geistesleben.

Die Erziehung der Kinder seitens der Eltern oder andrer dazu berufener Personen während ihrer ersten Lebensjahre und der Unterricht in den Elementarschulen, diese beiden Faktoren, welche wir im vorigen Kapitel in ihren Hauptzügen betrachtet und deren Charaktereigentümlichkeiten wir zu ermitteln gesucht haben, sind also die Voraussetzungen für alle höheren intellektuellen Bestrebungen der Nordamerikaner, sind die Grundlagen ihres Geisteslebens, ihrer allgemeinen Bildung.

Beide dienen dem einen großen Zwecke, den Menschen für das Leben vorzubereiten und ihn zu befähigen, sich eine gesicherte Stellung zu erringen. Mehr als irgendwo anders kommt daher in den Vereinigten Staaten der bekannte alte Grundsatz zur Geltung, daß wir nicht für die Schule sondern für das Leben lernen; nirgends wird er genauer befolgt als dort und in keinem Lande so konsequent in der Praxis des Lebens beobachtet. Die neuerdings an vielen Orten gemachten Versuche, den Studienplan der Volksschulen wie aller Arten von höheren Bildungsanstalten über die praktischen Unterrichts gegenstände hinaus auszudehnen, nach deutschen Vorbildern etwas mehr Gewicht auf das Theoretische zu legen, sind daher in den meisten Fällen auf den lebhaftesten Widerspruch bei dem Publikum und bei den im Dienste des letztern stehenden, ganz von ihm abhängigen Schulbehörden gestoßen. Wenngleich es nun nicht zu vermeiden gewesen ist, daß den modernen Zeit= und Lebensverhältnissen gemäß der Kreis der Lehrgegenstände in allen Schulen nach und nach erweitert worden ist, so achtet man dagegen doch zugleich um so sorgfältiger darauf, daß die jugendlichen Geister nicht mit unnützem für das praktische Leben nicht unbedingt erforderlichem Lernstoff überbürdet werden. Jede derartige begründete Klage findet in der öffentlichen Meinung den stärksten Widerhall und muß berücksichtigt werden, wenn das Institut, gegen welches sie sich richtet, nicht em= pfindliche Schädigung erfahren soll. Dagegen wird jede prak= tische Neuerung unbedingte allgemeine Anerkennung finden, und keine Mittel werden gespart, um das beste und kostbarste Lehr= material zu beschaffen, die durchgreifendsten Reformen in der Einrichtung, im Bau der Schulen und in der Art des Unterrichts einzuführen, wenn sie nur den Hauptzwecken der amerika= nischen Erziehung dienen. Gegen die Aufnahme des Unter= richts über amerikanische Verfassungsgeschichte, der Belehrung über die Grundgesetze des Staats, über die Grundzüge der Politik wie über die Rechte und Pflichten des Bürgers, in den Lehrplan der Volksschule hat bisher kein Amerikaner etwas einzuwenden gehabt. Wenn ferner die Schulsteuern, die an sich an vielen Orten schon sehr beträchtlich sind, aber im Interesse der Sache ohne Murren bezahlt werden, eine Erhöhung er= fahren sollen, weil die naturhistorischen und physikalischen oder andere Lehrmittel der öffentlichen Schulen eine Erweite= rung erfordern, so wird auch dagegen Niemand etwas ein= wenden.

Alles dies gilt auch für die mittleren, die höheren Schulen und Universitäten, so wie für die privaten Lehrinstitute. Sie alle verfolgen nur die eine Tendenz: den praktischen Interessen zu dienen. Je mehr, je erfolgreicher sie dies thun, desto stärker ist ihr Besuch, je weniger sie der herrschenden Geistes= richtung und Weltanschauung entsprechen, desto nachteiliger sind die Folgen für sie.

Damit sind denn die Grundzüge der Weltanschauung, die Hauptrichtungen der allgemeinen Bildung und ihrer Bestre= bungen, die das Geistesleben der nordamerikanischen Nation und alle Ausdrucksformen derselben bedingenden Interessen, die unterscheidenden Merkmale des Nationalcharakters des ganzen Volkes von vorn herein gegeben und bestimmt, und was für Faktoren im übrigen noch bei der Entwickelung der Geisteskräfte der Nordamerikaner thätig sein mögen, sie alle können nur Erfolge erzielen, wenn und so weit sie dem durch diese Grundlagen des Geisteslebens, der Weltanschauung und der allgemeinen Bildung erzeugten Wesen derselben voll und ganz entsprechen. Alles ihm Fremdartige muß sich ihm entweder anpassen, oder es wird die Fähigkeit seiner Beeinflussung gänz= lich einbüßen, allenfalls durch die ihm anhaftenden praktisch verwertbaren Eigenschaften anregend wirken.

Ist die Durchschnittsbildung der großen Massen und selbst der höheren Kreise eine verhältnismäßig sehr niedrige, ober= flächliche, wenn man sie lediglich auf ihren wissenschaftlichen Gehalt hin prüft, so ist sie doch im Hinblick auf ihren prak= tischen Wert ebenso wie auf ihre Verbreitung, wie im letzten Kapitel erwähnt worden, ungleich bedeutender für das Leben und ungleich nützlicher für den immer schwieriger werdenden Kampf ums Dasein, als die wissenschaftlich viel höhere, dabei aber gleichzeitig auf sehr viel kleinere Bevölkerungskreise be= schränkte Durchschnittsbildung Deutschlands und anderer euro=

päischer Länder. Sie hat außerdem vor derjenigen der alten Welt den heutzutage gewichtigen Vorzug, daß sie jedes Kind schon mit den Grundbegriffen des Staatslebens bekannt macht, welche selbst zahllosen Gebildeten der europäischen Staaten teils ganz fremd, teils völlig unklar sind. Sie vermittelt allen dafür interessierten Individuen die Kenntnis ihrer bezüglichen Rechte und Pflichten und hilft, sie zu Staatsbürgern zu erziehen.

Man darf ferner nicht den irrigen Schluß ziehen, daß, weil die allgemeine Bildung der großen Massen doch nur eine mangelhafte ist, dies auch für die aller Gesellschaftsklassen gilt. Wir finden vielmehr in manchen Schichten der Bevölkerung nicht nur ein sehr kräftiges Streben, sich über dieses niedere Maß von Bildung zu erheben, sondern auch sehr beachtens= werte Ergebnisse der hierauf abzielenden Bemühungen. Wir bemerken dies namentlich in großen Kreisen der arbeitenden Bevölkerung, im übrigen freilich hauptsächlich in denen der höchsten Gesellschaft. Allerdings müssen wir bei jenen wie bei diesen einen großen Unterschied zwischen den Geschlechtern machen. Während unter den Arbeitern das Bildungsbedürfnis bei den Männern stärker ist als bei den Frauen, ist unter den oberen Zehntausen gerade das Gegenteil der Fall.

Der strebsame Arbeiter wendet seine freie Zeit und seine ganze Aufmerksamkeit der Erweiterung seiner Kenntnisse zu, denn er erblickt darin mit gutem Grunde das hauptsächlichste Mittel, seine materielle Lage zu bessern, sich zu höheren Stel= lungen aufzuschwingen und eine Rolle im öffentlichen Leben zu spielen. Die Sorge für die Ordnung in seinem Hause und für die Erziehung der Kinder überläßt er seiner Frau, welche vollauf dadurch in Anspruch genommen wird, da sie sich keine Dienst= boten halten kann und nebenbei vielleicht noch durch eigne Lohnarbeit die Einnahmen zu steigern sucht. Es bleibt ihr somit keine Zeit, ihre Bildung zu erweitern.

Ganz anders liegen die Verhältnisse bei den Wohlhabenden, den Reichen, in den Kreisen der Träger der Intelligenz. Die Männer sind hier durch ihre kaufmännischen und ihre politischen Interessen, durch ihre amtliche oder anderweitige Beschäftigung derart in Anspruch genommen, daß ihnen weder freie Zeit, noch Lust und Kraft bleibt, sich nur einigermaßen eingehend mit andern Dingen abzugeben, als mit denen, welche zu ihrer Thätigkeit in Beziehung stehen oder diese zu fördern geeignet sind. Sie können nicht daran denken, ihr allgemeines Wissen durch die Lektüre bildender Werke zu erweitern, sie haben auch kein Interesse daran, denn das letztere ist ganz ausschließlich auf ihre Beschäftigung, auf den Gelderwerb, gerichtet. Was sie an Bildungsstoff brauchen, muß ihnen die Presse und das Leben geben. Die Frauen dagegen können vollständig ihren Neigungen leben. Der Haushalt nimmt sie wenig oder gar nicht in Anspruch, und diejenigen, welche von höheren geistigen Bestrebungen oder von dem Ehrgeiz erfüllt sind, sich auf irgend einem Gebiete künstlerischer oder litterarischer Thätigkeit auszuzeichnen, sind in der Lage es zu können. Und da gerade die Frauen und Mädchen der höheren und höchsten Gesellschaftsklassen in neuerer Zeit sich ganz allgemein mit großem Eifer allen Arten von wissenschaftlichen Studien widmen und dahin streben, auch im öffentlichen Leben ihre Rechte zur Geltung zu bringen und thätig zu sein, da ferner unter dem Einfluß der schwieriger werdenden Lebensverhältnisse und bei der Abnahme der Zahl der Heiraten die Töchter der gebildeten, aber weniger bemittelten Familien sich genötigt sehen, für ihren eigenen Unterhalt zu sorgen, so macht sich das Bedürfnis nach Erweiterung der Bildung über das durch die Schulen erzeugte Maß hinaus immer stärker bemerkbar. Das Ergebnis hiervon ist, daß die Durchschnittsbildung der Frauen in den höheren Gesellschaftskreisen im allgemeinen die der

Männer sehr wesentlich übertrifft und sich mehr und mehr über das Mittelmaß erhebt.

Viele andere Umstände wirken aber außerdem auch zusammen, das Geistesleben der Nordamerikaner anzuregen;
Bildungsmittel verschiedenster Art werden nicht nur den Begüterten, sondern überhaupt allen Bewohnern der Union geboten, und es ergeben sich daraus die vielen Differenzierungen,
welche wir in dem Bildungsgrade derselben bemerken können.
Bei der hohen natürlichen geistigen Begabung, die ihnen durchweg zu eigen ist, kann auch die Erscheinung nicht überraschen,
daß die eingebornen Amerikaner, wie gering ihr thatsächliches
Wissen sein mag, doch oft viel gebildeter scheinen und sich häufig
viel besser zu benehmen verstehen, als zahlreiche sehr viel feiner
gebildete Individuen andrer Nationalität.

Die das Geistesleben anregenden, die Bildung hebenden
Faktoren sind sehr verschiedener Natur und zum Teil schon
in den früheren Kulturperioden in Wirksamkeit gewesen.

Zunächst war es zu allen Zeiten und ist es jetzt mehr, als
je zuvor, die harte Schule des Lebens, welche den Amerikaner
erzieht, welche sein Wissen, seine Bildung erhöht, seine Geisteskräfte schärft und zu voller Entfaltung bringt. Gering waren
die Kenntnisse, welche die ersten puritanischen Einwanderer besaßen, noch viel dürftiger als in Virginien. Aber auf sich
selbst, auf ihre eigene Kraft angewiesen, mußten sie schwer um
ihre Existenz ringen, und sie erwarben in diesem Kampfe ums
Dasein eine Summe von praktischen Kenntnissen, wie sie ihnen
keine Schule hätte geben können. Alle ihre geistigen Fähigkeiten wurden unter dieser mühseligen Arbeit, Wind und Wetter
zum Trotz dem rauhen Boden die nötigen Unterhaltungsmittel
abzugewinnen, mehr entwickelt, als es durch gelehrte Studien
in dumpfen Schulstuben gelungen wäre. In wie hohem Grade
dies der Fall ist, ersehen wir aus den ältesten amerikanischen

Litteraturprodukten. Bald nach der Gründung der ersten Niederlassung in Neu-England begann dort eine Litteratur zu entstehen, die freilich nicht für die Neuzeit von großem Interesse sein kann, aber von bedeutender Geistesschärfe, guter Beobachtung und von nicht zu unterschätzendem Wissen zeugt. Es waren einerseits theologische Werke, andrerseits Streitschriften gegen die englische Regierung und ferner Beschreibungen, welche darauf abzielten, das Interesse der reichen und der kaufmännischen Kreise auf die Neue Welt zu lenken, sie zur Hergabe von Geldmitteln zu bewegen und ihre Landsleute zur Einwanderung dorthin zu ermutigen.

Noch viel früher entstand in Virginien eine von dem eigentlichen Begründer dieser Kolonie John Smith geschriebene Schilderung jener Gegend, die dann 1608 bereits in London gedruckt wurde. Ein anderer Kolonist fand wenige Jahre später dort Zeit, die Metamorphosen des Ovid ins Englische zu übersetzen und zwar in so vollendeter Form, daß diese Arbeit die ungeteilte Anerkennung der englischen Gelehrten fand. Diese Männer hatten ja allerdings ihr Wissen nicht in Amerika erworben, aber wir sehen auch später überall vereinzelte Ansiedler sich neben dem Ackerbau mit wissenschaftlichen Studien beschäftigen und sich durch dieselben Ansehen erwerben.

So ist es bis heute in den Vereinigten Staaten geblieben. Viele von denen, welche daselbst großen Ruf als Schriftsteller und Gelehrte erlangt haben, waren und sind Autodidakten, die sich aus der Hefe des Volkes aus eigner Kraft zu ihren angesehenen Stellungen emporgearbeitet haben. Ihre Bildung ist nicht durch systematisches Schulstudium erworben, sie haben ihr Latein und Griechisch nicht in acht- oder zehnjährigem Kursus in der pedantischen Weise erlernt, die in den deutschen Gymnasien zur Anwendung gelangt und den Schüler vielmehr mit Widerwillen als mit Freude erfüllt, die ihn nur selten befähigt, in den Geist der betreffenden Litteraturen einzudringen. Sie haben den Grund zu ihrem Wissen auf allen Gebieten mit den dürftigsten Hilfsmitteln durch selbständiges Studium erworben, und ihre Landsleute weisen mit Stolz auf diesen Entwickelungsgang zahlloser ihrer hervorragendsten Staats= männer und Förderer des Geisteslebens hin.

Daher erklärt sich dann auch die zum Teil an Verachtung grenzende Geringschätzung systematischer gelehrter Schulbildung bei dem Gros der amerikanischen Bevölkerung, und allerdings ist aus den Hunderten von Universitäten bisher nur ein sehr kleiner Teil derjenigen hervorgegangen, welche es im Leben zu etwas Bedeutendem gebracht haben. Viele der ersten Ingenieure, Techniker und Erfinder, viele der berühmtesten Advo= katen und Richter, viele der besten Geistlichen haben keine andere Bildung genossen als die der niedersten Klassen der Volks= schulen; was sie geworden, das sind sie in der praktischen Schule des Lebens geworden. Die heimatlosen, ohne Schul= bildung aufwachsenden Massen der Zeitungsjungen haben ein erstaunlich großes Kontingent von hervorragenden Männern gestellt.

Kein Wunder, daß unter diesen Umständen manche Eltern und zwar solche, die den höchsten Gesellschaftsklassen angehören, überhaupt gar nicht daran denken, ihre Kinder vor dem 8. oder 10. Jahre selbst nur mit dem Erlernen von Lesen und Schreiben zu quälen, sondern hauptsächlich darauf bedacht sind, deren Körperkräfte zu voller Entfaltung zu bringen und sie zu ge= sunden Menschen zu erziehen. Denn sie wissen, daß diese Kinder, welche eher ein wildes Pferd reiten und zügeln, eher schwimmen und schießen, als schreiben und lesen gelernt haben, letzteres nachher in verschwindend kurzer Zeit nachholen, sich um so rascher das Wissen der Schule aneignen und im praktischen Leben besser fortkommen, zugleich aber auch widerstandsfähiger sind,

als die von den ersten Lebensjahren an geistig streng ge=
schulten und infolgedessen bleichsüchtig und schwachbrüstig ge=
wordenen jungen Leute und Jungfrauen.

Andere Eltern und zwar ebenfalls meist solche der besten
Stände lassen grundsätzlich ihre Kinder nur die niedrigsten
Klassen der Volksschule, nicht aber die höheren Lehranstalten
und Universitäten besuchen, stellen sie dann in das praktische
Leben hinein und schicken sie später auf Reisen ins Ausland, um
ihren Geist aufnahmefähig für alle erzieherischen Einflüsse der
Schule des Lebens, des Kampfes ums Dasein zu erhalten und
um ihnen die Möglichkeit zu bieten, sich selbst ihre Laufbahn
zu wählen, sobald ihre Geisteskräfte entwickelt und sie zu
klarem Bewußtsein darüber gekommen sind, wofür sie Nei=
gung und Begabung haben. Denn sie halten es für eine un=
nütze Zeitverschwendung und Kraftvergeudung, die jungen Leute
gerade dann, wenn ihre Geistes= und Körperkräfte der vollen
Reife und Entwickelung entgegengehen, sich den Kopf mit
Dingen füllen zu lassen, die sie vielleicht nachher niemals im
Leben brauchen können.

Von der sogenannten allgemeinen Bildung, die doch meist
nur eine Halbbildung von zweifelhaftem Wert ist, auf deren
Erwerb aber in manchen andern Ländern ein so sehr großes
Gewicht gelegt wird, halten die Amerikaner im allgemeinen
überhaupt sehr wenig. Sie meinen, daß die einfachen Ele=
mentarkenntnisse das einzig erstrebenswerte Bildungsfundament
sind, auf dem dann jeder nach seiner Neigung fortbauen kann,
und aus diesem Grunde sind sie auch gegen eine Hebung des
Niveaus der allgemeinen Bildung eingenommen, weil ihnen
diese unter Umständen sehr viel schädigender als gänzliche
Unbildung erscheint, da sie eben, weil sie nur zu häufig Halb=
bildung ist, Einbildung und Überhebung erzeugt.

Als einer der wichtigsten und seit der Gründung der ersten

Kolonien thätigen Bildungsfaktoren sind ferner die Predigten
hervorzuheben. Sie waren ursprünglich beinahe das einzige
Bildungsmittel der Kolonisten, und sie sind es heute noch für
Millionen und Abermillionen von Menschen der niedrigsten
Bevölkerungsschichten, besonders für den weiblichen Teil der-
selben.

Ganz abgesehen von ihrem ethischen und religiösen Einfluß,
ganz abgesehen davon, daß sie namentlich den so stark hervortretenden religiösen Grundzug des Nationalcharakters der Bevölkerung der Vereinigten Staaten erzeugen helfen, daß sie
den religiösen Konventionalismus befestigen, welcher im sozialen
Leben bis in die höchsten und gebildetsten Kreise hinauf zu
unumschränkter Herrschaft gelangt ist, üben die Kanzelreden
der amerikanischen Geistlichen durch ihre Eigenart auch einen
sehr bedeutenden Einfluß auf das Geistesleben, die Bildung,
die Weltanschauung der Massen aus. Die Predigt ist dort
den Forderungen des Volkslebens und dem Nationalcharakter von
jeher im allgemeinen sehr viel mehr angepaßt worden als in
der alten Welt.

Die Kanzelberedsamkeit diente und dient keineswegs ausschließlich der Erklärung des Wortes Gottes, der Morallehre.
Ihre hervorragendsten Träger haben sich vielmehr stets in
völlig richtiger Erkenntnis des gewaltigen Einflusses, den sie
auf die Massen ausüben können, wenn sie sie nur zu fesseln
verstehen, bemüht, ihre Vorträge einerseits durch stilistische Mittel,
andrerseits durch gesunden Humor und durch anziehenden Bildungsstoff zu würzen. Dies ist ihnen immer so gut gelungen,
daß sie dem Wirken des modernen Zeitgeistes zum Trotz diese
große Nation von 63 Millionen Seelen heute noch beinahe
vollständig unter ihrem Einfluß erhalten — allerdings aus
demselben Grunde auch der Ausbreitung moderner naturwissen-
schaftlicher Bildung erfolgreich entgegenarbeiten. Die Geistlich-

keit der meisten Denominationen stützt sich im Grunde doch immer
noch auf die traditionelle biblische Weltanschauung und ist der
durch die heutige Wissenschaft erzeugten der gebildeten europäischen
Kreise im höchsten Grade abhold, und in diesem Umstande liegt
der kulturschädigende Einfluß der Geistlichkeit und ihrer Be=
redsamkeit. Andrerseits aber werden auch wieder in die Pre=
digten viele Stoffe hineingezogen, welche entschieden erweiternd
auf die Bildung der Massen einwirken, den Geist der Kirchen=
besucher angenehm beschäftigen und zum Nachdenken anregen.
Veranlassung dazu gab in erster Linie die Eifersucht der ver=
schiedenen Religionsgenossenschaften auf einander, ihr Wettbe=
werb um die Herrschaft über die Massen, der polemische Cha=
rakter, den die Predigten deshalb häufig erhielten, und das
Erfordernis, die letzteren so verständlich und interessant als nur
irgend möglich zu machen. Der mächtige Einfluß der Politik
auf das Leben des Volkes wie die vielen Berührungen desselben
mit der Kirche und der Religion zwangen die Prediger auf
die Tagesfragen einzugehen, und was die der einen Kirche thaten,
mußten die der übrigen ebenfalls thun.

Es entstanden aber auch Sekten, welche rein ethische, frei=
religiöse, aufklärende Tendenzen verfolgten, und diese machten die
Kanzel gewissermaßen zum Lehrstuhl, von dem aus ihre Leiter
den Kampf gegen alle orthodoxen Glaubensbekenntnisse führten
und Licht und Bildung zu verbreiten suchten. Ihre Predigten wur=
den interessante Vorträge über alle Zweige menschlichen Wissens,
und der große Erfolg, den die freireligiösen Prediger und
Lehrer, den Männer wie Ingersoll und geistesverwandte Volks=
redner erzielten, zwang auch die Geistlichen der übrigen Kirchen
und Sekten, einen ähnlichen Ton anzuschlagen und zur Abwehr
der gegen sie gerichteten Angriffe ihren Anhängern ein reiches
Bildungsmaterial zu vermitteln. Wem es aber am besten ge=
lingt, seine Gemeinde durch seine Reden zu fesseln, der gewinnt

dadurch nicht nur den größten Einfluß auf die Seelen seiner
Zuhörer, sondern dient damit seiner Kirche und wird durch
diese oft in geradezu fürstlicher Weise belohnt. Prediger wie Dr.
Beecher, der Bruder der Verfasserin von Onkel Toms Hütte,
wie Elijah Kellogg, Baird und zahllose andre berühmt gewordene Kanzelredner, die das Glück gehabt haben, sich Ruf
zu erwerben, Mode zu werden, und die zu hören für die Gebildeten aller Glaubensbekenntnisse eine unabweisliche Pflicht,
ein Zeichen von höherer Bildung ist, beziehen Gehälter, gegen
welche die der ersten Staatsbeamten zuweilen sehr klein sind.
Und doch können sich diese Modeprediger der höchsten, obersten
Gesellschaftsklasse an Popularität und an Einfluß auf die Hebung
der Bildung ihrer Zuhörer kaum messen mit den allerdings
in sehr viel weniger glänzenden Verhältnissen lebenden Amts-
brüdern der Methodisten und Baptisten. Wirken jene durch
die Eleganz ihrer Rede, durch feinen Witz und durch ihre geist-
vollen Bemerkungen, so diese durch die Volkstümlichkeit ihrer
Ausdrucksweise, durch Derbheiten und Späße, welche sehr stark
an die Kapuzinerpredigt in Schillers Wallenstein, an die Reden
von Abraham a Santa Clara und humoristische Nachahmungen
derselben erinnern. Namentlich zeichnen sich die methodistischen
Prediger der Negergemeinden nach dieser Richtung hin aus.

Die methodistischen, baptistischen Geistlichen und die mancher
andrer Sekten, deren Anhänger sich aus den geistig am niedrigsten stehenden Bevölkerungselementen zusammensetzen, sind
aber mehr als die der vornehmen Religionsgenossenschaften nicht
nur geistliche Berater, sondern im wahren Sinne des Wortes
Erzieher ihrer Gemeindemitglieder, sie verbreiten eine gewisse allgemeine Bildung unter ihnen. Sie unterscheiden sich in diesem
Punkte vollständig von den katholischen Priestern, welche den
Schwerpunkt ihrer Thätigkeit fast ausschließlich auf die Befestigung der kirchlichen Disziplin, auf die unumschränkte Herrschaft

über die Scharen ihrer Gläubigen richten, sich aber wohl
hüten, die allgemeine wissenschaftliche Bildung derselben zu erweitern, denn Bildung macht frei, regt zum selbstthätigen
Denken und Studieren an und wirkt dem starren Buchstaben-
glauben entgegen. Daneben benutzen sie freilich die Kanzel
auch gern zur Förderung der politischen Zwecke, die sie verfolgen,
und zur Beeinflussung ihrer Gemeinden zu Gunsten derselben.

Aber die Kirche ist auch bei den Hochkirchlern, den Lutheranern
und den Presbyterianern nicht immer ausschließlich Bethaus,
sondern dient, hauptsächlich allerdings in Ermangelung andrer
geeigneter Räume, in den kleinen Städten und auf dem Lande
gelegentlich ganz unmittelbar den auf die Hebung der allgemeinen Bildung abzielenden Bestrebungen. Daß Vorträge und
Konzerte für wohlthätige Zwecke in den Gotteshäusern veranstaltet werden, liegt an sich nahe und geschieht anderswo ebenfalls, aber selbst die Wanderredner der Volksbildungsvereine
und ähnlicher Gesellschaften finden in ihnen oft genug Aufnahme,
wobei es dann wohl vorkommen mag, daß der Inhalt dieser
Aufklärung verbreitenden Reden in starkem Widerspruch zu
den Lehren steht, welche sonst an denselben geweihten Stätten
verkündet werden.

Das Vortragswesen ist überhaupt in den Vereinigten Staaten kräftig entwickelt und der Verbreitung von Bildung und der
Hebung derselben in hohem Grade förderlich.

Entsprechen die höheren Schulen, Kollegien, Akademien und
Universitäten bei näherer Prüfung, wie wir gesehen haben,
eigentlich sehr viel mehr dem Zwecke des dilettierenden Studiums der reiferen Jugend beiderlei Geschlechts, als den ernsten
wissenschaftlichen Bestrebungen, der Erwerbung wirklicher Gelehrsamkeit, sind sie in Wahrheit kaum etwas anderes als Fort-
bildungsanstalten für die wenigen, welche den Wunsch haben,
ihre mangelhafte allgemeine Bildung zu erweitern, so bestehen

auch eine große Menge von Vereinen und Instituten, welche
dem Bildungsbedürfnis der Erwachsenen dienen und dank
der Freigebigkeit reicher Philanthropen meist unentgeltlich und
für jedermann zugänglich sind. Unterrichtskurse und Vor=
tragscyklen über die verschiedensten Zweige der Wissenschaft sind
in allen größeren Orten für alle Stände, namentlich für die
Arbeiter und Arbeiterinnen, eingerichtet. Gewerbeschulen machen
diejenigen, welche sie besuchen, mit allem Wissenswer=
ten, mit allen Neuerungen und Erfindungen in den ver=
schiedensten Industriezweigen bekannt, und alle derartigen An=
stalten erfreuen sich des regsten Zuspruchs seitens derjenigen,
für die sie bestimmt sind.

An Gelegenheit, sich zu bilden, fehlt es somit, besonders
in den Großstädten der Union, auch dem Ärmsten nicht, wenn
er nur den Wunsch danach hegt. Wie oberflächlich und niedrig
also auch die sogenannte allgemeine Bildung sein mag, so hat
es doch der Millionär wie der Bettler in gleicher Weise in
seiner Macht, dieselbe zu erhöhen. Wer nie eine Schule be=
sucht hat, kann in späteren Jahren als gereifter Mann jeden
Augenblick nachholen, was er einst versäumt hat, kann Axt und
Spaten bei Seite werfen, kann den Fabrikraum verlassen und
sich die nötigen Kenntnisse erwerben, um an den Universitäten
des In= oder Auslandes Medizin, Philologie, Theologie oder
irgend eine andere Wissenschaft zu studieren, für welche er
Neigung und Beanlagung verspürt.

Ergänzt wird das segensreiche Wirken dieser Vereine und
Abendschulen durch die große Masse von Bibliotheken, welche
mit wenigen Ausnahmen ebenfalls ohne die geringste Schwierig=
keit für strebsame Individuen aller Bevölkerungsklassen zu=
gänglich und gewöhnlich mit bequemen Leseräumen verbunden
sind, die zu allen Tagesstunden und meist bis tief in die Nacht
hinein offen stehen.

Die Gesamtzahl der Bibliotheken, welche in den Vereinigten
Staaten im Laufe dieses Jahrhunderts entstanden sind, ist
kaum übersehbar, und sie dürften einschließlich der sämtlichen
Schul= und Staatsbibliotheken nach ungefähren Schätzungen
jüngster Zeit etwa fünfzig Millionen Bände enthalten. Die
größten derselben sind mit den reichen Mitteln geschaffen
worden, welche wohlhabende Männer für diesen Zweck herge=
geben haben, und sie tragen gewöhnlich auch die Namen ihrer
Stifter, wie die Astor= und die Lenoxbibliothek in New York,
die Peabodybibliothek in Baltimore, die Newberry= und die
Crerarbibliothek in Chicago und zahlreiche andre. Die Be=
nutzung einzelner der wertvollsten und hauptsächlich oder aus=
schließlich wissenschaftlichen Studien dienenden Sammlungen,
die auch äußerst kostbare alte Drucke und Manuskripte ent=
halten, ist allerdings etwas erschwert, im allgemeinen aber ist
sie sonst nicht an die vielen lästigen Bestimmungen geknüpft,
welche in manchen Ländern Europas an den öffentlichen Biblio=
theken in Kraft sind. Es geschieht vielmehr im Gegenteil alles,
um die Erfüllung des Zwecks dieser Sammlungen auf jede
nur mögliche Weise zu erleichtern. So sind in Chicago, dessen
Bibliotheken bei den verschiedenen Bränden vollständig ver=
nichtet wurden, das aber heute an Zahl derselben viele andre
sehr viel ältere Städte bei weitem übertrifft, Einrichtungen
geschaffen, welche verdienten, auch in manchen Großstädten der
alten Welt nachgeahmt zu werden. Die Verwaltungsbehörde
der großen über 200 000 Bände umfassenden städtischen öffent=
lichen Bibliothek hat nicht nur im Rathause einen großen Lese=
saal eingerichtet, sondern auch in allen Teilen der Stadt
Zweigbureaus geschaffen, in denen jeder, der sich genügend zu
legitimieren vermag, die Bücher bestellen und erhalten kann,
welche er aus der Bibliothek zu haben wünscht. Ein Ein=
wohner der entlegensten Vorstadt kann daher ohne den Zeit=

verlust, welchen ein Gang nach dem mehrere Kilometer ent=
fernten Bibliotheksgebäube bedingen würde, in der in seiner
Nachbarschaft gelegenen Zweiganstalt seine Aufträge geben,
um die Bücher dann bereits am folgenden Tage je nach seiner
Bestimmung in seine Wohnung ober in die Lesehalle seines
Bezirks geliefert zu bekommen, und es ist besonders bemerkens=
wert, daß die sämtlichen Lesesäle auch Sonntags geöffnet sind.
Die Verwaltung dieser Bibliothek erfordert allerdings ein
großes Beamtenpersonal und ist kostspielig, dafür entspricht
aber auch diese Büchersammlung ihrem Zwecke vollkommen,
wie aus ihrer starken Benutzung erhellt, denn im vorigen
Jahre wurden ihr nahezu zwei Millionen Bände entliehen.
Ihre reiche Dotierung ermöglicht überdies die Anschaffung aller
wichtigen Novitäten des In= und Auslandes.

Während zu Anfang dieses Jahrhunderts von Bücher=
sammlungen, welche den Namen Bibliotheken verdienten, über=
haupt kaum die Rede war, besitzt heute jede kleine Stadt
mindestens eine mehr ober weniger große, die der wichtigste
Bildungsquell der niederen Stände ist und von diesen auch
mit größtem Eifer benutzt wird, da ihre Schätze ohne jeden
Entgelt zugänglich sind. Das Leihbibliothekenwesen ist aus
diesem letzteren Grunde nur äußerst schwach und fast nur in
überwiegend von Deutschen bewohnten Ortschaften entwickelt,
denn die höheren Klassen der eingebornen angelsächsischen Be=
völkerung schaffen sich die Bücher, welche sie lesen wollen, ge=
wöhnlich an, um sie dann ihren Privatbibliotheken einzuver=
leiben ober wegzuwerfen. Die weniger bemittelten aber
scheuen sich nicht, die öffentlichen und Volksbibliotheken zu be=
nutzen. Außerdem haben die zahllosen litterarischen Gesell=
schaften, Schriftsteller= und Journalistenverbände, die wissen=
schaftlichen, kaufmännischen und gewerblichen Genossenschaften,
alle größeren Vereine und alle bedeutenderen Klubs ihre

eigenen Bibliotheken, die natürlich den Mitgliedern derselben
zur Verfügung stehen. Das Bedürfnis für Leihinstitute ist in=
folgedessen ein äußerst geringes, und kein vernünftiger Ameri=
kaner wird sich mit einer Sache abgeben, die von vornherein
keine Aussicht auf Rentabilität hat.

Neben den Hunderten von Hochschulen aller Art und neben
den vielen Bibliotheken entstanden aber auch noch andere öffent=
liche Institute, welche der Erweiterung des Wissens, der
Hebung der Bildung, der Förderung der Wissenschaften und dem
Entstehen eines besseren Kunstgeschmacks dienen sollen: die
vielen Museen, naturhistorischen Sammlungen und zoologischen
Gärten, denen sich jetzt, wie es scheint, nach dem Muster der
Berliner Urania auch Volkssternwarten anschließen sollen.
Wichtiger als Bildungsinstitut, einflußreicher und bedeutsamer
als sie alle ist aber vielleicht das große Patentamt in Washington,
das in seinen ungeheuren Räumen gewissermaßen ein Bild der
Kulturentwickelung der Vereinigten Staaten bietet und das rastlose
Denken und Schaffen der Bewohner der Union in jenen zahl=
losen Erfindungen darstellt, die mehr oder minder nach=
drücklich auf die Entfaltung der materiellen Kultur dieses
Jahrhunderts, des Fabrik= und Verkehrswesens der ganzen
Welt eingewirkt haben. Die moderne Industrie in allen ihren
Zweigen tritt dem Beschauer dort zum Teil von ihren ersten
Anfängen an bis auf die Gegenwart in ihrer geschichtlichen
Entwickelung entgegen; wir sehen die schrittweise Vervoll=
kommnung der Tausende von ursprünglich unbeholfenen Maschinen
und Werkzeugen, welche heute eine so ungemein wichtige Rolle
im Gewerbebetriebe spielen und die menschliche Kraft zum großen
Teil ersetzen. Die vielen Versuche, Probleme zu lösen, welche
die ganze Menschheit seit lange beschäftigen, welche manche von
denen, die sich mit ihnen abgaben, ins Irrenhaus führten,
erwecken durch ihre Fülle von nutzlos verschwendetem Geist

unſere Bewunderung. Doch dieſes Jnduſtriemuſeum, als welches man das Patentamt bezeichnen kann, erweckt nicht nur ein paſſives Jntereſſe, ſondern es regt jeden Sachverſtänigen zum denken, zum ſtreben an, es iſt eine Bildungsanſtalt, die durch das bloße Material, das ſie zur Schau ſtellt, in hohem Grade erzieheriſch und fördernd auf den Geiſt des Arbeiters, Technikers und Jngenieurs einwirkt. Der Anblick dieſer Sammlung hat viele neue Gedanken geweckt, welche, in Thaten umgeſetzt, in Form von neuen Maſchinen, von Verbeſſerungen älterer gebracht, ihre Urheber aus armen Arbeitern, aus müh= ſelig um ihre Exiſtenz ringenden Jdealiſten und Schwärmern in reiche Männer umgewandelt haben.

Iſt der eigentliche Zweck dieſes Patentamts kein anderer, als alle Gegenſtände, welche in den Vereinigten Staaten paten= tiert worden ſind, in ſyſtematiſcher Ordnung und leicht über= ſichtlich zuſammenzuſtellen, ſo erfüllt es daneben doch noch den, für viele wahrſcheinlich ſehr viel höheren, einer techniſchen Bildungsanſtalt erſten Ranges, und aus dieſem Grunde wird das Patentamt mit Erfolg von vielen beſucht.

Der Eintritt in die Muſeen und Sammlungen der Ver= einigten Staaten iſt mit wenigen Ausnahmen, dem Hauptzweck derſelben entſprechend, für jeden vollſtändig frei. Das Publi= kum wird auch nirgends durch eine Beſuchsordnung beläſtigt, wie ſie in derartigen Jnſtituten Europas im allgemeinen be= ſteht. Schirme und Stöcke bei dem Eintritt in öffentliche Ge= bäude zwangsmäßig abzugeben und dann vollends noch dafür Geld zu zahlen, widerſtrebt der Auſſchauungsweiſe des Ameri= kaners vollſtändig, und dergleichen wird ihm denn auch nirgends in ſeinem Lande zugemutet. Man erwartet eben von jedem, daß er genügende geſellſchaftliche und moraliſche Bildung be= ſitzt, um ſich an öffentlichen Orten ſo zu benehmen, wie es ſich gebührt, ohne erſt durch zopfige ſtrenge Polizeivorſchriften und

Sonderbestimmungen dazu bewogen werden zu müssen. Man geht in dem Vertrauen zu dem Anstandsgefühl der Besucher sogar gelegentlich so weit, ihnen die Schlüssel zu Räumen aus= zuhändigen, die für gewöhnlich geschlossen gehalten werden. Das Aufsichtspersonal ist überdies im allgemeinen auf die unumgänglich notwendige Zahl von wenigen Individuen be= schränkt, und es ist bemerkenswert, daß das Vertrauen, welches dem Publikum in allen öffentlichen Gebäuden entgegengebracht wird, äußerst selten gemißbraucht wird.

Ein weiterer für die Entwickelung des Geisteslebens und die Hebung der allgemeinen Bildung der Amerikaner sehr wichtiger Faktor ist ihre Beweglichkeit. Verschiedene durch die Natur ihres Landes und andere Umstände erzeugte Ur= sachen wirken, wie in einem früheren Kapitel ausgeführt worden, zusammen, sie nervös und so reiselustig zu machen, daß diese Eigentümlichkeit als einer der markantesten Grundzüge ihres Charakters betrachtet werden muß.

Ist das Reisen an sich in äußerst hohem Grade bildend, so wird es dies noch mehr, wenn es sich mit scharfer Beobach= tungsgabe und mit großem Studieneifer verbindet, wie dies bei den Amerikanern der Fall ist. Innerhalb des ausgedehnten Gebietes ihres Bundesstaats bewegen sie sich mit einer für den Europäer und namentlich für den Deutschen überraschenden Leichtigkeit. Wenn es ihr Vorteil erheischt und sie den ge= ringsten Nutzen davon erwarten können, zögern sie nicht von einem Teil der Union nach einem weit entfernten zu reisen, sei es für Tage oder Wochen, sei es für Monate oder Jahre, und der häufige Wechsel ihres Aufenthalts wie die Abneigung gegen die Seßhaftigkeit, gegen das Einerlei ihres gewöhnlichen Wohnsitzes und ihrer Umgebung bieten ihnen die Gelegenheit, neue Gegenden, fremde Menschen und andere Verhältnisse kennen

zu lernen und damit ihr Wissen und ihre Weltanschauung zu er=
weitern.

Jeder gebildete Amerikaner aber hält es auch heute noch
für notwendig, Europa kennen zu lernen, und sucht dies zu er=
möglichen. Vollends muß jeder, der sich einer wissenschaft=
lichen oder künstlerischen Laufbahn zuwendet, „über das große
Wasser gehen“, um hier in der alten Welt seine Ausbildung
zu vollenden und an ihren Hochschulen für mehr oder minder
lange Zeit zu studieren. Es liegt hierin eine Anerkennung der
Überlegenheit der europäischen Universitäten, Konservatorien
und Kunstakademien über die amerikanischen, und wenn auch
die Chauvinisten dies nicht zugeben wollen, so ist es doch eine
Thatsache, die von den meisten zugestanden wird, welche wirk=
lich von ernstem wissenschaftlichen Streben erfüllt sind und
den höchsten Grad der Bildung erreichen wollen. Auch die
obersten Schulbehörden hegen dieselbe Anschauung und beweisen
dies dadurch, daß sie es den Lehrern entweder geradezu zur
Pflicht machen, von Zeit zu Zeit nach Europa hinüberzugehen,
um sich hier über die Fortschritte auf ihrem Studiengebiete zu
unterrichten, oder ihnen wenigstens ohne Schwierigkeit in ge=
wissen Zeiträumen einen langen Urlaub zu diesem Zwecke be=
willigen.

Durch das Reisen wird der Geist vor dem Verfall in
Einseitigkeit und vor Erstarrung bewahrt, immer wieder von
neuem erfrischt und durch die zahllosen neuen Eindrücke, die
es mit sich bringt, angeregt, geschärft und gebildet, das Wissen
wird erhöht und ergänzt, der Blick wird erweitert und der
praktische bedeutende Erfolg davon bekundet sich deutlich auf
die verschiedenartigste Weise in dem Geistesleben und dem ge=
samten Kulturleben der Nordamerikaner.

Auch das politische Leben übt in gewissem Sinne einen
bildenden Einfluß auf die großen Massen aus. Der bei

weitem wichtigste hierbei in Betracht kommende Faktor ist frei=
lich die Presse, die wir später einer eingehenden Behandlung
unterziehen werden, aber auch die rednerische Thätigkeit aller
derjenigen, welche im öffentlichen Leben stehen und in ihm eine
Rolle spielen wollen, ist von nicht zu unterschätzender erziehe=
rischer Bedeutung.

Der vielgliedrige große Organismus des republikanischen,
demokratischen Staatswesens bedingt die außerordentlich häu=
fige Bethätigung der Pflichten, welche den Staatsbürgern ob=
liegen. In kurzen Zwischenräumen haben letztere bald für
diesen, bald für jenen Zweck ihr Wahlrecht zu üben, und in
jedem einzigen Falle haben die Kandidaten, welche mit einander
um die neu zu besetzenden Ämter ringen, die Aufgabe, sich un=
mittelbar an die Wählermassen zu wenden und sich um ihre
Gunst zu bewerben. Mögen die meisten der aus solchen An=
lässen gehaltenen Reden auch noch so unbedeutend, von Gemein=
plätzen, von abgedroschenen Phrasen und Schlagworten oder von
Verleumdungen der Mitbewerber und Gegner überfüllt sein,
sie tragen doch immer zur politischen Erziehung und Bildung
des Volkes in mehr oder minder hohem Grade bei und erweitern
das Wissen derselben durch die Behandlung wichtiger Tages=
fragen und andrer Angelegenheiten und Dinge, die von Be=
deutung für das öffentliche Leben sind. In zahllosen Fällen
wird die Beleuchtung der das allgemeine Interesse gerade in
Anspruch nehmenden Gegenstände eine sehr grelle, einseitige
sein, und das Urteil wird häufig absichtlich gefälscht, in partei=
ischem Sinne beeinflußt werden, doch werden die Gegner es
dann nie unterlassen, ihre abweichenden Ansichten zu äußern,
und es wird den Hörern dadurch Gelegenheit geboten, ihre
eignen zu bilden.

Von besonderer Wichtigkeit sind die Feldzüge, welche den
Präsidentschafts= und Kongreßwahlen vorangehen. In den

Reden, welche bei diesen Gelegenheiten im ganzen Lande ge=
halten werden, gelangen alle für das öffentliche und soziale
Leben bedeutenden Fragen unter den denkbar verschiedenartigsten
Gesichtspunkten zur Behandlung, und die „stump speeches",
die Wahlreden, gewinnen dadurch den Wert eines in hohem
Grade einflußreichen Bildungsfaktors. Dasselbe gilt ferner
auch von den Vorträgen und Ansprachen, welche an nationalen
Festtagen, historischen Gedenktagen und bei andern feierlichen
Gelegenheiten vor den Volksversammlungen gehalten werden.

Das öffentliche Leben mit seinem hochentwickelten, viel=
gestaltigen Parteitreiben, dessen Schäden wir an andrer Stelle
berücksichtigt haben, erscheint somit aber im Grunde auch als
eine wichtige Bildungsanstalt für das Volk, als eine praktische
Schule der Politik und der Redekunst, in der nicht nur die
Massen über alle auf das Staatswesen und die Volks=
wirtschaft bezüglichen Fragen unterrichtet werden, sondern in
der sich auch alle Beamte, Politiker, Staatsmänner notge=
drungen ausbilden müssen. Denn nur im vollen Lichte der
Öffentlichkeit, in stetem, innigem Kontakt mit dem Volke und
unter beständiger Teilnahme an dem öffentlichen Leben und
an den Redeturnieren der Parteien können die Männer,
welche nach einflußreichen Stellungen streben, sich für dieselben
vorbereiten und etwas erreichen, meist erst nachdem sie die Vor=
schule der Gerichtssäle absolviert haben, denn es ist vollkommen
ausgeschlossen, daß jemand auf bureaukratischem Wege langsam
und gemächlich von Staffel zu Staffel emporklimme.

Aber auch die öffentliche Meinung wird in dieser Schule
des öffentlichen Lebens zur Entwickelung gebracht und gründet
sich in der Hauptsache auf dasselbe, wenngleich sie bei der
politischen Unreife der großen Massen immer noch wesentlich
durch die Presse und durch die die letztere so wie das öffent=
liche Leben gerade beherrschenden Faktoren beeinflußt wird.

Denn was ist die öffentliche Meinung anders als die Summe
von Anschauungen, welche die überwiegende Mehrheit der Bevölkerung sich auf Grund ihrer allgemeinen Bildung über alle
wichtigen Fragen des öffentlichen Lebens und alle Dinge macht,
welche sich der öffentlichen Kritik aussetzen. Sie ist daher
ebenso wie die öffentliche Moral nicht nur bei den verschiedenen Völkern sehr ungleich, eine andre in monarchischen
und eine andre in den republikanischen Staaten, da sie ein
Erzeugnis aller derjenigen Faktoren ist, welche bestimmend auf
das Kulturleben der Völker einwirken, sondern sie schwankt
auch innerhalb einer und derselben Nation, an einem und demselben Orte je nach dem Charakter und den Ansichten derjenigen
Elemente, welche das Übergewicht erlangt haben, und je nach
dem Bildungsgrade der Leiter dieser Majorität. Ihre Aufgabe ist es, zu bekämpfen, was sich gegen das Wohl der Allgemeinheit richtet, sei dies die Gemeinde oder der Staat, und
andrerseits ihren Einfluß im Interesse und zu Gunsten der
öffentlichen Wohlfahrt geltend zu machen. Was aber heute
als gut gilt, kann morgen unter veränderten Verhältnissen als
schlecht und verwerflich betrachtet werden; denn diese Begriffe
haben ja keinen feststehenden, bestimmten Wert, und der Einfluß
der öffentlichen Meinung kann daher unter Umständen unter
der Herrschaft der rohen, ungebildeten Massen, die von charakterlosen Männern geleitet werden, in hohem Grade verderblich
sein. Bei der außerordentlich großen Macht, die sie in den
Vereinigten Staaten besitzt, und bei der Energie, mit der sie
sich bei wichtigen Anlässen geltend macht, ist sie daher ein
äußerst einflußreicher Faktor, um dessen Gunst und dessen Be-
herrschung die Parteien und ihre Preßorgane beständig ringen.
Auch dieser Kampf wirkt bildend auf die Massen, denn er bedingt die sorgfältige öffentliche Erörterung aller Gründe für
und wider die bestehenden Urteile über den Wert einer das

allgemeine Interesse in Anspruch nehmenden Sache oder An=
gelegenheit und liefert den selbständig denkenden Individuen ein
reiches Material zur Bildung ihres Geistes und ihrer Meinung
über die streitige Frage.

Auf alle diese zahlreichen und verschiedenartigen Bildungs=
elemente, welche im Vorstehenden einer flüchtigen Betrachtung
unterzogen worden sind, stützt sich die Weltanschauung, die in
den Vereinigten Staaten die herrschende geworden ist.

Sie ist wie die eines jeden andern Volkes nicht das Ergeb=
nis der Erziehung der Eltern und der Lehrer der vielen Arten
von Schulen, welche im Staate bestehen, sondern sie ist im
Laufe der Jahrhunderte des Lebens der Bevölkerung der Union
allmählich unter dem Zusammenwirken der erzieherischen Ein=
flüsse des Klimas, der Bodenverhältnisse, der geschichtlichen und
kulturellen Entwickelung des Landes entstanden. Ist sie einer=
seits das Produkt aller dieser Faktoren und Kräfte, so durch=
dringt sie andrerseits auch die ganze Kultur, sie beherrscht das
nationale Leben in allen seinen Zweigen, Ausdrucks= und Er=
scheinungsformen, sie bedingt das Denken, Fühlen und Handeln,
das ganze Geistesleben des Einzelnen wie der Gesamtheit des
Volkes, mit Ausschluß derjenigen fremden ethnischen Elemente,
welche ihre nationale Eigenart noch mehr oder minder rein
erhalten, ihrem Aufgehen in der nordamerikanischen Nation
bewußtermaßen entgegengewirkt und demgemäß auch noch ihre
heimische Weltanschauung im wesentlichen unverändert bewahrt
haben.

Der Grundzug der im allgemeinen in der Bevölkerung der
Vereinigten Staaten zur Herrschaft gelangten Weltanschauung
ist ein entschieden realistischer. Das Thatsächliche, das wirk=
lich Seiende, das Nützliche interessieren den Amerikaner aus=
schließlich, und er sucht auf die praktischste Weise und unter Be=
nutzung der zweckdienlichsten Mittel zu erreichen, was er begehrt.

Er betrachtet jedes Ding ausschließlich unter dem Gesichtspunkt, ob es in irgend welcher Weise zum Nutzen des Einzelnen oder der Allgemeinheit verwertet werden kann. Sein Denken und Handeln paßt sich auf das engste dieser Anschauungsweise an. Er thut nur, was nützlich und vorteilhaft ist, was ihn zu leben und sich zu bereichern befähigt, und was er thut, das thut er auf die einfachste, praktischste und schnellste Weise, um Kraft, Zeit und Geld zu sparen. Der echte Yankee ist das volle Gegenteil eines Idealisten; das Wesenlose, das nur in der Vorstellung Bestehende, das Unkörperliche, haben für ihn keinen Wert, er verwendet keine Zeit darauf, ihm nachzujagen.

Dieser Realismus, dieser Utilitarismus, diese ausgeprägt praktische Anschauungsweise haben sich von Amerika im Laufe der Zeit mit stetig wachsendem Nachdruck den Weg in die übrige Welt gebahnt und die Weltanschauung der ganzen Menschheit stark zu beeinflussen begonnen. Sie schließen auch dort, wie überall, wo sie zu voller Herrschaft gelangt sind, das warme Gefühls= und Empfindungsleben ebenso wie die opti= mistische Weltanschauung aus. Die außerordentliche Mild= thätigkeit, die beständige Bereitwilligkeit, humanitäre Bestrebungen in einer Weise zu unterstützen, wie dergleichen in der ganzen übrigen Welt nicht vorkommt, können nur den oberflächlichen Beobachter zu der Annahme führen, daß dieselben in einer gefühlvollen Anschauungsweise wurzeln. Sentimentalität ist etwas, das der Amerikaner nicht kennt, das ihm unverständlich ist und wohl gar verächtlich erscheint. Seine Freigebig= keit entspringt einerseits Nützlichkeitsgrundsätzen, andrerseits seinem hochentwickelten Gemeinsinn wie einem gewissen demo= kratischen Pflichtgefühl und dem religiösen Gebot, von seinem Überfluß den Bedürftigen abzugeben und die Institutionen zu unterstützen, welche dem Elend steuern, die Bildung fördern sollen, endlich und hauptsächlich einem der wichtigsten Grund=

züge seines Wesens: seiner weitsichtigen großen Weltanschauung.
Alles Kleinliche ist ihm verhaßt, und deswegen ist er tolerant,
vorurteilsfrei und verschwenderisch. Der echte Yankee ist auch
Demokrat im vollsten Sinne dieses Worts, er betrachtet seine
Mitmenschen als seine gleichberechtigten Brüder und Mitbürger.
Stolz auf seine politische Freiheit, seine aus eigener Kraft er=
rungene Macht, ist er energisch und selbstbewußt und betrachtet
mit Geringschätzung diejenigen, welche ihr Ansehen und ihre
Lebensstellung nicht ihrer eignen Kraft und Arbeit, sondern den
äußeren Zufälligkeiten ihrer hohen Geburt oder ihres ererbten
Reichtums verdanken. Beschränkt wird die Freiheit und Weite
seiner Weltanschauung hauptsächlich nur durch den religiösen
Druck, unter dem er steht und der ihm auch die Möglichkeit
benimmt, den hohen Standpunkt einzunehmen, auf den ihn
die Naturerkenntniß der heutigen europäischen Wissenschaft er=
heben würde. Weil er diese Höhe der Weltanschauung nicht
erklimmen kann, ohne mit der biblischen Naturanschauung seiner
Kirche in Konflikt zu kommen, fällt er dem Spiritismus, dem
Aberglauben und dem Fatalismus anheim, die im vollen
Gegensatz zu der realistischen Grundanschauung stehen, welche er
sonst im praktischen Leben bekundet.

Erziehung, Schulwesen, allgemeine Bildung, öffentliche
Meinung und Weltanschauung stehen nun nicht nur in steten
Wechselbeziehungen zu einander und bedingen sich gegenseitig,
sondern sie beeinflussen naturgemäß auch alle direkten Äußerungen
des Geisteslebens und bestimmen den Charakter der wissenschaft=
lichen und schönen Litteratur wie der Presse. Denn wie
jedes Geisteserzeugnis auf die Bevölkerung nur einen tiefen
Eindruck machen kann, wenn es sich der Weltanschauung, dem
Bildungsgrade und der Denkweise derjenigen Klassen, für welche
es berechnet ist, einigermaßen anpaßt, so muß es andrerseits
naturgemäß aus ihnen heraus geschaffen sein. Es gilt dies

namentlich von allen Geisteserzeugnissen, welche Gemeingut des Volkes in seiner Gesamtheit werden sollen. So haben zum Beispiel eine erstaunliche Verbreitung in den Vereinigten Staaten jene zahlreichen Werke gefunden, die in knapper Fassung die einzelnen Zweige der Wissenschaften gemeinverständlich behandeln. Die amerikanischen Verfasser derselben haben es verstanden, mit bewunderungswürdigem Geschick die schwierigsten Stoffe derart zu bearbeiten, daß jeder Bildungsbeflissene sich nötigenfalls allein, ohne Beihülfe eines Lehrers in einer Weise über den Gegenstand unterrichten kann, die seinen praktischen Zwecken nach jeder Richtung hin entspricht. Mit Ausnahme einiger weniger Gelehrter, die sich besonders berufen fühlen, ihre Studiengebiete mit deutscher Gründlichkeit zu erforschen, denkt kein Amerikaner daran, sich beispielsweise beim Studium des Griechischen genau darüber zu unterrichten, wie viel Mal eine bestimmte Partikel in einem besondern Schriftsteller in dieser und wie viel Mal in jener Bedeutung vorkommt, sondern er will das Griechische so lernen, daß er jedes Buch, wenn dies erforderlich, im Urtext lesen und in der Hauptsache verstehen, daß er in den Geist der Litteratur eindringen kann. Daher lernt er auch die todten Sprachen, wie wir die neuen zu erlernen gewöhnt sind, schnell und praktisch, auf die feinen Einzelheiten kommt es ihm nicht an.

Diese populären wissenschaftlichen Werke der Amerikaner sind so außerordentlich praktisch, so übersichtlich und dabei doch so erschöpfend, daß sie in neuerer Zeit auch in Europa, wo man sie kennt, als ausgezeichnete Hand- und Lehrbücher betrachtet werden und Eingang finden. Man spart bei ihrer Benutzung sehr viele Mühe und Zeit, die namentlich bei dem Gebrauch deutscher Werke und in der Schule auf zahlreiche Einzelheiten verschwendet werden muß, die praktisch ganz nutzlos, nur für den Fachgelehrten wertvoll sind —, der sie kennen muß und darum nicht braucht.

Die schöne Litteratur der Vereinigten Staaten reicht mit ihren nenneswerten Anfängen kaum bis gegen das Ende des vorigen Jahrhunderts zurück, hat aber erst seit der Mitte des laufenden höhere Bedeutung und Selbständigkeit erlangt. Denn bis dahin bildete sie nur einen untergeordneten Zweig der eng= lischen und unterschied sich von dieser auch nur wenig, da sie ganz unter ihrem Einfluß blieb und in dieser Hinsicht somit sehr wesentlich von allen andern Kulturzweigen abwich, in denen wir eine entschiedene Neigung wahrnehmen, sich vollständig un= abhängig von England zu machen. Die Verhältnisse der ame= rikanischen Kolonien waren allerdings nicht dazu angethan, die Entwickelung einer eigenen und besonders gearteten Litte= ratur zu befördern. Die Zeit des Unabhängigkeitskrieges und die folgenden Jahrzehnte gewährten auch nicht die Muße zu poetischer Beschäftigung. Die wenigen aber, welche Neigung dazu hatten und nach höherer Geistesbildung strebten, waren ge= zwungen, sich zu diesem Zwecke nach England zu begeben, um dort ihre Studien zu machen, und es war natürlich, daß sie sich in ihren litterarischen Versuchen dem in Großbritannien herrschenden Geschmack anpaßten, sich denselben Strömungen überließen und die Werke der führenden Geister nachahmten. Immerhin unterschieden sich auch die Dichter und Schriftsteller der ersten Litteraturperiode in etwas von ihren englischen Kollegen durch einen gewissen amerikanischen Lokalton, den sie ihren Schöpfungen verliehen, durch Schilderung amerikanischer Landschaftsbilder, durch Einführung der Indianer und nament= lich durch einen eigenartigen trockenen Humor. Nur wenige vermochten sich aus der Menge zu wirklich beachtenswerten, hervorragenden Leistungen zu erheben; diese wenigen aber stamm= ten fast durchweg aus den Neu=Englandstaaten und die Mehr=

zahl von ihnen wiederum aus Massachusetts, das ja überhaupt
den Vereinigten Staaten die meisten und bedeutendsten Gelehrten, Denker und Dichter gegeben hat.

Nicht nur in England, sondern in ganz Europa herrschte
um 1820, als Nordamerika anfing, seine eigene Litteratur zu
schaffen, die Romantik beinahe unumschränkt. Es war daher
kein Wunder, daß auch die ersten besseren Geisteserzeugnisse
der Yankees denselben Charakter aufwiesen. Lyrische und
epische Dichtungen überwogen damals wie im vorigen Jahrhundert, in dem Trumbull sein Epos Mac Fingal, Barlow seine
Vision des Columbus und Dwight die Eroberung Kanaans ge-
schrieben hatten. Richard Dana war einer der bedeutendsten
Stimmführer der zahlreichen Dichter und Dichterinnen dieser
ersten Epoche. Im Auslande freilich wurde die Thatsache des
Entstehens einer amerikanischen Litteratur vielmehr durch die
Werke einiger Novellisten und Essayisten bekannt, deren Ansehen
sich bis auf den heutigen Tag erhalten hat. Fenimore Cooper
konnte zwar für seine Erzählungen keine amerikanischen Werke
zum Muster nehmen, sondern schloß sich Walter Scott an, er
folgte aber einem sehr richtigen Prinzip, indem er im Gegensatz zu vielen andern vor ihm und nach ihm, welche fremdländische Stoffe bearbeiteten, das Indianerleben und das der
weißen Pioniere und Ansiedler Amerikas sowie die Kämpfe
dieser beiden ethnischen Faktoren gegeneinander zum Vorwurf
nahm. Seine Lederstrumpferzählungen fanden in Amerika
wie in Europa einen ungeheuren Beifall und bilden selbst
heute noch die beliebteste Lektüre der heranwachsenden Jugend.

Washington Irving war nicht weniger glücklich in der Wahl
eines seiner ersten Behandlungsstoffe. Auch er verließ nicht
den Boden seiner Heimat, als er durch materielle Not gezwungen, einen geeigneten litterarisch zu bearbeitenden Gegenstand suchte. Mit köstlichem Humor schilderte er die Geschichte

seiner Vaterstadt New-York im Geist und Geschmack des alten
Holländers Knickerbocker, dessen angebliche Annalen er ver=
öffentlichte. Mit diesem einen Werke begründete er seinen
litterarischen Ruf und stellte sich neben die besten englischen
Humoristen. Doch auch alle seine übrigen Schöpfungen zeich=
neten sich teils durch Gründlichkeit der Beobachtung und
Schönheit der Schilderung, teils durch Gelehrsamkeit aus.
Sein Skizzenbuch, das Ergebnis einer seiner Reisen nach Europa,
wird zu seinen besten Arbeiten gerechnet, und seine Löwenhof=
erzählungen kennt wohl jeder Ausländer, der englisch gelernt
hat. Auch seine Biographien Mohameds und Washingtons
gelten als hoch bedeutend.

Ju Ralph Waldo Emerson erstand den Vereingten Staaten
einer ihrer glänzendsten Essayisten und hervorragendsten
Denker. Emerson aber hatte auch noch eine andere Bedeutung.
Er war einer der wenigen und der ersten, die den Pietismus
durch die Lehre einer freien religiösen Anschauung, einer Ver=
nunftreligion zu bekämpfen suchten. Aus diesem Grunde wird
er von den Geistlichen aller Denominationen verketzert, was
jedoch nicht hindert, daß seine Essays wegen ihres schönen Stils
von allen Gebildeten gelesen und geschätzt werden und wenn
auch nur wenig doch immerhin etwas dazu beigetragen haben,
den starren Despotismus der orthodoxen Geistlichen zu unter=
graben.

Auch die zweite Epoche der amerikanischen Litteratur, welche
ungefähr 1850 begann, konnte sich noch nicht aus den Banden
der Romantik und von der Herrschaft der englischen Schulen
vollständig befreien, obgleich bereits die Grundzüge des Ame=
rikanismus kräftiger hervortraten und manche Dichter und
Novellisten bewußtermaßen dahin arbeiteten, die amerikanische
Litteratur unabhängig zu machen. Neben dem Humor, neben
einer feinen Naturbeobachtung und Naturschilderung, welche

zuweilen vollständig idealistischen Charakter annehmen, er=
scheinen republikanisches Freiheitsgefühl, demokratische Welt=
anschauung und kräftiger Realismus und erlangen gegen das Ende
dieser Periode das Übergewicht, um dann in der ungefähr
1870 beginnenden neuesten dem amerikanischen Geistesleben in
seinen hervorragendsten Formen ihren Stempel aufzudrücken.

Noch im allgemeinen auf dem Boden der Romantik stehend,
bringt Henry Wadsworth Longfellow, der bedeutendste lyrische
Dichter Nordamerikas, doch einen dem englischen widerstreiten=
den Einfluß zur Geltung. Begeistert für die Schönheiten der
deutschen Litteratur und hauptsächlich der Werke Goethes, ge=
nau bekannt mit denselben, hat er sich der Macht dieser
Eindrücke nicht ganz entziehen können, und aus vielen seiner
kleineren lyrischen Dichtungen besonders weht uns völlig
deutscher Geist und Goethesche Weltanschauung entgegen. So
kann er überhaupt als einer der hauptsächlichsten Vermittler
zwischen deutschem und amerikanischem Geistesleben betrachtet
werden, denn er machte nie ein Hehl aus seiner Vorliebe für
ersteres und suchte die Geringschätzung seiner Landsleute da=
gegen zu bekämpfen. Unter seinen größeren Dichtungen bekundet be=
sonders die goldene Legende den deutschen Einfluß. In Evan=
geline verbindet sich letzterer mit dem der englischen, im
spanischen Studenten mit dem der südländischen Romantik.
In dem Gesange Hiawathas aber kehrt der Dichter ganz den
Amerikaner heraus, er schafft das hohe Lied der Indianer und
wird diesen gerecht, indem er viele ihrer schönsten Sagen in
liebevoller Weise behandelt, zusammenstellt und damit für
alle Zeiten dem Vergessen entzieht. Auch hier bewahrheitet
es sich, daß der Dichter den Höhepunkt seines Schaffens
erreicht, wenn er Gegenstände seiner Heimat behandelt, in der
er doch nicht nur mit seiner Natur sondern mit seinem Denken
und Empfinden wurzelt, die er am besten kennt und versteht.

Bei der humanen Gesinnung, welche ihn beseelte, konnte Longfellow aber auch nicht gleichgiltig gegen die Leiden der schwarzen Sklaven und gegen die politische Bewegung sein, welche zu Gunsten der Befreiung derselben angebahnt wurde, die Geister aller zeitgenössischen Dichter und Novellisten beschäftigte und in dem an sich wenig bedeutenden Roman der Frau Beecher Stowe: Onkel Toms Hütte den lebhaftesten und nachhaltigsten Ausdruck fand. Longfellow schuf jene schönen Sklavenlieder, welche so viele Nachahmer gefunden haben, und beteiligte sich damit selbst an der Bewegung, welche schließlich zu dem Sezessionskriege führte. Der ganze Norden wurde unter dem nachdrücklichen Eingreifen seiner erlauchtesten Geister von dem Enthusiasmus ergriffen, der diese für die Sache der Befreiung der Sklaven und für die Abschaffung der Sklaverei erfüllte.

Diese Bewegung wurde getragen durch die öffentliche Meinung. Indem die Litteraten sie unterstützten, entsprachen sie ihr einerseits und halfen sie andrerseits beeinflußen und befestigen, daher erlangten selbst ihre schwächsten bezüglichen Erzeugnisse ein hohes und zum Teil unvergängliches Ansehen. So war es unter andern auch mit dem Quäker Greenleaf Whittier und mit James Russell Lowell, die hauptsächlich durch ihre Antisklavereigedichte tiefen Eindruck machten und großen Ruhm erlangten, sich aber freilich auch sonst als hochbegabte Lyriker erwiesen.

Höher als Longfellow steht vielen Amerikanern Cullen Bryant, der geradezu als der Vertreter der amerikanischen Dichtkunst gefeiert wird, weil er viel mehr und nachdrücklicher als jener die nationale Weltanschauung zum Ausdruck brachte und mit allen seinen Schöpfungen viel tiefer im nationalen Boden wurzelte. Doch auch er war nicht frei von fremden, allerdings ausschließlich englischen Einflüssen, denn seine Dichtungen erin=

nern sehr häufig an Shelley. Kaum ein anderer hat es wie
er verstanden, der Romantik der amerikanischen Natur Geltung
zu verschaffen und mit solcher Feinheit und Treue die Landschaft,
den Urwald, in ihren großen wie in ihren kleinsten, unbedeutend=
sten Erscheinungsformen zu schildern. Und obgleich er sich
einerseits als typischer Amerikaner zeigt, giebt er doch andrer=
seits Empfindungen und Stimmungen kund, wie sie sonst nur
bei sentimentalen deutschen Dichtern gefunden werden.

Bayard Taylor, der Übersetzer des Faust, Godfrey Seland,
der Übersetzer von Heines Buch der Lieder, schlossen sich den beiden
vorerwähnten würdig an und müssen als Vermittler deutscher
Bildung in den Vereinigten Staaten in Anspruch genommen
werden; sie weisen in ihren eignen vielseitigen Schöpfungen
vielfach den deutschen Einfluß auf.

Auch im übrigen wurden in dieser zweiten Periode zahl=
reiche Meisterwerke der europäischen Litteraturen durch gute
Übersetzungen der Masse des amerikanischen Volkes bekannt
gemacht, und dadurch in etwas der Ansicht entgegengewirkt,
welche die Nativisten und Chauvinisten vertraten und zu ver=
breiten suchten, daß außerhalb der Vereinigten Staaten nichts
geschaffen wäre und würde, was sich den einheimischen Leistun=
gen vergleichen ließe und die Aufmerksamkeit der Amerikaner
verdiente.

Zu den eigenartigsten, aber gleichzeitig zu den bedeutendsten
Dichtern Amerikas gehört Allan Edgar Poe, in dessen Werken
idealistischer Romantizismus mit amerikanischem Realismus
um die Seele ihres Schöpfers zu ringen scheinen und ihn bald
dem trübsten Weltschmerz, bald wilder Phantasterei, bald dem
Mystizismus und bald einem rücksichtslosen Realismus über=
antworten, wie letzterer sonst nur in den Werken der jüngsten
Dichterschule vorkommt. Mit wunderbar ergreifenden düsteren
Farben malt er namentlich die Nachtseiten des menschlichen

Lebens und bekennt sich zu dem Pessimismus, der in den Ver=
einigten Staaten so viele Anhänger hat. In seiner ausge=
sprochenen Neigung für das Phantastische und Geheimnisvolle
kann er als Vorläufer der großen Masse von Schriftstellern
gelten, welche dem Spiritismus und der Theosophie in allen ihren
heutigen, in Amerika so außerordentlich stark verbreiteten Aus=
drucksformen huldigen.

Nathaniel Hawthorne zeigt in seiner geistigen Beanlagung
eine gewisse Verwandtschaft mit Poe, auch er gefiel sich in
düsteren, an das Mystische grenzenden Phantasiegebilden. Auch
in seinen Poesien und Romanen tritt die Neigung zum Ge=
heimnisvollen hervor, aber er wird nicht zum verzweifelnden
Pessimisten, sondern bewahrt sich seinen gesunden gemäßigten
Humor und erfreut sich an der Natur, welche er mit
Schwärmerei liebt, deren Reizen und Eindrücken er sich ganz
und willig überläßt und die er mit großem Geschick in ihrer
berückenden Schönheit schildert. Das Walten und Weben des
großen Geistes, der in der Natur herrscht und sich in ihren
Erscheinungen bekundet, zieht ihn vor allem an, und diese
Naturliebe bildet einen der wichtigsten Charakterzüge der
amerikanischen Litteratur überhaupt, wie sie auch einer der
wenigen idealistischen Züge im Wesen des Amerikaners ist.

Während im nationalen Leben wenig davon bemerkbar
wird, finden wir in der Litteratur der Vereinigten Staaten
seit 1850 doch auch die deutlichen Spuren einer starken frei=
religiösen, ja selbst einer atheistischen Strömung, die sich bereits
bei Emerson in den dreißiger Jahren bemerkbar gemacht hatte.
Der Hauptvertreter dieser gegen den Druck des strengen kirch=
lichen Dogmatismus gerichteten Bestrebungen wurde Walt
Whitman, dessen Werke den Übergang von der zweiten zu der
dritten jüngsten Litteraturperiode markieren, und der von einem
großen Teil der lebenden Schriftsteller als der Apostel des

gegenwärtig in allen Zweigen künstlerischen und dichterischen
Schaffens zur Herrschaft gelangten rohen Naturalismus, als
der vorgeblich höchsten und vollendetsten Kunstoffenbarung, be=
trachtet und entsprechend gefeiert wird. In seinen Dichtungen,
die auch in ihrer Form von den herkömmlichen abweichen, er=
scheint er nebenbei auch als der Repräsentant des rücksichts=
losen Chauvinismus, der nur das Amerikanische anerkennt und
in der republikanischen Verfassung die allein existenzberechtigte
erblickt. Er ist ein Verfechter unumschränkter Freiheit und
feiert die Bestrebungen, welche zu verschiedenen Zeiten auch in
der alten Welt gemacht worden sind, die sie einschränkenden
Bande zu brechen.

Auf dem Gebiete der Romanschriftstellerei war es nament=
lich Charles Brown, der dem Romantizismus und Idealismus
der Engländer und Deutschen den Krieg erklärte, die Novelle
von den Einflüssen derselben befreite und dem gesunden
Realismus zur Herrschaft verhalf. Indem er ihn mit dem
echten trocknen Yankeehumor verband, gab er den Ton an,
welcher der ganzen Denkweise und Weltanschauung der Ameri=
kaner am treffendsten entsprach und der Litteratur ihren mar=
kantesten Charakterzug verlieh, durch den sie sich vor denen
aller übrigen Völker auszeichnet. Wie Brown, so vermieden
es auch die besseren unter den Schriftstellern der Gegenwart,
der in Frankreich zur Herrschaft gelangten Strömung zu folgen
und zum rohesten und brutalsten Naturalismus und Materialis=
mus fortzuschreiten. Dieser Umstand ist in hohem Grade be=
merkenswert, da auf andern Gebieten des Geistes= und des
Kunstlebens eine starke Neigung vorhanden ist, es den am
weitesten im Naturalismus gehenden Europäern womöglich
zuvorzuthun. Es fehlt nicht an Versuchen dazu unter den
jüngsten Schriftstellern, bis jetzt hat aber das bessere, gebildetere
Publikum der Vereinigten Staaten — offiziell zum mindesten —

alle derartigen Machwerke entschieden abgelehnt, und die Schöpfungen der hervorragendsten Schriftsteller der Gegenwart enthalten nichts von den ekelerregenden, auf die rohesten In= stinkte und Leidenschaften berechneten Stoffen und Schilderungen, durch welche die jüngsten Schulen Frankreichs und andrer europäischer Länder zu wirken suchen.

Die gesunde bis jetzt in den besseren Gesellschaftskreisen unumschränkt herrschende Geschmacksrichtung zu erhalten, tragen die Umstände bei, daß einerseits die Frauen hauptsächlich das Lesepublikum bilden und daß sie andererseits das soziale Leben beherrschen und sich mit außerordentlicher Lebhaftigkeit und größtem Erfolg an dem litterarischen Leben und Schaffen be= teiligen. Die Beschäftigung mit Schriftstellerei gehört zur Zeit beinahe zum guten Ton und es gibt keine gebildete größere Familie, in der sich nicht eines oder mehrere weibliche Mitglieder mindestens gelegentlich und zum Zeitvertreib, wenn nicht gar professionell und zum Erwerb litterarisch beschäftigten. Der ungeheure Umfang, den die Presse erlangt hat, bietet hierzu jede wünschenswerte Gelegenheit. Ein Schriftsteller= lexikon, das alle litterarisch thätigen Amerikaner und Ameri= kanerinnen umfaßte, dürfte daher ein bekanntes deutsches Werk dieser Art vielleicht noch an Zahl der verzeichneten Individuen übertreffen.

Die Mittel, durch welche die heutigen namhaften Roman= schriftsteller hauptsächlich wirken — denn auch in den Ver= einigten Staaten hat die Poesie der Prosa weichen müssen — sind die schon mehrfach erwähnten, welche überhaupt der amerikanischen Litteratur ihren Sondercharakter verleihen. Es sind vor allem der Humor, feine Naturschilderung und gesunde Realistik einerseits, wozu bei einigen der jüngsten Modeschrift= steller das Sensationelle kommt, andrerseits sind es alle Formen der Mystik, welche mit den herrschend gewordenen supranatura=

liftischen Neigungen, mit dem Spiritismus und allen ver=
wandten Krankheitserscheinungen des modernen Geisteslebens
rechnen.

Der ganzen Entwickelung des heutigen Lebens entsprechend
haben namentlich die Novellette und die kleine Erzählung eine
so große Verbreitung gefunden, daß sie beinahe die größeren
Novellen und Romane ganz zu verdrängen drohen. Der
Amerikaner hat im allgemeinen keine Zeit für irgend etwas
andres, als seine Sonderinteressen und seine Geschäfte, die ihn
vollauf in Anspruch nehmen. Langatmige Romane, die man
nicht rasch durchfliegen, zu deren Lektüre man mindestens
Stunden, vielleicht Tage braucht, sind für den vielbeschäftigten
Amerikaner nicht geeignet; er wünscht, wenn er sich zerstreuen
will, etwas zu haben, das er in freien Augenblicken, auf dem
Wege von seinem Hause zum Geschäft, während oder nach der
Mahlzeit, rasch durchfliegen kann, und diesem Zwecke entsprechen
die Humoresken und short stories, welche in allen Zeitungen
die bereitwilligste Aufnahme und, in größerer Zahl gesammelt,
auch in Buchform leicht Verleger finden.

Die fabrikmäßige, schablonenartige Massenfabrikation von
Litteraturwerken, welche durch ihre Menge ihren Urhebern mög=
lichst große Summen einbringen und der Unterhaltung der
Millionen dienen sollen, welche auf kurze Zeit eine anregende
geistige Beschäftigung suchen, ist allerdings nicht geeignet, das
Niveau der Belletristik auf einer bedeutenden Höhe zu erhalten
oder sie auf eine solche zu erheben. Diese Werke sind ihrer
Mehrheit nach Eintagsschöpfungen, die jeder Eigenart ent=
behren, berühmt gewordenen Vorbildern nachgemacht sind und
ebenso rasch verschwinden, wie sie entstehen, meist auch nur in
der Tagespresse abgedruckt und ebenso rasch vergessen werden,
wie der übrige Unterhaltungsstoff, der die Spalten der=
selben füllt. Verhältnismäßig nur sehr klein ist die Zahl

der Arbeiten, welche sich über diese litterarischen Eintagsfliegen erheben, und ebenso klein ist die der wahrhaft hervorragenden Schriftsteller der Jetztzeit.

Zu erwähnen ist unter diesen zunächst Bret Harte, der mit Geist und Humor in seinen vielen Erzählungen die Zustände und Menschen des fernen Westens, namentlich Kaliforniens in den Zeiten des Goldfiebers und des Übergangs zu gesitteteren Verhältnissen geschildert hat, und dessen Werke geradezu den Wert von Kulturbildern haben, die für spätere Geschlechter noch als Quellen, als zuverlässiges Studienmaterial für die Kenntnis der in ihnen behandelten Zeiten, Gegenden, Menschen und Zustände gelten werden. Mitten unter ihnen lebend, hat er jene Menschen, welche aus aller Welt um 1850 in Kalifornien zusammenströmten, gründlich kennen gelernt, hat Ortschaften entstehen und verschwinden gesehen, ist Zeuge gewesen von der plötzlichen Bereicherung und der ebenso schnellen Verarmung jener rauhen Männer, die zügellos und gesetzlos nur ihr eignes Glück verfolgten und das Leben ihrer Mitmenschen in dem schweren Kampfe, den sie um ihr Dasein durchzufechten hatten, nicht achteten und nicht schonten. Ein sorgfältiger, gründlicher Beobachter und Menschenkenner, blickt Bret Harte aber auch durch die abstoßende Außenseite in das Wesen der Dinge und der Menschen, er ist nicht bloß der cynische Spötter und Humorist, sondern auch ein feinfühliger Humanist, der ein warmes Herz und Verständnis für die seelischen tieferen Regungen seiner Mitmenschen hat, der ihre Sorgen, ihren Kummer mitempfindet und würdigt. Er sucht nach dem goldenen Kern im innersten Wesen dieser Menschen, die aus tausend und abertausend verschiedenartigen Ursachen praktisch das Rätsel zu lösen, zu ermitteln suchten, was das Glück und wo es zu finden ist.

Nicht minder bedeutend ist Samuel Langhorne Clemens,

bekannt unter dem Namen Mark Twain. Auch er ist in der
rauhen Schule des Lebens gebildet und zu dem geworden, was
er ist — wie fast alle bedeutenden Männer der Vereinigten
Staaten. Der Humorist überwiegt in ihm den feinen Menschen=
kenner, aber auch er ist ein vorzüglicher Beobachter und guter
Schilderer. Er beschränkt sich nicht darauf, seine Vorwürfe
in Amerika zu suchen; er hat auf häufigen Reisen auch Europa
gründlich kennen gelernt und nicht verfehlt, mit Witz, wenn=
gleich häufig unter starker Übertreibung alles das Kleinliche,
Zopfige, Lächerliche zu geißeln, was ihm in der alten Welt
auffiel. Sein Tramp abroad kann in vieler Hinsicht als ein
Meisterwerk humoristischer Reisebeschreibung gelten. Zu seinen
besten Arbeiten gehören allerdings viele seiner kleinen Geschichten,
Skizzen und Episoden.

In dieser beliebten Gattung von Erzählungen zeichneten sich
auch Frank Stockton, Bishop, Aldrich, Deming, Cable, Anna
Green, Blanche Howard und viele andere aus, von denen
manche aber auch durch größere Novellen und Romane wohl
begründeten Ruf erlangt haben.

Als ein liebenswürdiges Erzählertalent hat sich Louisa M.
Alcott erwiesen, deren Hauptwerk Little Women als ein lebens=
wahres, prächtiges Kabinettstück der Schilderung des alltäg=
lichen Lebens bezeichnet werden muß, und das wegen seiner
Naturtreue hohen kulturellen Wert hat. Es ist weit davon
entfernt, ein Roman im gewöhnlichen Sinne des Wortes zu sein,
es verzichtet auf alle Mittel zu Erhöhung der Spannung, es ent=
behrt alles Sensationellen, sondern schildert nur das häusliche
Leben einer Familie des Mittelstandes und zeichnet ohne jede
Übertreibung die verschiedenen Charaktere der wenigen Personen,
welche als typische Vertreterinnen der amerikanischen Frauen=
welt betrachtet werden können.

Ebenso anspruchslos sind die Hauptwerke von Habberton,

Helenens Kinderchen und Andrer Leute Kinder, die im Laufe kürzester Zeit in zahllosen Auflagen erschienen sind und ihren Weg weit über Amerika hinaus in alle Welt gefunden haben. Das Geheimnis des fabelhaften Erfolges, den diese und einige andere amerikanische Werke jüngster Zeit errungen haben, liegt in ihrer Einfachheit und Naturwahrheit, in ihrem Realismus, der die Wirklichkeit widerspiegelt. Die Reaktion des Geschmacks gegen alles Übertriebene, Unwahre, Unwahrscheinliche, gerade so wie gegen die Unnatur und Überkultur macht sich in immer weiteren Kreisen der wahrhaft Gebildeten bemerkbar, und was dieser stetig stärker werdenden Strömung entspricht, das findet in ihnen Beifall.

Daneben allerdings ist in der großen amerikanischen Welt auch Interesse genug für Werke, welche ganz entgegengesetzten Geschmacksrichtungen huldigen und namentlich den spiritistischen Bestrebungen dienen. So finden Romane wie Haggards She, wie Corellis Ardath und Two worlds in Amerika gleichfalls ein sehr großes Lesepublikum.

Der Kriminal- und Detektivroman ist in den Vereinigten Staaten auch außerordentlich beliebt, und je besser es den Novellisten gelingt, die Spannung des Lesers zu steigern, desto größer ist der Erfolg, wie sich das bei Archibald Gunters Roman: Jener Franzose gezeigt hat. Das Sensationelle, das Außergewöhnliche übt ja überhaupt auf die großen Massen eine unfehlbare Anziehungskraft aus, es mag eine Form haben, welche es wolle; Bellamys Rückblick aus dem Jahr 2000 hat seinen Verfasser mit einem Schlage zum reichen Mann, Kennans Enthüllungen über Sibirien diesen zu einem der gefeiertsten Schriftsteller gemacht.

Lyrik und Epos haben den Prosadichtungen weichen müssen, und wenn auch in den Vereinigten Staaten von den Tausenden von Schriftstellern viel in gebundener Form ge=

dichtet wird, so entbehren sie jetzt doch irgend welcher hervorragender Geister, die sich Longfellow und Bryant als Lyriker
und Epiker an die Seite stellen könnten.

Das Drama hat bis jetzt überhaupt keinen einzigen bedeutenden Vertreter aufzuweisen gehabt, der sich durch seine
Schöpfungen in der Union und vollends darüber hinaus
großen Ruf erworben hätte. Es sind im allgemeinen nur
die niedrigsten Gattungen der dramatischen Dichtung, welche
die großen Massen zu fesseln vermögen, aber auch selbst
auf diesen Gebieten überwiegen noch die englischen Possendichter.

Auch in der Belletristik bemerken wir also eine außerordentliche Thätigkeit, und aus der großen Zahl der Kräfte,
welche dieses Feld bearbeiten, haben sich bereits viele zu einer
weit über die Grenzen Amerikas hinausgehenden Berühmtheit
und Bedeutung erhoben. In den Reihen der Deutsch=Amerikaner, die auf diesem Gebiete an Fruchtbarkeit mit ihren
englischen Mitbrüdern wetteifern, gibt es auch manche, welche
sich in ihrer neuen Heimat durch ihre litterarischen Erzeugnisse
hohes Ansehen erworben haben; aber wenigen ist es bisher
gelungen, sich als Novellisten und Lyriker derart auszuzeichnen,
daß ihre Werke in der deutschen Heimat weite Verbreitung
gefunden hätten.

Die große Aufmerksamkeit, welche man der Erziehung der
Kinder und der Bildung des Volks sowie der Erhaltung religiösen Sinnes und der Verbreitung moralischer Grundsätze
zuwendet, ist Veranlassung gewesen, daß man sich mit großem
Eifer der Abfassung von Jugend= und Volksschriften zugewandt hat, welche diesen Zwecken dienen. Dieser Litteraturzweig ist daher im Laufe der Zeit sehr umfangreich geworden
und wird hauptsächlich von Frauen kultiviert; doch auch
viele der ersten Schriftsteller und Gelehrten halten es nicht

für unter ihrer Würde, sich solchen Aufgaben zu widmen, daher
hat diese Gattung vieles sehr Gute und Nützliche aufzu=
weisen.

Da die Amerikaner durchweg Lektüre lieben, auch bei der
verhältnismäßigen Billigkeit der Bücher gern geneigt sind, das,
was sie besonders interessiert, zu kaufen, da ferner jeder Gebildete
seinen Ehrgeiz darin setzt, eine gute Privatbibliothek zu haben,
in der die hervorragendsten zeitgenössischen Werke vorhanden
sein müssen, so hat der Buchhandel einen großen Aufschwung
genommen, und während derselbe früher ebenso wie das ge=
samte Geistesleben hauptsächlich im Nordosten der Staaten,
namentlich in New=York und Boston konzentriert war, hat
Chicago ihnen und andern Städten jener Gegenden, jetzt auch
auf diesem Thätigkeitsfelde den Rang streitig gemacht und sie
großenteils überflügelt. Eine Menge von bedeutenden Ver=
lagsfirmen ist dort entstanden, sodaß Chicago heute beinahe
schon als das amerikanische Leipzig gilt.

Es sind übrigens keineswegs nur belletristische Werke,
billige Volksbücher und sensationelle Novitäten, welche einen
großen Absatz finden, sondern auch sehr kostspielige encyclo=
pädische, wissenschaftliche und das allgemeine Interesse aus
irgend welchen Gründen anziehende umfangreiche Werke. So
sind unter andern General Grants Memoiren in mehr als
300 000, Picturesque America in weit über 100 000, Blaines
20 Jahre im Kongreß in mehr als 200 000, die amerikanische
Encyklopädie, welche 100 Dollar (400 Mark) kostet, in über
120 000 Exemplaren abgesetzt worden.

Sind die Honorare, welche gezahlt werden, im allgemeinen
im Vergleich zu den deutschen sehr hoch, so steigern sie sich
bei Werken, welche Aussicht auf einen bedeutenden Absatz ver=
sprechen, zu einer Höhe, an die auch selbst die Schriftsteller=
honorare Englands selten hinanreichen.

Die bei weitem wichtigste Ausbrucksform des Geisteslebens ist natürlich die Tagespresse, überhaupt die periodische Litteratur, die heute einen Umfang und eine Bedeutung erlangt hat wie in keinem andern Lande der Welt.

Die Anfänge des Zeitungswesens reichen in den Vereinigten Staaten zurück bis an das Ende des 17. Jahrhunderts; und zwar war es zunächst Boston, wo 1690 der erste Versuch gemacht wurde, eine periodisch erscheinende Zeitschrift zu gründen. Da sich dieselbe aber bei dem Geist, der damals und später in den Neuenglandkolonien herrschte, nur gegen das Mutterland richten konnte, so bot das letztere alles auf, um das Entstehen von Zeitungen zu verhindern. Trotzdem erschienen 1719 in Boston schon zwei Blätter und in Philadelphia eins, bald folgte New-York mit einer Gazette, die in den Diensten der Regierung stand. Als der Buchdrucker Peter Zenger dann aber 1733 daselbst das Weekly Journal als Konkurrenzblatt gründete, welches den Volksinteressen diente, da wurde ihm der Prozeß gemacht und 1734 seine Zeitung öffentlich durch den Henker verbrannt. Zenger selbst mußte dann freilich auf Grund des Wahrspruches der Geschworenen freigesprochen werden. Verfolgungen wegen Preßvergehen waren aber unter der Herrschaft der Engländer auch später sehr häufig, denn die Mehrzahl der im Laufe des vorigen Jahrhunderts entstandenen Zeitungen stand auf der Seite derjenigen, welche die Regierung des Mutterlandes bekämpften, und als infolgedessen das Papier mit einem Einfuhrzoll belastet und damit ein neuer Schlag gegen das Zeitungswesen geführt wurde, da trug dieser Umstand nur dazu bei, die öffentliche Meinung noch mehr gegen das Mutterland aufzureizen. Damals fing die Presse bereits an eine wichtige Rolle zu spielen, und wenn sie auch nach der Unabhängigkeitserklärung in einigen Staaten noch einer Steuer unterworfen

war, so erwuchs sie doch mit einer staunenerregenden Ge=
schwindigkeit zu der Großmacht, die sie heute ist und als die
sie einen gestaltenden Einfluß auf das öffentliche Leben und
die gesamte Kulturentwickelung der Vereinigten Staaten aus=
übt. Um 1800 erschienen im ganzen 200 Zeitungen und 1880
war die Summe der periodischen Druckschriften bereits auf 11 314
gestiegen; 1889 wurde sie auf 16 319 beziffert, und zur Zeit
wird weit mehr als ein Dritteil aller in der Welt erscheinen=
den Zeitungen und Zeitschriften in den Vereinigten Staaten
gedruckt.

Wo heute in irgend einer eben erst dem Verkehr erschlos=
senen Gegend ein neuer Ort gegründet wird, da entsteht auch
beinahe gleichzeitig eine Druckerei, deren Inhaber zunächst eine
Zeitung herausgiebt, die die Bergleute und Bauern der Nach=
barschaft mit den Vorgängen in der Kulturwelt bekannt macht,
sie durch zahlreiche Anzeigen über die Bezugsquellen für alle
Lebensbedürfnisse, Geräte und Maschinen unterrichtet und ihnen
einen, wenn auch manchmal recht mageren Bildungsstoff ge=
währt, dabei gewöhnlich aber ausgezeichnete Geschäfte macht,
bis die Konkurrenz entsteht und der Kampf ums Dasein be=
ginnt. Bei dem lebhaften Interesse, das jeder einzelne Ame=
rikaner an dem öffentlichen Leben nimmt, entspricht die Tages=
presse aber einem Bedürfnis, das selbst in den entlegensten
Farmen und Fischereistationen des äußersten Nordosten, in den
Niederlassungen der Holzfäller und den Weideplätzen der Neu=
Mexikaner so dringend empfunden wird, daß wo nur ein paar
Hundert Abnehmer sicher sind, eine Zeitung sich auch sehr
gut halten kann.

Das amerikanische Zeitungswesen weicht in seinem Cha=
rakter allerdings von dem europäischen und besonders von dem
deutschen sehr wesentlich ab. Es steht noch viel mehr als
letzteres im Dienste der Öffentlichkeit, muß viel mehr mit ihrem

Wesen, mit ihren Wünschen und Interessen rechnen und sich letzteren sehr viel mehr anpassen, weil darauf sein Erfolg und sein großer Einfluß beruht. Die Zeitung ist dem Amerikaner viel unentbehrlicher als dem Europäer, und es gibt keinen noch so beschäftigten Arbeiter oder Geschäftsmann, der nicht die Zeit zu gewinnen müßte, mindestens eine Zeitung zu lesen und sich durch sie über alles zu unterrichten, was ihn interessiert. Bevorzugt wird da in erster Linie natürlich dasjenige Blatt, welches alle wichtigen Nachrichten am frühesten bringen kann, und selbst jede Provinzialzeitung von einigem Ansehen ist daher gezwungen, bedeutende Summen für die telegraphische Berichterstattung aufzuwenden. Die großen hauptstädtischen leitenden Organe vollends haben sich sogar eigene Telegraphenlinien und Kabelverbindungen herstellen lassen, um den Anforderungen ihres Publikums in jeder Hinsicht zu genügen und es über alle Vorkommnisse von Bedeutung in Europa oder andern Erdteilen so rasch als überhaupt möglich zu unterrichten. Um andrerseits der Konkurrenz begegnen zu können, haben die größten Zeitungen New-Yorks, wie der World und der Herald, ihre eignen Expreßzüge eingerichtet, welche alle übrigen Verkehrsmittel an Schnelligkeit bei weitem übertreffen und es ihnen ermöglichen, selbst in fern gelegenen Provinzialstädten früher zu erscheinen als die lokalen Blätter. In ähnlicher Weise suchen auch die besseren Zeitungen der Provinzialstädte mit der Presse der Nachbarorte zu konkurrieren.

Der Leser will aber nicht nur mit größter Schnelligkeit über alle politische Ereignisse des In- und Auslandes sowie über alle lokalen Vorkommnisse unterrichtet werden, er wünscht auch belustigt, angeregt, mit allen neuen Entdeckungen, Erfindungen bekannt gemacht und über alles und jedes informiert zu werden, was ihn interessieren kann. Seine Zeitung muß ihm also

Unterhaltungsstoff in Fülle bieten, und die Erzählungen und
Berichte müssen womöglich illustriert sein; er will das Portrait
des Prinzen X., der aus Deutschland, des Lord Y., der aus
England, des Fürsten Z., der aus Rußland angekommen ist,
ebenso gut kennen lernen wie das des Mörders A., des Seil=
tänzers B., des berühmten Schauspielers C. Wenn in Spanien
ein Erdbeben stattgefunden hat, so will er die Verwüstungen
desselben bildlich sehen, er will die Karte des Schauplatzes
der Kämpfe in Afrika haben, die Füße aller berühmten Ballet=
tänzerinnen, die Arme der schönsten Damen der Gesellschaft im
Bilde bewundern. Jede größere Zeitung muß daher über eine
Schar von geschickten Erzählern verfügen, die die einfachsten
Ereignisse des Tages humoristisch oder sensationell bearbeiten,
und über eine Reihe von tüchtigen Künstlern und Zeichnern,
die das alles illustrieren können. Daneben verlangt der Leser
seine Humoresken, Scherze, Novelletten, Bilderrätsel, Anzeigen,
wo er seine Kleider, seine Toilettengegenstände, wo er ein Stück
Land kaufen kann; er will wissen, wie seine Papiere stehen, was
für Fremde mit dem letzten Lloyddampfer in New York an=
gekommen sind. Seine Zeitung muß daher außerordentlich
reichhaltig sein, mindestens 8 Seiten größten Formats umfassen,
aber sie darf nicht viel kosten, und selbst die ersten Blätter
New Yorks werden jetzt für ein bis zwei Cents (4 bis 8
Pfennig) pro Stück verkauft, denn der Leser wirft sie weg, so=
bald er sie durchblättert hat.

Um allen diesen Anforderungen zu genügen, brauchen alle
Tagesblätter viel, zum Teil sehr viel Geld, dies aber können
sie nur erhalten durch eine Masse von Annoncen; das Anzeigen=
wesen, die Reklame ist daher teils aus diesem, teils aus anderen
praktischen Gründen nirgends kräftiger entwickelt als in den
Vereinigten Staaten. Selbst die solidesten Geschäfte, welche
es gar nicht nötig hätten, sich dem Publikum in Erinnerung

zu bringen, halten dies doch für erforderlich; denn wenn ihr
Name nicht unaufhörlich der großen Masse vor Augen geführt
würde, so würden sie bei der riesigen Konkurrenz schließlich doch
Einbuße erleiden. Es gibt daher keinen Geschäftsmann, der
die Annonce, die Reklame nicht für praktisch hielte, nicht große
Summen dafür opferte. Aber es darf davor überhaupt nie=
mand zurückscheuen, der in Amerika auf irgend einem Gebiete
irgend etwas erreichen will. Kein Mensch ist berühmt genug,
um dort der Reklame entraten zu können, und macht er sie nicht,
so wird sie für ihn von Spekulanten gemacht, die seinen Namen
oder sein Bild dafür in ergiebiger Weise ausbeuten. Eine Fülle
von Geist wird beständig aufgeboten, um der Reklame immer
neue, möglichst überraschende sensationelle Mittel dienstbar zu
machen, und die Erfahrung spricht dafür, daß diejenigen,
welche die größte Geschicklichkeit darin besitzen, meist auch die
bedeutendsten Erfolge erzielen. Das gesamte Zeitungswesen
steht daher bereitwilligst im Dienste der Reklame, weil sie ihm
riesige Summen einbringt. Aber diese letzteren genügen meist
noch nicht, die Zeitung braucht noch andere Rückhalte und sie
sucht sie im öffentlichen Leben, im Parteiwesen, in der Politik.
Fast kein Blatt kann sich dieser Notwendigkeit entziehen, denn
politische Farblosigkeit würde eine Zeitung von vorn herein
überflüssig machen. Es will niemand ein Blatt, das nur die
Thatsachen berichtet und sie nicht unter irgend welchem kritischen
Gesichtspunkt beleuchtet. Nimmt aber eine solche Zeitung demo=
kratischen oder republikanischen oder irgend einen Partei=
charakter an, so kann sie zunächst auf die Parteigenossen rechnen,
wenngleich sie nun auch mit den Organen aller übrigen Par=
teien um die Existenz ringen muß. Gelingt es ihr nun, sich
zu halten, so ist sie eben auch nicht mehr unabhängig, sondern
muß sich eng dem betreffenden Programm anschließen und
gerät darüber auch in die große Versuchung der Käuflichkeit,

der Bestechlichkeit, die vielen und selbst manchen der größten
Zeitungen gemacht wird. Sie muß aber leben, muß
ihren telegraphischen Korrespondenten, ihren Zeichnern, dem
großen Heer von Mitarbeitern aller Art sehr hohe Honorare
zahlen, muß ihren Lesern Sonntags ein auf das vier= und
mehrfache erweitertes Lesematerial bieten und dazu bedarf sie
Geld und nimmt es, wo es zu haben ist.

Höher als die politische Tagespresse steht die Journallitte=
ratur, welche in Amerika eine sehr hohe Bedeutung gewonnen
hat, zum Teil auch Ausgezeichnetes leistet, da für sie die ersten
Schriftsteller, Gelehrten und Staatsmänner mitarbeiten und da sie
namentlich in dem Zweige der wissenschaftlichen Fachblätter=
litteratur das reichste und wertvollste Bildungsmaterial bietet.
Die besseren Journale, welche in Hunderttausenden von Exem=
plaren erscheinen, sind durchweg auch mit Illustrationen ver=
sehen, die von den ersten künstlerischen Kräften ausgeführt werden.

Eine wichtige Rolle spielen endlich die Witzblätter, welche
im allgemeinen sehr gut redigiert und illustriert sind und die
an Rücksichtslosigkeit der Kritik die Tagespresse womöglich noch
übertreffen.

Die ungeheuren Anforderungen, welche an alle Presse=
erzeugnisse gestellt werden, setzen auch bei allen, die für das
Zeitungswesen auf irgend einem Gebiet thätig sind, eine Arbeits=
kraft, eine Geschicklichkeit und Schnelligkeit voraus, wie sie bei
den europäischen Journalisten nur ausnahmsweise zu finden
sind, sodaß der Beruf des amerikanischen Zeitungsmannes zu den
aufreibendsten gehört, die es in jenem Lande der denkbar rast=
losesten Arbeit giebt. Die beständige Notwendigkeit, immer
neues Material herbeizuschaffen, zwingt die Journalisten vor
keinem Stoff zurückzuschrecken. Mit Ausnahme der Religion
ist das heiligste nicht vor der Profanierung durch die Öffent=
lichkeit der Presse sicher.

Mögen die Skandalsucht, die Unzuverlässigkeit, der pole=
mische Charakter, die furchtbare Rücksichtslosigkeit und viele
andre böse Eigenschaften der amerikanischen Presse auch den
gebildeten Europäer auf das lebhafteste gegen sie einnehmen,
sie ist doch ein nicht zu unterschätzender, wichtiger Bildungs=
faktor, der auch der Förderung des öffentlichen Lebens äußerst
dienlich ist, da er schonungslos alles geißelt, was dasselbe schä=
digt, und das Verbrechen verfolgt, wo und in welcher Gestalt
es erscheinen, in wie hohen Kreisen es auch versteckt sein mag.

Das gesamte Geistesleben Nordamerikas weist somit, wie
viel Schäden ihm auch noch anhaften mögen, eine Schaffens=
kraft auf, die zu den größten und glänzendsten Hoffnungen für
die Zukunft berechtigt.

Kapitel VIII.

Kunst und Kunstgeschmack.

Herrscht im allgemeinen in großen Kreisen der alten Welt ein starkes Vorurteil gegen alles Amerikanische, so steigert sich dasselbe vollends zu grundsätzlicher Geringschätzung gegenüber den künstlerischen Bestrebungen und Leistungen der Amerikaner. Es ist in früheren Reisewerken stets in abfälligster Weise über alles abgeurteilt worden, was in den Vereinigten Staaten an Kunstwerken und Bauten geschaffen wurde, sodaß es jetzt sehr schwer ist, gegen die heute zum Teil gar nicht mehr zutreffenden, aber immer noch getreulich wiederholten Anschauungen anzukämpfen und thatsächliche Irrtümer zu berichtigen.

Einen Vergleich mit den künstlerischen Schöpfungen und Leistungen der alten Welt halten die der neuen freilich bis jetzt nicht aus, man sollte aber auch an die letztern nicht denselben Maßstab anlegen, mit dem die erstern gemessen werden; denn daß ein Volk, das erst im Entstehen begriffen ist, das bis jetzt keinen eignen ausgeprägten Typus besitzt, sich noch im Zustande der Gährung, der Unfertigkeit befindet, und dem eine Jahrhundert oder Jahrtausende lange geschichtliche und künst lerische Entwickelung fehlt, nicht dasselbe oder Ähnliches leisten kann, wie die großen Kulturvölker der alten Welt, ist leicht einzusehen.

Das Volk der Vereinigten Staaten besitzt allerdings dafür gewisse Voraussetzungen, die in gleichem Maße keines der alten Welt zur Zeit aufzuweisen hat. Es erfreut sich namentlich eines außerordentlichen Wohlstandes, der, wie die Kulturge= schichte durch zahlreiche Beispiele beweist, die Grundlage ist, auf der die Künste fußen müssen, um gut zu gedeihen und sich glänzend zu entfalten. Erst wenn die Existenz eines Volkes vollständig gesichert ist, kann es die Muße finden, sich der Pflege der Künste zu widmen, erst dann können diese letztern als Selbstzweck verfolgt werden und einen würdigen Lohn finden, erst dann kann in breiten Kreisen allmählich ein höherer Kunst= geschmack, ein Interesse an den Künsten entstehen.

Diese Voraussetzung ist vorhanden. Die Vereinigten Staaten verfügen über ein Nationalvermögen von ungeheurer Größe; sie besitzen eine Masse von Begüterten, wie im Verhältniß kein andres Land der Erde. Der durchschnittliche Wohlstand ist bedeutender als bei den meisten Völkern Europas, namentlich ist der höhere Mittelstand, der eigentliche Träger des Volks= charakters, im Verhältniß sehr begütert; man dürfte aus allen diesen Gründen annehmen, daß die Künste dort den frucht= barsten Boden finden sollten. Zahllosen Individuen ist ferner durch ihre materielle Lage die Möglichkeit geboten, sich mit voller Hingebung dem Studium der Künste und der Be= schäftigung mit ihnen zu widmen. Allen diesen günstigen Um= ständen stehen aber die Thatsachen gegenüber, daß die materielle Kultur doch noch in voller Entwickelung begriffen ist, daß sie noch überwiegend und in vielen Teilen der großen Republik ganz ausschließlich alle Körper= und Geisteskräfte in Anspruch nimmt und daß die materiellen Interessen noch das öffentliche

Leben und das gesamte Denken und Treiben der Amerikaner beherrschen. Die idealen Bestrebungen finden in der Volksseele nur
geringen Wiederhall, und die nüchterne, nur auf das Materielle
und Praktische gerichtete allgemein herrschende Weltanschauung,
welche der Politik und der Kultur den Stempel aufdrückt, ist
der Entstehung einer idealen Geistesrichtung nicht förderlich.

Diese Thatsachen erklären sich leicht genug aus dem geschichtlichen Entwickelungsgange der Vereinigten Staaten.

Die Führerschaft hatte doch nun einmal Massachusetts, die
Hochburg der Puritaner. Der Geist, welcher diese ersten
Ansiedler im Norden der Vereinigten Staaten beseelte, war
nicht nur ein religiös sehr strenger, sondern ein zelotischer,
allem Lebensgenuß vollständig abgewandter. Jede äußere
Einwirkung auf die Sinne erschien ihnen als im höchsten
Grade schädlich für das Seelenleben, so mußten sie denn naturgemäß die Künste, namentlich die Malerei grundsätzlich als
Teufelswerke verwerfen, geradeso wie sie den Tanz, die alten
englischen Volksbelustigungen und jede Art von profanen Festlichkeiten aus ihrem Machtbereich verbannten. Dieser aller
Lebensfreude auf das entschiedenste widerstreitende strenge puritanische Geist wurde der herrschende in allen Kolonien und
dann in den Staaten, welche in der Bundesrepublik die maßgebenden wurden.

Zu dieser allgemeinen, den künstlerischen Bestrebungen völlig
entgegengesetzten Grundstimmung kam der Umstand, daß die
Bevölkerung sich ganz ausschließlich und unter Aufgebot aller
ihrer Geistes= und Körperkräfte der Sicherung ihrer Existenz
widmen mußte. In diesem schweren Kampfe ums Dasein, der
durch die vielen interkolonialen Kriege und namentlich durch
den gegen das englische Mutterland einen so ernsten Charakter
annahm, blieb den Amerikanern allerdings keine Zeit und kein
Sinn für künstlerische Thätigkeit. Die Verhältnisse stellten an

jedes einzelne Individuum die weitgehendsten persönlichen For=
derungen und ließen ihm keine Muße für andere als prak=
tische Beschäftigungen.

Die schnelle Entfaltung der technischen Wissenschaften seit
der Erlangung der Unabhängigkeit bedingte aber doch eine ge=
wisse Vorbildung, und deswegen machte sich allmählich auch
das Gefühl des Bedürfnisses, den Zeichenunterricht in die öffent=
lichen Schulen der Neuenglandstaaten einzuführen, geltend.
Damit aber war der erste Grund zu dem Entstehen eines
gewissen Kunstinteresses in der Bevölkerung der Vereinigten
Staaten gelegt.

Aber auch das Beispiel, welches andre Länder gaben, fing
nach und nach an ansteckend zu wirken.

Der junge Bundesstaat, der mit Recht so stolz auf den
glücklichen Erfolg der riesigen gegen England gerichteten Kraft=
anstrengung war, fühlte sich in seiner schwer errungenen
Würde als unabhängiger Staatsorganismus, und es konnte
nicht ausbleiben, daß er denen der Alten Welt nacheiferte und die
Einrichtungen derselben zum Vorbild nahm. Eine besondere
Anziehungskraft mußte aber namentlich Frankreich auf die
Amerikaner ausüben. Dieses hatte sie kräftig gegen England unter=
stützt, und es waren dadurch zahlreiche enge Beziehungen zwischen
beiden Ländern angeknüpft worden. Frankreich galt als das
höchst civilisierte Land, das der übrigen Welt nicht nur auf dem
Gebiete der Mode, sondern auch in den meisten Kulturzweigen
weit voran stand und ihr seine Gesetze diktierte. Die große Revo=
lutionsbewegung mußte das Ansehen Frankreichs in den Augen
der Amerikaner nur noch mehr steigern und sie veranlassen,
mit Nachdruck den Franzosen in allen Punkten nachzueifern.
Dies geschah denn auch ganz besonders bezüglich ihrer Schulen
und Akademien, welche letzteren der wachsende amerikanische
Großstaat nicht entbehren zu können glaubte.

Während die Einführung des Zeichenunterrichts in den öffentlichen Schulen allmählich die Einrichtung von besonderen Zeichenschulen zur Folge hatte, machte sich andererseits das Bedürfnis geltend, auch Kunstakademien, Museen und Bilder= gallerien zu schaffen, und so entstand im Herzen der Neu= englandstaaten, in Boston, die erste derartige Hochschule für das Studium der bildenden Künste.

Die Lehrer, welche an dieser und den bald in andern Großstädten der Union gegründeten Instituten den Unterricht erteilten, waren entweder eingewanderte Ausländer oder doch wenigstens im Auslande erzogene Männer. Sie übertrugen nach Amerika den Kunststil, den Kunstgeschmack und die Technik ihrer fast ausschließlich englischen Heimat. Aber auf lange Zeiten hinaus mußten dann auch diejenigen, welche sich der Beschäftigung mit den Künsten widmen wollten, ins Ausland gehen, um dort entweder von Grund aus zu studieren, oder um, auf der dürftigen in Amerika genossenen Vorbildung fußend, ihre Studien in England, Paris oder Italien fortzusetzen. Unter diesen Umständen konnte sich kein nationaler Kunststil ausbilden, und wo leichte Spuren eines solchen vereinzelt in den Erzeugnissen dieser frühesten Kunstperiode der Vereinigten Staaten und bis gegen die Mitte dieses Jahrhunderts zu Tage treten, da sind sie nichts als der Ausdruck des Individualis= mus der betreffenden Künstler, deren Arbeiten sich im übrigen in der Technik, dem Stil und der Farbengebung von den zeit= genössischen Leistungen der Lehrer und Schüler der Akademien, an welchen sie sich ausgebildet hatten, nicht unterscheiden.

Es fehlte ja auch den amerikanischen Kunstinstituten zu Anfang so ziemlich an allem, was erforderlich gewesen wäre, tüchtige selbständige Kräfte heranzubilden. Das Lehrmaterial war äußerst dürftig, die Arbeitsräume unzulänglich und die Lehr= kräfte unbedeutend; denn die Zeichenschulen oder Akademien genossen ja keinerlei Unterstützung seitens der Regierungen oder der Gemeindeverwaltungen, sie waren vielmehr private Schöpfungen oder eine Art Aktienunternehmungen, denen auch aus den begüterten Ständen damals nur äußerst spärliche Mittel zuflossen, sodaß sie ihr Dasein sehr kümmerlich fristen mußten.

Mit welchen Schwierigkeiten diese ersten Pflegestätten der Kunst zu kämpfen hatten, das beweist unter andern die Geschichte der großen New Yorker Akademie der schönen Künste, die in den folgenden Zeilen in ihren Hauptphasen geschildert werden mag.

Diese Hochschule war 1802 gegründet worden, und es war eine ihrer ersten und wichtigsten Thaten gewesen, den damaligen Konsul von Frankreich, Napoleon Bonaparte, zu ihrem Ehrenmitgliede zu erwählen. Dieser mußte sich auf irgend welche Weise für die ihm zu teil gewordene Ehre erkenntlich zeigen und that es, indem er der Akademie eine ansehnliche Zahl Gipsabgüsse von Kunstwerken, die sich in den Pariser Sammlungen befanden, zum Geschenk machte. Ein New Yorker reicher Privatmann hatte gleichzeitig durch den damaligen amerikanischen Gesandten in Paris eine Sammlung von Nachbildungen von Antiken besorgen lassen. Als alle diese Gegenstände in New York eintrafen, war aber guter Rat teuer, denn es fehlte der Akademie, die mehr in der Theorie als in der Praxis existierte, an Räumen, in denen diese höchst wertvollen Reproduktionen berühmter klassischer Werke aufgestellt werden konnten. Die meisten Kisten blieben daher vorläufig unausgepackt, sie wurden untergebracht, wo und wie es ging, und manches wurde damit dem vollständigen Verfall preisgegeben, da man die ganze Sache schließlich vergaß.

Erst 1816, als Dr. Witt Clinton zum Präsidenten der Hochschule, die bis dahin so gut wie gar kein Lebenszeichen von sich gegeben hatte, ernannt wurde mietete man in

dem ehemaligen Armenhause, an deſſen Stelle ſpäter das heu=
tige Gerichtsgebäude errichtet worden iſt, einige Zimmer und
richtete ſie für Lehrzwecke ein. Zugleich erinnerte man ſich
der erwähnten Abgüſſe und veranſtaltete eine Ausſtellung der=
ſelben, zu der dann noch eine andre mit einer großen
Reihe von Gemälden trat. Der Erfolg dieſer Ausſtellung
war ein überraſchend großer und brachte der notleiden=
den Akademie auch bedeutenden klingenden Ertrag ein. Die
Männer, welche an der Spitze des Inſtituts ſtanden, waren
indeſſen alles andre nur keine Kunſtverſtändigen, denn da in
den Vorſtand den Statuten gemäß nur ſolche Männer gewählt
werden durften, die eine gewiſſe anſehnliche Summe beigeſteuert
hatten und Aktieninhaber waren, ſo waren die überwiegend
armen Künſtler faſt vollſtändig von der Leitung der Akademie
ausgeſchloſſen. Übrigens glaubten die begüterten Aktionäre
auch ein Recht zur Ausübung einer Günſtlingswirtſchaft zu
haben, die der Förderung der Künſte nicht ſehr dienlich war.
Zu den Ausſtellungen, welche nach dem erſten günſtigen Er=
gebniſſe häufiger ſtattfinden ſollten, durften nur „Künſtler von
Auszeichnung" zugelaſſen werden, trotzdem aber wurden Dilet=
tanten und Liebhaber, welche den Leitern des Kunſtinſtituts nahe
ſtanden, förmlich zur Beteiligung eingeladen, ganz unbekümmert
darum, ob ihre Werke überhaupt irgendwelchen künſtleriſchen
Wert hatten.

Doch auch die eigentlichen techniſchen und künſtleriſchen
Leiter der Akademie waren nicht ganz ihrer Aufgabe gewachſen,
und unter dem als Maler immerhin achtungswerten Präſidenten
John Trumbull verſchlimmerten ſich die Verhältniſſe noch ſehr be=
trächtlich. Vielleicht waren es ſeine eigenen ernſten Erfah=
rungen, die ihn bewogen, die jungen Künſtler und Kunſtſchüler
eher abzuſchrecken, als in der Verfolgung ihrer Ziele zu be=
ſtärken und zu ermuntern. Jedenfalls war er äußerſt un=

freundlich im Verkehr mit ihnen, ließ seiner Willkür die Zügel
schießen und erschwerte die Benutzung der akademischen Lehr=
mittel, als ob seine einzige Aufgabe sei, die Kunstpflege thun=
lichst zu beschränken. Auch gegen die Einrichtung von Zeichen=
und Kunstschulen war er eingenommen, und da er überdies
nichts that, um die vorhandenen Sammlungen zu vergrößern,
auch auf den Jahresausstellungen nichts Neues erschien, son=
dern nur die alten Sachen immer wieder ausgestellt wurden, so
wurden auch die Aktieninhaber schließlich unzufrieden und die
besseren Künstler zogen sich vollends nach und nach zurück.
Aber auch das Verhältnis zwischen den Schülern und dem
Präsidenten Trumbull verschlimmerte sich derartig, daß erstere
sich wiederholt gezwungen sahen, sich über letztern bei dem
Gesamtvorstande der Akademie zu beschweren. 1825 spitzte
sich aus besonderen Anlässen der Konflikt so zu, daß mehrere
der ersten damaligen Maler wie Morse, Inman und der be=
kannte Kupferstecher Wright die Initiative ergriffen und eine neue,
von der Akademie unabhängige Kunstgenossenschaft gründeten,
in der Durand den Vorsitz übernahm. Da aber die Mittel,
welche derselben zur Verfügung standen, nur sehr dürftig
waren, mußte man sich mit einem für den Zweck ganz unge=
nügenden Raum begnügen, in welchem sich die Mitglieder drei=
mal wöchentlich abends bei dem Schein einer mehr qualmenden
als leuchtenden chlinderlosen Lampe urwüchsigster Konstruk=
tion vereinigten, um ihren künstlerischen Bestrebungen obzu=
liegen.

Trumbull, der über diese unerhörte Kühnheit außer sich
war, bot alles auf, um die Kunstgenossenschaft zu schädigen
und wenigstens einzelne Mitglieder derselben wieder zur Rück=
kehr in den Schoß der Akademie zu bewegen. Als alle seine
Bemühungen sich als fruchtlos erwiesen, erschien er eines Abends
persönlich unter den in ihrem Arbeitsraume versammelten

Kunstjüngern, nahm den Präsidentensitz ein und forderte die Anwesenden auf, sich in das Matrikelbuch der Akademie ein= zuschreiben, das er mitgebracht hatte. Der allgemeine Protest, welcher sich gegen diese Zumutung erhob, bewog jedoch Trum= bull alsbald das Feld zu räumen; er ließ jedoch das Matrikel buch zurück, um denen, welche andrer Meinung werden sollten, noch Gelegenheit zu bieten, mit ihm Frieden zu schließen.

Weitere Versuche, die Akademie mit der Kunstgenossenschaft zu verschmelzen, erwiesen sich ebenfalls als fruchtlos, da die Intriguen, welche von Trumbull zu diesem Zwecke gesponnen wurden, die Sezessionisten nur zu um so größerem Widerstande reizten und sie Anfang 1826 endlich zu der Gründung einer neuen, von der ersten ganz unabhängigen, „Nationalen Aka= demie der zeichnenden Künste" veranlaßten. Es wurde die Bestimmung getroffen, daß der Vorstand derselben nur aus Künstlern von Profession bestehen sollte. Außerdem wurde fast gleichzeitig ein Skizzierklub gegründet, dem hauptsächlich Mitglieder der Nationalen Akademie angehörten und der mit dieser eng verbunden war.

Auch das neue Kunstinstitut veranstaltete jährliche Kunst= ausstellungen, für welche der Grundsatz geltend gemacht wurde, daß nur Werke von lebenden amerikanischen Künstlern aufge= nommen werden sollten, und bereits die erste, im Mai 1826 eröffnete Ausstellung, welche 170 Nummern enthielt, bezeichnete einen bedeutenden Erfolg.

Nun aber begann der Kampf ums Dasein zwischen den beiden Nebenbuhlern, und er wurde mit jener Rücksichtslosigkeit und den Mitteln geführt, die man aus den politischen Partei= kämpfen und Zeitungskriegen Amerikas hinreichend kennt. Namentlich zeichneten sich die Mitglieder der alten Akademie durch schonungslose Kritik, Erbitterung und Hereinziehung per=

sönlicher Fragen und Angelegenheiten nicht gerade vorteil=
haft aus.

Obgleich die neue Akademie bald nach ihrer Gründung in
finanzielle Schwierigkeiten geriet, die nicht leicht zu überwinden
waren, weil ihr die Unterstützung der begüterten Gesellschafts=
klassen vollständig abging und sie ganz ausschließlich auf ihre
eigne Kraft angewiesen war, herrschte in ihr doch ein regerer,
freierer Geist und sie zeichnete sich durch bedeutendere Lei=
stungen aus. Trotzdem sie durch beständige Ebbe in ihren Kassen
in ihrer Entwicklung sehr behindert wurde, gewann sie daher
der alten Akademie doch einen so bedeutenden Vorsprung ab,
daß diese sich nach langjährigem, vergeblichem Kampfe wieder
zu Friedensverhandlungen herbeiließ. Da sie aber das Ver=
langen stellte, daß die Verschmelzung des neuen mit dem alten
Kunstinstitut herbeigeführt werden sollte, so ließ sich das erstere
auf keine Verhandlungen ein, und der Kampf wurde noch einige
Jahre fortgesetzt, bis er endlich 1841 mit der vollständigen
Erschöpfung des alten Instituts endete. Die nationale Akademie
kaufte der „Amerikanischen" für ein paar hundert Dollar ihr
ganzes Inventar ab und beherrschte nunmehr als die einzige
Hochschule das Kunstleben von New York. Auch ihre materielle
Lage besserte sich jetzt rasch, so daß sie bereits 1849 nach
langem Umherziehen ihr eigenes Heim gründen konnte. Da
dieses indessen immerhin noch sehr bescheiden war und bald
den wachsenden Anforderungen nicht mehr genügte, kaufte
sie 1860 den Grund und Boden, auf welchem das Gebäude
errichtet wurde, in dem sie seit 1865 haust.

Inzwischen war in allen Staaten der Union ein gewisses
Kunstinteresse entstanden, das allerdings in den meisten Fällen
jeder Spur von Verständnis ermangelte und sich daher häufig
in sehr unbeholfener Weise äußerte. Überall waren es Privat=
leute, welche die Bestrebungen der Künstler und Kunstinter=

effenten förderten, selbst Sammlungen anlegten und durch
Gründung von Hochschulen und Museen der Hebung dieses
Kulturzweiges in hochherziger Weise zu dienen suchten, da die
Regierungen der Staaten fast nirgends Gelder hierfür be-
willigten.

So entstanden in allen größeren Städten nach und nach
Kunstinstitute verschiedener Art, und besonders in denen der westlichen Staaten steigerte sich das Bedürfnis nach solchen so rasch,
daß die Befriedigung desselben schwer wurde. Wo es nicht
anders möglich war, ließ man sich wenigstens durch Vorträge herumreisender Redner über die Geschichte und das
Wesen der bildenden Künste unterrichten. So ist im Laufe
der letzten 25 Jahre überall in den Vereinigten Staaten außerordentlich viel geschehen, um den Grund für das Studium
und die Übung der Künste, wie für das Entstehen eines
feineren Kunstgeschmackes zu legen; man ist daher gegenwärtig
nicht mehr berechtigt, die Urteile zu wiederholen, die vor zehn
Jahren noch über den Mangel an Kunstsinn im allgemeinen
zutreffend waren. Daß sich auch heute alle diese zahlreichen
über die Vereinigten Staaten verstreuten Zeichenschulen, Kunstakademieen, Museen und ähnliche Institute nicht mit denen
Deutschlands, Frankreichs und andrer Länder der alten Welt
hinsichtlich ihrer Leistungen, des Wertes ihrer Lehrmittel und
ihrer Sammlungen messen können, darf allerdings keinen ben-
kenden Menschen überraschen, obgleich mehr und mehr Kunst-
werke ersten Ranges aus alter und vollends aus neuer und
neuester Zeit, dank den reichen Mitteln der Amerikaner, ihren
Weg nach den Vereinigten Staaten gefunden haben.

Besondere Pflege haben die Künste in denjenigen Städten
gefunden, in welchen das deutsche Element einen bedeutenden
Einfluß gewonnen hat. So besitzt z. B. Cincinnati in seinem
schönen Eden Park ein großes Museum und eine von mehr

als 400 Schülern besuchte Kunstakademie, mit der auch eine Hochschule für Musik verbunden ist. Zahlreiche deutsche Bilder befinden sich in der dortigen Gallerie, und bis vor kurzem beherrschte die Düsseldorfer Schule daselbst den Kunstgeschmack beinahe unumschränkt. Ungefähr anderthalb Millionen Dollar sind seit 1880 für alle diese Institutionen von wohlhabenden Einwohnern dieser Stadt gespendet worden.

Allerdings kann sich auch die Kunstpflege in den Vereinigten Staaten naturgemäß dem praktischen Geist, der überhaupt die ganze Kultur derselben beeinflußt hat, nicht vollständig entziehen. Der Idealismus ist dort überall mit dem Realismus des Lebens, die Theorie der Wissenschaft überall mit der Praxis verbunden, welche die Künste in den Dienst des Menschen stellt und dahin strebt, die Gebrauchsgegenstände zu verzieren und das Gewerbe zu heben und zu veredeln. Dem Kunstgewerbe wird denn auch in der Kunstschule von Cincinnati die größte Aufmerksamkeit zugewandt, und namentlich sind es die Töpferei und die Holzschnitzerei, welche dort mit großem Erfolge gepflegt werden. Die Rookwood-Töpferwaren haben einen guten Ruf durch die ganzen Vereinigten Staaten. Aber auch alle öffentlichen Gebäude von Cincinnati bekunden den Eifer, mit welchem Jünglinge und junge Mädchen der höchsten Stände der Holzschnitzkunst obliegen. Die Zahl der anerkennenswerten, oft von feinstem Kunstgeschmack zeugenden Schnitzereien ist sehr beträchtlich.

Bei diesen wie bei den Rookwood Potteries macht sich überdies die vorteilhafte Wirkung eines in den dortigen Kunstschulen zur Geltung gelangten Erziehungsgrundsatzes bemerkbar, welcher überhaupt an den höheren Schulen im allgemeinen der herrschende ist: die Zöglinge zur Selbstthätigkeit im Denken und Handeln anzuleiten und ihre Individualität zur Entwickelung und zum Ausdruck zu bringen. Die Belehrung muß natürlich

unter Zugrundelegung klassischer Muster und der besten Kunst=
werke erfolgen, die überhaupt zu beschaffen sind. Uniformalität,
Schablonenwesen soll in der freien künstlerischen und kunstge=
werblichen Reproduktion so weit als irgend möglich vermieden
werden. Wer daran geht, etwas Selbständiges zu schaffen,
soll sich bemühen, dem betreffenden Gegenstand den Stempel
seines Geistes, seiner Individualität aufzuprägen, und es ist er=
freulich, daß, wo dies geschieht, sich gewöhnlich — wenn auch
die technische Vollendung vielleicht noch fehlen und das Können
dem Wollen noch nicht ganz entsprechen mag, — doch bereits
ein feiner Kunstgeschmack bemerkbar macht, der manchen kunst=
gewerblichen und künstlerischen Leistungen der alten Welt ab=
geht. Ganz besonders tritt dies bei den Arbeiten weiblicher
Personen hervor, womit die anerkannte Thatsache bestätigt wird,
daß die Amerikanerinnen sich überhaupt im allgemeinen durch
die große Feinheit ihres Geschmacks auszeichnen.

Die Gründer und die Leiter der amerikanischen Kunstinsti=
tute sind aber auch beflissen, durch die Wahl geeigneter, tüch=
tiger Lehrkräfte die Durchführung des oben erwähnten Er=
ziehungsgrundsatzes zu fördern. Auch der Lehrer und die
Lehrerin dürfen daher nicht auf dem Standpunkt stehen bleiben,
den sie erreicht haben. Auch sie sollen sich fortbilden, ihr
Wissen erweitern, mit der Zeit mitgehen, nicht verknöchern, in
ihrer Lehrthätigkeit nicht die Schablone anwenden und nicht selbst
einer bestimmten Manier und Routine verfallen. Um ein
solches geistiges Erstarren der Lehrer und Lehrerinnen zu ver=
hindern, ist es ihnen nicht nur gestattet, in gewissen Zwischen=
räumen, oder wann sie es für nötig finden, Urlaub zu nehmen,
um an andren Kulturcentren, hauptsächlich aber im Auslande,
in Europa, alles Neue zu studieren, was seit ihrem letzten der=
artigen Aufenthalt in der Fremde auf dem betreffenden Spezial=
gebiet und den benachbarten Arbeitsfeldern geschaffen worden

iſt, ſondern es beſteht bei manchen Inſtituten ſogar die aus=
drückliche Beſtimmung, daß die Lehrer und Lehrerinnen von
Zeit zu Zeit ſolche Studienreiſen — und zwar meiſt nach
Europa — unternehmen müſſen.

Und dieſe Ergänzungsſtudien werden keineswegs etwa als
Vorwand zur Erholung gebraucht, obgleich ja ſelbſtverſtändlich
der Wechſel der Umgebung, der Luft und der Verhältniſſe oft
genug auch ſehr notwendig zur körperlichen Erholung ſein
mag, ſondern ſie werden mit der Gewiſſenhaftigkeit und dem
Eifer ausgeführt, den die Amerikaner immer bei der Verfol=
gung derartiger Zwecke bekunden.

Die Beobachtung dieſes Grundſatzes iſt zweifellos gerade
für diejenigen Lehrkräfte ſehr förderlich, denen es obliegt, das
innere Empfindungsleben der Jugend zu freier, ſelbſtändiger
künſtleriſcher Bethätigung anzuregen und den verſchiedenſten
Individualitäten Rechnung zu tragen; denn dies kann mit
gutem Erfolge nur geſchehen, wenn ſie ſelbſt eine möglichſt weite
und große Weltanſchauung und vielſeitige Kenntniſſe nament=
lich auch von den herrſchenden Zeitſtrömungen und Geſchmacks=
richtungen in allen Kulturländern erworben haben.

Um auch den Schülern und Schülerinnen jede Möglich=
keit zur Erweiterung ihres Geſichtskreiſes und ihres Wiſſens,
wie zur Ausbildung ihres Geſchmacks zu gewähren, werden
diejenigen, für welche dies vorteilhaft erſcheint, oder ganze
Klaſſen zur Beſichtigung von Kunſt= und Kunſtgewerbeaus=
ſtellungen geführt — und zwar oft ſelbſt auf ſehr weite Ent=
fernungen, die ja für den Amerikaner kein Hindernis ſind, ſo=
fern nur praktiſche Vorteile mit der Überwindung derſelben
verbunden ſind.

Auch in St. Louis iſt ein großes Muſeum und eine Schule
der Schönen Künſte geſchaffen worden, die ſich bedeutenden
Anſehens erfreuen. Erſteres beſitzt eine ganze Reihe hervor=

ragender Bilder und ist im stande gewesen, bereits einen Teil
der wertlosen Gegenstände abzustoßen, mit welchen die ameri=
kanischen Kunstsammlungen, Gallerien und Museen großenteils
überfüllt sind. Sobald nämlich das Kunstinteresse in den Ver=
einigten Staaten ein allgemeineres zu werden begann und man
anfing öffentliche Kunstsammlungen einzurichten, wurden von
den Begüterten nicht allein große Geldsummen für diese Zwecke
hergegeben, sondern es wurde auch an Bildern und sonstigen
Kunstwerken aus dem Privatbesitz beigesteuert, was man ent=
behren konnte — und das war natürlich nicht immer das
Beste! Aber auch in Fällen, in welchen durch Schenkung oder
testamentarische Verfügung ganze Privatgallerien an die öffent=
lichen Kunstinstitute überwiesen wurden, — womit dann gewöhn=
lich überhaupt erst der Grund zu den heute bestehenden Museen
gelegt wurde, die ja fast durchweg der privaten Freigebigkeit
ihre Existenz verdanken — war der wirkliche Kunstwert solcher
Sammlungen doch nur ein äußerst bescheidener, wie riesig auch
die Summen gewesen sein mochten, welche von ihren Besitzern
ursprünglich bezahlt worden waren. Denn bis vor kurzem
war ein wahres Kunstverständnis in den Vereinigten Staaten
doch nur bei einer verschwindend kleinen Zahl von Individuen
vorhanden. Da aber der Besitz von mehr oder minder großen
Sammlungen von Kunstwerken oder Bildergallerien während
mehrerer Jahrzehnte für jeden unbedingt notwendig war, der
den Anspruch erhob, zu den obersten Gesellschaftsklassen ge=
rechnet zu werden, wurden natürlich die reichen Amerikaner durch
gewissenlose Kunsthändler und Fabrikanten von angeblich echten
Werken der großen Meister aller Zeiten auf das schmählichste
betrogen und ausgeplündert. Wo der reiche Yankee sich in=
dessen dieser Ausbeutung bewußtermaßen zu entziehen suchte,
wurde er das Opfer seines völlig ungebildeten, rohen Kunst=
geschmacks; denn er kaufte nur, was durch die enorme Höhe

des Preises seine Aufmerksamkeit auf sich lenkte, oder was durch Buntheit, übertriebene Farbenpracht und stärkste Sinnenreize Eindruck auf ihn machte. Man kann sich daher denken, wie groß die Zahl der gänzlich wertlosen Bilder war, welche in die Union in den verflossenen Jahrzehnten eingeführt wurden, und wie wenig die privaten und öffentlichen Sammlungen bis vor 10 Jahren — und großenteils allerdings auch noch bis auf den heutigen Tag — das Auge des wahrhaft Kunstverständigen zu befriedigen im stande waren.

In der Schule der schönen Künste von St. Louis werden vielleicht nachdrücklicher als in irgend einem andern ähnlichen Institut Theorie und Praxis, Idealismus und Realismus zu vereinbaren gesucht, sie gilt mit Recht für eine der am besten geleiteten. Nicht genug, daß alle Zweige der Kunst und des Kunstgewerbes dort durch hervorragende Lehrkräfte vertreten sind, wird auch auf Vermittelung allgemeiner Bildungsstoffe sehr großer Wert gelegt. Besondere Pflege aber findet in ihr die kunstgewerbliche Verwendung des Eisens, und die Leistungen auf diesem Gebiete wetteifern und zwar offenbar mit bestem Erfolge mit den bedeutendsten der alten Welt, deren mittelalterliche Kunstschmiedearbeiten auch den Amerikanern als Vorbilder gedient haben.

Milwaukee hat seine von Layton gegründete Kunstgallerie, seine Kunstschule und seine Gesellschaft der schönen Künste. Auch Buffalo, Cleveland, Detroit, Minneapolis, New Orleans, San Francisco sind nicht hinter den andern Großstädten bezüglich der Schöpfung von Kunstinstituten und der Gründung von Gesellschaften, welche der Förderung der Künste dienen, zurückgeblieben. In den mittleren und nördlichen Oststaaten vollends haben selbst kleinere Provinzialstädte schon ihre Museen, Kunstschulen, Kunstvereine und Künstlergenossenschaften.

Chicago ist naturgemäß erst in allerneuester Zeit in diese

Bewegung hineingezogen worden, da es ja überhaupt erst 50 Jahre alt ist. Wie diese Stadt aber im Laufe einer so kurzen Zeit die meisten andern an Schnelligkeit des Wachstums über= troffen hat und bemüht gewesen ist, sie auf allen Gebieten der Kultur zu erreichen, ja zu übertreffen, so hat sie auch der Kunstpflege in den letzten 15 Jahren ihre Aufmerksamkeit so nachdrücklich und erfolgreich zugewandt, daß sie jetzt an Zahl ihrer Kunstinstitute bereits viele der ältesten Kulturzentren der Vereinigten Staaten übertrifft. Sie hat ihre große Akademie der schönen Künste, ihr „Kunstinstitut", ihre Gesellschaft für dekorative Künste, ihre Kunstgewerbeschule und einen nach deutschem Muster eingerichteten Kunstgewerbeverein, der sein eignes Fachblatt herausgiebt und regelmäßige Ausstellungen veranstaltet. Die zahlreichen Künstler der Stadt haben mehrere Vereine gebildet — kurz es herrscht dort ein ungemein reges Kunstleben, das sich vollends unter dem Einfluß der Weltaus= stellung und im Hinblick auf die großen Scharen fremder Künstler, welche die Stadt in diesem Jahre besuchen werden, sehr kräftig entfaltet.

Dieser Eifer, mit dem aller Orten die Kunstinteressen ge= fördert werden, konnte nicht ohne nachhaltigen Einfluß auf alle Klassen der höheren und mittleren Gesellschaftskreise bleiben, und so ist denn die Beschäftigung mit den Künsten und dem Kunstgewerbe auch in den Vereinigten Staaten heute schon so allgemein geworden, daß sie gewissermaßen als notwendige Ergänzung der Bildung der heranwachsenden Jugend betrachtet wird. Die praktischen Zwecke, welche überall auf den Kunst= schulen in den Vordergrund gestellt werden, haben das ihrige dazu beigetragen, den Sinn für das Schöne in weiten Kreisen zu wecken und das Entstehen eines guten und gesunden Kunst= geschmacks vorzubereiten. Der starke Besuch der Kunstschulen liefert für das stetig wachsende Interesse an den Künsten den

besten Beweis; denn es wäre irrtümlich zu glauben, daß der=
selbe lediglich oder überwiegend von solchen Individuen erfolgt,
die die Beschäftigung mit den Künsten zu ihrer Lebensaufgabe
machen wollen. Es sind vielmehr hauptsächlich junge Leute
und junge Mädchen der höheren Gesellschaftsklassen, welche
sich für mehr oder minder lange Zeit in den Kunstakademieen
immatrikulieren lassen, und nur ein geringer Teil der Kunstschüler
bildet sich zu professionellen Künstlern aus. Dieser Umstand
entspricht den dortigen Lebensverhältnissen, dem allgemeinen
Kulturgrade und der praktischen Weltanschauung, welche die
amerikanische Gesellschaft beherrscht. Nur ausnahmsweise ist
die Kunst im stande, demjenigen, der sich ihr ausschließlich
widmet, die nothwendigsten Existenzmittel zu gewähren, und
gewöhnlich auch nur dann, wenn der Künstler sich als Illustrator,
als Lehrer, oder im Dienste irgend eines Zweiges des Kunst=
gewerbes ganz besonders auszeichnet. Die Künste werden daher
überwiegend nur neben einer praktischen Beschäftigung betrieben,
welche die Aufgabe hat, dem Künstler die Muße zu gewähren,
sich seinen idealen Zwecken, so weit es sein anderweitiger Beruf
erlaubt, zu widmen. Im Verhältnis zu den beinahe 63 Millionen
Einwohnern der Vereinigten Staaten ist die Zahl der profes=
sionellen Künstler daher immerhin sehr klein.

So gut auch die Einrichtungen dieser höheren Lehrinstitute
sind, so wird das Studium an denselben im allgemeinen doch
nur oberflächlich betrieben, weil es eben in den meisten Fällen
nur zur Erweiterung der Durchschnittsbildung der höchsten
Stände dienen soll. Viele der jungen Studierenden beiderlei
Geschlechts, welche lediglich zu diesem Zwecke oder zu ihrem
Vergnügen die Kunstschulen besuchen, und ebenso ein großer
Prozentsatz derjenigen, welche Privatunterricht nehmen, begnügen
sich damit, die Anfangsgründe dürftig zu erlernen und einen
Einblick in die Technik zu gewinnen, sie erlahmen daher schnell,

sobald sie bemerken, daß zur Erzielung höherer Kunstleistungen doch auch eine gewisse Anstrengung und langes Studium erforderlich sind.

Das hindert dann freilich nicht, daß gerade diese am oberflächlichsten gebildeten Kunstliebhaber und Dilettanten sich als Künstler aufspielen, die schärfsten Kritiker sind und — bei größter Nachsicht gegen sich selbst und völliger Verblendung über den Wert ihrer eigenen Machwerke — sehr hohe Anforderungen an die Leistungen aller andern Kunstbeflissenen stellen und mit hochmütiger Geringschätzung über die Werke solcher Künstler aburteilen, die in der Technik von der ihrigen abweichen.

Das höhere Kunstinteresse und das wirkliche Kunstverständnis sind immer noch auf ganz kleine Kreise der höchst gebildeten Gesellschaftsklassen beschränkt, aber in diesen, die ihr Wissen natürlich meist an den Quellen der Kunst in der alten Welt erworben und dort eingehende Studien gemacht haben, sind die Anforderungen denn auch sehr bedeutend und gewöhnlich viel größer als in den entsprechenden Kreisen der Kunstinteressenten der alten Welt. Man verlangt in diesen numerisch sehr beschränkten Kreisen, daß die Werke, welche den Anspruch machen, als hohe Kunstleistungen betrachtet und demgemäß honoriert zu werden, auch wirklich eine den höchsten Begriffen der zeitgenössischen europäischen Kunsttechnik entsprechende Vollendung aufweisen.

Übrigens gilt dies nicht nur von Erzeugnissen der Malerei und Skulptur, sondern auch von denen der Musik wie überhaupt aller Kunstgattungen.

Und solche vollendete Kunstleistungen sind bei den amerikanischen Künstlern immer noch recht selten. Denn da den wirklich Strebsamen unter denen, welche keine Glücksgüter besitzen, die ausschließliche Beschäftigung mit den Künsten sehr erschwert wird, so darf es nicht überraschen, daß dieselben gewöhnlich sobald als möglich ihre Kunſt praktiſch zu verwerten ſuchen und infolge deſſen weitere, höhere Beſtrebungen aufgeben. Den Reichen dagegen, die es nicht nötig haben, für ihren Unterhalt zu ſorgen, fehlt der Sporn zu der mühſamen, anſtrengenden Arbeit, welche erforderlich iſt, um die höchſten Staffeln künſtleriſchen Schaffens zu erreichen.

Auch die außerordentlich hohe natürliche Begabung der Amerikaner für alle Zweige der geiſtigen wie der materiellen Kultur iſt ihren künſtleriſchen Beſtrebungen in gewiſſem Sinne eher hinderlich als dienlich. Sie eignen ſich zwar ſehr raſch die Grundzüge der Technik derjenigen Kunſt an, welcher ſie ſich widmen wollen, werden dann aber nur zu leicht verführt, ſich bereits ſehr bald für befähigt zu halten, das Höchſte zu leiſten, woran doch nur ſolche ſich wagen dürfen, die die Technik und das fachmänniſche Wiſſen vollſtändig beherrſchen. Der Amerikaner hält ſehr viel von ſich, und weil ihm das Lernen ſo leicht wird, neigt er ſehr zur Überſchätzung ſeines Könnens und glaubt in kürzeſter Friſt alles erreichen zu können, wozu andere ſehr lange Zeit und gründliches Studium brauchen. Er arbeitet daher nicht ſorgfältig, bildet ſich nicht vollſtändig und ſyſtematiſch aus, verfolgt mit Hartnäckigkeit oft genug gerade die Wege, die Studien, welche ihm förderlich ſcheinen, es in Wahrheit aber nicht ſind, die ihn vielmehr hindern, bedeutende Leiſtungen zu erzielen. Er iſt aber zu eingebildet, um ſich zu geſtehen, daß dies der Fall, daß ſeine Leiſtungen mangelhaft, ſeine Ideen falſch und der Verbeſſerung bedürftig ſind — und ſo iſt das Endergebnis ſeiner Bemühungen ſchließlich nur ein unvollkommenes. Dieſe Selbſtüberſchätzung wird noch geſteigert durch den Mangel einer großen univerſellen Bildung und durch lückenhaftes Wiſſen, wodurch eben die Selbſterkenntnis erſchwert wird.

Demjenigen, welcher ſehr leicht lernt, fehlt gewöhnlich die Ausdauer, durch welche der weniger gut Begabte unter Aufgebot aller seiner Kräfte, ja oft selbst unter übermäßiger Anstrengung seine hohen idealen Ziele zu erreichen sucht. Dagegen ist es eine anerkannte Thatsache, daß die Amerikaner, welche überhaupt mit Ernst dem Studium irgend einer Kunst obliegen, um sie zum Selbstzweck zu machen, in ihrem Ehrgeiz es allen Studenten andrer Nationen an Fleiß zuvorzuthun suchen. Zu ihrer Vervollkommnung mindestens, wenn nicht überhaupt zur Ausführung ihrer Studien sind sie allerdings gezwungen, bedeutende Geldopfer zu bringen, um die europäischen Hochschulen besuchen zu können, ihr praktischer Sinn zwingt sie daher, die meist nur auf einen Bruchteil der gewöhnlichen Studienzeit bemessene Dauer ihres Aufenthalts auf das intensivste auszunutzen. Manche der besten Künstler bleiben dann wohl auch überhaupt in Europa oder kehren wenigstens in gewissen Zwischenräumen hierher zurück, um in steter Berührung mit den Künstlerkreisen der alten Welt zu bleiben und sich dauernd fortzubilden, was in Amerika immer noch sehr schwer, wenn nicht unmöglich ist, da auf dem Gebiete der Kunst die Geschmacksrichtung, die Mode und die Zeitströmung in Europa den Ton angiebt.

Dagegen suchen die amerikanischen Künstler, auch wenn sie im Interesse ihres Gegenstandes ihren dauernden Aufenthalt in Europa nehmen, begreiflicherweise den Markt der Heimat für sich zu gewinnen und zu beherrschen, was ihnen freilich nicht immer gelingt, oder doch nur dann, wenn sie dem augenblicklichen Kunstgeschmack unbedingt huldigen, ihre Individualität aufgeben und nicht anders malen als diejenigen europäischen epochemachenden Künstler, aus deren Schule sie hervorgegangen und deren Werke zur Zeit gerade beliebt und Mode sind.

Die Künste und ihre Vertreter haben somit in den Vereinigten Staaten noch einen sehr schweren Stand. Sie können nur existieren, wenn sie sich den Forderungen und Interessen

des praktischen Lebens möglichst anpaſſen. Deswegen haben
ſie bis jetzt den Weg zur Eigenart, zur Originalität noch nicht
gefunden, und dieſe zu erzielen iſt unter den gegebenen Um=
ſtänden allerdings ſehr ſchwer. Es wird dies nur gelingen,
wenn die Künſtler ſich, unbekümmert um jede andere Rückſicht
wie klingenden Erfolg und die Verfolgung praktiſcher Ziele,
nur und ausſchließlich idealen Beſtrebungen hingeben und auf
Grund ſorgfältigſter Kunſtſtudien verſuchen, einen nationalen
Stil zu ſchaffen. Das iſt aber auch wiederum nur möglich,
wenn ſie mit ihrem Denken und Empfinden ganz dem natio=
nalen Charakter und Geſchmack entſprechen. Letztere aber ſind
nüchtern und entbehren jedes höheren Schwunges.

Wenn aber nun die amerikaniſchen Maler dagegen be=
haupten, ihre Heimat biete ihnen keine geeigneten nationalen
künſtleriſchen Vorwürfe, ſo iſt dies doch nicht zutreffend. Die
vielen landſchaftlichen Schönheiten, der indianiſche Sommer
mit ſeiner Farbenpracht des Landes und ſeinem duftigen
Nebelſchleier, die Völkermiſchung mit ihren intereſſanten
nationalen ethniſchen Eigentümlichkeiten und ihren individuellen
Kulturerſcheinungen, das Leben mit ſeiner Fülle von Genre=
bildern, endlich die Geſchichte mit ihren großartigen Ereigniſſen
und die Kulturgeſchichte bieten den Vertretern aller Gattungen
der Malerei eine unerſchöpfliche Fülle von anziehendem Stoff
— man muß ihn nur zu faſſen und zu behandeln wiſſen.
Die meiſten von denen, welche Bedeutendes erſtreben, ſuchen
dies jedoch durch ſklaviſche Anpaſſung an die allermodernſten
Verirrungen des europäiſchen Kunſtgeſchmacks und der Technik
zu erreichen, oder ſie bemühen ſich durch Übertreibung derſelben,
wodurch ſie leicht zur Karikatur gelangen, oder durch ſonſtige
Extravaganzen die allgemeine Aufmerkſamkeit auf ſich zu ziehen.

Nicht durch die Schöpfung eines ganz Neuen, nie Dagewe=
ſenen wird ein nationaler Kunſtſtil in Amerika geſchaffen werden,

sondern durch eine gesunde realistische Behandlung nationaler Vorwürfe, unter gleichzeitiger Emancipation von den Aus= wüchsen, die das künstlerische Schaffen der Franzosen wie mancher deutscher Schulen aufweist.

Indem wir nun auf die einzelnen Kunstgebiete eingehen, müssen wir zunächst der Malerei unsere Aufmerksamkeit zu= wenden, da sie von jeher die beliebteste, am weitesten ver= breitete und am eifrigsten betriebene Kunst war. Vor allem fand die Landschafts= und Portraitmalerei eine liebevolle Pflege. Ein feines Gefühl für Naturschönheit, namentlich die der herbstlichen Landschaft und des mit Recht so hoch geschätz= ten indianischen Sommers, macht sich schon in den Kunstwerken der ältesten amerikanischen Maler vom Anfang dieses Jahr= hunderts geltend. Die Technik derselben ist allerdings eine veraltete, aber die sinnigere, idealere — oder wenn man will romantischere Anschauungsweise, die aus ihnen spricht, wirkt immer noch ungleich anziehender als die charakterlosen, im rohesten modernen, naturalistischen Stil geschaffenen Land= schaften der Jünger der neuesten Schule, die das wahrhaft Schöne zu schildern vermeiden und in ihrer bis zum Nihilismus gehenden demokratischen Tendenz nur das Niedrigste und Ge= meinste der Behandlung würdig erachten. In den Bildern der ersten Periode der Malerei, in manchen Schöpfungen von Copley, Pine, West u. a. macht sich ein gewisser nationaler Stil und Charakter bei weitem mehr bemerkbar als in denen der neuesten Periode.

In einem Lande, in welchem der Wert der eignen Kraft, der individuellen Leistungsfähigkeit ein so großer ist, wie in den Vereinigten Staaten, mußte auch die Portraitmalerei stets den günstigsten Boden finden und die kräftigste Unterstützung er= fahren, es ist daher auf diesem Gebiet wohl überhaupt das Bedeutendste geleistet worden, was die amerikanische Kunst

aufzuweisen hat. Die älteren Portraitmaler gingen ja natürlich, ebenso wie die Landschafter fast ausschließlich aus der
englischen Schule hervor, die bis gegen die Mitte dieses Jahrhunderts die allgemein herrschende war und es zum Teil ja
auch noch geblieben ist, besonders im Zweige der Bildnis-
malerei. In neuester Zeit haben aber auch hier die münchener und pariser Schule erfolgreich mit der englischen zu
konkurrieren begonnen. Healy, Pearce, Sargent, Whitney,
und zahllose andere haben sich auf diesem Felde künstlerischen
Schaffens besonders hervorgethan, während auf dem der Land-
schaftsmalerei in Öl und Aquarell, der Glattmaler Bierstadt,
ferner Innes, Remington, Bisbing, Hubbard, Miß Greatorex,
und Ryder, der Führer der Phantasten und Koloristen, erwähnt
sein mögen. Das weibliche Geschlecht wetteifert mit dem
männlichen in der Malerei wie in allen andern Künsten mit
größtem Erfolge.

Die Genremalerei hat unter den Amerikanern offenbar bisher wenig Anklang gefunden, und die Behandlung nationaler
amerikanischer Vorwürfe sucht man fast ganz vergebens. Teils
hat der Orient, teils der europäische Süden, teils die Ver-
gangenheit den Genremalern ihre Vorwürfe hergeben müssen.
Moore, der sich durch japanesische Bilder auszeichnet, Toby
Rosenthal, Mac Ewen, Bridgman, Mosler, Melchers, Clarke
haben durch ihre in den europäischen Kunstausstellungen bekannt gewordenen Schöpfungen auch in der alten Welt einen
bedeutenden Ruf erlangt.

Tiermalerei, Blumenmalerei, Stillleben haben zahllose
Vertreter.

Man darf indessen bei den amerikanischen Malern eigentlich keine strengen Klassenunterschiede machen und sie in Landschafter, Portraitisten 2c. teilen, denn es zeigt sich auf diesem
Gebiete der Kultur eine gerade den Amerikanern eigene Er-

ſcheinung, daß die Maler nämlich nach größter Vielſeitigkeit
ſtreben. Sie iſt vielleicht auch der Hauptgrund, weshalb die
amerikaniſchen Maler bis jetzt der Originalität entbehren und daß
ihre Schöpfungen ſelten den höchſten Grad der Vollendung be=
kunden. Der amerikaniſche Maler verſucht ſich in allen Zweigen
der Kunſt, heute ſchafft er ein Portrait, morgen malt er
Blumen, übermorgen liefert er eine Radierung, dann wieder
eine Landſchaft, ein Genrebild, ein Stillleben — ebenſo ver=
ſucht er ſich in jeder Malweiſe, in jedem Material und kon=
zentriert ſich ſelten auf ein Spezialgebiet. Es liegt auf der
Hand, daß er unter dieſen Umſtänden nur ſchwer dahin ge=
langen kann, wirklich Meiſterhaftes zu leiſten.

Die Urſachen dieſer Eigenart ſind einerſeits in der Leich=
tigkeit zu ſuchen, mit der er alles erlernt, worauf er ſein
Augenmerk mit der ihm eigenen Energie richtet, andererſeits aber
in der Nervoſität, der Haſt, der Freude an der Veränderung,
ferner in ſeinem Selbſtbewußtſein und ſeiner Eitelkeit, die ihn
glauben lehren, daß er mühelos alles leiſten kann, was er nur
will, und endlich in der praktiſchen Weltanſchauung, die ihn
beſeelt. Er ſchafft, was gerade Mode iſt und der herrſchenden
Geſchmacksrichtung entſpricht; er malt, wovon er erwartet, daß
es ihm Nutzen bringt; er arbeitet, was man von ihm verlangt.

Dieſe überraſchende Univerſalität iſt zwar ein großer Vor=
zug, aber ſie hat doch bei der größten Begabung des Indivi=
duums auch zweifellos ihre Nachteile, weil ſie eben den Künſtler
verhindert, auf irgend einem Gebiete wahrhaft Bedeutendes
zu ſchaffen. Sie trägt wohl auch dazu bei, der amerikaniſchen
Malerei die Unruhe und Zerfahrenheit zu verleihen, die häufig
an ihren Schöpfungen zu bemerken ſind. Wie der Malerei bis jetzt
die Originalität fehlt, die durch die Neigung zum Abſurden und
Auffälligen nicht erſetzt wird, ſo ermangelt ſie auch jeder Spur von
Einheitlichkeit und Sicherheit. Es haben ſich nacheinander die

Einflüsse aller hervorragenden modernen Schulen auf ihre
Entwickelung geltend gemacht, so zuerst die englische, dann die
Düsseldorfer, die Münchener, die spanische und ganz besonders
die französische. Sie alle haben im Laufe der Zeit ihre zahlreichen Schüler und Liebhaber gefunden und zählen auch jetzt
noch sämtlich viele Vertreter, wenn auch die französische bei
weitem das Übergewicht erlangt hat. Was der letztern diesen
mächtigen Einfluß verschaffte, war hauptsächlich ihr Streben
nach Naturalismus und ihr Impressionismus in allen seinen
Ausdrucksformen. Dem im allgemeinen nicht hohen Bildungsgrade der reichen Amerikaner, welche als Käufer von Gemälden, als Förderer der Malerei und als Begründer zahlreicher
Kunstinstitute maßgebend für die Geschmacksrichtung wurden,
entsprach es, daß alles, was auf ihre Sinne einwirkte, Eindruck auf sie machte. Aus diesem Grunde fanden Fortuny
und die ganze neue spanische Schule die günstigste Aufnahme
in den Vereinigten Staaten, weil die Lichtfülle und Farbenpracht der Werke derselben trotz aller Mängel der Zeichnung,
der Gruppierung und der Perspektive doch das Auge unfehlbar
fesseln; haben wir doch auch in Deutschland in den letzten
Jahren die Erfahrung gemacht, daß künstlerisch unfertige und
unvollkommene spanische Bilder durch ihren Farbenzauber die
Sinne der Kunstliebhaber über alle Maßen gefesselt haben.
Wie viel mehr mußten die Spanier auf die weniger kunstverständigen Nordamerikaner Eindruck machen. Damit war die
Geschmacksrichtung gegeben, welcher die amerikanischen Künstler
folgen mußten.

Aber die neue spanische Malerei war seit Fortuny auch
durchaus impressionistisch und hat gerade dadurch bedeutenden
Einfluß auf die französische und italienische ausgeübt, um sich
dann wiederum den schnell wachsenden Einflüssen der erstern
anzupassen, ohne sich indessen durch die mächtige Strömung

der Pleinairmalerei ihre Farbenfreude verkümmern zu lassen. Die Amerikaner aber folgten nun hauptsächlich den tonangebenden Pariser Schulen und machten nicht nur alle Experimente derselben mit, sondern zeichneten sich durch Übertreibung der jetzt zum Teil schon wieder überwundenen Technik dieser Kunstrichtungen sogar noch aus. Manche der wunderbarsten Ungeheuerlichkeiten, welche man in den Pariser und andern europäischen Kunstausstellungen in letzter Zeit gesehen hat, stammten von amerikanischen Malern her. Führer der Naturalisten und Materialisten unter ihnen wurde Chase, während Ryder die Koloristik auf Kosten von Form und Inhalt zur höchsten Entwickelung brachte.

Wie nüchtern nun auch im allgemeinen die Denkweise des Amerikaners ist, so haben wir doch bei der Besprechung seines Nationalcharakters auf seine starke Neigung zum Übersinnlichen hinweisen müssen, und auch dieser ist in der Malerei in allerjüngster Zeit in ausgedehntem Maße Rechnung getragen worden. Auch in der alten Welt hat sich ja letzthin der Supranaturalismus neben und trotz dem krassesten Materialismus breit zu machen begonnen, teils in der thatsächlichen oder scheinbaren Rückkehr zu strengerer Gläubigkeit im Gegensatz zum Atheismus, teils in den Formen des Symbolismus und ganz besonders in denen des Spiritismus. Die Kämpfe dieser feindlichen Geistesströmungen gegen einander haben sich auch auf Litteratur und Kunst übertragen, und auch in der Malerei stehen sich zur Zeit Symbolisten und Realisten ebenfalls schroff gegenüber. Die amerikanischen Künstler konnten sich diesem Widerstreit gleichfalls nicht entziehen, um so weniger als der Spiritismus gerade in den Vereinigten Staaten zahllose Anhänger hat. Es kann daher nicht überraschen, zu sehen, daß eine starke Neigung für die Behandlung symbolischer, phantastischer und namentlich spiritistischer Vorwürfe sich unter ihnen geltend macht, und die letztjährigen europäischen Ausstellungen haben den deutlichsten Beweis hierfür erbracht.

Suchen wir nach gemeinsamen Charakterzügen aller amerikanischen Maler, so finden wir sie hauptsächlich in dem bewußten und sehr nachdrücklichen Streben, sich von dem Konventionalismus der alten Schulen wie von der Romantik und dem starren Formalismus früherer Kunstepochen unbedingt zu befreien. Ein kräftiger, allem Gekünstelten und Theatralischen entgegengesetzter naturalistischer Zug zeichnet die gesamte Malerei der Amerikaner aus. In der Technik derselben suchen sie mit den in dieser Beziehung am weitesten gehenden Schulen der alten Welt zu wetteifern. Wie bei diesen wird der Schwerpunkt auf die Erreichung höchster Virtuosität in der Farbengebung, in der Erzielung beabsichtigter äußerlicher Effekte gelegt; der Inhalt, die Form, die Zeichnung und Gruppierung werden dagegen vernachlässigt. Gedankentiefe, Idealismus, feines ästhetisches Schönheitsgefühl sucht man bei ihnen wie bei diesen gewöhnlich vergebens. Naturwahrheit ist vielleicht ihr Ideal, aber abgesehen davon, daß sie die Natur nur in ihren unschönsten, niedrigsten Erscheinungsformen ihrer Beachtung für wert halten, erreichen die „Modernen" auch dieses Ideal nur selten, weil sie trotz ihrer Behauptung, allein die Fähigkeit erlangt zu haben, die Farben und Formen der Dinge in ihrer vollen Wahrheit zu erkennen und wiederzugeben, in mindestens ebenso große Irrtümer verfallen sind wie die ältesten Schulen, welche von Naturalismus keine Ahnung hatten.

Auf dem Gebiete der Skulptur suchen wir zur Zeit noch vergebens nach wirklich hervorragenden Leistungen; jedenfalls wird hier im Verhältnis ganz ungleich weniger Bedeutendes geschaffen als in der Malerei. Der mangelhaften Bildung der Reichen, auf welche noch ausschließlicher als in irgend einem andern Kunstzweige bei der Schöpfung von Denkmälern Rück=

ſicht genommen werden mußte, entſprach der Neigung zum Rieſen=
haften, weil die Größe in Verbindung mit dem koſtbaren Material
hauptſächlich als Ausdruck der Wohlhabenheit gelten konnte.
Das Waſhington=Denkmal in der Hauptſtadt der Union iſt in
jeder Hinſicht charakteriſtiſch für die Geſchmacksrichtung, welche
bis vor wenigen Jahren in den Vereinigten Staaten die herr=
ſchende war.

Obgleich der Wunſch, die Parks und Plätze der Städte wie
die öffentlichen Gebäude mit Skulpturen zu zieren, ſchon ſeit
längerer Zeit ſehr rege war, fehlt es den amerikaniſchen Bild=
hauerarbeiten doch an jeder Originalität, ſoweit dieſelben über=
haupt die Bezeichnung als ſelbſtändige Kunſtwerke verdienen, und
nur wenige Arbeiten des berühmteſten Bildhauers der Ver=
einigten Staaten Powers, wie einige von Greenough, Mill,
Bartlett, Partridge, der jagende Indianer von Boyle im Lincoln=
park von Chicago und vereinzelte andere erheben ſich über das
Mittelmaß. In den feiner gebildeten Kreiſen herrſcht bei dieſem
offenkundigen Mangel an Leiſtungsfähigkeit der amerikaniſchen
Bildhauer und bei der Höhe der Preiſe, welche ſie verlangen,
immer noch eine ſehr ſtarke Vorliebe für Reproduktionen
berühmter Kunſtwerke der alten Welt aus alter und neuer
Zeit. Namentlich ſind die Nachbildungen gefälliger moderner
italieniſcher und franzöſiſcher Arbeiten ſehr beliebt, aber auch
Originalwerke dieſer Art finden trotz des rieſigen Zolls, der
auf alle importierten Kunſtgegenſtände gelegt iſt und dieſe
ſehr verteuert, doch leicht Käufer in den Vereinigten Staaten.
Ganz beſonders geſchätzt ſind hauptſächlich auch die Thorwald=
ſenſchen Werke, namentlich ſeine Medaillons, die in den ver=
ſchiedenartigſten Materialien nachgearbeitet werden.

Sehr große Verwendung finden Bildhauerarbeiten be=
ſonders auf den Kirchhöfen, denen überhaupt eine beſondere

Pflege zu teil wird, und die wie Parks gehalten und beinahe auch als solche angesehen und benutzt werden.

Hervorragendes ist während des ganzen verflossenen Jahrhunderts hauptsächlich in Radierungen geleistet worden; denn fast alle bedeutenderen Künstler haben entweder mit derartigen Arbeiten begonnen, oder sich doch nebenbei mit diesem Zweige der Kunst beschäftigt. Flotte Behandlung des Vorwurfs, guter, zum Teil feiner Geschmack zeichnen die amerikanischen Kupfer-, Stahlstiche und Holzschnitte aus. Die Neigung des Amerikaners zur Bekundung seines Reichtums äußert sich auf diesem Gebiete künstlerischen Schaffens unter anderm auch in der Wahl der Stoffe, auf welchen derartige Stiche abgedruckt werden. Man verwendet hierzu z. B. gern weißen Atlas, der den Kunstblättern einen eigenartigen und sehr wirkungsvollen Glanz verleiht.

Erwähnt muß an dieser Stelle auch eine Art der Herstellung von Ölgemälden und andern Bildern werden, die insofern nicht gerade zum Gewerbebetrieb gerechnet werden kann, weil bei ihr alles mit der Hand und dem Pinsel ausgeführt wird. Es ist dies der fabrikmäßige Betrieb der Malerei, bei dem die Arbeitsteilung wie bei jedem andern gewerblichen Unternehmen streng durchgeführt ist und für jeden Zweig der Kunstthätigkeit Personen angestellt sind, die nur ihre Spezialitäten ausführen und in gemeinsamem Wirken die Herstellung von Bildern massenhaft betreiben. Mit diesen verhältnismäßig billigen Fabrikaten, die nicht auf gleiche Linie mit Öldruckbildern gestellt werden können, wird ein großer Teil des Bedürfnisses des Mittelstandes an Bildern gedeckt.

Die amerikanische Baukunst bietet der genaueren Forschung einen ungemein interessanten Studiengegenstand dar, denn sie giebt einerseits ein gutes Bild der Geschichte der Baukunst überhaupt, indem sie beinahe alle Formen aufweist, die irgendwo in der Welt zur Geltung gelangt sind, und andrerseits zeigt sie, wie

der Individualismus diese Formen variiert und wie die Bau=
materialien diese Veränderungen bedingt haben.

Das Urbild des amerikanischen Wohngebäudes ist natür=
lich das rohe Blockhaus, das man nicht nur in den von der
Kultur weniger berührten Ortschaften, sondern auch noch
neben den primitivsten shanties, den Bretterbuden der ärmsten
irischen und schwarzen Bevölkerungsklassen in den Vorstädten
der größten Hauptstädte in seiner ganzen Urwüchsigkeit kennen
lernen kann.

Der Baukünstler hatte mit der Herstellung dieser ersten
Wohnhäuser der Einwandrer und Pioniere natürlich nichts zu
thun, auch kaum der Zimmermann, da die meisten Ansiedler
gezwungen waren, ohne Rat und Hilfe von Sachverstän=
digen, selbst irgendwie ihre Wohnstätte herzustellen. Diese
Selbstthätigkeit in baulichen Fragen war dem Amerikaner
daher so natürlich geworden, daß bis in die neueste Zeit
hinein der Bauherr überall da, wo es sich nicht um ein ge=
wöhnliches, schablonenmäßiges Stadthaus handelt, wie in den
großen Städten, sondern wo ein eignes, den persönlichen
Wünschen des Besitzers entsprechendes Gebäude aufgeführt
werden soll, gern selbst den Plan entwirft und ihn wohl
gelegentlich auch ohne die Hilfe eines eigentlichen geschulten
Baumeisters unter eigener Aufsicht von den Handwerkern aus=
führen läßt. Das Landhaus und die Villa tragen daher
durchweg einen stark ausgeprägten individuellen Charakter,
wie sehr sie sich im ganzen auch dem einen oder dem andern
in= oder ausländischen Vorbild anschließen mögen. Während
die gewöhnlichen Stadthäuser, und zwar auch die der Be=
güterten, im allgemeinen eine keineswegs erfreuliche Eintönig=
keit zeigen und die Paläste der Millionäre sich höchstens durch
Geschmacklosigkeiten aller Art, durch überladenen Prunk, durch
gesuchte Originalität, oder Dinge auszeichnen, welche die Auf=

merksamkeit der Vorübergehenden unter allen Umständen auf
sich lenken müssen, zeigt der Stil der Villen und ländlichen
Bauten eine große Mannigfaltigkeit. Bei vielen derselben
sehen wir die Geschichte ihres Wachstums in ihrer äußeren
Erscheinung mit voller Deutlichkeit; an das ursprünglich an-
spruchslose Häuschen sind nach und nach weitere Räume,
häufig in ganz abweichendem Stil angebaut, oder sie sind
durch das Aufsetzen eines Stockwerks und Hinzufügung von
Mansarden vergrößert worden. Eine charakteristische, fast allen
Landhäusern gemeinsame Eigentümlichkeit ist die sogenannte
Piazza, eine bedeckte, vorn offene Säulenhalle, an die sich
häufig unbedachte Terrassen anschließen.

Daß die Anlage der Häuser, der vorherrschende Grund-
charakter des Baustils im Osten und Westen, im Norden und
Süden von einander verschieden sind, ist durch die klimatischen
Verhältnisse naturgemäß bedingt.

Als Baumaterial wurde zu Anfang überhaupt nur Holz
verwandt, das in unerschöpflicher Masse vorhanden war, und
wenn im Laufe der Zeit auch alle Arten von Steinen und
Ziegel als Material benutzt worden sind, so wird doch auch heute
noch sehr viel mit Holz gebaut. Auch selbst in den rauhen
nordöstlichen Staaten zieht man vielfach das Holz dem leicht
vergänglichen Braunstein und anderen Mineralien vor, weil
man den Holzbau für gemütlicher, wärmer hält, und weil er
im Notfall auch leichter transportabel ist. Allerdings wird
man in vielen Fällen den Häusern nicht ansehen, daß sie aus
Holz und zwar ziemlich roh gezimmert sind, weil man die
äußern Wände sehr gut mit Stuck oder Mörtel zu bekleiden
und ihnen auch durch bloßes Tünchen oder entsprechende Be-
malung den Schein von Steinbauten zu geben versteht, sodaß
oft nur bei genauerer Untersuchung das eigentliche Material
gefunden werden kann.

Die massenhafte Benutzung von Holz, und zwar für alle
Stile, bedingte häufig gewisse äußerliche Veränderungen der=
selben, weil besonders die Ornamentierung durch das Material
beeinflußt wird und nicht alle Zieraten, die sich in Stein
gut ausführen lassen, in gleicher Weise in Holz herzustellen
sind und umgekehrt. Das Holz aber war auch sehr geeignet
zum Bau von Erkern, Gallerien, Türmchen, Veranden, und
für diese zeigen die Amerikaner eine besondere Vorliebe, so wenig
dieselben auch oft zu dem Grundcharakter des Stils, in wel=
chem das Haus ausgeführt ist, passen. Den Zwang strenger
Einhaltung der Stilformen mochte der freiheitliebende Ameri=
kaner überhaupt nicht dulden, und nicht immer war es
mangelhafte Kenntnis des Architekten, sondern der Geschmack
und Wille des Bauherrn — häufiger vielleicht noch der der
Bauherrin —, wenn romanische und gotische, oder griechische
und orientalische, oder anderweitige Einzelheiten verschieden=
artigster Stile mit einander verbunden wurden.

Für öffentliche Bauten, namentlich aber für die Regie=
rungsgebäude, die Kapitole, wurde mit Vorliebe der griechische
Stil, für Banken, Zollämter, Postgebäude der gotische und
der Renaissancestil angewandt. Die schönsten Kirchen sind in
gotischem Stil erbaut.

Es hat auch nicht an Bemühungen gefehlt, einen ameri=
kanischen Stil zu erfinden, dabei ist man jedoch meist nur zu
bizarren, mehr oder minder extravaganten Formen und zu
Geschmacklosigkeiten gelangt. Auch auf diesem Gebiete der
Kunst hat sich jedoch allmählich ein feiner Geschmack ausgebildet,
der sich namentlich in den Villenbauten Kaliforniens sehr
vorteilhaft äußert. Während man sich im Osten nur schwer von
dem Zwange der englischen und holländischen Stilformen
emanzipieren kann, hat sich in der Architektur des Südens
und besonders des Westens eine größere Freiheit Bahn ge=

brochen, und es sind hier viele sehr anmutige Stilkombina=
tionen in Anwendung gebracht worden.

Auf dem Gebiete der Musik herrscht eine außerordentliche
Regsamkeit. Das Interesse für dieselbe war zum Teil schon
mit den Einwanderern der verschiedensten Nationen ins Land
gekommen. Die germanischen Elemente brachten ihre deutschen,
englischen und schottischen Volkslieder mit, der Spanier seine
Tanzlieder und seine Instrumente, der Neger seine eigen=
artigen, schwermütigen Melodien und sein Banjo. Auf die
Entwickelung der Kunstmusik wirkte nun zunächst die italienische
und die französische Musik ein; in den letzten Jahrzehnten aber
ist die deutsche zu beinahe unumschränkter Herrschaft in den
Kreisen der wirklich Kunstverständigen gelangt. Wer sich dem
Studium der Musik widmet, sucht die deutschen Hochschulen
in erster Linie auf; Deutsche waren es, welche einen großen
Teil der amerikanischen Akademien gründeten, und Deutsche
oder wenigstens in Deutschland ausgebildete Künstler und Lehr=
kräfte sind auch noch überwiegend an den dortigen Konservato=
rien thätig. Auch die deutschen Gesangvereine haben außer=
ordentlich viel zur Hebung der Musik und zur Verbreitung des
Interesses an derselben beigetragen.

Das Kunstgewerbe hat in neuester Zeit einen so großen
Aufschwung in den Vereinigten Staaten genommen, daß das
europäische schon sehr unter dieser Konkurrenz zu leiden hat.
Hervorzuheben sind hier besonders die Leistungen auf den
Gebieten der Holzschnitzerei, der Keramik und der Gold= und
Silberschmiedekunst. Arbeiten der letzteren sind in neuester
Zeit sogar mit glänzendem Erfolge in der alten Welt, be=
sonders auch in Deutschland eingeführt worden.

Die amerikanischen Farbendrucke aller Art erfreuen sich
einer weit über die Grenzen der Vereinigten Staaten hinaus=
gehenden Anerkennung. Der Geschmack für die jetzt so be=

liebten Weihnachts= und Osterkarten ist hauptsächlich erst durch
die amerikanischen Arbeiten dieser Art auch in Europa geweckt
worden.

Über den Wert der amerikanischen Photographien sind die
Meinungen sehr geteilt. Während einige Sachverständige die
Leistungen der Amerikaner auf diesem Gebiete der Kunst=
industrie für die höchst vollendeten halten, fällen andere ein
entschieden absprechendes Urteil. Im allgemeinen überwog
jedoch die erstere Anschauung bis vor wenigen Jahren. Der
Wetteifer, mit dem jetzt alle Nationen an der Vervollkomm=
nung der Photographie arbeiten, macht ein gegründetes, ab=
schließendes Urteil eigentlich unmöglich.

Ist auf der einen Seite durch die Kunstschulen aller Art
wie durch Ausstellungen in nachdrücklichster Weise und mit
überraschend günstigem Erfolge die Hebung des Kunstgeschmacks,
der bis vor zwei Jahrzehnten durchschnittlich noch ein sehr
niedriger war, gefördert worden, so hat auf der andern auch die
Presse wesentlich dazu mitgewirkt. In keinem andern Lande
hat die Illustration in der Tagespresse eine solche Bedeutung
erlangt, wie in Amerika. Viele große politische Zeitungen
begnügen sich schon seit langer Zeit nicht mehr damit, ihren
Lesern die wichtigen Ereignisse nur durch Worte mitzuteilen,
sondern sie erhöhen das Interesse an denselben noch durch
mehr oder minder skizzenhafte, durchweg aber flotte Illustrati=
onen. Vollends zeichnen sich die illustrierten Zeitungen und
die vielen Witzblätter hierin durch bedeutende Leistungen aus,
da sie ein Heer von künstlerischen Kräften zur Verfügung
haben. Durch Preisausschreiben wird außerdem nicht nur
für die Beschaffung guter Illustrationen gesorgt und der Ehr=
geiz der Künstler geweckt, sondern auch auf die Entwickelung
künstlerischer, viel versprechender Kräfte hingewirkt. So sind
Preisausschreiben nicht selten, bei denen die Bedingung ge=

stellt wird, daß diejenigen Künstler, welche die Preise erwerben, die sehr hohen Summen, in welchen dieselben bestehen, zur Verfolgung ihrer Kunststudien im In= und Auslande ver= wenden müssen.

Daß begüterte Leute arme junge Künstler in freigebigster Weise mit Mitteln ausstatten, die Hochschulen der alten Welt zum Zwecke des Studiums zu besuchen, ist keineswegs selten.

Auch durch die Ausschmückung des Innern der Häuser wird auf die Hebung des Kunstgeschmacks hingewirkt, ein Punkt, auf den wir bei der Schilderung des häuslichen und sozialen Lebens noch besonders zu sprechen kommen werden.

Auf allen Gebieten künstlerischen Schaffens sehen wir somit eine außerordentlich große Regsamkeit in den Vereinigten Staaten, und die rasche Entwickelung eines guten Kunstge= schmacks wird der amerikanischen Kunstthätigkeit allmählich auch zur Erlangung der Selbständigkeit und Originalität verhelfen, die ihr bis jetzt noch abgeht.

Kapitel IX.

Stadt. Haus. Häusliches Leben.

———

Während das Landleben seinen Charakter wenig ver=
änderte und heute noch nicht sehr verschieden ist von
dem, was es vor hundert Jahren war, haben die städtischen
Lebensverhältnisse Wandlungen durchgemacht, wie sie größer
kaum gedacht werden können; denn alle Errungenschaften der
fortschreitenden Kultur fanden zunächst in den bedeutenderen
Ortschaften Verwendung und dienten in ihrer überwiegenden
Mehrzahl hauptsächlich, wenn nicht ausschließlich, nur der Bevöl=
kerung derselben. Die Entwickelung des sozialen Lebens der
Städte ist unter dem Einfluß der gestaltenden Kulturfaktoren
dieses Jahrhunderts überall eine im Vergleich zu den früheren
Perioden sehr beschleunigte gewesen, aber nirgends treten uns
ihre Ergebnisse so deutlich und unmittelbar entgegen wie in
den eben erst der Kultur gewonnenen Gebieten der Vereinigten
Staaten. Die Zeit der Städtegründungen und des pilzartigen
schnellen Wachsens und Erblühens von Ortschaften in Gegenden,
welche früher völlig unkultiviert waren, ist noch keineswegs ab=
geschlossen. Wir sehen heute noch wie vor zwanzig und dreißig
Jahren ganz plötzlich mitten in den rauhesten Gebirgsthälern,

im Urwalde, oder in der Prärie Niederlassungen entstehen, welche
in wenigen Tagen und Wochen zu Dörfern, zu volkreichen
Städten erwachsen. Wird irgendwo eine reiche Erzader ent=
deckt, deren Abbau großen Ertrag zu versprechen scheint, so
sammeln sich dort auch rasch Massen von Abenteurern an, die
wie einstmals in Kalifornien und bei tausend späteren Gelegen=
heiten ihre ganze Kraft und ihr Leben einsetzen, in der heute
meist trügerischen Hoffnung, sich wie jene früheren Goldgräber
schnell zu bereichern. Ja, die wachsende Konkurrenz auf allen
Gebieten menschlicher Thätigkeit vergrößert vielmehr noch die
Scharen derjenigen, welche aus Scheu vor konsequenter, regel=
mäßiger Arbeit, oder in Ermangelung derselben, oder ihrem
Abenteurerdrange folgend, keine Gelegenheit ungenutzt lassen,
dem Glück, das sie erträumten, nachzujagen. So entstehen in
allen Bergwerksdistrikten des Westens unaufhörlich neue Orte,
deren Häuser allerdings nur elende Holzbaracken sind, die sich
aber rasch bevölkern, um entweder dauernd fortzubestehen, oder
vielleicht nach wenigen Wochen wieder verlassen zu werden
und zu veröden. Wird irgendwo in einer bisher unerforsch=
ten Gegend ein Fluß entdeckt, welcher reich an Lachsen oder
andern guten Fischen ist, deren Versand sich lohnt, so sehen
wir dasselbe Schauspiel der Städtegründung, und oft haben
solche Ortschaften schon eine nach mehreren Tausenden zählende
Einwohnerschaft, ihre Banken, Theater, bequemen Verkehrs=
mittel und glänzende, mit allem Komfort eingerichtete große
Hotels, ehe ihre Namen auf den neuesten Eisenbahnkarten ver=
zeichnet, der Masse der Gebildeten in den Vereinigten Staaten
bekannt sind: Ja, das Entstehen solcher Orte geht heute noch
viel rascher vor sich, ihr Erscheinen ist noch viel frappanter
als in früheren Jahrzehnten, weil die heutigen Verkehrsmittel
den Zuzug großer Menschenmassen aus allen Teilen der Union
weit mehr erleichtern als früher und weil die neu gegründeten

Orte von vornherein mit allem versehen werden, was die moderne Kultur an Annehmlichkeiten, Bequemlichkeiten und Erleichterungen des Lebens gewährt. Selbst Städte wie Chicago, Milwaukee, Indianopolis, St. Paul, Minneapolis und zahllose andere, deren rapides Wachstum bisher als unübertroffen galt, sind langsam entstanden im Vergleich zu manchen Orten des äußersten Nordwestens wie Seattle, Tacoma, Spokane, Yakima, die nicht nur im Laufe von drei oder vier Jahren eine bedeutende Bevölkerung von zehn und mehr Tausenden von Einwohnern erhielten, sondern die auch hinsichtlich ihrer gesamten Einrichtungen den höchsten Grad von moderner Kultur aufweisen.

Ehe wir auf diese ungemein interessanten Verhältnisse einen Blick werfen, ist es geboten, auf das Wachstum der Städte in den Vereinigten Staaten überhaupt einzugehen.

Das Städtewesen fing erst an sich zu entwickeln, als die Industrie sich zu entfalten vermochte und dann eine Anhäufung größerer Menschenmassen an allen den Orten veranlaßte, an welchen der Gewerbebetrieb das Übergewicht über die Ackerbauthätigkeit erlangte. Vor der Lossagung der Kolonien von England 1776 gab es überhaupt nur sehr wenige Ortschaften, welche den Namen von Städten beanspruchen konnten und mehr als höchstens große Dörfer waren. 1790 noch wohnten nur drei und ein halb pro Tausend aller Einwohner in den sechs größten Städten, die zusammen 131 472 Seelen zählten. 1830 wohnten 6$\frac{1}{2}$ Prozent in Städten von mehr als 8000 Einwohnern, 1880 22 Prozent, 1890 29 Prozent, während die übrigen 71 auf die Bevölkerung der kleinen Ortschaften, der Dörfer und des Landes entfielen.

1830 hatte es überhaupt keine Stadt mit mehr als 250 000 Einwohnern gegeben, die Zahl der Orte mit mehr als 8000 Einwohnern betrug 26, die der Orte von mehr als

40 000 Einwohnern nur gar 4. Heute dagegen gibt es 443 Städte mit mehr als 8000 Einwohnern und davon haben 47 mehr als 40 000, 14 mehr als 250 000 und drei weit über eine Million Seelen.

Diese wenigen Zahlen sind bezeichnend für das rasche Wachstum des Städtewesens, aber im einzelnen bieten auch noch viele Orte Beispiele von einer Schnelligkeit der Entwickelung, der in der übrigen Welt in dieser Hinsicht nichts Ähnliches an die Seite zu stellen ist. So wurde das 1833 gegründete Chicago zwar 1837 zum Range einer Stadt erhoben, zählte aber 1847 immer noch nicht mehr als 17 000 Einwohner, hatte dann 1871 und 1874 die beiden furchtbaren Brände auszustehen, von denen der eine es beinahe ganz zerstörte, und zählt gegenwärtig doch ungefähr anderthalb Millionen Einwohner und sucht mit den ältesten und größten Städten der Union auf allen Gebieten der Kultur erfolgreich zu konkurrieren. Ungefähr gleichzeitig entstanden San Francisko, Milwaukee, Cleveland, Jersey City, die es freilich alle nicht zu solcher Bedeutung und Bevölkerungszahl brachten wie Chicago. Noch viel später entstanden St. Paul, Minneapolis, Duluth und alle die Hauptorte von Minnesota, Dakota, Montana, Colorado und andrer neuerer Staaten. Zu den jüngsten und interessantesten Städten aber gehören die erst im letzten Jahrzehnt, zum Teil erst in den letzten Jahren mitten im Urwalde des jungen Staates Washington entstandenen Bergwerks- und Fischereiplätze, die voraussichtlich eine bedeutende Rolle als Handels- und Kulturzentren des Nordwestens der Union zu spielen berufen sein werden.

Nicht vielen freilich ist es vergönnt, sich so rasch zu entwickeln und so hohes Ansehen zu gewinnen, wie zum Beispiel Seattle, Tacoma, Olympia, Townsend am Puget Sund, Astoria am Ausfluß des Columbia, wie Spokane am Fuße des Coeur b'Alène Gebirges oder Yakima am Flusse gleichen Namens. Sehr viele der Ortschaften, welche dem Bau der großen nordländischen Überland-Bahnen — die den Zweck hatten, jene großen Ländermassen des Nordwestens zu erschließen und mit den übrigen Teilen der Union in Verbindung zu bringen — ihre Entstehung verdanken, werden es vielleicht in langer Zeit nicht, vielleicht auch nie zu starker Bevölkerung bringen. Entstanden sind sie aber alle auf gleiche Weise, und ihre Einrichtungen tragen den gleichen Charakter, nur daß diejenigen, welche besonders günstig gelegen oder aus einem andern Grunde wichtig geworden sind, sich rasch über die Masse der andern erhoben haben und infolge der großen Geschäfte, welche sie betreiben, in der Lage sind, größeren Glanz zu entfalten.

Mit den Eisenbahningenieuren drangen auch die Agenten der verschiedenen Elektrizitätsgesellschaften in die Wildnis vor, und wo der Plan eines neuen Ortes entworfen, wo die Straßen desselben abgesteckt wurden, da waren auch die Elektriker bei der Hand, den Städtegründern ihre Dienste anzubieten und die Orte mit elektrischem Licht, Telephonen, Straßenbahnen und Motoren für Fabrikzwecke zu versehen. Gleichzeitig erschienen Wasserbautechniker, um den entstehenden Ort mit gutem Wasser zu versorgen. Bauhandwerker und Architekten sorgten für die Herstellung der Wohnhäuser, und deutsche Gastwirte eröffneten ihre Bierstuben und Hotels. Journalisten richteten Druckereien ein und gaben ihre Zeitungen heraus, die sie vielleicht zuerst selbst setzten, und so entstanden im Laufe weniger Wochen und Monate jene Orte, die ohne großen Kostenaufwand mit allen den neuesten Einrichtungen ausgestattet sind, die man selbst in New York und Chicago erst im beschränktem Maße eingeführt sieht. Die stetig wachsende Konkurrenz der Fabrikanten des Ostens versieht die Ansiedler der neuen Ortschaften auf das billigste und unter den günstigsten Kreditbedingungen mit allen

erdenklichen Gebrauchsgegenständen; es entstehen Bazare und
Läden, in denen man viel billiger als in San Franzisko und
den Handelszentren des Ostens alles kaufen kann, was man
zum Leben oder zur Einrichtung der Häuser braucht. Volksschulen
und Privatschulen sorgen für Bildung, die verschiedenen
Religionsgenossenschaften wetteifern mit einander, die Ein=
wohner der jungen Stadt an sich heranzuziehen, und das Leben
gewinnt unter dem wachsenden Zuzug spekulativer Kaufleute,
Fabrikanten, Advokaten und andrer thatkräftiger Elemente der
größeren Nachbarorte und der Großstädte des Ostens binnen
kurzem denselben Anstrich wie das der älteren Orte der kulti=
viertesten Teile des Landes. Musik und bildende Künste
finden bei dem weiblichen Teil der besseren Gesellschaft rasch
dieselbe Pflege wie an andern Orten, denn Steinway, Lyon
Potter & Co., Chase, Eatey & Co. und wie sie alle heißen
mögen die Pianoforte= und Harmoniumfabrikanten des Ostens,
sind froh, neue Absatzgebiete inmitten der Urwälder des
fernen Westens zu finden.

Die Häuser werden natürlich zunächst aus Holz erbaut,
das die Wälder jener Gebiete liefern, bis die reicheren Ein=
wohner im stande sind, die für die Herstellung von massiven
Bauwerken erforderlichen kostbaren Materialien herbeischaffen
zu lassen. Auch die Straßen werden mit hölzernen Trottoirs
versehen, wie solche ja noch in vielen großen Städten der
alten Staaten vorwiegend gebräuchlich sind. Da nun die
Amerikaner trotz der unzähligen traurigen Erfahrungen, die sie
in dieser Beziehung gemacht haben, sehr fahrlässig hinsichtlich
des Schutzes ihrer Wohnräume gegen Feuer sind, so bleiben
fast keinem größeren Orte eine oder mehrere große Feuers=
brünste erspart, in deren Folge die Löschvorrichtungen verbessert,
die Häuser aus festeren Materialien errichtet und die Feuer=
versicherungsgesellschaften bewogen werden, selbst in den jüngsten,

kleinsten Ortschaften jene großartige Thätigkeit zu entfalten, die sie in den größeren Städten aufbieten, um die Verbreitung des Feuers möglichst einzuschränken.

Die Anlage der Ortschaften erfolgt natürlich nach dem in ganz Nordamerika gebräuchlichen System der quadratischen Einteilung des zu bebauenden Areals, wobei die Straßen und Avenuen meist mit Ziffern und nur ausnahmsweise mit beson= deren Namen versehen werden.

In gewisser Hinsicht sind die allerjüngsten Städte die be= züglich ihrer gesamten Einrichtungen vollkommensten und vor= geschrittensten. Alle neuesten Erfindungen, die letzten Ergeb= nisse aller in der städtischen Verwaltung andrer Orte gemach= ten Erfahrungen werden dort benutzt, und die denkbar praktisch= sten Einrichtungen getroffen; so sind viele Städte des Westens mit Zentralheizung, mit Heißwasserleitungen und andern Institutionen versehen, welche die Phantasiebilder Bellamys bereits zu Thatsachen umgestaltet haben, Einrichtungen, die sich zum Nutzen der Allgemeinheit vortrefflich bewähren.

Die Erklärung dieser Umstände ergibt sich gewissermaßen von selbst. Die neu entstehenden Orte entbehren aller geschicht= lichen kulturellen Voraussetzungen. Ihre Bewohner würden mit Recht als Thoren verspottet werden, wollten sie bei sich Ein= richtungen einführen, die veraltet sind, wollten sie z. B. Gas oder Petroleum zur Beleuchtung verwenden, wenn sie elek= trisches Licht billiger haben können, oder kostbare Landstraßen bauen, wenn die Eisenbahnen und elektrischen Bahnen den schnellsten Verkehr innerhalb des Orts und zwischen ihm und den Nachbarorten ermöglichen, oder wollten sie nicht jede Ge= legenheit wahrnehmen, Geld und Zeit durch Einführung der praktischsten und schnellsten Verkehrsmittel zu sparen, oder etwa in ihren Fabriken und Druckereien nicht die neuesten und besten Maschinen anwenden. Die in manchen andern Ländern herr=

sehende Gewohnheit, die Provinzialen und Kleinstädter mit dem zu versehen, was in den Großstädten unmodern geworden ist und seine Kaufkraft verloren hat, würde bei den Bewohnern der jungen Ortschaften des äußersten Westen auf den ent=schiedensten Widerstand stoßen und ihre Lieferanten außer=ordentlich schädigen. Die Häuser der reichen Kaufleute in den größeren Städten des Staates Washington oder Montana oder Minnesota sind ebenso luxuriös eingerichtet wie die der ebenso wohlhabenden San Franziskaner, Chicagoer, oder New Yorker. Die Damen kleiden sich dort in dieselben Stoffe, die nach der=selben neuesten Mode verarbeitet werden. Der Lokalpatrio=tismus der Bewohner dieser jugendlichen schnell erblühen=den Orte duldet es nicht, daß die Nachbarstädte es ihnen in irgend einem Zweige der Kultur zuvorthun. Wird in Seattle eine neue Einrichtung getroffen, so müssen die Einwohner von Tacoma, Olympia, Astoria sie auch haben und umgekehrt; sie alle aber suchen insgesamt San Franzisko in allen Dingen nachzueifern. Diese Rivalität hat hier wie in den übrigen Staaten und größeren Städten der Union Gleichmäßigkeit der sozialen und materiellen Kultur zur Folge, sodaß die Mitglieder der höheren Gesellschaftsklassen aller Hauptorte der Vereinigten Staaten hinsichtlich ihrer Sitten, Gewohnheiten, Trachten und Moden kaum von einander zu unterscheiden sind.

Da neue Orte bei einigermaßen günstigen Zukunftsaus=sichten immer gleich in einem Maßstabe angelegt werden, als ob sie binnen kurzem Zehn= oder Hunderttausende von Ein=wohnern beherbergen sollen, so sind sie gewöhnlich zu Anfang großen Schwankungen ihrer Lebensverhältnisse ausgesetzt. Er=weist sich die gehegte Hoffnung als annähernd zutreffend, er=folgt daher ein starker Zuzug von außerhalb und wächst die Be=völkerung sehr rasch, so wird der Grund und Boden Gegenstand einer zuweilen ins Riesige gehenden ungesunden Spekulation, eines sogenannten „land-boom", um dann wieder vollkommen entwertet zu werden, wenn die übertriebenen Hoffnungen, welche die Gründer der Stadt hegten, sich nicht erfüllen, wenn infolgedessen gänzliche Entmutigung eintritt, viele Einwohner wieder davongehn und unter schweren Verlusten ihre mit großen Geldmitteln errungenen liegenden Güter und Häuser wieder aufgeben. Erst wenn nach einer Reihe von Jahren mühseliger Arbeit der Zurückbleibenden, die an den guten Stern ihres Ortes und an die Zukunft desselben glauben und zuversichtlich ausharren, die Periode der Schwankungen in der Erkenntnis der wahren Bedeutung und des wirklichen Wertes des betreffenden Ortes abgeschlossen ist und sich ein fester Be= völkerungsstamm gebildet hat, treten normale Zustände ein, und die Existenz eines solchen Ortes kann nun als für die Dauer befestigt betrachtet werden.

Dann werden Bemühungen gemacht, alles das aus der ersten Gründerperiode herstammende Unfertige auszubauen, einen Ausgleich zwischen der Unkultur und der Überkultur her= zustellen, geordnete Verhältnisse einzuführen und die Verwaltung gehörig zu regeln. Dann werden die einfachen Baracken und Bretterbuden in den Hauptstraßen durch bessere, vornehmere Holzhäuser ersetzt; denn sie in Stein auszuführen, dazu gehören schon Mittel, wie sie zunächst nur die Banken oder die schnell reich gewordenen Gastwirte aufbringen können. Daher sind in den neueren Städten denn auch die Bankgebäude, die Hotels, die Klubhäuser, die großen Kaufgeschäfte die ausschließlich in die Augen fallenden Prachtbauten. Später erst verwenden die städtischen Behörden größere Summen auf die Errichtung würdiger Rathäuser und andrer Gebäude, welche öffentlichen Zwecken dienen. Privatleute und selbst die reichsten Handels= herren begnügen sich vorerst noch damit, ihren Wohnhäusern, die dann natürlich an die Peripherie des Ortes in das Villen=

viertel, das residence quarter verſetzt werden, wenn ſie ein
übriges für ſie thun wollen, äußerlich den Schein von Ziegel=
oder Steinbauten zu geben, worin ja die Stuckarbeiter und
Maler Vorzügliches leiſten. Auch vielen der hübſcheſten Villen
Chicagos und andrer großer Orte ſieht man es nicht an, daß
ſie ausſchließlich Holzbauten ſind und zwar oft ſehr roh aus
Latten aufgeführte, die dann aber nach außen wie im Innern
mit Gips und Stuck bekleidet und in jeder Steinfarbe ſo gut
angeſtrichen und bemalt werden, daß die Täuſchung eine voll=
kommene iſt. Die Häuſer bewahren auch dann noch meiſt
die leichte Beweglichkeit, die ſie in ihrem einfachſten, urſprüng=
lichſten Zuſtande haben. Denn wenn oben geſagt wurde, daß
die Häuſer in das Villenviertel verſetzt werden, ſo iſt dies in
vielen Fällen ganz wörtlich zu verſtehen. Sie werden that=
ſächlich mittels Rollen, Walzen oder geeigneter Gerüſte zu=
weilen auf beträchtliche Entfernung fortbewegt. Dies geſchieht
übrigens nicht nur mit kleinen hölzernen Einfamilienhäuſern,
ſondern es werden ſogar große und überwiegend maſſive Ge=
bäude von beträchtlichem Umfang, wie Hotels oder Banken,
ohne daß der innere Betrieb derſelben unterbrochen wird, von
einer Stelle an eine andere gebracht.

Ein ſolches Verrücken der Häuſer iſt in den Vereinigten
Staaten etwas ſo Gewöhnliches, die Architekten und ihre Hand=
werker ſind darauf auch ſo eingeübt, daß dergleichen Arbeiten
niemand überraſchen und auch nicht beſonders teuer zu ſtehen
kommen. Jedenfalls ſind die damit verbundenen Unkoſten ganz
bedeutend geringer, als das Abbrechen und der Wiederaufbau
der Häuſer an andrer Stelle ſein würde. Es iſt daher auch
nicht unwahrſcheinlich, daß — ſtatiſtiſchen, in amerikaniſchen
Werken enthaltenen Angaben zufolge — in Chicago im Jahre
1890 1710 Häuſer verſchiedenſter Größe von ihrem urſprüng=
lichen Standorte mehr oder minder weit verſchoben worden ſind.

Etwas ganz Gebräuchliches ist es auch, Häuser, welche
aus irgend welchem Grunde einer sichreren Fundamentierung
bedürfen, so weit wie erforderlich zu heben und zu untermauern.
In großem Maßstabe ist das auch bald nach dem ersten
großen Brande in Chicago geschehen, dessen Ingenieure sich
ja überhaupt durch die an das Wunderbare grenzende Kühnheit
ihrer Unternehmungen auszeichnen.

Chicago ruht großenteils auf Sumpfboden, und da man
bei der fabelhaften Schnelligkeit, mit der besonders nach jenem
Brande die Neubauten der ins Riesige wachsenden Stadt vorgenommen wurden, nicht daran denken konnte, sie mit hinreichend
tiefen Fundamenten zu versehen, so senkten sich nach und nach
ganze Häuserreihen, und die Straßen wurden an manchen
Stellen vollständig grundlos, weil das Wasser unter dem Druck
der schweren Häuserlasten in ihnen einen Ausweg suchte.
Diesem Zustande mußte abgeholfen, der Boden mußte befestigt
und die Straßen höher gelegt werden; zu dem Zwecke war
es aber auch notwendig, die angrenzenden Häuser entsprechend
zu heben. Und das geschah; die sämtlichen Gebäude wurden
nun zwei bis drei Meter gehoben und in dem Maße, wie dies
ausgeführt wurde, mit soliden gemauerten Fundamenten versehen.

Von dem Verrücken eines Hauses zu dem einer ganzen
Stadt ist aber schließlich nur ein Schritt, und auch dieser Fall
ist vorgekommen.

North Yakima, eine durch den Bau der Nord-Pacific-Bahn
entstandene kleine Stadt, welche zur Zeit bereits bei 1500 Einwohnern das Handelszentrum des ungemein fruchtbaren Yakima-
flußgebietes am Ostabhang des Kaskadengebirges im Staate
Washington bildet, war ursprünglich in der Niederung angelegt worden. Die Mehrzahl der Bewohner erkannte jedoch
alsbald diese Lage für ungünstig und beschloß eine Übersiede-

lung nach einem höheren, etwa 7 Kilometer entfernten Ort, und kurz entschlossen rückte man die meisten Häuser im Laufe einiger Monate da hinauf, wo die Stadt sich nun befindet. Der Unternehmungsgeist der amerikanischen Techniker und Ingenieure schreckt ja nicht vor den größten, scheinbar unüberwindlichen Schwierigkeiten zurück, und dies war im Grunde nur eine sehr einfache Arbeit.

Die Versorgung der heranwachsenden Städte mit dem nötigen Trinkwasser verursachte oft sehr große Mühe, Arbeit und Kosten, und alle erdenklichen Systeme sind in Amerika für diesen Zweck zur Anwendung gelangt. Chicago löste diese Frage, nach vielen vergeblichen Versuchen und nachdem sich alle betreffenden Anlagen als unzureichend erwiesen hatten, auch auf seine eigene großartige Weise. Man beschloß, das Wasser des Michigansees den Bedürfnissen der stetig wachsenden Bevölkerung dienstbar zu machen. Da dasselbe in der Nähe der großen Stadt aber zu unrein war, so wurde in Entfernung von zwei englischen Meilen vom Ufer im See ein großes Reservoir, die sogenannte Krippe hergestellt — welche zugleich als Grundlage für einen Leuchtturm verwertet wurde — und durch unterseeische Kanäle und Leitungen mit den großen auf dem Lande errichteten Pumpstationen verbunden. Von hier aus wird nun die Stadt mit Trinkwasser versorgt. Seit kurzem ist die Stadtverwaltung jedoch zu der Überzeugung gekommen, daß die Entfernung von 2 Meilen noch nicht genügend ist, um völlig reines Wasser zu erhalten, und gegenwärtig verlängert man daher den bestehenden Tunnel um weitere zwei Meilen, wo dann ein neuer Wasserbehälter konstruiert werden soll.

Um ferner das durch große Massen von Unrat erfüllte und die Luft der Stadt deshalb bei dem geringen Gefälle verunreinigende Wasser des Chicagoflusses von dem Michigansee

abzulenken, in den es von jeher geflossen ist, hat man große
Pumpwerke errichtet, welche das Flußwasser auffaugen und in
Kanäle leiten, die zum Mississippisystem führen, sodaß der Fluß
nunmehr durch den Michigansee gespeist wird.

Zur Sicherung der größeren Ortschaften gegen Feuers=
gefahr, die bei der immer noch überwiegenden, zum Teil sogar
noch fast ausschließlichen Verwendung von Holz auch selbst
bei Eisenbauten sehr groß ist, sind die Löschanstalten in
einer Weise vervollkommnet, die die Bewunderung aller Fach=
männer der alten Welt erregt und bisher noch unübertroffen
dasteht.

Zunächst sind in vielen Orten, welche besonders schwer
unter Feuersbrünsten zu leiden gehabt haben, die Gebäude
durchweg mit den praktischsten Vorkehrungen gegen Feuers=
gefahr versehen. So haben die Gebäude in den Geschäftsvierteln
und den mit geschlossenen Häuserreihen besetzten Straßen
Chicagos zum Beispiel eiserne Feuerleitern, welche bis zum
Dach reichen. In den bedeutenderen Hotels der Großstädte und
in erster Linie Chicagos sind in den Gastzimmern neben den
Fenstern Seile angebracht, welche bis auf den Boden der Straße
hinunterreichen und es jedem ermöglichen, sich sofort in Sicher=
heit zu bringen. Die öffentlichen Alarmapparate sind an den
Laternenpfählen angebracht und so zahlreich, daß es nur
weniger Schritte bedarf, um sie von jedem Punkte aus zu er=
reichen; durch ihr Glockenzeichen und andere Vorrichtungen
werden die nächsten Feuerwehrdepots und Polizeistationen be=
nachrichtigt. Die Einrichtungen der Feuerwehr sind wohl am
vollkommensten in San Francisco und haben von dort neuer=
dings in alle Großstädte der Union ihren Weg gefunden.
Das erschallende Signal hat Nachts die sofortige volle
Beleuchtung aller Räume des Depots und das Öffnen der
Thüren zur Folge; gleichzeitig löst sich das über den Pferden

befindliche Geschirr, fällt auf sie nieder, und die darauf dres=
sierten Tiere treten vor die Wagen, zu denen sie gehören.
Die in den oberen Räumen schlafenden Mannschaften werden
durch das erste Signal geweckt, eilen halbangekleidet an die
dort befindlichen Öffnungen und lassen sich durch diese an glatten
Stangen auf die darunter stehenden Wagen hinabgleiten. Bei
gutem Funktionieren aller Apparate kann die Feuerwehr in kaum
einer Minute nach dem ersten Signal zum Ausfahren bereit sein.

Beinahe ebenso schnell wie sie erscheint aber an dem
durch Feuer bedrohten Orte neben den Polizeimannschaften
auch die sogenannte Insurance patrol die Versicherungspatrouille,
eine ebenfalls ursprünglich San Franciscaner Institution, die
aber auch in andern Großstädten eingeführt ist. Es ist dies
die Feuerwehr der Versicherungsgesellschaften, welche dafür
sorgt, den Feuerschaden und namentlich auch den durch die
Spritzen verursachten Wasserschaden möglichst zu beschränken.
Ihre Leute bedecken in den vom Feuer heimgesuchten Häusern
die den beiden Elementen ausgesetzten Gegenstände mit unver=
brennbaren, wasserdichten Tüchern und Plänen und wenden Ex=
tinguischer und andere praktische Mittel zum Dämpfen des
Brandes an.

In den früher erwähnten Riesenspeichern, den bis 20 und
30 Stockwerke zählenden Riesenbauten der Geschäftsviertel der
Großstädte und in andern ausgedehnten Gebäuden sind neben
zahlreichen andern praktischen Schutzmitteln und Vorkehrungen
zur feuerfesten Abschließung der einzelnen Teile auch zur Unter=
wassersetzung derselben an den Leitungen selbstthätige Vor=
richtungen angebracht. Es sind an den geeigneten Stellen der
Leitungen nämlich Stücke von sehr leicht schmelzendem Metall
eingesetzt, die bei unbeobachtet ausbrechendem Feuer sofort ver=
nichtet werden und dadurch das Wasser der Leitung unter dem
natürlichen Druck desselben zum Ausfließen bringen.

Der Entwickelung des Feuerwehrwesens wird überall dauernd die größte Aufmerksamkeit zugewandt und daher auf diesem Gebiete Bedeutendes geleistet.

Doch auch der bisher stark vernachlässigten Hygiene schenkt man neuerdings mehr Beachtung. In den Riesenstädten ist es freilich schwer, jetzt noch nachzuholen, was früher versäumt worden, nämlich durch geeignete Kanalisationsanlagen alle unreinen Stoffe abzuführen. Dafür sucht man in ihnen und in ihrer nächsten Nachbarschaft wenigstens durch Anlage großer öffentlicher Plätze und Parks wie durch Bepflanzung der Straßen mit Alleebäumen eine Verbesserung der Luft herbeizuführen. Freilich haben eigentlich nur die Reichen einen Vorteil hiervon, denn die Parks werden meist in der Nähe der ohnehin weitläufigen Villenstraßen der Residenzequarters angelegt, während die überfüllten Geschäftsgegenden und besonders die Stadtviertel, in welchen die Armen hausen, höchst ungesund bleiben, weil sie keinen Raum zu Gartenanlagen bieten. Die größeren Städte der Union zeigen eben dieselben Eigentümlichkeiten wie die Englands. Das Geschäftsviertel enthält keine eigentlichen Wohnhäuser; Kaufleute und Fabrikanten wohnen durchweg in den freier gelegenen Vorstädten, und so freundlich der Anblick der letzteren ist, so abstoßend ist der der inneren Stadtteile. Diese sind verräuchert und bieten mit ihren Telegraphenstangen und Gerüsten für die zahllosen Drähte, welche dem Verkehr dienen, mit ihren meist Rohbauten gleichenden, jedes äußeren Zierrats entbehrenden Häusern, ihren überfüllten Straßen, ihrem furchtbaren Lärm und der von Stickstoff gesättigten Luft einen wenig angenehmen Anblick und Aufenthalt.

Im Zentrum New Yorks sind die hölzernen Trottoirs meist durch Steinplatten ersetzt, oder auch wie an anderen Orten durch Ziegelsteine oder Asphalt; in den entlegeneren Teilen der Städte aber, und zwar nicht nur der kleinen, sondern

auch so großer wie New Orleans und Chicago, fehlt es viel=
fach überhaupt an jedem Pflaster, so daß nach starken Regen=
güssen der Verkehr in ihnen auf das äußerste erschwert ist.
Auch mit der Straßenreinigung ist es durchweg sehr mangel=
haft bestellt; die Straßen der Vorstädte, sogar New Yorks, weit
mehr aber noch die anderer, kleinerer haben noch ganz länd=
lichen Charakter; sie dienen den Haustieren zum Aufenthalt, die
an manchen Orten auch die Reinigung von dem auf die öffent=
lichen Wege geworfenen Unrate besorgen. Unkultur und Über=
kultur berühren sich eben in den Vereinigten Staaten überall
noch auf das engste und zeigen das Unfertige der heutigen
Zustände.

Die öffentliche Ordnung und Sicherheit liegt in den Städten
der Polizei ob, die freilich mit dem Beamtenstande aller Kate=
gorien die gleichen Eigenschaften teilt und wie dieser einer
gründlichen Reform bedarf. Denn, wenn die pflichteifrigen
Polizisten auch im höchsten Grade zuverlässig sind, so giebt es
doch viele, welche der Bestechlichkeit zugänglich und von der
Korruption ergriffen sind, die zu beseitigen sich alle Parteien
nun offiziell verpflichtet haben. Es gehen über die Polizei=
organe der Hauptstädte zum Teil die wunderbarsten Gerüchte
um, sie sollen gelegentlich sogar mit den Verbrechern unter einer
Decke stecken und an ihrem Gewinn Anteil haben. Außerdem
bringen es manche charakterisch=amerikanische Zustände und Er=
scheinungen mit sich, daß die Moral der Polizisten systematisch
untergraben wird. Hauptsächlich wirken in diesem Sinne die
Temperenz= und Sonntagsgesetze. Wollte die Polizei ihnen
gegenüber ihre Pflicht erfüllen, so würde sie mit dem Publikum
unaufhörlich im Kampfe liegen, und ihre Gefängnisse würden
stets überfüllt sein. Da ist es denn nützlicher, ein Auge oder auch
beide zuzudrücken und die großen Nebeneinnahmen nicht aus=
zuschlagen, welche ihnen geboten werden.

Als öffentliche Beamte hängen die Polizisten ferner ganz von den Parteien ab, sie erhalten von den einflußreichen und gerade die Macht habenden Männern ihre Stellungen und müssen jeden Augenblick gewärtig sein, sie wieder zu verlieren. Da gilt es denn, die Zeit des Dienstes gehörig zum eigenen Vorteil auszubeuten, und nur wenige widerstehen der Versuchung, dem Beispiele zu folgen, das selbst in den höchsten Beamtenkreisen gegeben wird.

Ihre Stellung ist natürlich in den Großstädten, namentlich aber in New York, Chicago, San Francisco, New Orleans und anderen Orten, wo ein ungeheurer Zusammenfluß von dem rohesten Gesindel aller Welt stattfindet, keine leichte, sie bedürfen des größten Muts und der größten Energie und müssen jeden Augenblick ihr Leben aufs Spiel setzen; denn wie kein Mann aus dem Volke sich in einem ernsten Streitfall ohne Gegenwehr dem Polizisten unterordnet, so vollends nicht die rohen Gesellen, aus denen sich die Verbrecherwelt zusammensetzt. Ihre Macht ist daher eine sehr weitgehende, und im Bewußtsein dieser Thatsache sind sie auch gern geneigt, diese ihre Macht finanziell auszubeuten.

Nur die kräftigsten Leute können es wagen, sich dem Polizeidienste zu widmen, und wo sie eingreifen, da thun sie es auch so nachdrücklich wie nur möglich. Ein Zeichen mit der Hand des Polizisten, der ähnlich wie der englische gekleidet ist, wird dann auch vom Publikum und allen, die es angeht, genau befolgt, und wenn sie jemand mit ihrer Keule einmal berühren, so ist auch im allgemeinen jeder Widerstand vergeblich. Da sie im öffentlichen Dienst durchaus vertrauenswürdig sind, sich streng an ihre Vorschriften halten und nicht eingreifen, wenn es nicht unumgänglich nötig ist, so finden sie bei dem Publikum im allgemeinen auch immer die kräftigste Unterstützung, weil dieses überzeugt ist, daß das Recht thatsächlich stets auf ihrer Seite ist.

Neben der öffentlichen Straßenpolizei existiert die geheime, deren Mitglieder nicht nur alle Eigenschaften der andern besitzen, sondern daneben auch noch tüchtig gebildet, sehr schlau, scharfe Beobachter und gründliche Menschenkenner sein müssen. Sie erhalten daher sehr hohen Sold und genießen bedeutendes Ansehen. Auch in der amerikanischen Nationallitteratur spielen sie als beliebte Novellenfiguren eine hervorragende Rolle.

Außerdem giebt es noch Privatpolizei, die, wie namentlich die Pinkertonsche, von Privatleuten im Interesse der von ihnen betriebenen Angelegenheiten in Dienst genommen werden kann.

Die Beleuchtung ist mit Ausnahme der Hauptstraßen und der vornehmen Stadtviertel selbst in den Großstädten der Union des Nachts eine sehr dürftige, in den entlegeneren Gegenden aber ganz ungenügend, und noch ist die Zeit nicht lange vorbei, in der man, besonders in kleineren Orten, Abends mit der Handlaterne ausgehen mußte.

Das amerikanische Haus weist ebenso viele Kategorien auf wie das andrer Länder, hat aber doch seine Besonderheiten, die ihm eigen sind. Die einzelnen Arten von Behausungen zeigen ihren ausgeprägten festen Typus, von dem im einzelnen nur selten und wenig abgewichen wird. Bei der merkwürdigen Mischung von Unfertigem und höchst Vollkommenem in den Vereinigten Staaten kann es nicht überraschen, selbst in New York, Philadelphia, Boston, Chicago und an an andern großen Orten in nächster Nähe der glänzendsten Paläste der Millionäre noch ganz primitive Shanties der Iren oder Neger, oder in den Kulturstädten des Südens und Südwestens die rohesten Adobe- oder Lehmhütten vorzufinden. Da auch die Fabriken durchweg im allgemeinen nicht auf einen einzelnen Stadtteil beschränkt sind,

sondern sich über die ganzen Ortschaften ausdehnen, so ist auch
die Arbeiterbevölkerung gewöhnlich nicht in bestimmten Gegenden
zusammengedrängt; ihre Häuser stehen vielmehr oft mitten unter
denen der Begüterten.

Das Streben jedes verheirateten Mannes ist es, sein
eigenes Heim zu haben, und zahllose verschiedenartige Gesell=
schaften kommen in allen Teilen der Union diesem Wunsche
entgegen, so daß es in der That jedem, der nur seine regel=
mäßigen Einnahmen hat, leicht gemacht ist, sich ein eignes
Haus unter den bequemsten Bedingungen zu bauen, zu kaufen,
oder zu mieten. Die einigermaßen gut bezahlten Arbeiter und
vollends die selbständigen Handwerker wohnen durchweg in
ihren eignen Einfamilienhäusern, die je nach dem Ort in dem
daselbst gebräuchlichsten Material, also aus Holz, Ziegelstein,
Adobe, Eisen und Steinpappe hergestellt werden. Sie sind
den englischen kleinen Landhäusern und Arbeiterhäusern sehr
ähnlich und haben auch in den gewerblichen Gegenden andrer
Länder Nachahmung gefunden. Je nach dem Bedarf des
Eigentümers oder Einwohners enthalten sie eine mehr oder
minder große Zahl von Wohnräumen, selten jedoch über fünf,
zu denen noch Küche und Bade= oder Waschraum kommen;
häufig sind sie auch mit kleinen Vorgärtchen und hinterem Hof=
raum versehen.

Im allgemeinen hält der amerikanische Arbeiter, der sein
eigenes Haus bewohnt, auf große Sauberkeit und sucht dasselbe
auch im übrigen gemütlich und hübsch einzurichten. Teppiche
in den Wohnräumen gehören in diesen Häusern zu einem bei=
nahe unentbehrlichen Requisit. Neben der Bibel findet man
überall eine mehr oder minder große Zahl von andern Büchern.
Zeitungen verstehen sich von selbst, doch wird auf dieselben
gewöhnlich nicht abonniert, sondern sie werden in den Straßen
gekauft. Für den Wandschmuck sorgen die vielen Fabriken von

Öldrucken und Farbendruckbildern, und wo in der Familie heranwachsende Töchter vorhanden sind, da wird meist auch die Musik gepflegt.

Die ärmeren Arbeiter, welche außer stande sind, die ziemlich geringe Miete für ein eignes Haus aufzubringen, müssen, wenn sie verheiratet sind, Unterkunft in den Tennementhäusern suchen, welche den europäischen großen Mietskasernen nachgebildet sind und zahlreiche Einzelwohnungen von ein oder zwei und drei Zimmern mit erforderlichem Nebengelaß und Küche enthalten. Die Einrichtung dieser Häuser, wie ihrer Wohnungen und Zimmer so wie die Ordnung und Reinlichkeit derselben hängt hauptsächlich von den Mietern ab. Gewöhnlich sind sie von den niedersten Schichten der arbeitenden Bevölkerung bewohnt und sehr unsauber. Daneben aber giebt es in den Großstädten jetzt auch solche Familienhäuser höheren Ranges, apartment- oder story houses, die von dem Mittelstande benutzt werden, unseren besseren Mietshäusern entsprechen und zum Teil sogar luxuriös eingerichtet sind; diese werden aber von den eingebornen Amerikanern so viel als möglich gemieden, dagegen vielfach von Deutschen bewohnt. Das rasche Wachstum der Großstädte bedingt indessen eine immer steigende Zunahme derartiger Häuser, die vielfach schon riesige Dimensionen annehmen. Um den Besuchern unnütze Mühe zu ersparen, sind in der Eingangshalle Sprachrohr= und Telephonleitungen angebracht, welche es den Besuchern ermöglichen, sich darüber zu vergewissern, ob die gesuchten Einwohner zu Hause und zu sprechen sind.

Noch niedriger als die Tennementhäuser stehen die Logierhäuser, in denen größte Armut und Unsauberkeit herrschen, und die zum Teil auch nur zur Unterkunft für die Nacht dienen. Diejenigen, welche selbst die hierfür erforderlichen Mittel nicht besitzen, benutzen die Nachtasyle der Polizeistationen,

die überhaupt sehr stark in Anspruch genommen, trotzdem aber
sehr sauber gehalten werden.

Neben den Apartmenthäusern sind die Boardinghäuser, die
Pensionen für Unverheiratete und für Familien, überall in
großer Zahl vorhanden. Ihre Einrichtung ist den Fremden-
pensionen der großen europäischen Städte ungefähr gleich;
sie haben Gesellschaftsräume verschiedener Art, gewöhnlich im
Erdgeschoß, zur gemeinsamen Benutzung aller Einwohner, doch
bestehen natürlich unter ihnen große Unterschiede hinsichtlich
ihrer inneren Ausstattung. Die echten Yankees freilich, denen
die Führung einer eignen Wirtschaft zu kostspielig oder zu
unbequem ist, vermeiden so viel als möglich die Pensionshäuser
und ziehen das Leben in den Hotels vor, die auch diesem
Zweck entsprechend eingerichtet und in beträchtlicher Zahl vorhanden sind.

Das Hotelleben, welches überhaupt von dem europäischen
in vielen Einzelheiten wesentlich abweicht, erhält dadurch noch
einen besonders eigenartigen Charakter.

Ganz abgesehen davon, ob sie nach echt amerikanischer oder
nach europäischer Art eingerichtet und geführt sind, entbehren
die Hotels, welche hauptsächlich dem Fremdenverkehr dienen,
vieler der Annehmlichkeiten, an welche der Europäer in ihnen
gewöhnt ist, und diejenigen, welche sich dort häuslich niederlassen, sind meist gezwungen, die von ihnen besetzten Räume
nach ihrem Geschmack zu möblieren. Denn das Hotelzimmer
ist, mit Ausnahme der in den bevorzugten Stockwerken liegenden und sehr teuren, im allgemeinen höchst ungemütlich und kahl,
es enthält nur die allernotwendigsten Möbel, ist sehr geräusch-
voll, dabei aber allerdings mit elektrischem Licht, Badezimmer,
Leitung für heißes und kaltes Wasser und mit einem
telegraphischen Apparat versehen, der es dem Bewohner ermöglicht, die verschiedenartigsten Dinge im Zentralbureau zu

bestellen — ob seine Wünsche erfüllt werden, ist dann freilich noch eine andre Frage, denn die Bedienung ist sehr mangelhaft und jede Dienstleistung muß überdies besonders bezahlt werden. Der Amerikaner betrachtet eben das Hotelzimmer — sofern er es nicht dauernd bewohnt, sondern nur als Reisender benutzt — ausschließlich als Schlafraum, nicht zum Aufenthalt, und demgemäß ist das amerikanische Hotel auch eingerichtet. Es ist im Erdgeschoß oder in dem ersten Stock, wo sich die Gesellschaftsräume befinden, ein Zimmer eingerichtet, das zur Erledigung der Korrespondenzen dient und in dem jedem alle erforderlichen Materialien gratis zur Verfügung stehen. Die Salons, Rauchzimmer, Spielzimmer stehen jedem Besucher offen und werden auch vielfach von Leuten, die im Hotel nicht wohnen, zum Aufenthalt benutzt, denn auch dem Gasthofsbesitzer geht jedes Gefühl von Kleinlichkeit ab. Ebenso stehen die Speisezimmer und namentlich der im Erdgeschoß befindliche Trinksalon Jedermann offen; denn da es die Sitte verbietet, in Gegenwart von Damen bei Tische irgend welche Weine oder Spirituosen zu genießen und man sich mit Eiswasser, Limonaden, Thee, Milch und ähnlichen Getränken begnügen muß, so ist in jedem Hotel ein Barroom eingerichtet. Dieses wird jedoch nur von Herren besucht, und hier kann sich jeder für die vor den Augen der Damen geübte Enthaltsamkeit auf das reichlichste entschädigen, was im allgemeinen denn auch in ausgedehntestem Maße geschieht. Dieses Trinkzimmer bietet allerdings auch Eßwaren, von denen der Gast so viel nehmen kann, als ihm beliebt, ohne dafür etwas zahlen zu müssen; bezahlt wird nur das Getränk, und auch hierin bekundet sich wieder die großartige Denkweise des Amerikaners. Er achtet nicht darauf, wenn ein hungriger Passant in dem Trinkzimmer vielleicht 20 Pfennig für ein Gläschen Bier bezahlt und daneben für einen Dollar ißt; denn er weiß, der echte eingeborne

Amerikaner wird diese Freiheit nur mißbrauchen, wenn er wirklich in großer Not ist, in jedem andern Fall würde sein Selbstbewußtsein und sein Stolz ihm das verbieten. Meist sind es denn auch nur Ausländer, welche diese Institution des Barroom zum Nachteil des Inhabers derselben ausnutzen. Andrerseits sind freilich auch die Getränkepreise so hoch, und es wird so viel getrunken, daß selbst der größte Mißbrauch bezüglich des freien Imbisses nicht in Betracht kommt.

In den Temperenzstaaten kann man in den Hotels natür= lich auch alle nur irgend erwünschten Getränke erhalten, und es gibt unter den Bediensteten mitleidige Seelen genug, welche dem Durstigen die nötige Anleitung geben, wie er sich in jedem Falle zu verhalten, wie er die gewünschten Dinge zu ver= langen hat und wo sich das eigentliche Trinkzimmer befindet.

In der großen Eingangshalle und den Räumen, die den Reisenden und den im Hotel dauernd Wohnenden zu allgemeiner Benutzung geöffnet sind, herrscht stets ein sehr reges Leben; denn selbstverständlich dienen sie auch zum Empfang aller derjenigen, welche die im Hotel Wohnenden zu besuchen kommen. Keinem Amerikaner würde es einfallen, einen Gast in seinem Zimmer zu empfangen.

Das Geschäftshaus ist seinem Zweck entsprechend auf das praktischste eingerichtet. Es entbehrt in seinem Äußern wie in seinem Innern, so weit es sich nicht um offene Läden handelt, mit Ausschluß der Banken, im allgemeinen jeder Gemütlichkeit und jedes anderweitigen Reizes.

Die Steigerung der Bodenpreise in den Großstädten und Handelsmetropolen wie die Unmöglichkeit der Ausdehnung der den geschäftlichen Zwecken dienenden Baulichkeiten in die Breite sind Veranlassung geworden, daß man ihre Höhe be= ständig gesteigert hat, und so sind allmählich sechs= dann zehn=, zwanzig= und dreißigstöckige Bauten von riesiger Ausdehnung entstanden, jene Hausungetüme, die das Erstaunen und das Mißfallen der Fremden erregen.

Diese im Volksmunde Skyscraper (Himmelkratzer) genannten Bauwerke, die zuerst in New-York entstanden, dann aber in Chicago ihre bis jetzt größte Höhe erreichten und in beträcht= licher Zahl gebaut worden sind, um nun auch in allen andern Großstädten Nachahmung zu finden, bilden mit ihren Hunderten von Bureaux und ihrer nach Tausenden zählenden Tagesbe= völkerung — denn sie dienen durchweg fast nur für geschäftliche Zwecke und nicht zu Wohnungen — gewissermaßen selbständige Ortschaften, innerhalb deren man alles haben kann, was zum Leben erforderlich ist. Ja manche von ihnen enthalten sogar Hotels, Theater und Konzertsäle von bedeutender Ausdehnung. Die größten derselben nehmen den Raum ganzer Straßenblocks ein und haben Kapitalien von vielen Millionen Dollar zu ihrem Bau erfordert. Überdies waren im Hinblick auf die Lasten der ver= wandten Materialien und die Menge ihrer Bewohner auch große technische Schwierigkeiten verschiedenster Art zu über= winden, damit sie die erforderliche Festigkeit erhielten, gut ven= tiliert, in allen ihren Teilen hell erleuchtet und mit den erforder= lichen Heizvorrichtungen, elektrischen Leitungen und Verkehrs= mitteln versehen und gegen Feuersgefahr soweit wie irgend möglich geschützt wurden. In den verschiedenen Eingangshallen zeigen stumme Portiers die in den betreffenden Abteilungen befind= lichen Geschäfte und Bureaux unter genauer Angabe der Stock= werks= und Zimmernummern an, und eine Reihe von Aufzügen dient zur Vermittelung des Verkehrs. Um bei Riesenbauten von zwanzig und mehr Stockwerken aber den Zeitverlust zu verhüten, den das Anhalten in jedem einzigen bedingen würde, stehen den Be= suchern der höchsten und der mittleren Stockwerke solche Aufzüge zur Verfügung, die in den untersten Etagen überhaupt nicht halten, während andere nur für den Verkehr mit diesen dienen.

Alles dies ist so genau geregelt und angegeben, daß die Be=
nutzung der lifts keinerlei Schwierigkeiten bietet, der Besuch
selbst der am entferntesten gelegenen Teile sehr bequem gemacht
und jeder Zeitverlust vermieden wird, da die Masse der im
ganzen vorhandenen Aufzüge der Größe und dem riesigen
Verkehr jedes Gebäudes entspricht und die Bewegung der
Fahrstühle eine außerordentlich schnelle ist.

Die flachen Dächer dieser Gebäuderiesen dienen zum Teil
zu Gartenanlagen und gewähren bei ihrer bedeutenden Höhe
von zuweilen 400 bis 500 Fuß über dem Erdboden einen
vorzüglichen Ausblick auf die betreffenden Städte.

Zum Bau dieser Mammuthäuser werden nur die besten und
festesten Materialien und zwar in der Hauptsache Stahl und Cement
verwendet. Die Außenmauern der unteren Stockwerke werden
überdies, um den entsprechenden, tief gelegenen Fundamenten,
die gleichfalls aus stählernen Schienen, Pfeilern und Säulen
bestehen, noch größeren Halt zu verleihen, in dauerhaftem
Sandstein oder Granit ausgeführt, während die oberen
aus leichterem Material hergestellt und nur in ihrer äußeren
Erscheinung und Farbe den unteren angepaßt werden.

Der Grundtypus des eigentlichen amerikanischen Wohn=
hauses ist das alte englische und früher in den Vereinigten
Staaten ausschließlich benutzte Einfamilienhaus, das ja natür=
lich je nach dem Reichtum und dem Geschmack seines Besitzers
die denkbar verschiedensten architektonischen Formen und eine
beliebige Ausdehnung erhalten kann. In den Großstädten frei=
lich, und da wo der Grund und Boden so enormen Wert erlangt
hat, daß es selbst den Bemittelten nicht möglich ist, die üblichen
Maße zu überschreiten, in den geschlossenen Häuserreihen der
Straßen also weist es äußerlich meist eine so feststehende
typische Form auf, daß es häufig nur durch die Nummer
von seinen Nachbarn zu unterscheiden ist, der Anblick dieser

gradlinigen Straßen ist daher ein furchtbar monotoner. Nur in den Villenvierteln nimmt das Wohnhaus, wenngleich immer von derselben Grundform ausgehend und stets nur für eine Familie bestimmt, einen individuellen Charakter an.

Wurde es ursprünglich fast nur aus Holz erbaut, so sind im Laufe der Zeit an Stelle desselben auch andere Materialien getreten, doch selbst in dem rauhen Massachusetts, wo es an guten Steinen nicht mangelt, zieht man für die Villen gewöhn= lich noch ersteres vor. In New=York dagegen wird mit Vorliebe der braune Sandstein neben den Ziegeln in großer Masse ver= wandt, obgleich derselbe sich als höchst unbrauchbar und sehr wenig widerstandsfähig gegen die atmosphärischen Einflüsse erwiesen hat. Die Reichen verwandten und verwenden für ihre Wohn= häuser und Paläste im Broadway, in der 5. Avenue und den übrigen vornehmen Straßen andere Sandsteine, Granit und großenteils sogar Marmor. In Pennsylvanien überwiegen die Ziegelsteine, in andern Staaten aber werden zum Ersatz des Holzes die am bequemsten zu erlangenden Steinarten benutzt, doch darf man sagen, daß im allgemeinen die Zahl der in Holz er= bauten Wohnhäuser noch überall bei weitem die derjenigen übertrifft, welche aus andern Materialien hergestellt werden. Die amerikanischen Bauhölzer nehmen es auch an Widerstands= fähigkeit mit vielen Steinarten auf.

Die innere Ausstattung des amerikanischen Wohnhauses zeigt unter geschichtlicher Betrachtung vielleicht deutlicher als irgend eine andere Kulturerscheinung die Wirkungen des Wandels der Zeiten, die rasche und ungeheure Steigerung des Nationalwohlstandes, das Wachstum der Lebensansprüche und die dadurch erhöhte Verteuerung des standard of life, der Lebensführung. Hat die äußere Form des Wohnhauses sich im Laufe des verflossenen Jahrhunderts kaum geändert, so ist sein Inneres dafür gänzlich umgestaltet worden und die einstige Einfachheit und Bescheidenheit der Ausstattung ist dem raffiniertesten Luxus gewichen. In den kleinen Städten und auf dem Lande findet man freilich noch das prachtvoll gefärbte Herbstlaub zum Schmuck der Gardinen, der Thürbekrönung und wo es sonst zur Geltung gelangen kann, verwendet; dort und in den Häusern der Familien des Mittelstandes sieht man noch die Bilder, die Nippsachen, alle die vielen bescheidenen Zierraten und Ornamente früherer Zeiten. In den Wohnungen derjenigen jedoch, welche Anspruch darauf machen, zur besseren Gesellschaft gerechnet zu werden, ahmt man die Ausschmückung der Häuser der Reichen nach, so gut es geht, und die moderne Industrie liefert ja so vorzügliche Imitationen kostbarer kunst= gewerblicher und künstlerischer Erzeugnisse aller Zeiten, daß es oft schwer ist, in der Entfernung das Unechte von dem Echten zu unterscheiden.

Die jetzt für die Ausschmückung der Wohnräume zur Gel= tung gelangte Geschmacksrichtung strebt nach Erzielung künst= lerischer Harmonie unter Hervorkehrung der individuellen Eigen= art der Bewohner. Wenngleich die allmächtige Mode auch in diesem Punkte vielfach maßgebend ist, und in jedem Hause die Dinge vorhanden sein müssen, welche von ihr gerade als unerläßlich für jeden Salon, jedes Speisezimmer, jedes Wohn= zimmer erklärt worden sind, wenngleich die Grundlinien ge= geben sind, von denen bei der Hauseinrichtung nicht abgegangen werden darf, so sind gegenwärtig doch alle individuellen, von selbständigem Kunstgeschmack zeugenden Abweichungen nicht nur gestattet, sondern werden sogar als Äußerungen desselben sehr hoch geschätzt.

Während man vor einigen Jahrzehnten die Gesellschafts= räume mit Raritäten aus aller Herren Ländern wie mit Möbeln derart überfüllte, daß die Bewegung stark behindert war, während gleichzeitig und auch später noch unter dem Einfluß des

plötzlichen riesigen Wachstums des Geldbesitzes das Prunken
mit demselben Mode war, Gold, Kostbarkeiten, die schwersten
Brokatstoffe und schreiende Farben den Reichtum des Hausbe=
sitzers bekunden sollten, während endlich vor einem Jahrzehnt die
stilvolle Einrichtung in dem Geschmack irgend einer bestimmten
Kulturperiode und Kunstepoche, sei es der deutschen oder italie=
nischen Renaissance, des Zeitalters Louis XIV., oder XV, oder
des Empire Gebot wurde, machen sich jetzt in den vornehmsten
Häusern und gerade in denen der am feinsten Gebildeten ent=
gegengesetzte Strömungen geltend. Der zur Herrschaft gelangte
Grundsatz ist: größte Einfachheit aber verbunden mit unbe=
dingter Echtheit des kostbaren Materials und höchster Eleganz,
derselbe also, welcher auch für die Toilette der Damen
gilt. So werden in den reichsten Häusern zur Täfelung die
wertvollsten Hölzer aller Welt benutzt, die überdies womöglich
noch kunstvoll geschnitzt, oder musivisch zusammengesetzt, oder mit
Intarsien versehen sind; die Wände werden mit Tapeten von
gepreßtem wirklichem Leder, oder von dem teuersten Lyoner
Seidenbrokat, oder mit Gobelins versehen, die Decken von
Künstlern gemalt, oder mit Holzschnitzereien bekleidet, die Kacheln
des Kamins mit Handmalereien verziert, die Fußböden mit
den herrlichsten Teppichen des Orients bedeckt. Es muß alles
echt und gediegen, es darf nichts „for show“ nur zum An=
sehen sein, sondern alle für den Gebrauch bestimmten Gegen=
stände müssen auch wirklich demselben dienen können, es darf
nichts aus „shoddy“ Materialien, die zwar glänzend aussehen,
aber nichts taugen, gefertigt sein. Die Farbenwirkung aber
muß eine angenehme, ruhige sein, keine bunten Töne dürfen
die Harmonie derselben stören, alles Schwülstige, Prunkvolle,
Übertriebene, Auffällige muß sorgfältig vermieden werden. Der Ge=
samteindruck des Anblicks jedes Raumes wie des ganzen Hauses
muß das Gefühl der Behaglichkeit, der Gemütlichkeit wecken,

anheimelnd wirken und von vollendetem künstlerischem Geschmack zeugen. Der für jeden Kenner leicht ersichtliche große Wert der Ausstattung darf sich doch niemals in aufbringlicher Weise bemerkbar machen. Gleichartigkeit der Möbel ist mit Aus= nahme derjenigen des Speisezimmers niemals statthaft, doch muß alles gut zusammenpassen, Stilwidrigkeiten wie das Vorhanden= sein eines Schreibtisches im Empire= und eines davorstehenden Stuhles im gotischen Geschmack gelten natürlich als höchst un= passend. Die reinen Kunststile werden überhaupt jetzt ver= mieden, man strebt nach der Ausbildung eines eignen, selb= ständigen Geschmacks im Kunstgewerbe wie in den Künsten.

Brachte man noch vor einigen Jahren an allen Stühlen, Sophas und wo es sonst ging, Schleifen und Bänder an, so ist diese Mode jetzt aus den tonangebenden Häusern schon wieder gänzlich verschwunden.

Für Festlichkeiten, Diners und andere gesellige Veran= staltungen hält man darauf, die Empfangsräume besonders aus= zuschmücken, wobei Blumen und Blattpflanzen — denen über= haupt sorgfältige Pflege gewidmet wird — eine große Rolle spielen; jedoch werden auch kostbare Stoffe und Bänder dabei verwandt.

Der ungeheure Luxus, der in diesem Ausputz neuerdings getrieben wird, ist Veranlassung geworden, daß sich eine Klasse von Gewerbtreibenden gebildet hat, welche sich ausschließlich mit der künstlerischen Ausschmückung der vornehmen Häuser für festliche Gelegenheiten beschäftigt. Diese Personen wollen natürlich nicht mit den Tapezierern verwechselt und auf die gleiche Stufe gestellt werden, sie betrachten ihre Thätigkeit als eine höhere, durchaus künstlerische, und gewöhnlich sind es auch nur künstlerisch geschulte, von besonders feinem Kunstgefühl und Geschmack erfüllte Damen, welche sich dieser Aufgabe widmen und dafür auch vorzüglich bezahlt werden, allerdings müssen sie darauf bedacht sein, sich nie zu wiederholen, immer neue geschmackvolle Arrangements zu ersinnen, und darin leisten sie wie die Tapezierer in der That Erstaunliches.

Auf die künstlerische Ausstattung der Tafel bei festlichen Gelegenheiten wird ebenfalls sehr großes Gewicht gelegt, darin aber entspricht die neueste Mode freilich nicht ganz dem feinen Geschmack, der im allgemeinen sonst in dem amerikanischen Hause unumschränkt herrscht. In den letzten Jahren hat die Modelaune nämlich Einfarbigkeit in dem gesamten Auspuß der Tafel zum Geseß erhoben. So wird zum Beispiel der Blumen= schmuck bei einem gelben Dejeuner oder Diner nur gelb sein; in gleicher Farbe sind die Malereien der Tischkarten gehalten, die Servietten sind mit gelben Bändern gebunden, und der Speiseraum ist mit gelben Stoffen dekoriert. Eine solche Einheit der Grundfarbe wirkt wohl eigenartig, aber in zahlreichen Fällen doch in hohem Grade unschön, sodaß der anerkannt feine Geschmack der amerikanischen Damen wahrscheinlich auch bald mit dieser Mode brechen wird.

Dem im allgemeinen so ungemein hohen Bildungsbedürfnis der Amerikaner, vollends aber der Damen der höheren Gesell= schaftskreise, entspricht es, daß kein Haus, dessen Einwohner Anspruch darauf machen, zu diesen Kreisen gerechnet zu werden, einer mehr oder minder großen Bibliothek und eines besonderen Zimmers für dieselbe entbehrt. Diese Privatsammlungen sind zum Teil außerordentlich wertvoll, da es ja den reichen Amerikanern vergönnt ist, in aller Welt aufzukaufen, was sie nur immer begehren und was an seltenen Werken irgendwo auf den Markt kommt. In andern Häusern, in welchen das künstlerische Interesse das litterarische und wissenschaftliche über= wiegt, finden wir reiche Kunstsammlungen aller Art und ebenso kunstgewerbliche; aber während man vor Jahrzehnten verständ= nislos alle solche Dinge erwarb, wo sie sich boten, und man sie mehr nach dem Gelde schätzte, das für sie verlangt wurde als nach ihrem wirklichen Wert, wird jetzt auf jedem Gebiete mit einem überraschend feinen, von den gründlichsten Fachstudien zeugenden Verständnis gesammelt.

Ein Billard ist in jedem besseren Hause zu finden, und da der Raum des letztern zuweilen doch beschränkt ist, so dient es häufig auch als Eßtisch in dem Frühstücks- oder in dem gewöhnlichen Speisezimmer des Alltagslebens, da die Banden bei den dafür eingerichteten Billards mühelos mit wenigen Handgriffen nach Bedürfnis auf- und niedergeschroben werden können.

Wo das Haus im Garten gelegen ist, oder sich an seine Rückseite ein solcher anschließt, wird diesem, gemäß der ausgesprochenen Naturliebe der Amerikaner, große Aufmerksamkeit zugewendet, und selbst wo nur ein kleines Vorgärtchen vorhanden, werden die wenigen darin unterzubringenden Pflanzen mit größter Liebe gepflegt, ebenso wie die im Innern der Wohnräume. In größeren Parks darf ein Lawn Tennis-Platz nicht fehlen, da die Vorliebe für alle Arten von Bewegungsspielen selbst bis in die höchsten Gesellschaftskreise hinauf sehr groß ist.

Daß im Süden bei der üppig wuchernden Pflanzenwelt und der viel geringeren Ausnutzung des Bodens als im Norden die Gartenpflege ganz besonders ausgebildet und bei der Naturliebe und dem feinen Kunstsinn der Frauen auch das Äußere des Hauses nicht vernachlässigt, sondern mit schönen Schlingpflanzen bezogen wird, die in ihrer vollen Entwickelung und Blütenpracht den Reiz der ohnehin gewöhnlich sehr geschmackvollen, mit Veranden umgebenen Villen bedeutend erhöhen, bedarf kaum der Erwähnung. Aber auch im kalten Norden Neuenglands werden die Traditionen der ursprünglichen Heimat in dieser Beziehung wie in so vielen andern heilig gehalten, und manche Wohnhäuser der residence quarters

jener Städte gleichen den von wildem Wein und andern
Rankengewächsen bekleideten schönen Landhäusern Altenglands.

Die gesamten Einrichtungen des Familienhauses sind natür=
lich so praktisch als möglich, und dabei sucht man vor allem
das eigne Heim möglichst gemütlich zu machen.

Die Wirtschaftsräume befinden sich gewöhnlich im Souterrain
und dort ist auch in vielen Häuser ein Speisezimmer für das
Alltagsleben eingerichtet, während das große für Gesellschaften
im Parterre gelegen ist, das überhaupt die Empfangs= und
Wohnräume umfaßt. Die ungeheure Raumverschwendung, welche
die alleinstehenden Villen aufweisen, ist natürlich in den Reihen=
häusern der Stadtstraßen meist ausgeschlossen. In ersteren
aber sind häufig große Zimmer vorhanden, in denen im Sommer
nicht nur die sämtlichen Winterkleider der Familie, sondern
auch die Portieren und Teppiche frei aufgehängt, im Winter
dagegen die Sommersachen untergebracht werden.

Besonders praktisch sind die großen, zuweilen die ganzen
Wände einnehmenden, in diese eingelassenen Schränke, welche
überall angebracht werden, wo sie nötig sind und für die Auf=
bewahrung von Kleidern, Wäsche, Geschirr und Vorräten aller
Art eingerichtet sind.

Neuerdings hat man begonnen, die Küche in das oberste
Stockwerk zu verlegen, namentlich ist dies in vielen großen
Häusern, Hotels und Klubgebäuden geschehen, um zu verhindern,
daß die Wärme und die Gerüche der Küche sich durch das
ganze Haus ziehen.

In den meisten Räumen ist das System der Zentralheizung
angewandt, deren Herd sich im Souterrain befindet; sie liefert
auch das warme Wasser, mit dem die Küche, der Baderaum
und die Zimmer, in denen es erforderlich ist, neben dem kalten
durch besondere Leitungen versehen werden.

Der erste Stock ist gewöhnlich durch die Schlafzimmer,

22*

Kinderzimmer und Arbeitsräume in Anspruch genommen, während
das Dachgeschoß die Zimmer für die Bedienung, Vorrats=,
Bodenräume und dergleichen enthält.

Erleichtern die bequemen Einrichtungen des amerikanischen
Hauses und die allgemeine Benutzung des Telephons das Wirt=
schaften in hohem Grade, nehmen auch die Hausherren den
Damen noch viele Geschäfte ab, indem sie statt letzterer Be=
sorgungen und Bestellungen auf dem Markt und bei den
Lieferanten übernehmen, so bietet doch die Dienstbotenfrage
sehr große Schwierigkeiten und verteuert die Führung des
Haushalts sehr bedeutend, um so mehr als die vornehmen
Damen sich um die Küche im allgemeinen nicht viel kümmern,
dies auch nicht einmal können, wo perfekte Köchinnen oder
Küchenchefs ihres Amtes walten. Die Löhne, welche den
Dienstboten gezahlt werden müssen, sind im Vergleich zu den
europäischen außerordentlich hoch, und wenn die Leute dafür
auch sehr viel mehr leisten als ihre überseeischen Kollegen und
Kolleginnen, so wollen sie doch sehr vorsichtig behandelt sein.

Eingeborne Amerikaner und Amerikanerinnen halten es für
unvereinbar mit ihren Bürgerrechten, sich dem Willen andrer
Bürger und Bürgerinnen unterzuordnen, sie betrachten, wenn sie
sich dazu herablassen, in ein Dienstverhältnis einzutreten, sich
doch ihren Herrschaften als gleichstehend und an sie durch
Vertragsverhältnis nur so weit gebunden, als sie für den ihnen
bewilligten Lohn wie in jedem andern Geschäft die entsprechende,
genau bestimmte Arbeit übernehmen, ohne in ihrer individuellen
Freiheit irgendwie beschränkt zu sein. Zu andern Hilfs=
leistungen, als zu denen sie sich verpflichtet haben, sind sie
höchstens bereit, wenn dieselben besonders bezahlt werden. Die
Irländer und Deutschen waren früher beinahe die einzigen,
welche, allerdings bei sehr viel höherem Lohn, Stellungen wie
die unsrer deutschen Dienstboten einnahmen, aber auch sie sind

mit der Zeit anspruchsvoller geworden. Im Süden erweisen sich die Neger als die brauchbarsten Elemente hierfür. Im Westen waren dagegen in den vornehmeren Häusern Chinesen als Köche sehr hoch geschätzt und wurden auch sonst zur Bedienung verwandt, die Antichinesengesetze haben aber auch dort, namentlich in San Francisco erschwerend gewirkt, und wo jetzt die Mongolen noch ihre früheren Stellen einnehmen, da lassen sie sich auch gut bezahlen. Livreen anzulegen, sind vollends eingeborne Amerikaner nicht zu bewegen, aber auch fremdländische Kutscher und Bediente sträuben sich meist dagegen. Trinkgelder sind in echt amerikanischen Häusern unbekannt; die Dienstboten würden das Angebot derselben als eine Beleidigung und schwere Verletzung ihrer Bürgerehre betrachten, aber auch die Hauseigentümer würden diese Anschauung teilen.

Wo indessen auch die besten Dienstboten vorhanden sind, müssen die Herrschaften sich doch gewisse Dienste selber leisten, die in Europa den ersteren obliegen. Es wird namentlich das Stiefelputzen meist unter der Würde jedes dienstbaren Geistes im Hause wie im Hotel betrachtet. Dies Geschäft wird ausschließlich den in den Straßen postierten Knaben und Männern überlassen, welche daraus ein Gewerbe machen, das sie auch in eigens von ihnen dazu eingerichteten Salons betreiben. Wer unbedingt vor dem Verlassen seines Hauses und ehe er zu dem nächsten Stiefelputzer kommt, sein Schuhzeug gereinigt haben will, muß daher gewöhnlich selbst zur Bürste greifen. Doch Hausherr, Hausfrau und alle übrigen Familienglieder können auch sonst sehr leicht in die Lage kommen, sich selbst bedienen zu müssen. Denn da im allgemeinen eine Kündigung und die Einhaltung einer bestimmten Frist für dieselbe nicht üblich sind, so ereignet es sich häufig genug, daß die Dienstboten bei dem geringsten Anlaß, den sie zur Unzufriedenheit zu haben glauben, ihre Stellung ohne weiteres aufgeben und das Haus ganz unversehens verlassen, unbekümmert natürlich um die große Verlegenheit, in die sie die Herrschaft durch ihren plötzlichen Weggang versetzen.

Der große Geldaufwand, den das Halten selbst nur eines einzigen Dienstmädchens in Amerika bedingt, ist, wie früher schon bemerkt, einer der Gründe, weshalb viele Familien über= haupt auf ein eignes Heim verzichten, lieber im Hotel wohnen und so häufig reisen. Er ist aber auch eine der Ursachen, daß die Zahl der Heiraten in dem Maße abnimmt, wie die Er= werbsverhältnisse schwieriger werden.

Das Haus, seine Einrichtungen und der Haushalt der Mitglieder der höheren, wohlhabenderen Gesellschaftsklassen, wie wir sie im Vorstehenden flüchtig skizziert haben, sind in ge= wissem Sinne auch maßgebend für die der Familien der weniger begüterten Stände. Denn diese suchen bis hinab zu den Arbeitern doch die in den oberen Kreisen herrschende Geschmacksrichtung zu befolgen und in den Einrichtungen ihrer Häuser dieselbe nach= zuahmen. Statt der teuren soliden Stoffe und Materialien werden aber nun natürlich hierbei in zahlreichen Abstufungen weniger gute und billigere, wie Imitationen und sonstige Mittel angewandt, welche geeignet sind, den Schein des Wohl= standes zu wahren und im Beschauer den Glauben zu wecken, daß die Einrichtungen besser als diejenigen sind, zu welchen die verfügbaren Gelder thatsächlich nur ausreichen.

Der Schein spielt ja eben in den Vereinigten Staaten auch eine bedeutende Rolle, weil er den Kredit des Individuums im öffentlichen Leben und Verkehr doch mehr oder minder bedingt, und jeder daher gezwungen ist, ihm innerhalb wie außerhalb des Hauses zum Teil sehr große Opfer zu bringen, so enorme oftmals, daß die Verhältnisse des Individuums da= durch zerrüttet werden.

Das häusliche, das Familienleben hängt so ganz von der

Individualität seiner Leiter und namentlich vom Charakter der Frau ab, daß Allgemeines darüber kaum zu sagen ist.

Wo geordnete solide Erwerbsverhältnisse bestehen, und die Haushaltsführung annähernd den regelmäßigen Einnahmen angepaßt ist, da pflegt auch das häusliche Leben ein glückliches, gesundes und angenehmes zu sein. Wo dieser Ausgleich fehlt und die Frau zu große Ansprüche macht, der Mann aber durch gewagte Spekulationen beständige Schwankungen im Erwerb erzeugt oder dem Spiel und dem Trunk huldigt, da wird auch die Eintracht des häuslichen Lebens gestört, und einer der größten Schädiger desselben ist das Vereins= namentlich aber das Klub= leben, welches letztere überall da, wo es zu hoher, glänzender Entwickelung gelangt, zersetzend auf die öffentliche Moral und auf das soziale Leben einwirkt. Das Klubleben ist aber gerade in den Vereinigten Staaten außerordentlich stark ausgebildet und gewährt den Männern so viele Annehmlichkeiten, daß es die unverheirateten häufig an der Gründung eines eigenen Herdes hindert, die verheirateten aber von demselben abzieht und dem Hause entfremdet.

Die ungeheure Zahl der Ehescheidungen spricht leider dafür, daß das häusliche, das Familienleben der Amerikaner nicht so ist, wie es sein sollte; wo es indessen ungestört ist, da mutet es den Beschauer auch freundlich an, namentlich so lange die Kinder noch nicht erwachsen sind und noch nicht ihren Sonder= interessen nachgehen. Herrscht zwar im amerikanischen Hause neben großer Gastfreundschaft eine angenehme Zwanglosigkeit, so geht dieselbe doch nicht so weit wie im häuslichen Leben mancher europäischen Völker, sondern wird durch die althergebrachte Etikette in Schranken gehalten. Der Amerikaner huldigt der Ansicht, daß Mann und Frau einander, aber auch die Kinder den Eltern gegenüber eine gewisse Achtung in ihrem Verhalten, namentlich aber in ihrer äußeren Erscheinung

und ihrer Kleidung schuldig sind. So wird im Wohnzimmer,
besonders aber im Speisezimmer, bei den Mahlzeiten eine
Nachlässigkeit, wie sie anderwärts im Familienkreise häufig
üblich ist, als unvereinbar mit der nötigen Wertschätzung der
Familienglieder gegen einander betrachtet und in echt ameri=
kanischen angelsächsischen Kreisen ganz entschieden vermieden.
Der Mann will, wenn er aus seinem Geschäft oder von der
Arbeit kommt, Frau und Kinder in kleidsamer Tracht sehen,
und er selbst vertauscht dann seine gewöhnlichen Kleider, die
er im Bureau oder im Fabrikraum trägt, gegen bessere, saubere.

Überhaupt wird auf Reinlichkeit bis in die niedersten
Schichten streng gehalten. In größeren Haushaltungen werden
auch die weiblichen Kinder daran gewöhnt, durch Übernahme von
bestimmten Arbeiten und durch Verwaltung gewisser Zweige des
Haushalts, wohl auch durch Führung desselben sich Einblick
in ihn zu verschaffen. Doch geschieht das mehr in den mitt=
leren als in den oberen Gesellschaftskreisen.

Im allgemeinen wird den Kindern, den herrschenden Er=
ziehungsgrundsätzen gemäß, sehr große Freiheit gewährt, und
gerade hierin ist einer der vielen Gründe für einen Mangel im
Empfindungsleben der Amerikaner zu suchen. Ein warmer, tiefer
Familiensinn geht ihnen ja im großen und ganzen ab. Das Kind
wird von seiner Geburt an zur Selbständigkeit, zur Selbsthilfe
erzogen, es erwächst unter der Herrschaft der demokratischen Welt=
anschauung, die jedem Individuum seine Freiheit, seine Selbst=
bestimmung, seine Rechte und seine Pflichten zum Bewußtsein
bringt. Das Kind entwickelt sich demgemäß, bewegt sich, han=
delt, wie es ihm beliebt, und beginnt daher sehr früh seinen Sonder=
interessen nachzugehen; tritt es dann in das Leben der Außen=
welt ein, so wird es durch seine Arbeit, durch sein Ringen
um Erwerb seiner Familie rasch entfremdet und zwar infolge
der großen Beweglichkeit des Amerikaners, der riesigen Ent=

fernungen und der ungeheuren Anforderungen an die Schaffens=
kraft eines jeden zum Teil so nachdrücklich, daß in mittleren
und höheren Lebensjahren die Glieder einer und derselben
Familie, wenn sie nicht zufällig in der Nähe geblieben sind,
sich meist vollständig aus dem Auge verloren haben und einander
ganz fremd geworden sind. Dieses Gefühlsleben geht ja
dem eingeborenen Amerikaner überhaupt ab; das einseitige, ehr=
geizige Ringen nach Erwerb und nach großen praktischen Resul=
taten hat es bisher nicht zur Entwickelung gelangen lassen.

An diesem Mangel krankt das häusliche Leben, das im
übrigen, wo es durch äußere Umstände nicht gestört ist, ein
harmonisches und schönes ist und die Tugenden des Amerikaners
und der Amerikanerin, die vielen guten Seiten ihres Charakters,
aber auch den geringen Idealismus, den sie besitzen, zu
vollstem Ausdruck bringt.

Kapitel X.

Soziales Leben. Verkehrswesen.

In einem Lande von so riesiger Ausdehnung wie die Ver=
einigten Staaten, die alle Klimate aufweisen, wo so
viele verschiedenartige Elemente zusammenwirken, kann von einer
Einheitlichkeit der Erscheinungen des sozialen Lebens, der sozialen
Kultur füglich nicht die Rede sein. Eines der Hauptmerkmale
für die Beurteilung derselben bildet jedoch überall die Stellung
der Frau, und in dieser Hinsicht zeigen Nord und Süd, West
und Ost allerdings eine völlige Übereinstimmung. In allen Teilen
der Union genießt das weibliche Geschlecht eine Hochschätzung,
die oft an Kultus grenzt und die bei keinem andern Volke so
allgemein und in so hohem Grade angetroffen werden kann.
Ist also die Stellung der Frau in einem Lande maßgebend
für den Höhegrad der erreichten Kultur, so wäre die letztere
nirgends größer als in den Vereinigten Staaten; es zeigt sich aber
auch hier wieder, daß man Erfahrungsthatsachen, selbst wenn
sie durch noch so viele Beweise erhärtet sind, doch nicht ohne
Beschränkungen zum Range allgemein gültiger, unumstößlicher
Kulturgesetze erheben darf; denn so hoch die Amerikaner auch

auf vielen Gebieten der Kultur emporgestiegen sind, so haben sie doch auf manchen andern auch noch vieles nachzuholen.

Die außerordentlich große Hochschätzung des weiblichen Geschlechts hat eben auch ihre wichtigen historischen Ursachen und ist nicht ausschließlich ein Produkt der allmählichen Kultur=entwickelung und langsamen Steigerung der Rücksichtnahme gegen die Frauen.

Als die erste Kolonie auf amerikanischem Boden gegründet wurde, Virginien, da waren es nur Männer, die sich dort niederließen; um aber daselbst einen festen Bevölkerungsstamm zu schaffen, sah sich die London Company genötigt, 1621 und später noch große Scharen von jungen Mädchen, die sich dazu bereit erklärten, nach Amerika zu überführen, wo sie von ihren Bewerbern um den auf 120 bis 150 Pfund Tabak normierten Fahrpreis zum Zwecke der Ehelichung erworben wurden. Frauen waren und blieben aber auch später in Amerika immer in der Minderzahl, da ihre Einwanderung weit hinter der der Männer zurückblieb. Auch bei der Kolonisation des fernen Westens be=teiligten sich Frauen bis in die Gegenwart hinein nur in geringer Zahl, und wo sie erschienen, waren sie viel umworben und als die Gattinnen der Pioniere hoch geschätzt.

Da aber die ersten Einwandrer wie die Mehrzahl der späteren sich doch, wie das mehrfach erwähnt worden, aus Elementen der allerniedrigsten Gesellschaftsklassen zusammen=setzten und überwiegend Leute von sehr rohen Sitten waren, so sahen sich die amerikanischen Kolonialregierungen schon frühzeitig infolge schlimmer Erfahrungen gezwungen, das weibliche Ge=schlecht durch strenge Gesetze gegen alle und jede Ungebührlich=keiten seitens der Männer zu schützen. Auf solche Weise wurde den letztern im Laufe der Jahrzehnte und der Jahrhunderte die gute Sitte und die den Frauen gebührende Achtung aufgezwungen, so daß sie zu allgemeiner Herrschaft gelangt und vollstän=

dig in das Pflichtgefühl und die nationale Anschauungs=
weise der Amerikaner übergegangen ist. Die Hochschätzung der
Frauen wird nun von ihnen als etwas ganz Selbstverständliches
betrachtet und überall und bei jeder Gelegenheit bekundet, und die
geringste Verletzung dieses allgemeinen Sittengesetzes wird denn
auch von jedem nicht in Verrohung versunkenen eingeborenen
Amerikaner auf das entschiedenste getadelt, kurzer Hand bestraft
und vorkommenden Falls von den Gerichten einer schweren Sühne
unterworfen. Jeder Frau wird überall und unter allen Umstän=
den der Vorrang und Vortritt vor allen Männern gelassen; sie
wird in jedem Landsmann einen unbedingten und zuverlässigen
Beschützer ihrer Ehre finden. Aus diesen Gründen ist sie zur
unumschränkten Herrscherin des sozialen Lebens geworden und
übt als solche einen mächtigen Einfluß auf das letztere aus.
In ihrer Anwesenheit zu rauchen, berauschende Getränke zu ge=
nießen, sich laut oder sonstwie unschicklich zu benehmen, oder mit
erhobener Stimme zu sprechen gilt überall als Verletzung der
feinen Sitte. Diese aber wird in allen Kreisen der amerikanischen
Bevölkerung bis zu den niedrigsten hinunter so genau befolgt,
daß das gesamte öffentliche und soziale Leben dadurch seinen
Grundcharakter erhält und sich vor dem mancher andern Kultur=
völker sehr vorteilhaft auszeichnet.

Diese außerordentliche Hochachtung vor dem weiblichen Ge=
schlecht bedingt darum aber keineswegs eine Prüderie, wie sie
zum Beispiel in England großenteils und auch in andern
Ländern herrscht. Das Mädchen wird ebenso erzogen wie der
Knabe, lernt dasselbe wie dieser, es wird von den frühesten
Kinderjahren an zur Selbständigkeit angehalten und erwirbt die=
selbe bis zu dem Grade, den das sorgfältig entwickelte Takt=
gefühl und die weiblichen konventionellen Sittengesetze gestatten.
Eine über die europäischen Begriffe von der Zulässigkeit
solcher Selbständigkeit und Zwanglosigkeit weit hinausgehende

Freiheit des Verkehrs der jungen Mädchen mit jungen Männern, wie sie sich besonders in der viel getadelten „Flirtation" äußert, findet ihre Schranke in dem festgewurzelten weiblichen Schicklichkeitsgefühl. Es fällt den Eltern nicht ein, ihre Töchter in ihrem Vergnügen zu behindern; denn sie selbst sind jung gewesen und kennen die bestehenden Gesetze, mit denen sie auch ihre Kinder bei Zeiten bekannt gemacht haben. Sie zählen unbedingt auf die Klugheit und Zuverlässigkeit der Mädchen und überlassen es ihnen, den Zeitpunkt zu bestimmen, wann sie diesem ungezwungenen Leben ein Ende machen und sich vermählen wollen, und stellen ihnen dann die Wahl anheim.

Die junge Amerikanerin ist im allgemeinen von keiner Sentimentalität beherrscht, die sie veranlassen könnte, ihren momentanen Gefühlen die Zügel schießen zu lassen; sie folgt im Gegenteil immer nur ihrem kühl berechnenden Verstande und handelt demgemäß, denn sie will auch als Gattin ihre Unabhängigkeit wahren, will mit ihren vielen Freunden ungezwungen verkehren und in ihrem Thun und Denken nicht durch den ihr geistig meist untergeordneten Mann beschränkt sein; sie will so viel als irgend möglich ihr Leben genießen, ihrer Freude am Luxus fröhnen und durch häusliche Pflichten nicht an der Verfolgung ihrer litterarischen, wissenschaftlichen oder künstlerischen Bestrebungen verhindert sein; sie will glänzend und gemächlich leben, sich bewegen und reisen, so viel sie wünscht — und um alles das zu können, muß sie ihre endgültige Wahl mit großer Sorgfalt treffen. Daß sie sich trotzdem immer noch sehr häufig verrechnet, dafür sprechen die zahllosen Scheidungen, für die in den verschiedenen Staaten zwar sehr abweichende gesetzliche Bestimmungen bestehen, die aber doch mit ebenso großer Leichtigkeit erlangt werden können, wie die Ehen geschlossen werden. Bemerkenswert ist es, daß die in späteren Lebensjahren von Frauen eingegangenen Ehen gewöhnlich sehr viel dauerhafter

und bei weitem glücklicher sind als die in der ersten Jugend=
frische, unter dem Einfluß größerer Leidenschaftlichkeit und da=
her geringerer Überlegung erfolgten Verbindungen.

Unter den gebildeten Mädchen wird aber die Neigung zum
Abschluß von Ehen neuerdings überhaupt geringer, weil sie als
die Trägerinnen der höheren allgemeinen Geistesbildung und
bei dem immer stärker hervortretenden Wunsch nach derselben in
den meist nur sehr mangelhaft gebildeten und fast ausschließlich
von materiellen Interessen erfüllten, häufig auch dem Trunk
ergebenen Männern nicht genügende Befriedigung finden.
Seitdem die Frauenbewegung große Dimensionen angenommen
und den Mädchen und Frauen in manchen Staaten bereits
weitgehende politische Rechte, in Wyoming zum Beispiel auch
das aktive und passive Wahlrecht für alle öffentlichen Ämter zu=
gestanden, seitdem ihnen zahllose Erwerbszweige eröffnet worden
sind, die früher den Männern allein zugänglich waren, seitdem
sie ferner zu Hunderttausenden als Lehrerinnen und Beamte
im Staatsdienste Verwendung gefunden und sich, höherer be=
rufener Anerkennung gemäß, als solche ganz vorzüglich be=
währt und durch größte Zuverlässigkeit im Dienst besonders aus=
gezeichnet haben, ist die Abneigung gegen das eheliche Leben
langsam aber auch stetig gestiegen. Die großen materiellen
Erfolge, die sie als Ärzte, neuerdings in manchen Staaten
als Advokaten und Prediger, als Zollbeamte und als Geheim=
polizisten, ja sogar als Techniker und Ingenieure, wie als Erfin=
derinnen einer großen Reihe von praktischen Maschinen und
Verbesserinnen andrer älterer erzielt haben, tragen natürlich
immer mehr dazu bei, sie gegen das eheliche Leben einzunehmen,
das ihnen nicht annähernd die Sorglosigkeit, die Freiheit, ja
selbst den materiellen Wohlstand gewährt, den sie als unab=
hängige, ledige, ernst arbeitende Beamte, Gelehrte, Ärzte, Künst=

lerinnen, Schriftstellerinnen und in vielen andern Berufsarten finden.

Von Kindheit an verwöhnt durch ihre Umgebung, überhäuft von ihren Verehrern mit allem, was sie begehren, meist höchst unwirtschaftlich und verschwenderisch, ohne Interesse für den Haushalt und ohne Kenntnis der Pflichten desselben, suchen die jungen Damen der höchsten und reichsten Stände in der Ehe nur die Befriedigung des Ehrgeizes, ein glänzendes Haus zu führen, Gegenstand der Bewunderung der großen Gesellschaft und Beherrscherinnen der Mode zu sein. Das eheliche Leben leidet aber aus diesen Gründen auch in den höchsten Bevölkerungs= schichten und wird häufig als eine Last betrachtet, deren Druck die Damen sich so weit als möglich zu entziehen suchen. Kinderlosigkeit ist in diesen Kreisen ziemlich gewöhnlich, dagegen ist die Adoption mehrjähriger Kinder so gebräuchlich geworden, daß sich in neuerer Zeit infolge dessen eine Klasse von Ge= werbetreibenden gebildet hat, die der stetigen Nachfrage nach adoptionsfähigen Kindern entsprechen und sich dabei sehr glän= zend stehen.

Kinderlosigkeit ist aber überhaupt jetzt eine so sehr gewöhn= liche Erscheinung, besonders in den Neuenglandstaaten, daß sie im Verein mit der stetig wachsenden Verminderung der durch= schnittlichen Lebensdauer, der Steigerung der Todesfälle und der zunehmenden Anämie der Frauen die gerechte Besorgnis der diese Erscheinungen verfolgenden Patrioten erregt, weil bei einer Fortdauer dieser Zustände das Aussterben der Nachkommen der neu=englischen Stammbevölkerung in nicht sehr langer Zeit ab= zusehen ist. Neben manchen andern Umständen trägt die ein= seitige übermäßige Anstrengung der Geisteskräfte und der Ge= hirnthätigkeit der weiblichen Jugend aber überhaupt dazu bei, dieselben physisch zu schwächen, und so sehr die jungen Mädchen und Frauen durch ihre Schönheit und die außerordentliche

Feinheit ihres Geschmacks, die sich in ihrer Toilette immer bekundet, die Männerwelt entzücken und anziehen, so tragen sie
doch auch durch ihre zunehmende Schwächlichkeit dazu bei, ihre Be-
wunderer der Ehe mehr und mehr abgeneigt zu machen. Die ihnen
an Bildung, Anmut, Feinheit des Benehmens und Energie des
Charakters zum großen Teil weit nachstehenden Töchter der
Deutsch-Amerikaner, Engländer und Iren zeichnen sich doch vor
ihnen durch physische Kraft und schönere, vollere Formen meist aus.
Sie alle aber, mögen sie abstammen, von wem sie wollen, sind
heiteren Temperaments, stets zu Scherz und Spiel und jeder Art
von „fun" (Vergnügen) aufgelegt, und lieben das verhängnis-
volle', für die Männer aber sehr kostspielige „shopping",
das Besuchen der Kaufgeschäfte und Prüfen der neuesten
Modeartikel, das dann gewöhnlich auch mit Einkäufen endet, die
selten unbedingt erforderlich sind. Eines der beliebtesten Vergnügen ist das „Camping out", das Unternehmen von Exkur-
sionen, die sich oft auf Wochen ausdehnen und sich nach landschaftlich schönen Gegenden wenden. Bei diesen Excursionen haust man
in Zelten, und alles, was für die Dauer des Ausfluges an Lebens-
bedürfnissen, Vorräten, Kochgeschirr und Gerätschaften notwendig
ist, wird von Hause mitgenommen. Oft thun sich mehrere Familien zusammen, um gemeinsam die Annehmlichkeiten des ungezwungenen Land- und Waldlebens zur Erholung von dem
zum Teil sehr faden großstädtischen, konventionellen Gesellschafts-
leben zu genießen, alle Arten von Sport und Jagd zu betreiben und sich auf jede Weise harmlos zu vergnügen. Die
jungen Damen finden dann hauptsächlich ihre Freude daran, die
Wirtschaft zu führen, während die jungen Männer für Fische, Wild
und Geflügel sorgen, das Holz für das Feuer und das Wasser
für die Kochtöpfe herbeischaffen und die anwesenden verheirateten Damen sie dabei meist mit ihrem Rat unterstützen.

Ist ein längeres Lagerleben geplant, so werden gewöhnlich auch einige Dienstboten mitgenommen.

Die Damen der vornehmen Welt nehmen das Leben überhaupt sehr leicht, sie betrachten das Vergnügen als wichtigsten, wenn nicht ausschließlichen Zweck desselben, leben im Winter in ihrem Stadtpalais, verbringen den Sommer in den Modebädern an der Seeküste oder andern von der Gesellschaft gerade bevorzugten Orten, machen häufig Reisen und erwecken durch dieses Leben den Neid derjenigen, die weniger mit Glücksgütern gesegnet sind.

Der im Sommer meist recht ungemütliche Aufenthalt in den Großstädten bringt es überhaupt mit sich, daß, wer es nur irgend ermöglichen kann, an der See oder auf dem Lande Erholung sucht, oder nach Europa reist, was meist immer noch sehr viel billiger zu stehen kommt, als ein mehrmonatlicher Aufenthalt in New Port oder andern Luxusbädern.

Die New Yorker, welche ihr Heim nicht verlassen können, suchen wenigstens gelegentlich oder des Abends Erfrischung in den Strandorten der nahen Inseln, namentlich von Coney Island, das oft von hunderttausend Menschen besucht wird, da es durch die Belustigungen, die es bietet, eine große Anziehungskraft auf alle Gesellschaftsklassen ausübt. Neuerdings haben sich in den Großstädten und ihren Nachbar= und Vororten die deutschen Biergärten mit ihren Konzerten, Spiel=, Schieß= buden u. s. w. eingebürgert, und auch billige Symphoniekon= zerte, die allen kunstliebenden Amerikanern, welche Deutschland besuchten, in angenehmer Erinnerung sind, haben jetzt als Winter= vergnügungen dort Eingang gefunden. Allerdings gelten Bier= und Rauchkonzerte, die man in Deutschland so gern besucht, den eingeborenen Amerikanern noch immer als höchst anstößig, und es sind im allgemeinen bis jetzt nur die niederen Stände und die Deut= schen, welche derartigen Unternehmungen ihr Interesse zuwenden.

Finden wir in den Sitten und Gebräuchen, in den Erscheinungsformen und Äußerungen des amerikanischen Charakters
und des sozialen Lebens sehr vieles, was uns mißfällt, was
von den bei uns herrschenden abweicht, so berechtigt uns das
alles nicht zu hochmütigem Aburteilen über die vermeintlich
niedrige Kulturstufe und soziale Unbildung des Amerikaners;
denn bei objektiver, genauer Beleuchtung finden wir auch an
unsern Sitten und Gewohnheiten manches auszusetzen und in
unserer Kultur viele Unvollkommenheiten. Es ist richtig, daß
die Standesunterschiede sich mehr und mehr ausbilden, daß
in reichen Kreisen häufig die Armen geringschätzig behandelt
werden, daß Titelsucht und Freude an Auszeichnungen zu
bemerken sind, daß viele Eltern ihre Kinder an europäische
Offiziere und Adlige zu verheiraten suchen, daß viel Aufhebens
von fürstlichen Gästen und vornehmen Fremden gemacht wird
und daß man es sich zu hoher Ehre anrechnet, in Europa oder
sonst wo mit der Elite des Adels und vollends mit Mitgliedern
der regierenden Fürstenhäuser in Berührung zu kommen, alles
Dinge, die den demokratischen Grundsätzen widersprechen. Es ist
zweifellos, daß auch drüben viel Unfreiheit besteht, die sich
ebenfalls nicht mit der vom Staat gesicherten republikanischen
Freiheit verträgt, kann es doch jedem unbescholtenen Manne
passieren, für kurze Zeit verhaftet zu werden, wenn er Zeuge
eines Verbrechens gewesen ist und als solcher zur Aussage
herangezogen werden soll. Auch macht sich ein zuweilen lächer-
licher Nationalstolz und Eigendünkel breit, die nur das
anerkennen, was amerikanisch ist; hierin aber zeichnen sich vor
allen andern die Deutsch-Amerikaner aus, wenn sie Ver-
gleiche zwischen ihrer alten und ihrer neuen Heimat ziehen, wie
sie es denn auch lieben, ihr Amerikanertum in polterndem, rück-
sichtslosem Auftreten zu bekunden. Ferner sind Tabakkauen und

Spucken üble Angewohnheiten, die kein Reiseschriftsteller und Tourist besonders hervorzuheben vergißt.

Alle diese und sehr viele andre tadelnswerte oder aus andern Gründen zu beanstandende Charakterzüge des öffentlichen und sozialen Lebens machen sich sehr deutlich bemerkbar, aber bei näherer Betrachtung finden wir, daß sie sich in der Mehrzahl doch nur bei den niedrigsten und am wenigsten gebildeten Bevölkerungsklassen und Individuen, also doch immer nur bei einem kleinen Prozentsatz der 63 Millionen Menschen zeigen. Sie fallen uns besonders auf, wie uns überhaupt das Unfeine, Unschöne und Ungesetzliche überall viel mehr zum Bewußtsein gelangt, als das Gute, das Vollkommene und den allgemein herrschenden Anschauungen Entsprechende, weil eben alles dies sich nicht besonders bemerkbar macht.

Fassen wir die vielen über die einzelnen Kapitel dieses Buches verstreuten und im Vorstehenden noch ergänzten Bemerkungen über das soziale Leben der Amerikaner zusammen, so müssen wir zugestehen, daß die große Masse derselben, besonders aber die feingebildeten, sich durch einen bedeutenden, ja man kann sagen überraschend hohen Grad sozialer Bildung auszeichnen. Wir finden die letztere aber keineswegs beschränkt auf die Kreise des höheren Mittelstandes, der ja überall der Hauptträger des Nationalcharakters und der nationalen Kultur eines Volkes ist, sondern sie zeigt sich selbst in den niedersten Schichten der Bevölkerung und namentlich unter den Arbeitern, während wir sie in den Kreisen der reichen Parvenüs häufig vermissen. Gerade in den niederen Klassen strebt man mit vollem Bewußtsein und größtem Nachdruck nach Feinheit der Umgangsformen, weil man durch sie auch das demokratische Prinzip der Gleichberechtigung mit allen andern Staatsbürgern bekräftigen und den aristokratischen Neigungen gewisser

Gesellschaftsklassen gegenüber geltend machen will. Wie die gebildeten Frauen vermeiden auch die Männer in ihrer Klei= dung alles und jedes Auffällige, alles was ihren Reichtum oder Wohlstand bekunden und sie von der großen Menge auszeichnen kann. Das Gegenteil gilt als Verstoß gegen die herrschende Sitte.

Im geschäftlichen Verkehr der Männer unter einander, ist der Amerikaner allerdings ein andrer wie im geselligen Leben oder im Verkehr mit Damen und in Anwesenheit der= selben; dann läßt er sich gehen und achtet nicht so streng auf die Formen. Im Büreau, im Arbeitsraum konzentriert sich das ganze Denken und die ganze Geistes= und Körperkraft nur auf die zu erledigenden Geschäfte, hier zeigt sich der Amerikaner daher nur als der Praktiker, der seine Zwecke auf die kürzeste, schnellste Weise zu erreichen sucht. Sonst ein vorzüglicher Redner, ist er im Geschäft, bei der Arbeit stumm, und wenn er sprechen muß, wortkarg; er überlegt rasch, dank seinem natürlichen Scharfblick, und handelt ebenso rasch. Was er sagt, gilt und geschieht, selbst wenn er inzwischen zu der Überzeugung kommt, daß es vielleicht besser gewesen wäre, anders zu handeln. Im Geschäft findet auch die Freiheit des Individuums ihre Schranken. Wer sich in untergeordneter Stellung befindet, der muß auch unbedingt den Befehlen der Vorgesetzten, der Chefs gehorchen und sich den hergebrachten Verfügungen unterordnen. Im Büreau wie in der Fabrik herrscht der Leiter ganz unumschränkt als Despot. Wem das nicht zusagt, der hat ja die volle Freiheit des Handelns, er kann seine Stellung sofort aufgeben und sich eine andere suchen.

Hiermit aber betreten wir das Gebiet der sogenannten sozialen Frage, die auch in Amerika eine gewichtige Rolle zu spielen beginnt, der wir deshalb auch eine kurze Betrachtung widmen müssen.

Bis vor wenigen Jahrzehnten herrschte in den Vereinigten Staaten ein gewisses Gleichmaß in der Verteilung des Besitzes, denn wenn es auch in den vierziger und fünfziger Jahren Reiche und Arme gab, so war der Unterschied zwischen ihnen doch nicht so groß wie heute; wirklich Notleidende existierten nicht, und der Besitz der Reichen ging doch nur in die Hunderttausende von Dollar, selten in die Millionen, und Vermögen, wie sie heute vorkommen, waren vor der Zeit der Goldfunde unbekannt.

Unter dem Einfluß der neuen, unerschöpflichen natürlichen Einnahmequellen, die sich seitdem erschlossen, hat aber das Erblühen von Handel und Industrie ein rapides Wachstum des nationalen Wohlstandes erzeugt, die Entwicklung der materiellen Kultur in hohem Grade gefördert und in Verbindung mit der steten Hebung des Verkehrswesens die Besitzverhältnisse in einer Weise umgestaltet, die den Grundsätzen der Demokratie wenig entspricht. Ein Stände= und Kastengeist hat begonnen sich Bahn zu brechen und zu verbreiten, der das Fundament des Staats zu untergraben droht.

Obgleich es früher noch nicht dahin gekommen ist, daß die Plutokratie es gewagt hat, die Grundlagen des Staatswesens dadurch zu erschüttern, daß sie für sich Standesvorrechte gesetzlich gesichert wissen wollte, obgleich es heute noch wie vor hundert Jahren jedem einzigen Staatsbürger freisteht, zu thun und zu lassen, was er will, er immer noch dieselben Rechte wie alle übrigen hat und zu den höchsten Staatsstellen gelangen, noch jeden Posten einnehmen kann, den er vermöge seiner Fähigkeiten zu erreichen vermag, so ist doch der Besitzende heute auch in der Verfolgung dieser Bestrebung dem Besitzlosen weit überlegen, da das Geld ja auch im politischen Leben bis jetzt eine so gewichtige Rolle gespielt hat. Auf materiellem und wirtschaftlichem Gebiete

vollends kann der Kapitalkräftige ganz anders vorgehen und viel
mehr erreichen, als der Besitzlose; überdies hat er auch viel
mehr Krebit als dieser und kann daher mindestens in viel
größerem Maßstabe operieren als der Arme. Dabei wird er
meist sehr viel weniger riskieren als letzterer, im Glücksfalle
dagegen ganz ungleich mehr gewinnen.

Über die ungeheure Masse von Individuen, welche nur
von dem Ertrage ihrer schweren Arbeit leben, und die großen
Scharen von Kleinkapitalisten haben sich im Laufe der letzten
Jahrzehnte sehr rasch die Zehntausende von sehr Begüterten,
und über sie die vielen Hunderte von Großkapitalisten und
Millionären erhoben, die in ihren Händen Besitztümer ver=
einen, wie sie in solchem Umfange sonst im allgemeinen nur
von großen Genossenschaften erworben zu werden pflegen.

Viele dieser riesigen Kapitalien sind unter Schädigung
der Interessen, ja unter Vernichtung der Existenz vieler Mit=
menschen, durch Betreibung von Geschäften und Anwen=
dung von Mitteln sehr zweifelhafter Art entstanden. Die
meisten dieser reich gewordenen Großkapitalisten, Großin=
dustriellen, Großgrundbesitzer, Minen= und Eisenbahnkönige haben
aber auch durch übertriebene Prachtentfaltung, durch protzige
Zurschautragung ihres Reichtums und durch gesellschaftliche Ab=
schließung von den Ständen, aus denen sie fast ohne Ausnahme
hervorgegangen, den mittleren und niederen, wie durch ge=
steigerte Habgier, Monopolisierung ganzer Erwerbszweige,
durch grausamste Knechtung und rücksichtsloseste Ausbeutung
der ihnen untergebenen Arbeitskräfte die von ihnen geschädig=
ten Massen auf das schwerste verhöhnt, verletzt und erbittert.
Sie haben sich mit der hierüber empörten öffentlichen Meinung
und ihren vielen Gegnern zwar dann durch Stiftung großer
Summen für öffentliche Zwecke abzufinden und sie so zu ver=
söhnen gesucht, sich auch den infolge dessen herrschend ge=

wordenen Gesetzen des sozialen Lebens angepaßt, welche den
übertriebenen äußerlichen Luxus der früheren Periode ver=
urteilen, aber sie haben doch sehr wesentlich durch ihre uner=
sättliche Geldgier, durch ihre Geschäfte und ihr Verhalten
zu der bedenklichen Zuspitzung der sozialen Frage beigetragen.
Unter dem fördernden Einfluß der Lehren der europäischen
Sozialisten und Anarchisten sind die arbeitenden Klassen der
Vereinigten Staaten allmählich zur Erkenntnis gelangt, daß
doch das Kapital in keinem Fall ohne die Arbeit und die
Träger derselben existieren kann, sie haben daher mit jener
Energie, die den Amerikaner immer auszeichnet, begonnen sich
zusammenzuthun, ihre Rechte geltend zu machen und Anspruch
auf eine gleichmäßigere, gerechtere Verteilung des Gewinns
der Arbeit zu erheben, kurz sich von der Sklaverei zu befreien,
in der sie von den Arbeitgebern gehalten werden. Denn ab=
gesehen davon, daß an ihre Leistungskraft ganz andre und
ungleich höhere Ansprüche gestellt werden als in Europa, ist
doch die Fabrikordnung eine sehr viel strengere, und die ge=
ringste Verletzung dieser ganz willkürlichen Verfügungen zieht,
da Kündigung des Dienstverhältnisses im allgemeinen nicht
besteht, sofortige Entlassung nach sich. Die Arbeitgeber
sorgen aber auch im übrigen für die von ihnen Angestellten nicht,
selbst wenn sie in ihrem Dienst Schaden erleiden und arbeits=
unfähig werden. Abweichungen von dieser Regel sind seltene
Ausnahmen, ebenso wie die Einrichtung von Wohnhäusern oder
irgend welchen Wohlfahrtsanstalten für die Arbeiter. Wo aber
dergleichen Institutionen geschaffen werden, wie in der von
Pullmann, dem Besitzer der bekannten Wagonfabrik, nahe bei
Chicago für seine Arbeiter gegründeten Stadt gleichen Namens,
da herrscht dann auch der unumschränkte despotische Wille des
scheinbaren Philantropen, der aus seiner Schöpfung sogar
noch bedeutende materielle Vorteile zu ziehen weiß.

Die häufigen furchtbaren Krisen, denen das wirtschaftliche
Leben in neuerer Zeit ausgesetzt gewesen ist, haben nicht wenig
dazu beigetragen, die Notlage der in jeder Hinsicht gegen die
Ausbeutung des Kapitals und der Arbeitgeber ungeschützten
Arbeiter noch zu erhöhen.

Die ungeheure Überschwemmung des amerikanischen Arbeits=
marktes durch die europäische Masseneinwanderung, besonders
während der letzten Jahrzehnte, hat die Löhne gedrückt und die
Erwerbsverhältnisse außerordentlich erschwert.

Die erste und nächstliegende Folge aller dieser Zustände
war daher, daß die Arbeiter der Städte, in denen das Leben
überdies auch noch sehr viel teurer ist als auf dem Lande,
sich massenhaft dem Ackerbau zugewandt und in den neuen
Staaten, in den der Bodenkultur gewonnenen Gegenden des
fernen Westens angesiedelt haben. Die tüchtigeren unter ihnen
haben sich andern Berufszweigen zugewandt, oder sind in das
öffentliche Leben eingetreten oder Beamte geworden. Aber
nachgerade sind überhaupt alle vorhandenen Berufszweige
überfüllt, die Konkurrenz in ihnen wächst beständig, und es wird
immer schwerer, die nötigen Existenzmittel zu erwerben; gutes
Ackerland fängt ebenfalls an seltener zu werden, jedenfalls steigt
es derart im Preise, daß zu seinem Erwerb immerhin schon
beträchtliche Mittel gehören. Die soziale Frage nimmt unter
diesen Verhältnissen einen ernsteren Charakter an, ohne daß
Aussicht zu ihrer Lösung vorhanden ist.

So wenig dies bis jetzt auch noch an die Oberfläche der
allgemeinen Erscheinungen des sozialen Lebens tritt, wächst
der Notstand in den niedersten Bevölkerungsschichten doch
reißend schnell, und wie die obersten Staatsbehörden unter
diesen Umständen die Einwanderung der Chinesen verboten
haben, so sehen sie sich nun auch gezwungen, den For=
derungen der arbeitenden Klassen hinsichtlich der von ihnen

verlangten Erschwerung der europäischen Einwanderung ge=
recht zu werden. Der Ernst der Sachlage ist so groß, daß
gegenwärtig in den leitenden Regierungskreisen mit wachsendem
Eifer die Maßnahmen erwogen werden, welche zu ergreifen
sind, um dem sich stetig steigernden Elend in den Arbeiter=
kreisen zu steuern und Gefahren vorzubeugen, die daraus
für den Staat entstehen können.

Aber auch der Mittelstand wird mehr und mehr in Mit=
leidenschaft gezogen, ja seine Lage ist vielleicht noch schwie=
riger als die der Arbeiterklassen, weil seine Lebensansprüche
doch noch höhere sind. Denn wenn auch der Amerikaner eine
beneidenswert große Geschicklichkeit darin besitzt, sich mit Gleich=
mut den jeweiligen gegebenen Verhältnissen anzupassen, und nie=
mals ermüdet, wieder von vorn anzufangen, wenn alles, was
er unter mühseliger Arbeit errungen hat, vernichtet worden ist;
wenn er auch von je her eigentlich an das „up and down",
das „auf und ab" der schwankenden Lebens= und Erwerbs=
verhältnisse gewöhnt ist, wie sie namentlich die Unsicherheit der
Beamtenstellung, die Kürze der Amtsdauer und der gesetzlich be=
dingte beständige Wechsel in der Besetzung der Ämter mit sich
bringen, so sind doch die Lebensgewohnheiten der mittleren und
höheren Stände auch in den durchweg streng demokratisch ge=
sinnten Kreisen im Laufe der Zeit anspruchsvoller als die der
niedersten Klasse geworden.

Es darf ja allerdings nicht unberücksichtigt bleiben, daß die
einen wie die andern auch an der Verschlimmerung ihrer
materiellen Lage zum Teil selbst schuld sind; denn auch in den
Vereinigten Staaten macht sich dieselbe Erscheinung bemerkbar,
die wir im Kulturleben so vieler andrer Völker wahrnehmen,
daß jeder über seinen Stand hinaus strebt, daß die Ansprüche
wachsen, daß die Armen und wenig Bemittelten es den Reichen
gleichthun wollen. Ferner herrscht unter der männlichen Be=

völkerung eine große Neigung zum Trunk der überall sehr stark gefröhnt wird. Dieser übermäßige Genuß berauschender Getränke und namentlich der bekannten und beliebten wohlschmeckenden „drinks“, in deren Herstellung und Mischung die amerikanischen Schankwirte so Bedeutendes leisten, zerrüttet nicht nur die Gesundheit und vermindert die Arbeitskraft, sie wirkt nicht nur nachteilig auf die Fortentwickelung der Nation, sondern ist auch wirtschaftlich in hohem Grade schädigend für die Konsumenten. Denn die bis in die höchsten Kreise hinauf verbreitete, dem verschwenderischen, aller Kleinlichkeit abgeneigten Sinne des Amerikaners entsprechende Gewohnheit des „Treat“, des Traktierens aller Freunde und Bekannten an dem Schenktisch der bar rooms, ist bei der Höhe der Getränkpreise außerordentlich kostspielig, ganz abgesehen davon, daß sie die Trunksucht bedeutend fördert, weil sie stets zu sehr viel größerem Genuß veranlaßt, als erforderlich ist.

Zunächst machte nun seit seinem Entstehen das Logenwesen, welches in Amerika so breiten Boden gefunden, so tiefe Wurzeln geschlagen und so außerordentliches Ansehen und Macht erlangt hat, es sich zur Aufgabe, die arbeitenden Klassen in ihrem Kampfe ums Dasein zu unterstützen. Viele Logen dienten von Anfang an ganz ausschließlich dem Zweck, ihren Mitgliedern und andern Bedürftigen im Unglück beizustehen, sie waren weit mehr Hilfsgenossenschaften als ethische und Bildungsfaktoren. Auch die 1819 gegründeten Odd=Fellow=Logen und viele neuere freimaurerische Verbindungen wurden geschaffen, um hauptsächlich diesem Interesse zu dienen, und es ist bemerkenswert, daß auch zahlreiche Arbeitergenossenschaften, darunter einige der mächtigsten, jüngster Zeit sich in ihrer Organisation den Logen in vieler Hinsicht anschlossen.

Jene furchtbaren terroristisch wirkenden Geheimbünde, welche wie die Molly Maguires und der Ku-Klux-Clan politischen

Charakter annahmen und teils die Interessen der von ihren
Priestern geleiteten katholischen irischen Bergleute ihren Arbeit=
gebern gegenüber, teils die der südländischen kleinen Grundbe=
sitzer gegen den emanzipierten Negerpöbel und ihre politischen
Führer vertraten, sind mit den Arbeitergenossenschaften nicht zu
verwechseln und in ihrer Organisation den nihilistischen und
anarchistischen Geheimbünden vergleichbar.

Freimaurerischen Charakters sind dagegen die „Knights of
labour", die Ritter der Arbeit des Fünfsternbundes, die Pythias=
ritter, die Templer, selbst die Sovereigns of Industry und die
Patrons of husbandry wie zahllose andere, die über die
ganzen Staaten verbreitet sind und deren Wertzeichen zum Teil
von allen Kaufleuten wie bares Geld angenommen werden.
So wie die Trade unions, die Gewerkvereine, denen auch
Hunderttausende von Arbeitern angehören, verfolgen alle die
Aufgabe, die Interessen der letztern dem Kapital gegenüber zu
wahren und zu fördern. Verminderung der Arbeitszeit, bessere
Behandlung, Erhöhung der Löhne, gerechtere Verteilung des
Ertrages der Arbeit, Schutz gegen übermäßige Ausbeutung der
Arbeitskräfte, Unabhängigkeit der Arbeiter von den Arbeitgebern,
Beschränkung der Einwanderung, Regelung der Frauen= und
Kinderarbeit das sind die allgemeinen Bestrebungen, welche ver=
folgt werden. Die Vereine, welche die Mitglieder der einzelnen
Gewerke umfassen, und unter denen der internationale Schrift=
setzer=Verband, und die Verbände der Eisengießer, der Eisen=
und Stahlarbeiter, der Maschinenarbeiter, der Lokomotivführer,
und endlich der Schuhmacher bedeutende Macht haben, lassen
sich auch die Regelung der Lehrlings= und überhaupt der Arbeits=
verhältnisse in ihren betreffenden Erwerbszweigen angelegen sein;
sie sind meist sehr streng und konservativ in ihren Grundsätzen
und arbeiten fast durchweg den sozialistischen Tendenzen entgegen,

bekämpfen mit größter Energie das Ring- und Monopolwesen der Arbeitgeber und sind dem Zunftwesen abgeneigt.

Wirkliche Produktionsgenossenschaften sind gering an Zahl, um so größer ist dagegen die der Konsumvereine, welche den arbeitenden Ständen alle erforderlichen Lebensbedürfnisse und Gebrauchsgegenstände zu den geringsten Preisen und unter Umgehung des Zwischenhandels zu verschaffen suchen. Nicht minder zahlreich sind die Bauvereine verschiedenster Art und die Kreditgenossenschaften. Für die Verteilung der Arbeits- räfte an die Orte, an denen dieselben gebraucht werden, sorgen besondere Verbände und Vermittelungsbureaux.

Bei den häufigen Streikbewegungen der letzten zwei Jahr- zehnte, bei denen allerdings meist auch die Sozialisten, Anar- chisten und die Fenier eingriffen und durch die Art ihres Vor- gehens die Konflikte zuspitzten, ist die Macht, welche die Ar- beitervereinigungen nachgerade erlangt haben, deutlich in die Erscheinung getreten.

Natürlich hat auch das Kapital sich gegen die Bestrebungen der arbeitenden Klassen noch kräftiger zu schützen gesucht. Die Arbeitgeber, die den Vorzug genießen, nicht nur an ihrem eigenen Besitze, sondern überhaupt an den besitzenden und konsumierenden Klassen der Bevölkerung einen starken Rückhalt zu haben, schufen sich ebenfalls Verbände, welche bei Arbeits- einstellungen ihre gemeinsamen Interessen zu wahren, die Löhne herabzusetzen und dem Boykott der Gewerkvereine gegen die außerhalb derselben stehenden Arbeitskräfte mit gleichem Nach- druck entgegenzuwirken bestrebt sind.

Daher haben sich jedesmal, wenn es in neuester Zeit zu Zu- sammenstößen zwischen diesen beiden widerstreitenden Mächten, dem Kapital und der Arbeit, gekommen ist, deutlich die Schwierigkeiten eines Ausgleichs zwischen ihnen und die Not- wendigkeit gezeigt, den Gefahren vorzubeugen, welche ein Ent-

scheidungskampf zwischen beiden für das ganze Land heraufbe=
schwören kann.

Viele der bedeutendsten Kulturleistungen der Nordamerikaner
und die Höhe der Gesamtheit derselben sind hauptsächlich der
großartigen Entwickelung des Verkehrswesens zu danken, wie
denn auch gerade auf diesem Kulturgebiete manche der hervor=
ragendsten Resultate erzielt worden sind.

In der Kolonialperiode war es mit dem Verkehr sehr schlecht
bestellt; Postverbindungen waren im Laufe des vorigen Jahr=
hunderts zwar zwischen den größeren Orten geschaffen worden,
es fehlte jedoch an guten Wegen, die zu allen Zeiten und bei
jedem Wetter benutzbar waren; denn die Kolonisten ermangelten
der Mittel und auch der Zeit, um neben ihren vielen Arbeiten
noch Kunststraßen zu bauen. Das Äußerste, was man thun
konnte, war, die dem Verkehr eröffneten Wege mit Hilfe von Ästen,
Baumstämmen, Latten und Brettern einigermaßen zu befestigen
und somit Knüppeldämme herzustellen, namentlich da, wo der
Boden weich und sumpfig war. Im Winter, im Herbst und
im Frühjahr war aber die Verbindung selbst zwischen nahe
gelegenen Orten zeitweise ganz unterbrochen. Eine Besserung
trat auch in diesem Jahrhundert nicht ein, und die Berichte
der Reisenden liefern bis in die neueste Zeit hinein den Be=
weis dafür, daß der Wagenverkehr eine wahre Tortur war
und blieb; denn nun dachten die Einwohner noch weniger
daran bequeme Landstraßen und Chausseen zu erbauen, da
die Verwendung der Dampfkraft für Verkehrszwecke seit dem
dritten Jahrzehnt dieses Jahrhunderts sie dieser Mühe überhob.
Selbst jetzt noch sind die Landwege da, wo die Eisenbahn auf=
hört, in dem primitivsten Zustande, den man sich denken kann,
einem Zustande, der etwa dem unserer Feldwege vergleichbar ist.
Wo sich die Notwendigkeit der Herstellung von Verkehrsstraßen
ergab dachte man natürlich, nachdem die Schwierigkeiten,

welche zu Anfang die Unzuverlässigkeit des Funktionierens der
Lokomotiven mit sich gebracht hatte, überwunden waren, gar
nicht mehr daran, überhaupt nur nach einem andern Verkehrs=
mittel zu suchen als der Eisenbahn, deren Dämme in der Folge
denn auch von Wanderern mit Vorliebe als Verkehrswege be=
nutzt wurden und werden.

Ja, man begnügte sich bald nicht damit, dem Verkehrsbe=
dürfnis durch Herstellung der entsprechenden Linien zu genügen,
sondern man verfuhr umgekehrt. Die Eisenbahngesellschaften
hatten ja ein Interesse daran, ihre Netze zu erweitern, und sie
fanden hierin bei den Regierungen der Einzelstaaten und der
Bundesrepublik das größte Entgegenkommen, das sich in der
Schenkung riesiger Landstrecken zu Seiten der von ihnen her=
zustellenden Geleise äußerte. Natürlich war es nun ihr Streben,
diese Ländereien zu hohen Preisen zu verkaufen und die Ein=
wanderung in die von ihnen erschlossenen Gebiete zu fördern.
So wurden sie zu Pionieren, die dem Verkehr die Wege wiesen,
in der richtigen Voraussetzung, daß bei dem ungeheuren Wachs=
tum der Bevölkerung die Besiedelung der von ihnen eröffneten
und mit dem Osten in direkte Verbindung gesetzten Gegenden
nicht lange auf sich warten lassen würde.

Als dann vollends die Goldfunde in Kalifornien das Gold=
fieber erzeugten, das Auge der ganzen Welt auf den äußersten
Westen lenkten und die Union von Mexiko beträchtliche Länder=
gebiete erwarb, da begann man auch bald den großen Plan
einer Überlandbahn, welche die Küsten des Atlantischen mit denen
des Stillen Ozeans verbinden sollte, ins Auge zu fassen. Der
Sezessionskrieg störte allerdings die Ausführung dieses Unter=
nehmens, aber trotzdem wurde es noch früher, als ursprünglich
berechnet, d. h. bereits im Jahre 1869 zu Ende gebracht. Da=
mit wurde die Konkurrenz herausgefordert, und so sind seitdem

noch drei andere Verbindungen der Ost= und Mittelstaaten mit denen des Westens hergestellt worden.

Der Geschäftsneid trug überhaupt nicht wenig zur Förderung des Verkehrswesens bei, denn da die Eisenbahnen Privatunternehmungen waren, wie sie es auch jetzt noch sind, wurden der freien Konkurrenz auf diesem Erwerbsgebiete keine Schranken gesetzt, und der Kampf der einzelnen Gesell= schaften gegen einander ist zeitweise mit der größten Erbitterung geführt worden und hat häufig mit der vollständigen Ver= nichtung eines der Gegner geendet, dessen Besitz dann der Überlebende um geringes Geld an sich brachte. Ungeheure Kapitalien sind dabei verloren gegangen, und doch haben in den Zeiten solcher Interessenkämpfe auch wieder große Massen der Bevölkerung Nutzen daraus gezogen; denn die Fahrpreise sanken dann derart, daß man gelegentlich für ebenso viele Cents die Entfernungen durchmessen konnte, die sonst mit der gleichen Summe in Dollars bezahlt werden mußten. Und wer mit alledem genau Bescheid weiß, kann auch heute noch bei seinen Reisen viel sparen, wenn er den Konkurrenzneid der betreffenden Gesellschaften untereinander für sich auszu= beuten versteht und bei größeren Beträgen mit denselben ein= fach über den Fahrpreis unterhandelt.

Das gesamte Eisenbahnnetz der Vereinigten Staaten aber belief sich zu Anfang 1892 auf 275 216 Kilometer, denen alle deutschen Bahnen mit 45 642 und die ganz Europas, einschließlich Deutschlands, mit ungefähr 227 000 Kilometer gegenüberstehen.

Bei der Herstellung dieser ausgedehnten Verkehrsstraßen seitens eines Volkes von 63 Millionen Seelen konnte freilich nicht mit der Sorgfalt verfahren werden, wie sie die 360 Millionen Einwohner Europas auf ihre Eisenbahnen verwandten; auch die riesigen Geldmittel Amerikas hätten dazu nicht ausgereicht.

Im Westen wurde so weit als thunlich das billigste Arbeiter-
personal, die Chinesen, zum Bahnbau benutzt, die sich dafür
auch sehr geeignet erwiesen, und dieser Umstand ermöglichte zum
Teil überhaupt nur die Ausführung desselben, während die
Befriedigung der riesigen Ansprüche der echt amerikanischen
eingeborenen Arbeiter die Rentabilität mancher Bahnen in
Frage gestellt hätten. Es konnten auch weder die besten
Schienen, noch sonst die besten Materialien verwandt werden;
man konnte die Brücken im Westen nicht aus Stein und
Eisen herstellen, sondern mußte sich mit Holz begnügen; es
war auch nicht möglich, überall schöne Stationsgebäude zu errichten und ein so zahlreiches Personal anzustellen, wie es in
manchen europäischen Ländern für unentbehrlich gehalten wird.
So weisen auch die Eisenbahnen und zwar ganz besonders
die westlich vom Missisippi sehr viel Unfertiges auf, sehr
vieles, was sich mit europäischen Begriffen von Sicherheit nicht
verträgt; Holzschuppen müssen häufig als Wartesäle und Verwaltungsgebäude dienen, und große an den Lokomotiven an-
gebrachte schneepflugartige Einrichtungen, die sogenannten
Kuhfänger, sind dazu bestimmt, Hindernisse, die sich etwa
auf den Schienen befinden, wegzuräumen. Trotzdem entbehren aber auch diese Bahnbauten nicht ihrer großartigen
Einzelheiten. Bedeutende technische Schwierigkeiten waren oft bei
der Durchbohrung der Gebirge, bei den außerordentlichen
Steigungen des Terrains oder bei der Ueberbrückung tiefer
Schluchten, wilder Bergwässer und großer Flüsse zu überwinden, und die Geschichte der Herstellung des Hoosac- wie
mancher andrer Tunnel, die Kühnheit der Führung mancher
Gebirgsbahnen in allen Teilen der Union erregen mit Recht
die Bewunderung aller Sachverständigen. Auch viele der
schönen Eisenbahnbrücken in den Oststaaten können als Meisterwerke der Technik gelten.

Meilenweit mußten die Bahnen in den nordwestlichen Staaten mit Zäunen oder mit vollständiger Holzbedachung zum Schutz gegen Schneeverwehungen versehen werden.

Wo die Überbrückung von Strömen und Seebuchten Schwierigkeiten bot, half man sich durch Herstellung von Fähren, die zum Teil ebenfalls Wunderwerke der Schiffs= baukunst sind, weil sie die ungeheuren Lasten der schweren Eisenbahnzüge aufzunehmen geeignet sein mußten und nicht zu starken Schwankungen ausgesetzt sein durften. Fähren von beträchtlicher Ausdehnung sind überall, wo viel Wasser vorhan= den ist, in großer Zahl in Anwendung, sie vermitteln z. B. auch den riesigen Waren=, Wagen= und Menschenverkehr zwischen Hoboken, der Anlegestelle der großen überseeischen Dampfer, und New=York. Zu den großartigsten Konstruktionen dieser Art gehören aber die Fährboote, welche Oakland mit San Francisco verbinden, namentlich aber dasjenige von Solano, auf dem die von diesem Ort nach Norden gehenden Züge an der Mündung des Sacramento in die San Francisco=Bai über das eine Meile breite Wasser übergesetzt werden. Diese schwimmende Brücke ist mit vier Geleisen versehen, auf deren jedem je ein vollständiger, mit zwei Lokomotiven versehener Passagierzug Raum hat. Sie ist 424 Fuß lang, mißt an der breitesten Stelle 116 Fuß und besitzt eine amtlich fest= gestellte Tragfähigkeit von 70 000 Zentner. Nicht viel kleiner ist das Fährboot, auf dem Züge bei Portland über den Columbiastrom übergesetzt werden.

Überall ist man aber auch auf dem Gebiete des Verkehrs= wesens an der Arbeit, die früher angewandten Materialien nach und nach durch neue, bessere zu ersetzen, die Unfertig= keiten zu beseitigen und nachzuhelfen, wo es nur immer not thut. Den Luxus eines großen Beamtenpersonals freilich erspart man sich auch jetzt, denn da der Amerikaner zur

Selbständigkeit erzogen ist, bedarf er nicht der beständigen Leitung und Beaufsichtigung durch Beamte, sondern muß sich auch auf den Eisenbahnen zu bewegen und, wo es nötig ist, selbst zu helfen und vor Gefahren zu schützen suchen. Man thut aber auch noch ein Übriges, ihn vor letzteren zu warnen. So befindet sich in jedem Wagen ein Plakat, welches auf die Gefahr des Aufenthalts auf dem äußeren Perron aufmerksam macht. Natürlich ist derselbe immer überfüllt, weil der Aufenthalt auf ihm bei schönem Wetter am angenehmsten ist, doch darf kein Mensch von der Eisenbahngesellschaft Entschädigung erwarten, wenn er sich bei Nichtbeachtung ihrer Warnung einem Unglück aussetzt; niemals aber wird es einem Kondukteur einfallen, die Reisenden von dem Perron zu vertreiben.

Über die Geschwindigkeit, mit der die Züge fahren, sind die verschiedensten Ansichten im Umlauf. Sie ist selbstverständlich nach der Gegend und nach dem Charakter der Züge sehr ungleich, da sie aber in allen Fahrplänen, Kursbüchern und Fachwerken genau angegeben ist, so muß es überraschen, daß diese abweichenden Ansichten immer noch obwalten.

Im Osten wird im allgemeinen sehr viel rascher gefahren als auf den westlichen Strecken der Überlandbahnen und auf den Bahnen Kaliforniens. Aber auch in den Nordost- und Mittelstaaten wird auf manchen Linien rasch, auf anderen dagegen langsam gefahren. Die Geschwindigkeit der Schnellzüge zwischen den Hauptorten des Ostens und der Mittelstaaten ist im allgemeinen der der deutschen gleich, während die Überlandzüge unsere Lokalzüge an Schnelligkeit nur wenig übertreffen. Auf sehr frequentierten Linien wie zwischen New-York und Philadelphia, Pittsburg, Chicago, Buffalo, Albany, Boston 2c. übertrifft ihre Fahrgeschwindigkeit zum Teil selbst die der schnellsten deutschen Blitzzüge. Der als der schnellste Zug der Welt zur Zeit anerkannte ist der von New-York nach Buffalo, welcher auf manchen Strecken mit der Geschwindigkeit von 132, im Durchschnitt aber mit der von 81 Kilometer per Stunde fährt. In neuester Zeit soll die Entfernung von St. Louis nach Chicago, welche 248 englische Meilen beträgt, in drei Stunden zurückgelegt worden sein, und auf der New-Jersey Zentralbahn sind kürzlich sogar 156 Kilometer per Stunde erzielt worden. Im allgemeinen galten die Zeitungszüge des New-York-Herald und des World bisher als die schnellsten überhaupt existierenden, diese befördern jedoch keine Passagiere.

Die Einrichtung der Züge weicht wesentlich von der der unsrigen ab, sie wird jedoch neuerdings auch für unsere Schnellzüge allmählich in Anwendung gebracht. Ein vollständiger Zug besteht aus Lokomotive mit Tender, Postwagen, Gepäckwagen und einem Wagen der Expreßkompanie, ferner aus sechs Personenwagen, welche wie die unserer Blitzzüge derartig mit einander verbunden sind, daß man sie von einem Ende des Zuges bis zum andern durchschreiten kann. Eigentlich giebt es für alle Reisenden nur eine einzige Klasse, aber die Einführung der Pulmann-Schlafwagen, der Salonwagen, der Staatswagen und andrer Spezialwagen, in denen die Plätze beträchtlich teurer sind, hat thatsächlich Unterschiede herbeigeführt, die mindestens ebenso groß sind wie die zwischen den bei uns bestehenden Klassen. Geraucht darf selbstverständlich in den Haupträumen dieser Wagen nicht werden, da dieselben für beide Geschlechter bestimmt sind. In vielen Wagen ist aber eine Abteilung für Raucher eingerichtet, in manchen Zügen auch am Ende derselben ein nur für Raucher und weniger feine Passagiere bestimmter Wagen angehängt. Die innere Einrichtung der Salonwagen verschiedener Art ist sehr luxuriös und das Reisen in ihnen daher sehr angenehm; viel Raum, namentlich für Handgepäck ist aber dem Passagier nirgends gewährt. Die Überlandzüge sind gewöhnlich mit Restaurant versehen

so daß die Unbequemlichkeit des Aussteigens zur Besorgung
von Eßwaren vollständig vermieden wird.

Die Gepäckbeförderung ist wie alles auf das einfachste,
praktischste und sicherste geregelt. Jedem Gepäckstück wird eine
auf den Bestimmungsort lautende, mit Nummer versehene Blech=
oder Messingmarke mittels Riemen angefügt und dem Reisen=
den eine identische Marke eingehändigt, gegen deren Ablieferung
er seine Sachen erhält; die Besorgung der letzteren erfolgt
meist durch die Bediensteten der Expreßkompanie, denn da
es keine Gepäckträger giebt und die Wagen enorm teuer sind,
fährt der Reisende gewöhnlich mit Omnibus oder Pferdebahn
an seinen Bestimmungsort, wohin sein Gepäck dann durch die
Expreßbeamten geliefert wird.

Der Verkehr innerhalb der Städte ist nicht minder groß=
artig. Alle Fortbewegungsmittel, über welche die heutige Technik
verfügt, sind angewandt worden, um den Verkehr zu bewältigen,
der namentlich in den Großstädten riesige Dimensionen ange=
nommen hat. Omnibusse und Pferdebahnen gehören zu den
gewöhnlichsten Verkehrsmitteln und sind den unsrigen im allge=
meinen gleich, nur mit dem Unterschiede, daß bei ihnen meist
die Kondukteure fehlen. Der Fahrgast legt den Fahrpreis in
gläserne Kasten, deren Inhalt der Kutscher entweder mittels
Spiegel oder Zeigerapparat kontrollieren kann; im Falle der
unabweislichen Notwendigkeit des Wechselns eines größeren
Geldstückes wird auch dieses vom Kutscher durch Behändigung
eines den betreffenden Betrag enthaltenden geschlossenen Papier=
kouverts besorgt. Trotz des Mangels jeder direkten Kontrolle
sollen doch Unterschlagungen des Fahrpreises nur äußerst selten
vorkommen; das starkausgeprägte Ehr= und Pflichtgefühl
des Amerikaners schließt eben dergleichen Vergehen im allge=
meinen aus.

Wo, wie in San Francisco, das Terrain bergig und der

Betrieb der Straßenbahnen durch Pferde außerordentlich be=
schwerlich, zeitraubend und kostspielig sein würde, hat man das
System der Kabelwagen angewandt, welche mittels Greifvor=
richtungen an ein unter dem Fahrdamm in offener, gemauerter
Rinne laufendes Drahtseil befestigt werden, das durch eine
an der Endstation befindliche Dampfmaschine in beständiger,
gleichmäßig rotierender Bewegung erhalten wird. Das Los=
lassen des Seils unter gleichzeitiger Anwendung der Bremse
bringt den Wagen mit derselben Geschwindigkeit und Sicher=
heit zum Stehen, wie den mit Pferden bespannten.

Daneben werden Dampf und namentlich Elektrizität in
ausgedehntestem Maße zum Betrieb der Straßenwagen ver=
wendet. In den Großstädten aber haben alle diese Verkehrs=
mittel um so weniger genügt, als die vollständige Trennung
der Geschäftsviertel von den Wohnvierteln eine Bewegung
hervorruft, die den gewöhnlichen Verkehr ganz außerordentlich
steigert. So werden durchschnittlich in New=York täglich
620 000 Personen auf den 235 Kilometer messenden Straßen=
bahnen befördert. Für die Bewältigung dieses Verkehrs hat
man daher in New=York eine Stadtbahn eingerichtet, die durch
die belebtesten Straßen und Stadtviertel geht, aber, um den
übrigen Verkehr nicht zu stören, auf festen Eisenpfeilern in der
Höhe des ersten Stockwerks der Häuser erbaut ist. Die Stadt=
bahnzüge laufen ununterbrochen, gewöhnlich in Zwischenräumen
von drei Minuten, und befördern täglich durchschnittlich
600 000 Personen. An den zahlreichen Stationen, die mittels
eiserner Treppen zugänglich sind und aus langgestreckten Platt=
formen bestehen, halten die Züge nur höchstens eine halbe
Minute. Der Fahrpreis beträgt auf jeder der vier großen
Linien, welche von dem Batteryplatze, der äußersten Spitze der
Manhattan Insel, ausgehen, ohne Rücksicht auf die Entfernung,
welche man zu durchmessen hat, fünf Cents (20 Pfennige),

welche bei dem Aufgang zu den Stationen zu zahlen sind, wo
sich meist auch Zeitungsstände befinden, welche die Passanten mit
dem nötigen Lesestoff versehen. Auch an diesen bedient sich
der Käufer selbst, indem er die Blätter nimmt, welche er
wünscht, den betreffenden Betrag niederlegt und nötigenfalls
selbst aus der offenen Kasse ein größeres Stück gegen kleinere
wechselt, oder den Restbetrag entnimmt. Auch hier zeigt
sich, wie überall sonst, wieder das volle Vertrauen, das jeder
Amerikaner in die Rechtlichkeit seiner Landsleute setzt, ein Vertrauen, daß nur höchst selten gemißbraucht wird.

Wir haben aus der unermeßlichen Fülle von Erscheinungen
des kulturellen Lebens der Nordamerikaner nur einige wenige
herausgegriffen, um sie in ihren Hauptzügen zu schildern. Das
gegebene Bild kann daher nur ein lückenhaftes sein, immerhin
wird sich bei Betrachtung desselben und seiner Einzelheiten wohl
niemand der Erkenntnis verschließen, daß die Amerikaner ein
ungemein strebsames, von praktischen Idealen erfülltes Volk
sind, und daß sie in der kurzen Zeit ihres nationalen Lebens
in der That Staunens-, ja wahrhaft Bewunderungswürdiges
geleistet haben.

Ohne geschichtliche Voraussetzungen, nur unter Benutzung
der von ihnen selbst aus Europa in ihre Heimat übertragenen
und im Laufe der Zeit dorthin überführten Kulturkeime und
der gegebenen Anregungen haben sie sich ohne Lehrmeister,
aus eigner Kraft zu der außerordentlichen Höhe erhoben, auf
der sie jetzt bereits stehen.

Unvollkommenes, Unfertiges berührt sich bei ihnen zwar
immer noch mit den höchsten Ergebnissen moderner Kultur,
aber sie selbst sind sich dessen wohl bewußt und daher unermüdlich beeifert, allmählich nachzuholen, was ihnen noch
fehlt, was sie früher versäumt haben. Mit einer Energie
und einem Fleiß, wie man sie nur selten im Leben der Ein-

zelnen wie der Völker in dieser Stetigkeit findet, suchen sie die vielen Lücken auszufüllen, welche sich in ihrem Wissen und den Grundlagen ihrer allgemeinen Bildung finden, und sie beschämen durch diese ihre Thatkraft manche alten Kultur= völker, welche, im Glauben an die außerordentliche Höhe ihrer Bildung, in ihrem Streben nach Erweiterung derselben lässiger werden und ihren Wissensdrang mehr und mehr einbüßen.

Noch ist die Union, noch ist ihr Volk in der Entwickelung begriffen. Die einsichtigen, die am höchsten gebildeten Ameri= kaner sind darüber vollständig im klaren und verlachen ebenso wie wir den an Thorheit grenzenden übertriebenen Chauvi= nismus und Eigendünkel, die nichts neben dem Einheimischen als vollendet anerkennen wollen. Wir sehen sie auf Gebieten, für die sie ihrer ganzen Naturanlage, ihrem Charakter, ihrer Weltanschauung nach nicht befähigt erscheinen, Bedeutendes zu leisten, doch vorwärts streben. Wir sehen sie sich mit vollem Bewußtsein ihrer Ziele von allen Einflüssen der alten Welt lossagen, sehen, wie sie sich zu emanzipieren, ganz Selbständiges zu schaffen und jene ewig wiederholte Phrase zu widerlegen bestrebt sind, daß sie alles doch nur Europa verdanken und in ihrer ganzen Kultur von diesem fortdauernd abhängig seien.

Gewiß, sie konnten Europa nicht entbehren, sie mußten als Sprößlinge dieses Erdteils naturgemäß sich auf unsere Kultur stützen, von uns lernen, wie wir von unsern Vor= fahren, wie diese von den Römern, wie die Römer von den Griechen, wie die Griechen von den Phöniziern, wie die Phönizier von den Ägyptern und Babyloniern u. s. w. ge= lernt haben — wie jeder von uns auf der Schule, im Leben, in seinem Beruf das ihm und seinen Zwecken Die= nende aus der Summe des Wissens und der Kulturar= beit aller Zeiten und aller Völker in sich aufnimmt und verarbeitet und darauf fußend Neues zu schaffen sucht. Was

aber das einzelne Individuum bei allem seinem Streben aus
eigner Kraft zum Fortschritt der Menschheitskultur zu thun
vermag, ist doch immer nur ganz verschwindend gering im
Vergleich zu dem Fremden, welches es in sich aufgenommen
und geistig verarbeitet hat.

Prüfen wir jedoch unter diesem letzteren Gesichtspunkt
die Leistungen der Amerikaner, so müssen wir, wenn wir
ehrlich und objektiv sein und unsrer wahren Überzeugung Aus=
druck verleihen wollen, eingestehen, daß im Verhältnis zu der
Kürze ihrer Lernzeit und zu der Masse dessen, was sie aus
fremden Quellen genommen haben, dasjenige, was sie selbst
aus eigner Kraft dazu geschaffen haben, doch sehr bedeutend
ist. Es kann bei genauerem Zusehen wohl schwerlich geleugnet
werden, daß sie bereits einen bedeutenden Einfluß auf die Um=
wälzungen in dem Kulturleben der Menschheit, die Kultur=
leistungen derselben und auf ihre Weltanschauung in diesem
Jahrhundert ausgeübt haben. Aber es erhellt auch, was
ganz besonders beachtenswert ist, daß ihre selbstthätigen
Schöpfungen an Masse die mancher europäischen Kultur=
völker bei weitem übertreffen, und daß sie in diesem Jahr=
hundert nachdrücklicher an dem Kulturfortschritt der Menschheit
mitgearbeitet haben, als die meisten Völker der alten Welt.

Letztere werden dies bestreiten; wir Deutsche selbst machen
mit ganz besonderer Genugthuung geltend — und mit vollem
Recht, wie es auch in diesem Buche geschehen ist — daß dem
deutschen Volkselemente in den Vereinigten Staaten ein sehr
großer Anteil an der Kulturarbeit der Amerikaner gebührt, daß
Deutsche ein Drittel der Patente genommen und viele der her=
vorragendsten technischen Leistungen geschaffen haben. Aber es
wird wohl auch nicht in Abrede gestellt werden können, daß
diese Deutschen, welche drüben so Hochbedeutendes geleistet
haben, dies schwerlich hier in der alten Welt, in ihrer

Heimat, unter den alten Verhältnissen, denen sie sich durch die Flucht entzogen, vollbracht hätten. Es wird auch schwerlich behauptet werden können, daß ihre Leistungen der in Deutsch= land erlangten sorgfältigen Schulbildung zu danken waren; denn es ist eine bekannte Thatsache, daß die meisten von denen, welche drüben Hervorragendes schufen, sich aus den niedersten Schichten emporarbeiteten und von hier als arme, bettelhafte und ungebildete Auswanderer hinübergegangen sind. Von den akademisch oder sonst irgendwie tüchtig vorgebildeten Achtundvierzigern und ihren Nachfolgern haben nur wenige es zu einer großen Berühmtheit gebracht. Aber sie wie die übrigen Deutschen, welche drüben hohes Ansehen erwarben und sich auf irgend welchen Kulturgebieten besonders auszeichneten, hätten sich hier, weil sie den vorgeschriebenen Studiengang nicht durchgemacht, oder sich Vergehen hatten zu Schulden kommen lassen, wahrscheinlich höchstens zu angesehenen Beamten, Lehrern Richtern oder zu Handwerksmeistern erhoben, während sie sich dort in der harten Schule des Lebens und im Kampf ums Dasein zu führenden Geistern emporarbeiteten und durch her= vorragende Leistungen auszeichneten.

Die Vereinigten Staaten und ihre Bewohner sind, wie gesagt, noch in der Entwickelung begriffen; als selbständige Organismen haben sie noch nicht die Jugendperiode über= wunden, sind noch nicht in das Mannesalter eingetreten; nicht nach den Auswüchsen, den Unfertigkeiten und Schäden ihrer Kultur, sondern nach dem Bedeutenden und Guten, das sie bis jetzt geschaffen haben, und nach dem Streben, das sie erfüllt, müssen sie beurteilt werden. Noch steht den Amerikanern viel Arbeit bevor, aber bei der Energie und dem Ehrgeiz, die sie beseelen, werden sie nicht aufhören, physisch und geistig zu arbeiten, bis sie ihr Ziel, sich auf allen Gebieten menschlicher Thätigkeit selbständig zu machen, sich auszuzeichnen und womöglich die Führung zu übernehmen, vollständig erreicht haben Da sie jetzt anfangen ihren Geist systematisch zu schulen, werden sie auch auf streng wissenschaft= lichem und künstlerischem Gebiete sich bemühen, Bedeutendes zu erzielen; denn in dieser stetig wachsenden und ihre Bildung vervollkommnenden Nation wird auch der Prozentsatz derer sich entsprechend steigern, welche, während die Massen sich lediglich materiellen Interessen widmen, höheren, idealen Zielen nachstreben.

Die Gesamtheit aller Lebenserscheinungen spricht sicherlich dafür, daß dem Volke der Vereinigten Staaten noch eine große Zukunft bevorsteht.